KB236799

차 례

I. 위정척사의 시 세계

1. 毅菴 柳麟錫 忠節詩의 悲劇美 硏究

> 1. 머리말
> 2. 재도적 문학관과 미의식
> 3. 낙관주의적 비극미의 구현
> 4. 맺음말

1. 머리말

국권 상실의 위기 속에 의병 전쟁을 일으켜 나라를 외적으로부터 지킴으로써 인간다운 삶의 질서를 지키려 했던 구한말의 의병대장들은 주로 위정척사파의 중심 인물이었던 화서 이항로의 학맥을 이은 유학자들이었다. 그 중 의암 유인석은 의병 근거지 개척 계획을 구체적으로 수립하여 국내 의병이 국외 독립군으로 발전하는 선구자적 역할을 하였다. 이는 후일 독립 전쟁론이 독립 운동의 중심 방략으로 정착하는 데 기여함으로써[1] 민족의 주체적 삶의 방향을 틀지우는 데 중요한 의미를 갖는다.

문학으로 검증되지 않은 역사는 진정한 역사가 아니라고 할 때 지금까지 상대적으로 소홀히 다루어져 온 의병전쟁기 삶의 진실을 담보하고 있는 한문학 작품에 대한 연구는 우리 문학의 전통을 이어받고 민족 문학사의 의미 영역을 확장하며 미적 감수성을 풍부하게 하는 데 기여할 수 있을 것이다.

특히 구한말 의병대장들이 쓴 충절의 의지를 담은 한시들은 고려 이후

---

1) 柳漢喆, 「柳麟錫 義兵 硏究」(국민대학교 대학원 국사학과 박사 학위논문, 1997), 273쪽

조선조 유학자들의 삶에 대한 기본적 정향과 역사 대응 의지를 극명하게 보여 주는 과정에서 숭고와 비극의 영역을 확장하고 있다. 이는 국문문학의 고전 작품들에 대해 풍류나 행복한 결말 해피 앤딩이라고 생각하는 일반적 인식과는 판이하게 다른 것이다.

  예술은 사회에 필요한 미적 가치들을 인간 삶 속에 불어넣어 주고, 그 가치들이 사회에 유용한 방향으로 사회 성원들의 미적 의식에 영향을 미치도록 가능성을 열어주는[2] 역할을 한다.

  이 글에서는 의병전쟁기 의암 유인석의 한시 중 충절의 사상을 담은 작품을 중심으로 하여 숭고미와 비극미를 살펴봄으로써 구한말 한시 문학의 성격적 특성을 밝히며 위정척사파의 중요인물로서 유인석 문학이 지니는 문학사적 의의를 정립하고자 한다. 이러한 작업은 한국인이 지향했던 미의식과 그 성격을 규정하며 한국인의 정체성을 밝히는 데도 필요한 것이다.

2. 載道的 문학관과 미의식

2.1. 생애와 사상

  의암 유인석(1842~1915)은 구한말 학자이며 의병대장으로 본관 高興 자 汝聖, 호 毅菴이며 1842년(헌종 8년) 강원도 춘성군 남면에서 아버지 柳重坤과 어머니 高靈 申氏의 삼형제 중 둘째 아들로 태어났다. 14살(1855년) 때부터 철종 때의 巨儒로 병인양요를 전후로 한 1860년대 위정척사론을 주도한 華西 李恒老에게 글을 배웠다. 이항로는 자주적인 입장에서 강력한 화이론(華夷論)을 바탕으로 양화(洋貨)를 배격함과 동시에 금수와 같은 양적

---

2) M.S 까간, 진중권 옮김, 『미학 강의 1』(새길, 1998)

(洋賊)을 격퇴시켜야 한다는 확고한 주전론(主戰論)을 전개하였다. 1868년 화서가 죽자, 重菴 金平默과 省齋 柳重敎를 스승으로 모시고 학문에 힘쓰는 한편, 스승 화서의 유지를 계승하여 衛正斥邪 운동[3]에 직접 참여하였다. 이항로-김평묵-유중교로 이어지는 화서학파의 학통을 계승한 유인석의 사상 역시 춘추대의를 바탕으로 한 위정척사 사상으로써 존왕양이를 표방하고 국권수호를 위한 의병투쟁으로 연결되어 을미의병의 중심에 서게 된다. 그가 제천에서 강학하여 문하에 배출한 많은 제자들이 유인석의 의병 부대에서 활동하였음은 물론이다.

1876년(고종 13) 강화도조약을 체결할 때 門下의 유생들을 이끌고 이를 반대하는 상소 「척화왜항소」를 올렸고, 1894년(고종 31) 갑오개혁 후 김홍집의 친일내각이 성립되자 의병을 일으켜 충주·제천 등지에서 부패 관리들을 죽였으나, 관군에게 패전하고 만주로 망명하였다.

懷仁縣에 은신 중 고종황제의 諭旨가 내려 한때 귀국하였다가, 1898년

---

3) 조선말의 위정척사론은 성리학적 가치체계의 고수에 한정된 것이 아니라 서양이라는 이질세계에 대해서 전통사회의 수호를 위한 반침략적 척양(斥洋)운동의 성격을 지닌다. 19세기 중엽 이후 병인양요(1886), 신미양요(1871), 운양호사건(1875) 등 외세에 의한 직접적이고, 현실적인 침략 위협에 직면하면서는 더욱 적극적인 양상으로 전개되는 바 화서 이항로, 盧沙 기정진, 重菴 김평묵, 省齊 유중교, 勉菴최익현, 毅菴 유인석 등의 유학자와 그 문인들이 이 시기의 斥邪論을 주도하였다. 1890년대의 위정척사론은 1894~1895년의 갑오·을미개혁 그 중에서 특히 단발령과 명성왕후 시해 사건을 계기로 전개된 시기이다. 이 시기의 척사론은 개화의 반대와 명성왕후 시해에 대한 토벌복수를 내걸고 춘추대의에 입각해서 尊王攘夷를 표방하고 일제에 의해 침탈되어 가는 국권을 수호하기 위한 의병투쟁으로 연결된다. 을미의병의 대표격인 유인석은 討倭疏에서 중국문명이 상실된 이후 공자·맹자의 도맥이 유일하게 남아있는 유교 국가로서의 조선의 위치를 말하고, 병인양요·병자수호조약·신사척사소(이항로·김평묵·유중교·홍재학) 등을 거론하면서 그분들이 반드시 오늘이 있을 것을 짐작하였으나 힘이 부족하여 한을 품고 돌아가셨다고 을미의병에 이르는 척사 맥락을 말하고 있다. 이는 그가 스승인 이항로 김평묵 유중교의 사상을 이어받은 척사운동으로써의 토왜론을 주장하고 있음을 보여준다.

다시 만주로 갔다. 1909년(융희 3) 블라디보스토크에서 十三道義軍都總裁에 추대되어 李相卨 등과 함께 두만강을 건너 침공을 기도하던 중 일본의 외교적 절충으로 러시아 관헌에게 체포되었다가 뒤에 석방된다. 1910년 국권을 빼앗긴 뒤에도 1915년 이역 요동 奉天省寬甸縣에서 병사할 때까지 독립운동을 계속하여 국권회복에 대한 의지를 잃지 않았다.

그의 생애에서 일관되게 보여주는 태도는 다음의 몇 가지로 요약할 수 있다. 우선 ' 守義誠實則 亦爲討復之其 不爲兩截'이다. 그는 살아서 국권회복을 위한 조직적 행동을 해야지 죽음을 택하거나 개별적으로 擧義하는 것는 어리석은 일로 보았다. 그러므로 국권 상실 후에도 만주로 망명하여 계속 독립을 위한 투쟁을 전개하고 '一國盡起와 持久戰'을 力說하는데 이는 '愛國愛道愛身愛人'으로 구체화된다. 여기서 자신의 몸을 사랑하고 남을 사랑하는 것은 도의 구현체로서의 나라를 사랑하기 위한 것이다.

나라가 망했을 때, 그는 '一曰保華於國 二曰守華於身 三曰以身殉於華'라는 의리를 지키는 세 가지 행동 기준을 제시하고 ①은 나라를 되찾은 뒤에 보화가 가능하나 복국한다고 해서 반드시 달성한다고 할 수 없고 ③은 마땅히 一國人이 같이 해야 하므로 불가능하다. 그러므로 ②守華於身의 길이 타당하다고 해서 노령에서 만주로 이주했다.

결국 유인석은 도의 구현체로서의 나라를 사랑하고 지키기 위하여 위정척사 운동을 전개하며 의병 투쟁을 하였고 국권을 상실한 후에도 국권회복을 위한 독립운동을 전개한 것이다. 유인석의 이러한 생애와 사상은 그의 문학관에도 그대로 반영된다.

2.2. 載道的 文學觀

의암 유인석은 공자의 文에 대한 생각을 그대로 받아들이고 있다. 문이 닦여지면 천하가 다스려지고 문이 닦여지지 않으면 천하가 다스려지지 않는다는 것은 문이 갖는 효용성을 말하는 것으로 효용론적 문학관이다. 즉 문을 닦음으로 해서 천하를 잘 다스리고자 한 것이다. 이것은 다시 천하가 다스려지면 문이 드러나고 천하가 다스려지지 않으면 문이 드러나지 않는다고 하여 반영론적 관점으로 연결된다. 문이 백성을 교화하고 질서를 바로잡아 잘 다스려지게 함으로써 나라를 이루는 데 큰 역할을 한다는 것이 문에 대한 기본적 생각이다. 그러므로 역사를 알고 이를 오늘과 내일의 삶에 지표로 삼기 위해서는 하루라도 문을 가르치지 않을 수 없게 된다.

> 문은 나라의 교화를 이루어 빛이 되는 소이이다. 해와 달과 별들은 하늘의 빛이요, 예악과 제도 법률은 인간의 빛이다. 옛날의 성왕은 예악과 제도 법률로 교화하여 천하를 이루니 상하가 천지와 더불어 그 빛을 같이했다. 문이 닦여지면 천하가 다스려지고, 문이 닦여지지 않으면 천하가 다스려지지 않는다. 천하가 다스려지면 문이 드러나고, 천하가 다스려지지 않으면 문이 드러나지 않는다. 중국의 치란과 성쇠는 오직 문으로부터 징험할 수 있으니, 문이 나라를 이룸이 크다. 중국으로서 하루라도 가르침이 없을 수 있겠는가.[4]

여기서 문은 나라를 위한 일곱 가지 일, 도·덕·학·정·형·문·무의 7가지 중의 하나로 들어 놓은 것으로 武와 짝이 되는 개념으로 제시하고 있다. 武문가 가을과 겨울의 숙연하고 찬 날씨에 비견된다면 文은 봄 여름의 화창한 날씨로 비유된다.[5] 천하를 다스리는 데는 강온의 양면이 필요하다는

---

4) 柳麟錫, 『毅菴集 下』(경인문화사, 1973) 卷 51, 「宇宙問答」文國之所以成化而爲光華也 日月星辰天地光華也 山川草木地之光華也 禮樂制章人之光華也 古之聖王以禮樂制章化 成天下 上下與天地同其光華也 文修歟天下治 文不修歟天下不治 天下治歟文察 天下不 治歟文不察 中國之治亂 盛衰徵諸文而已 文之於爲國大矣 爲中國而可以一日而無文敎哉
5) 柳麟錫, 『毅菴集 下』(경인문화사, 1973) 卷 51, 「宇宙問答」 天以春夏之宣暢爲文 以秋冬 之肅嚴爲武

것이다.

무를 사용하지 않으면 위태롭지만, 무만 편중되게 쓰면 실책이 되기 때문에 성인도 天德과 합치하여 문과 무를 행하여 천하에 武威를 때로 떨치기도 하고 때로 거두기도 한다는 것이다.

> 문은 무를 선양하는 것이요, 무는 문을 이루는 것이다. 서로 짝하여 두루 도모하되 편벽되어서는 안 되고, 문무를 함께 쓰는 것이 좋은 술책이다. 문교를 일으키되 무위와 화통해야 하고, 무위를 떨치되 문교와 짝을 지어야 한다. 이렇게 하지 않으면 중국의 도가 아니고, 일 또한 이루어지지 않을 것이다.6)

여기서 무를 선양하는 것으로서 문의 효용성이 있다. 즉 문은 무와 짝을 이루어 두루 도모해야 할 것으로 문무를 편벽되지 않게 함께 쓰는 것이 좋은 술책이며 문교를 일으키되 武威와 화통해야 함을 강조한다. 이렇게 되었을 때 중국의 도가 되며 일도 진정으로 잘 할 수 있게 된다는 것이다.

이 때 문은 무와 대가 되는 것으로 문학에 비해 넓은 개념이다. '학문과 예술', 또는 '예악 제도 등 국가 사회를 빛나게 하는 것'이라는 정도의 의미라 하겠다. 다음의 ②도 이와 같다. ②를 제외한 나머지 ①~⑥은 문장, 문필의 의미로 쓰인 경우로 역시 지금의 문학보다는 훨씬 의미 영역이 넓다.

> ① 도덕과 문장은 하나이지 둘이 아니다. 비유컨대 뿌리와 줄기 꽃과 잎사귀와 같은 것이니 어떻게 둘이겠는가?
> ② 문과 도가 하나이면 세상은 다스려지고 문과 도가 둘이면 세상 은 어지러워진다.

---

6) 柳麟錫, 『毅菴集 下』(경인문화사, 1973) 卷 51, 「宇宙問答」文宣武者也 武濟文者也 相配而周旋不可偏也 文武竝用術之長也 揆文敎暢之乎 武威奮武威配之於文敎不如此則非中國之道而事亦不濟也.

③ 상고 시대 성인의 도덕이 발하니 문장이 드러나 천하가 다스려
    졌다. 중고 시대의 성현은 도덕을 높이고 호위하니 문장을 잘하
    여 천하를 다스렸다.
④ 후세에는 그 문장이 아름다우나 도덕과는 멀어 천하가 다스려
    지지 않았다. 하대에는 그 문장이 요사스러워 도덕을 적대시하
    니 천하를 어지럽혔다.
⑤ 정자께서 말씀하시기를 '높은 재능을 지니고 문장을 잘하는 것
    은 행운이 아니다. 높은 재주를 지니고 문장을 잘하면서 도를
    해치지 않음은 드물다'고 하였다.
⑥ 거짓된 문장은 옳지 않으며 삼가지 않는 것이다.7)

  그러나 이들은 모두 문학을 포괄하는 개념으로서 문학에 대한 관점의
일단을 보여 준다는 점에서 시사하는 바가 있다. 문장은 도덕과 일치해야
한다는 것이다. 옳고 삼가며 도덕적인 문장만이 참된 문장이라는 것이다.
아름답기만 하거나 요사스러워 도덕적이지 못한 글이나 높은 재주를 지녀
문장을 잘해도 도덕을 해치는 글은 진정한 글이라 할 수 없는 것이다.
  이에 비해 다음은 도덕이 문장을 빛나게 하고 아름답게 한다는 것이다.
즉 도덕은 문장이 빛나고 아름답기 위한 필요 충분 조건임에 비해 재능은
필요 조건일 뿐이다.

  숭고함은 부귀보다 더 큰 것이 없고 화미함은 문장보다 더 큰 것이 없으며
숭고와 화미는 도덕에 있음이 자연스런 일이다.

---

7) 柳麟錫, 『毅菴集 下』(경인문화사, 1973) 毅菴先生文集 卷 33, 「雜著」 <散言>
　・道德文章一也 不可二也 譬如根株而花葉如之何其二之也
　・文與道一則世治 文與道二則世亂
　・上世聖人道德發而文章顯天下治也 中古聖賢尊衛道德而善文章以治天下
　・後世美其文而離道德 天下未治也 下代妖其文而賊道德而亂天下也
　・程子曰有高才能文章不幸也 纔有高才能文章鮮不賊道也
　・爲文章不可而不愼

도덕이 없고서 부귀하면 숭고할 수 없으며 도덕이 없으면 문장의 화미함은 사라진다.

예로부터 천하의 나라를 어지럽히고 망하게 하는 것은 모두 그 도덕에 달렸다. 부귀함을 기뻐하고 도덕을 손상시키는 것은 능히 문장이 할 수 있는 것이다.

군자라고 해서 어찌 부귀하고자 하지 않겠는가? 그러나 문장이란 군자가 남과 다른 까닭인 것이다. 먼저 나에게 도덕이 있기를 구해야 할 것이다.[8]

다음의 인용문은 문학에 대한 좀더 접근되고 구체화된 견해를 보여 준다. 기송과 사장은 도덕보다는 문학적 기교를 중시하는 경향을 의미한다. 이에 대해 부정적 견해를 보이고 있는 것은 도학파와 사장파가 갈등하면서 재도적 공리주의 문학인 도학파가 상대적으로 미문 위주인 사장파를 비판하는 논리의 연장선상에 놓인다. 소설을 기송 사장하는 것은 노력의 낭비이며 心術을 해치고 선을 행하는 데 어긋나며 몸을 돌보고 집안을 다스리며 국가와 천하를 경륜하는 일을 어려워지게 하고 망극한 데 이르게 한다는 것이다. 그것은 도를 중시하지 않는 글들이기 때문이라는 것이다.

> 중요시하는 것도 기송과 사장에 불과하니 한결같이 잡패소설과 황당무계한 비기와 좌도 등의 책과 외학의 사서까지를 기송·사장하는 데 불과하니 노력만 낭비할 뿐이다. 선을 하는데 무슨 보탬이 되겠는가. 소설과 좌서들이 오로지 심술을 해치므로 선을 하는데 어긋나거늘 외학 사서 같은 것은 다시 더 말할 것도 없다. 이로서 몸을 돌보고 집안을 다스리고 국가와 천하를 경륜하려 한다면, 일이 어려워지고

---

8) 柳麟錫, 『毅菴集 下』(경인문화사, 1973) 卷 51, 「宇宙問答」
　　崇高莫大乎富貴　華美莫大乎文章　崇高華美有道德自然也
　　無道德而富貴崇高也敗　無道德而文章華美也賊
　　自古亂亡天下國家者　皆其道德　而悅富貴敗道德而能文章者也
　　君子豈不欲富貴　文章也　君子所以異於人者　先求我有道德也

망극한 데 이르지 않겠는가?9)

또, 문장의 뛰어남을 사람이 지니는 여러 덕목 중의 하나로 들고 있으나 성취할 수 있는 경지로 볼 때 학술의 바름을 이루기가 그 중 어려운 것으로 들고 있다. 이는 바른 학술을 이루는 것에 비해 상대적으로 달성하기가 쉬운 경지로 인식되고 있음을 보여 준다.

> 무릇 사람은 품격에는 고매함이 있고 지조와 절개는 탁월함이 있으
> 며, 공업에는 훌륭함이 있고 문장에는 뛰어남이 있다. 그러나 학술을
> 바르게 하기란 어렵다.10)

이것으로 볼 때, 문장, 문학에 대한 유인석의 생각은 문학이 지니는 수사적 아름다움이나 표현의 참신함, 독창성 등 문학 고유의 영역보다는 문학이 담보해 낼 수 있는 유가적 도덕성을 훌륭한 문학의 필요충분 조건으로 삼았음을 알 수 있다. 이는 도학파가 주장했던 문학관의 계승으로 조선조 성리학자들의 공통된 문학관이며 그를 그대로 계승하고 있음이 확인된다.

이는 유인석 문장, 그의 시가 추구하고 있는 세계를 유추하는 기준이 된다. 즉 그가 이상적인 것으로 지향하고 있는 세계의 성격을 보여 주는 것이다. 유인석 문학에서 美란 유가적 道를 추구하는 세계인 것이다.

---

9) 柳麟錫,『毅菴集 下』(경인문화사, 1973) 卷 51,「宇宙問答」學之所尙高者 不過記誦詞章 滔滔者 雜稗小說荒괴 陰秘左道等書 加之外學邪書記誦詞章徒費功力 何補於身謀 以是 而爲家計 以是而爲國天下之經綸 是其時事難不至罔極也

10) 柳麟錫,『毅菴集 下』(경인문화사, 1973) 卷 51,「宇宙問答」夫人稟格有高邁也 志節有卓 犖也 功業有炳蔚也 文章有轟燁也 學術難乎有正矣

3. 낙관주의적 비극미의 구현

3.1. 숭고미와 비극미

미적 근본 현상에는 미와 추, 숭고와 비속, 비극적인 것과 희극적인 것의 세 가지 쌍이 있다. 이 속에는 실재와 이상간의 관계의 가능한 모든 측면들이 표현되어 있다. 미와 숭고의 발생적·논리적 친화성은 이 둘이 모두 긍정적 가치이며, 해당 대상이 인간의 이상에 근접해 있음을 증명해 준다는 데 있다.

'미'와 '추'가 실재와 이상의 관계를 질적 관점에서 표현하는 데 비해 '숭고'와 '비속'은 그것을 양적 관점에서 표현한다. 모든 대상 속에서 양적 질적 규정성은 서로 불가분하게 결합되어 있어 대상의 미적 속성 속에서도 불가분한 통일성을 이루며 존재한다. 그러나 둘의 관계는 가변적이므로 양적 요인에 의해 미적 의미가 달라질 수 있다.

인간은 미적 지각을 할 때, 대상을 완전히 무의식적으로 자신의 척도, 자신의 힘과 에네르기에 관련시킨다. 양적 측면에서 측량할 수 없는 것으로 나타나는 대상은 인간을 압도적으로 능가한다. 여기서 인간은 인간의 미약한 힘, 가능성, 상상을 무한히 능가하는 것에 대해 경외의 감정을 느끼게 된다. 비상하게 힘의 우위에 있는 대상은 경탄과 두려움을 불러일으킨다. 인간을 완전한 심적 만족감, 조화로운 평정감, 매혹감으로 이끄는 미의 감정과는 달리, 숭고의 감정에는 자기 포기, 자기 희생의 행동을 불러일으키는 무언가 불안한 것, 자극적인 것, 역동적인 것이 들어있다. 그러므로 장엄하고 초인적인 척도가 인간의 척도에 대립되어 인간을 일상으로부터 끌어올리며, 자신을 넘어설 수 있도록 '고양'시킨다. 인간의 위대함이라는 이념, 장엄하며 우주적인 규모의 행동이라는 이념을 구현함으로써 양의 미적 의미를 획득한다. 이러한 양적인 속성 외에 숭고는 인격이나 정신력이나 윤리적 '성장'이 미적 특질로 나타난다. 인간으로 하여금 육체적 괴로움, 고통, 공포, 개인적 소망을 극복하고, 다른 사람들에게 인간 속의 초인적인 것의 모범을 보여 줄 수 있게 해 주는, 인간 정신력의 비범하며 보기 드문 크기는 숭고성을 획득하게 된다. 그러므로 인간 속의 숭고한 것은 영웅적인 것이다. 여기서 그들의 힘은 사회적으로 중요한 이념적 목표를 지향한다.

삶이 인간의 이상의 중심점에 놓일 때만 죽음은 비극적일 수 있다. 죽음 그 자체를 비극적인 것으로 느끼게 되는 것은 죽음은 인간이 그에 투쟁하려고 하나 어쩔 수 없이 굴복해야만 하는, 하나의 기본적인 자연력이기 때문이다.

생물학적 합법칙성으로서의 죽음과 심리학적 현상으로서의 고통은 그 자체로서 비극적일 수 없다. 실재하는 존재자의 죽음과 고통은 오직 그 존재가 이러저러한 방식으로 이상적인 것을 제시하고 구현하고 긍정하는 한에서만 비극적 의미를 획득하게 된다. 비극이란 실재 세계 속에서의 이상적인 것의 몰락이자 실재하는 것 속에서의 이상적인 것의 패배인 것이다. 그러므로 아무런 죽음도 아무런 고통도 이러저러한 이상 실현을 위한 투쟁도 없고, 아무런 계급 투쟁도 전쟁도 자연력과의 충돌도 없는, 그러한 상황 역시 비극적일 수 있는 것이다. 비극적인 것의 지각은 구체적인 인물의 신체적 죽음이나 도덕적 비애로부터가 아니라, 인간의 이상 일반의 사멸로부터 발생하는 것이다. 인간 삶에 대한 이상적 표상은 저열하고 추한 실재와 충돌하여 패배를 맛보게 되며, 이 이상의 패배가 비극을 낳게 되는 것이다.

낙관주의적 비극의 미적 내용은, 이상을 구현하고 그것을 위해 투쟁하는 선한 사람의 몰락이 결코 이상 자체의 몰락을 의미하지는 않는다는 점에 그 본질이 있다. 반대로 그의 비극은 이성, 정의, 미, 자유로운 감정, 인간적 신뢰의 궁극적 승리에 대한 강한 신념으로 가득 차 있다.[11] 주인공의 몰락은

______

11) 셰익스피어의 비극 로미오와 줄리엣, 햄릿, 오델로의 미적 내용이 이에 해당한다. 라파엘의 성모는 육신의 아들을 바치며 동시에 그의 비극적 운명에 공감을 하지만 그럼에도 불구하고 그녀는 자신의 희생이 필수적이며 올바른 것이라는 사실을 알

결코 그의 투쟁 목표가 되는 대의의 몰락, 그가 긍정하는 이상의 몰락을 의미하지 않는다. 주인공의 죽음, 그의 신체적 절멸은 그의 도덕적 승리, 그의 정신적 불멸성을 의미하며, 그의 불굴성을 의미하며 주인공은 죽음으로써 오히려 장차 다가올 승리의 화신이 된다.

낙관주의적 비극의 가장 중요한 특수성은, 그것이 이상의 궁극적 승리에 대한 믿음 뿐 아니라 그러한 승리의 불가피성에 대한 인식을 바탕으로 한다는 데 있다. 이러한 고도의 역사 의식이 파멸해 가는 주인공에게 특별한 정신적 강인성을 부여해 준다.

인간은 다양한 방식으로 살 수도 있지만 다양한 방식으로 죽을 수도 있다. 현실적 패배로서의 죽음이 오히려 이상을 향한 의지의 승리를 더욱 강렬하게 드러내 줄 때 이는 낙관주의적 비극이 된다.

비관주의적 비극이 인간을 나약하게 만들고 그를 굴종과 소극성으로 이끌고 가는 데 비해 낙관주의적 비극은 인간을 정화시키며 투쟁 의지와 행동 의욕을 고취시켜 이상의 실현을 방해하는 모든 것에 대한 용감하고 희생적인 투쟁으로 이끌어 가는 것이다.

도의 실현이 유인석 문학에서 이상이라고 할 때, 도가 실현되지 않는 막강한 현실과의 투쟁에서 패배하나 끝내 포기하지 않고 도를 추구하는 모습을 형상화한 그의 충절시들은 이러한 낙관주의적 비극미를 보여주게 된다.

3.2. 현실과 이상의 거리

前村貧家	앞마을의 가난한 집
君不見前村貧家	그대 앞마을 가난한 집 못 보았나
朝無飯夕又無飯	아침에도 밥이 없고 저녁에도 밥이 없네

고 있다. M.S.까간, 진중권 옮김, 『미학강의1』참조

兒猶索叫怒撞足仍呼泣	어린 아이 밥 달라 소리치고 발 구르며 울어대니
乃父無語母强責	아비는 말을 잃고 어미는 구박 주네
拔鍋換錢計區區	밥솥 떼서 돈 바꿀까 계책이 구구한데
吏來徵布不敢逆	아전이 세금 걷으러 왔으니 감히 거역할 수 없네
傭舂得米將向炊	방아 품 팔아 얻은 쌀로 밥 지으려 하는데
東隣貸住來促迫	동쪽 마을 빚쟁이 빚 독촉하러 왔네
戲炊入室相聚頭	한숨쉬며 방에 들어가 서로 머리 모아 봐도
兒체 不住氣空塞	아이 울음은 그치지 않고 기가 막히는구나
悠久歲月何以過	길고 긴 세월을 어찌 지낼 것인가
千計百計無好策	천백 가지 꾀를 내도 좋은 대책이 없네
世上富人何福力	세상의 부자들은 무슨 복력으로
厭衣厭食有餘積	실컷 먹고 실컷 입어도 남아서 쌓이는데
前村貧家甚可哀	앞마을 가난한 집 몹시도 가엾구나
盡日不食何獨厄	종일토록 못 먹으니 어찌 홀로 운수가 사나운가
貧者自貧誰怨尤	가난은 제 가난이니 누굴 탓하고 원망하랴
仰視皇天日揭白	하늘을 우러르나 태양도 무심하구나
有時訴我顔色傷	때론 내게 호소하나 얼굴빛만 상하고
割我簞飯豈饒飢	내 대그릇 밥 나눠준들 어찌 요기나 되랴
書中經濟謾說與	책 속의 경제 부질없이 들려주고
坐看門柳動春色[12]	문 앞에 앉아 봄빛에 흔들리는 버드나무 바라보네

　　시는 22행으로 된 배율로 앞마을 가난한 집의 형편을 눈앞에 전개되고 있는 것처럼 사실적으로 그려내고 있다. 당시 가난한 백성의 일반적인 삶의 모습으로 시는 온갖 사회 부조리와 모순 속에서 피폐해진 현실의 모습을

---

12) 柳麟錫, 『毅菴集 上』(경인문화사, 1973) 毅菴先生文集 卷 1, 詩, 「前村貧家」

극명하게 드러낸다.

시의 1~4행에서 아침 저녁 끼니도 이어갈 수 없는 궁핍한 형편에 아이는 밥 달라 울며 보채고 생활에 지친 아비 어미가 배고파 우는 불쌍한 아이를 구박하고 있다. 5~12행은 출구 없는 궁핍과 현실의 모순을 나타냈다. 먹을 것을 구하기 위해 최후로 남은 밥솥을 떼어 돈을 마련해 보려 하지만 그나마 아전이 세금으로 거두어 가고, 방아 품을 팔아 얻은 쌀로 밥을 지으려 하지만 빚쟁이가 와서 독촉하는 바람에 모두 빼앗기고 만다. 방에 들어와 부부가 머리를 맞대고 궁리를 해 보지만 무슨 대책이 있을 리 없다. 아이의 울음은 그치지 않고 기막힌 현실은 앞으로도 더 나아질 가망이 없음을 보여 준다. 13~16행까지는 실컷 먹고 입어도 남아서 쌓이는 세상의 부자들과 하루 종일 굶고 있는 백성의 삶을 대조하여 궁핍한 삶을 더욱 강조하고 이렇듯 운수가 사나움을 한탄한다. 17~18행은 끼니도 잇지 못하는 절대 빈곤에 대해 누굴 탓할 수도 없이 자신의 문제로 귀결되고 마는 현실의 모순을 드러냈다. 최후의 보루인 하늘을 우러러 보지만 밝게 걸려 있는 태양은 이들 에게는 한낱 풍경에 불과할 따름이다.

19~22행은 시적 화자의 태도를 보여 준다. 앞마을 가난한집 사람이 나에 게 와서 호소할 때가 있으나 나 역시 별 도움이 되어 줄 수 있는 처지가 못 된다. 대나무 도시락의 밥을 조금 나누어 줘 봤자 요기도 안 되는 임시방 편일 뿐이다. 책에 나오는 경제에 대해 이야기해 주나 부질없는 일이다.

시는 백성의 고달픈 삶의 원인을 간접화하여 보여 준다. 제도적으로 뒷받 침을 해 주어야 할 나라에서는 오히려 가혹하게 세금을 거두어들여 백성들 은 대책 없이 빚을 지고, 점점 더 헤어나기 어려운 가난의 질곡 속으로 빠져드는 악순환이 되풀이된다. 그러나 이는 개인의 사나운 운수 탓일 뿐 책 속의 경제도 이웃 동네의 유학자도 별 도움을 주지 못하는 것이다.

현실의 중압감은 일정한 미적 거리의 확보에는 실패하나 그만큼 절박한 현실의 상황을 날 것인 채로 보여 줌으로써 조선 후기 사회의 모순을 드러내는 전형적 성격을 획득한다.

　문 앞에 앉아 봄빛에 흔들리는 버드나무를 바라보는 시적 화자가 느끼는 무력감과 울분을 봄의 아름다운 생동감과 대조시켜 더욱 뼈저리게 표현한다.

　시에서 현실과 아름다운 봄빛과의 거리는 시에 비극적 성격을 부여한다. 자연을 통해 '있어야 할' 현실을 보여 주고 인간사를 통해 '있는' 현실을 보여 줌으로써 그 메꿀 수 없는 간극을 바라보는 시적 화자의 시선을 통해 비극성을 드러내고 있는 것이다.

憂國　　　　　나라 걱정

憂國復憂國　　나라 근심 또 나라 근심에
天涯老白頭　　하늘 끝 늙은이 머리 희도다
春風儻借力　　봄 바람이 혹시나 힘을 빌려주면
吹撒隋山憂13)　산 같은 근심 불어 버릴 것을

　을미 의병 시기에 유인석은 의병대장으로 초기의병전쟁의 지도자가 되었다. 그의 의병은 한때 3천명의 병력으로 충주, 제천, 단양, 원주 등지를 장악, 강력한 항전을 하였다. 그러나 이듬해 우기를 맞아 관군 장기렴 부대에 패전, 서북 지방으로 그 항전 기지를 옮기려 했으나 서북 지방의 호응이 없어 압록강을 건너 요동으로 들어갔다. 도강을 앞둔 의암은 楚山 阿夷城에서 '지금 나라를 버리고 鴨水를 건너감은 기필코 원수를 갚고 다시 우리나라에 禮義之邦을 세우기 위한 것이나 만일 그렇지 못하면 끝까지 異域에서 우리의 옷을 입고 우리의 머리를 하고 우리의 舊制를 지켜 죽어서 귀국할 것이다'14)라고 비장한 결의를 밝힌다. 그의 도강 목적은 청의 원조를 받아 무력으로 나라를 되찾는 것이었다. 그러나 의병을 해산하지 않을 수 없게 되고

---

13) 柳麟錫, 『毅菴集 上』(경인문화사, 1973) 毅菴先生文集 卷2 詩,「憂國」
14) 柳麟錫, 『毅菴集 下』(경인문화사, 1973) 毅菴先生文集 卷45 檄,「再檄百官文」

그 뒤에도 계속 원병 요청을 시도했으나 결국 뜻을 이루지 못해 통화현 오도청으로 돌아와 장래 자주적으로 재기할 기회를 엿보게 된다.

시에서 하늘 끝 늙은이는 나라를 근심하고 근심하여 머리가 희었다. 근심은 산 같이 쌓였지만 해결할 수 없다. 혹시나 봄바람이 힘을 빌려 주면 그 근심을 불어 버릴 수 있을 것이라고 기대해 본다. 그 때까지 의암은 봄바람의 힘을 기대하고 있었음을 알 수 있다.

여기서 있어야 할 현실은 나라에 대한 근심이 사라지는 것, 즉 나라를 되찾는 것이고, 있는 현실은 의병 전쟁에서 패배하고 국경을 넘어 타국 땅에서 나라 걱정에 머리가 희어진 것이다. 시의 비극성은 하늘 끝이라는 공간적 상황, 늙은이라는 인간 생애의 마지막 시기로서의 시간적 상황, 흰머리가 지니는 상실의 정감 등으로 형성된다.

그러나 가능성은 희박하지만 아직은 버리지 않은 힘을 빌려 줄까하고 봄바람에 거는 기대가 남아 있다. 또 아직은 늙은이의 머리가 희어지는 정도로 죽음이라는 극한적 상황까지는 얼마간 여유가 있다. 이런 점들이 시의 비극적 긴장을 약화시키면서 정서도 격렬하기보다는 안정적으로 전개된다.

다음 시에서도 봄바람은 힘있는 존재, 눈을 녹여 주고 천지에 생기를 불어 넣어주는 존재로 형상화된다.

見雪消   눈 녹는 것을 보며

坐見臥看長雪色	앉아서 보고 누워서 바라봐도 늘 하얀 눈빛
開門無雪出門行	문을 여니 눈이 없어 문을 나와 가 보았네
積厚閉藏深壑氣	두텁게 쌓여 감춰졌던 깊은 골의 기운이
消瀜去作遠江聲	흰눈 녹여 가게 하고 멀리 강물소리 들려오네
始識春風眞有力	봄바람이 힘 있는 줄 정말 처음 알았으니
却憐山木盡生榮	문득 산과 나무 모두 생기가 피어남을 사랑하노라

淨來氛祲如斯否　　요기를 씻어내는 것도 이 같지 않겠는가
對景回頭故國城[15]　　경치를 마주하다 고국성으로 머리 돌린다.

　시에서 눈은 생기를 가로막는 존재이다. 시의 수련에서는 눈빛이 사라져
버린 데 대한 놀라움과 경탄을 노래하고 있다. 어디서 어떻게 바라봐도 늘
눈빛만 하얗게 보이더니 어느 날 갑자기 문을 열고 보니 눈이 사라지고
없다. 시적 화자는 눈 때문에 오랜 동안 외출도 하지 못하고 있다가 드디어
문을 나서 길을 간다. 함련에서는 따스한 기운에 의한 자연의 변화를 읊고
있다. 눈이 두텁게 쌓여 막히고 감춰졌던 겨울 산골짜기의 기운이 흰 눈을
녹여서 사라지게 하고 눈 녹은 강에서는 강물이 흐르는 소리가 들려 온다.
수련에서 시각이미지로 제시한 해빙기의 분위기를 함련에서 청각 이미지로
이어받고 있다. 경련에서는 함련의 시상을 더욱 발전적으로 확대시킨다. 봄
기운은 봄바람으로 구체화되면서 산과 나무에 생기가 피어나게 하는 힘있는
존재로 부각된다. 결련은 고국의 현실에 대한 소망으로 이어진다. 생기를
되찾는 만물, 생기가 돌아온 천지에서 시적 화자는 두텁게 쌓여 있는 눈처럼
고국의 생기를 덮고 있는 요사스러운 기운도 봄바람의 살아있는 기운으로
씻어낼 수 있으리라 기대해 본다. 자연의 이치에서 인간 사회의 이치를 유추
해 내는 인과적 사고를 보여 주는 것이다. 그러나 다른 한편에는 스스로의
힘으로는 어찌 해 볼 수 없는 한계와 봄바람의 힘을 빌리지 않을 수 없다는
좀더 강력하고 전면적인 힘에 대한 갈망을 보여 주는 것이기도 하다.
　이 시 역시 앞의 작품과 비슷한 층위의 비극성을 형성하고 있다.

臥病次仁伯消雪韻　　병들어 누워서 인백의 눈 녹는 시 운을 따서 씀

一直臥寒疾　　한번 추위로 병을 얻어 누워

---

15)　柳麟錫, 『毅菴集 上』(경인문화사, 1973) 毅菴先生文集 卷 2 詩, 「見雪消」

冬春無辨年　　　　겨울인지 봄인지 해의 구별이 없어졌네
君詩消去雪　　　　그대 시에 눈 녹아 사라졌음을 노래하니
我酒暖來天[16]　　　내 술 마시며 따뜻해지는 날씨를 읊으리

　　기구에서 추위에 병들어 누운 것은 시적 화자이며 동시에 나라의 운명이
다. 언제 겨울이 가고 봄이 올지 알 수 없는 상황이다. 눈 녹아 사라지고
빨리 봄이 오기를 바라며 술을 마신다. 추위로 인해 얻은 병이니 술을 마셔
몸을 녹여 보려는 것이다. 이는 앞의 봄바람의 힘을 빌려 눈을, 요기를 없애
고 싶은 소망에서 한 발 물러 선 것이다. 봄바람에 대한 기대가 약화되었음
을 보여 준다. 그러나 봄바람이 외적인 작용이라면, 술을 마셔서 몸을 녹여
보는 행위는 병의 치유와 더불어 심리적 긴장의 이완이라는 내적 작용을
의미한다. 그러나 이는 한시적인 것으로 어디까지나 날씨가 따뜻해질 때까
지 기다리는 동안에 한정되는 것이다. 계절의 운행에 따른 천지자연의 변화
와 같은 전면적이고 포괄적인 힘에 의해 상황이 바뀌기까지 병행할 수밖에
없는 궤도 수정 내지는 보완이라 하겠다.

有國三節　　　　　나라의 삼절

恃絶古今三大節　　고금에 없는 삼대절이 있어
非徒彰著五倫光　　한갓 오륜의 광채만 밝혀준 게 아니로다
爭禽競獸一天下　　싸우는 날짐승 다투는 길짐승 가득한 세상
有曰朝鮮禮義邦[17]　예의의 나라 조선이 있다고 말해 주도다

　　시는 고금에 없는 삼대절을 노래하고 있다. 이 시의 小序에서 세 가지의
큰 節義란 '外藩의 陪臣이 上國을 위하여 죽는 것, 조정의 신하가 국모를

---

16) 柳麟錫, 『毅菴集　上』(경인문화사, 1973) 毅菴先生文集 卷 2 詩,「臥病次仁伯消雪韻」

17) 柳麟錫, 『毅菴集　上』(경인문화사, 1973) 毅菴先生文集 卷 2 詩,「有國三節」

위하여 죽는 것, 제자가 師門을 위하여 죽는 것'이라 하고, 이 세 가지 절의
는 천하 만세에 들리게 하는 것이 옳다[18]고 하여 조선이 이 삼대절을 지키는
의의를 밝히고 있다. 첫 번째 절의로 든 '외번의 배신이 상국을 위하여 죽는
것'은 이미 성현인 공맹의 도를 이어받은 나라는 조선밖에 없으므로 도를
수호하는 나라인 조선을 위하여 죽는 것일 수밖에 없다. 두 번째 절의 역시
유인석이 그 대표격이었던 1890년대의 위정척사론을 바탕으로 하고 있음을
보여 준다. 1894~1895년의 갑오·을미개혁 중에서 특히 단발령과 명성왕
후 시해 사건을 계기로 전개되었다. 이 시기 척사론은 개화의 반대와 명성왕
후 시해에 대한 토벌복수를 내걸고 춘추대의에 입각해서 존왕양이(尊王攘
夷)를 표방하고 일제에 의해 침탈되어 가는 국권을 수호하기 위한 의병투쟁
으로 연결되었다. 셋째 절의인 '제자가 사문을 위하여 죽는 것'은 화서학파
가 내세우던 춘추대의 위정척사의 이념을 수호하고 구현하는 것으로 결국
삼대절은 도를 수호하는 일로 수렴된다.

　起句에서 조선에는 고금에도 없는 삼대절이 있음을 천명하여 시상을 일
으킨다. 承句에서는 그 삼대절의 의의가 오륜의 광채만을 빛나게 한 것이
아니라고 하여 한층 더 큰 의의에 대한 기대를 높인다. 轉句에서는 싸우고
다투는 날짐승 길짐승들만이 가득한 현실을 제시하고 結句에서 오직 하나
뿐인 예의의 나라는 조선이라고 하여 예의가 있는 나라로서의 조선에 대한
강한 자부심을 보여 준다.

　시는 자체 논리만으로는 비극적 성격이 없는 것처럼 보인다. 강한 자부심
과 찬양의 어조에는 바라는 이상과 존재하는 현실 사이에 간극이 없기 때문
이다. 그러나 짐승들 틈에 유일 존재인 예의의 나라임에도 오히려 그 짐승에
불과한 나라에 억압당하고 있는 현실이 배경이 되기 때문에 비극이 존재하게

---

18) 위의 글, <小序>　本朝有所無古今大節三焉 外藩陪臣爲上國死 朝廷臣隣爲國母死 弟
　　子爲師門死 是爾可使聞於天下萬世

된다. 교화의 대상이어야 할 짐승의 나라들이 예의의 나라를 침략하고 압박하고 있는 현실이 바로 비극의 배경이 되는 것이다. 오직 하나뿐인 예의의 나라라는 자부심은 그러한 삼대절의 나라를 짐승들이 가득한 세상에서 오랑캐들로부터 지켜낼 수 없다는 데서 역설적으로 비극성을 강조하게 된다.

朝起口吟   아침에 일어나 읊음

坐同紅日白頭翁	붉은 해와 함께 앉은 흰머리의 늙은이
林壑絶淸秋景逢	수풀 계곡 빼어난 맑은 가을 경치 만났어라
寬暢襟胸連曠野	이어진 너른 들에 마음을 펼쳐 놓고
斂持神氣對高峯	높은 봉 바라보며 신령한 기운 거두노라
卷舒床帙心千古	책은 펴서 상에 놓고 마음 천고를 생각하고
斟酌時機思萬重	시기를 헤아리니 생각은 만 겹이라
尋起夜間家國夢	밤 사이 고국 꿈 떠올려 보고
南天無數送鳴鴻[19]	남녘 하늘로 무수히 우는 기러기 보냈네

칠언율시로 수련에서 시적 화자인 흰머리의 늙은이는 붉게 떠오르는 아침해를 바라보며 앉아 수풀이 우거진 계곡의 몹시도 맑은 가을 아침의 경치를 마주하고 있다. 함련과 경련에서는 대구의 수법을 사용하여 수련의 시상을 구체화한다. 함련에서 아침 햇살 아래 펼쳐진 너른 들판과 높은 산봉우리에 상응하는 마음 속까지 다 펼쳐 놓고 신령스러운 산기운을 온몸으로 받아들이는 정회를 표현하였다. 함련이 대자연에 상응하는 정회라면 경련은 인간의 역사와 사회에 대한 고뇌의 표현으로 함련의 공간적 정서적 폭에 역사적 시간적 깊이를 겹쳐 놓는다. 자신의 학문으로 해결할 수 없는 현실 사회의 문제를 앞에 놓고 옛일을 상고해 보지만 때의 불리함은 시적 화자의 생각만을 천만 겹으로 괴롭게 할 뿐이다. 결련에서 모든 시상은 고국의 문제

---

19) 柳麟錫, 『毅菴集 上』(경인문화사, 1973) 毅菴先生文集 卷2 詩, 「朝起口吟」

로 귀결된다. 빼앗긴 고국의 독립을 되찾기 위하여 멀리 타국에서 배회하고 있건만 소망은 이루어지지 않고 꿈속에서도 잊지 못할 뿐이다. 염려하고 그리는 마음에 고국이 있는 남녘 하늘로 우는 기러기만 수없이 보낸다. 우는 기러기는 시적 화자의 감정의 등가물로 시의 공간 속에 비극성을 울려 퍼지게 하는 장치로 작용한다.

<table>
<tr><td>曉枕</td><td>새벽 베개</td></tr>
</table>

夜半風聲大	한밤중 바람 소리 몰아치더니
曉頭月色多	새벽 머리맡에 달빛이 밝다
一天念終始	처음부터 끝까지 한 하늘 생각는데
萬物臥森羅[20]	만물이 삼라에 누웠네

　　오언절구의 간결한 형식 속에 많은 의미의 磁場을 함축하고 있는 작품이다. 폭풍우 뒤의 고요처럼 동적 심상과 정적 심상, 청각 심상과 시각 심상이 적절하게 조응하며 정서적 효과를 높여 주고 있다. 한밤중부터 새벽까지 잠 못 이루며 잠겨든 사념은 무엇인가. 몰아치는 바람 소리처럼 격렬한 고뇌와 머리맡을 비추는 새벽 달빛의 고요처럼 다 가라앉고 밝게 빛나는 사념은, 轉句에서 명시적으로 밝혔듯이 처음부터 끝까지 한 하늘에 대한 생각뿐이다. 결구에서는 만물이 삼라에 누었다고 하여 불교적 사고로 문제를 풀고 있다. '天森羅 地萬象 전체가 다 불생불멸의 위치에 있어서 세간의 모습 이대로가 常住不滅이라는'[21] 불가적 사고는 깨달아 눈을 뜨면 불생불멸 절대의 세계이고, 눈을 뜨지 못하면 생멸의 세계, 상대의 세계이어서 캄캄한 밤중이라는 것이다. 만물이 삼라에 누운 절대 고요의 상태는 상주불멸의

---

20) 柳麟錫, 『毅菴集 上』(경인문화사, 1973) 毅菴先生文集 卷 2 詩, 「曉枕」
21) 성철, 「불생불멸과 중도」- 해인사 대적광전에서 한 대중 법어(1981년 1월 6일)

영원한 세계를 말한다. 문제는 현실 세계의 경계선을 넘어선 차원이 다른 추상적 사고의 세계로 건너갔다는 데 있다. 시는 禪的 아름다움을 지니게 되지만 이미 현실의 치열함을 잃고 다른 범주의 세계를 보여 준다. 처음부터 끝까지 한 하늘을 생각한다는 것은 그가 일관되게 도를 추구해왔다는 것이다. 여기서 도를 추구하기 위한 현실적 투쟁이나 치열성은 드러나지 않는다. 시는 일관되게 추구해온 도가 현실적 세계에서 구현되지 않고 초월적 세계로 이월되고 있는 데서 그 비극성을 드러내게 된다.

3.3. 현실적 좌절과 비극성 고조

雪夜　　　　　　눈 내리는 밤

宿鳥驚風鷄唱寒	잘새들 바람에 놀라고 닭도 추워 우는데
老人頻起夜垂殘	늙은이 자주 깨어 밤도 다해 가는구나
千山雪下乾坤白	천 산에 눈이 내려 천지가 희고
一室燭明方寸丹	방안엔 촛불 밝아 마음 붉어라
道與友期終執守	끝까지 도를 지키자 벗과 약속했는데
國將誰賴復全安	나라는 장차 뉘가 다시 편안케 할까
講規約束行前路	강규로 약속하고 앞길을 가니
有隋天心且默看[22]	천심은 정함이 있으니 또 말없이 바라보네

시에서 흰빛은 추위와 폐쇄, 불안, 고통의 상징이다. 천 산에 눈이 내려서 하늘과 땅이 모두 흰빛으로 뒤덮여 있어 사람은 물론 짐승들까지도 활동을 할 수 없는 상황이다. 눈보라치는 추위에 짐승들까지 놀라 우는 밤은 늙은이에게도 휴식과 안정이 아닌 밤새 잠 못 들고 바장이는 시간이다. 늙은이는

---

22) 柳麟錫, 『毅菴集 上』(경인문화사, 1973) 毅菴先生文集 卷 3 詩, 「雪夜」

자주 일어나서 촛불을 밝히고 아침이 오기를 기다린다.

　시의 공간은 외부 공간인 천 산, 천지와 내부 공간이 한 방안으로 나뉜다. 외부 공간인 천 산 천지에는 하얗게 쌓인 눈과 바람과 추위가 있고 내부 공간인 방안에는 밝혀 놓은 촛불과 도를 지키려는 붉은 마음이 있다. 무한대의 외부 공간에 비해 내부 공간은 보잘것없이 작으며 하얗게 쌓인 눈에 비해 촛불의 빛은 한정적 공간과 한시적 시간 속에 놓여 있다. 그러나 시적 화자의 붉은 마음은 한정적인 것이 아니다. 끝까지 도를 지키자 벗과 약속하였으므로 사라지지 않을 것을 믿는다. 나라에 대한 문제가 걱정이나 천심은 이미 정해진 바가 있는 것이므로 말없이 바라본다는 것이다. 여기서 한정적 공간으로서의 방안과 한시적 시간으로서의 촛불의 한계성은 붉은 마음과 천심으로 인하여 확장된다. 장차 우리가 나라를 편안하게 하자고 벗과 더불어 강규로 약속하고 앞길을 가기로 했으므로 그 때 말없음은 말하지 않고도 통하는 도의 세계를 의미한다. 그러나 도는 현실적으로 실현된 세계, 현실적 차원이 아니라 믿음의 차원이라는 점에서 비극적 공간으로 작용하게 된다. 도의 세계를 향해서 가는 실천적 행위를 동반하고 있음에도 실현되지 않으므로 그 비극성은 고조된다.

<table>
<tr><td>憫世</td><td>불쌍한 세상</td></tr>
<tr><td>曰愛我韓讎彼倭</td><td>우리 대한 사랑하고 저 왜는 원수라며</td></tr>
<tr><td>倭頭倭口倭全身</td><td>왜의 머리에 왜의 입에 온몸이 왜놈이네</td></tr>
<tr><td>身頭口倭兼政事</td><td>몸 머리 입이 왜이고 정사까지 겸했으니</td></tr>
<tr><td>取輕舍重又何歟[23]</td><td>취하기는 쉬워도 버리기는 어려우니 또 어쩔 것인가</td></tr>
</table>

23) 柳麟錫, 『毅菴集 上』(경인문화사, 1973) 毅菴先生文集 卷 2 詩, 「憫世」

시는 말로는 우리 대한을 사랑하고 왜를 원수라고 하면서도 머리 속으로
생각하는 것이나 하고 다니는 말은 모두 왜와 한가지가 된 세태를 한탄하고
있다. 온몸이 왜놈으로 변한 상황에 정사까지 겸해서 왜에 의한 왜놈 정사를
하고 있다. 모든 것은 취하기는 쉽고 버리기는 어려운 법인데 왜색으로 물들
어 버린 생각과 말과 몸과 정사를 어찌 우리 것으로 되돌려 놓을 수 있을까
걱정하고 있다. 여기서 왜의 것은 배척해야 할 邪이고 우리 고유의 문화는
보위해야 할 正이다. 그러나 현실은 시적 화자가 바라는 가치가 전도되어
있다. 여기서 전도된 현실의 지적은 바로 배척해야 할 대상에 대한 비판의
의미로 사용되고 있다. 반복적인 지적을 통하여 그 비판의 강도를 점층적으
로 높이고 잘못된 현실을 바로잡기 위해 들여야 할 노력의 낭비를 한탄하고
있다.

庚戌冬至海港作	경술년 동지에 해항에서 지음
六十九冬至	예순 아홉 동짓날
閔來坐北邊	북녘 변방에 앉아 살펴보노라
百艱鷗在後	온갖 간난은 몸 뒤에 있고
重險塞當前	몹시 험한 변방이 앞에 놓였네
身獨恢恢地	이 몸 홀로 어둡고 어둔 땅에서
心還浩浩天	마음은 넓디넓은 하늘을 둘러본다
天時陽見復	천시는 양이 다시 보이는데
道國儻爲然24)	도의 나라도 진실로 그리 되겠지

의암이 예순 아홉 살 되던 해는 일제에게 나라를 빼앗긴 해였다. 소위
한일합방이라는 이름 아래 국권 침탈의 늑약을 맺기 전 의암은 이범윤 이남
기 이상설 등의 추대를 받아 13道義軍都總裁가 되어 나라를 회복하고 사직

---

24) 柳麟錫,『毅菴集　上』(경인문화사, 1973) 毅菴先生文集　卷　2　詩,「庚戌冬至海港作」

을 보존할 것과 도를 지켜 백성을 보존한다는 '復國·存社·扶道保民'의 기치를 내걸고 이 사실을 13도의 동포에게 알리는 글을 공포하고 이후 해삼위에 가서 머물다가 그 해 6월에는 국왕에게 사람을 보내 상소문을 올리기도 하였다. 의암은 保華於國, 守華於身, 以身殉於華의 處義三事를 제시하고 국내의 모든 지사의 망명과 수절을 종용하였다.

이러한 절박한 상황이 시에서 뒤에는 온갖 간난, 앞에는 겹겹의 험한 변방으로 형상화되고 있다. 어둡고 어두운 땅인 북녘 변방에서 예순 아홉 살 동짓달에 그는 넓고 넓은 하늘을 둘러본다. 하늘에 밝은 햇빛이 다시 보이는 것처럼 도의의 나라도 회복이 되기를 기대하면서. 시상의 전개는 이육사의 「절정」과 비슷하다. 매운 계절의 채찍에 갈겨 마침내 북방으로 휩쓸려 온 상황인 것이다. 하늘도 그만 지쳐 끝난 고원의 서릿발 칼날진 그 위에 서 있는 망명지사의 모습이 바로 당시 의암의 모습이었다. 시의 결련에서 다시 보이는 햇빛은 육사의 무지개와 같다. 육사시의 무지개가 강철로 되어 비장함을 심화시키는 데 비해 드넓은 하늘의 이치에 비겨 넉넉하게 표현하고 있는 점이 다르다.

다음 시 역시 사직 보존과 扶道保民의 의지를 드러내고 있다. 고국을 떠나 온갖 풍상을 겪으며 지내면서도 푸른 하늘의 해와 달을 지극하게 생각하며 이웃을 예속으로 사귀고 어린 아이들의 교육을 소홀히 하지 않는다. 젊은이들이 글 읽는 소리를 모여서 들으며 괴로운 삶의 즐거움으로 삼는다. 젊은이들이 글을 읽는다는 것은 바로 문명의 동방에 태평성대를 기약하는 일이기 때문이다. 끝이 보이지 않는 고달픈 삶과 대비된 앞날에 대한 희망을 글 읽는 소리와 태평성대로 표현하고 있다. 그러나 이는 그렇게 되기를 기대하는 미래의 이상이 부분적으로 이루어지고 있는 것일 뿐 전면적 현실은 고국을 잃어버리고 망명 생활을 하고 있는 상황이다. 애써 비극적 현실을 낙관하고 있는 데서 현실의 비극성은 오히려 높아진다.

<table>
<tr><td>雲峴書懷</td><td>구름 고개서 회포를 씀</td></tr>
</table>

<table>
<tr><td>一別蒼茫故國城</td><td>먼 먼 고국성 한번 이별하고</td></tr>
<tr><td>多年流轉老夫行</td><td>여러 해를 떠돌며 늙은 몸으로 지내네</td></tr>
<tr><td>蒼天日月心何極</td><td>푸른 하늘의 해와 달은 마음 얼마나 지극한가</td></tr>
<tr><td>絶地風霜夢亦驚</td><td>머나 먼 땅 풍상에 꿈까지도 놀라워라</td></tr>
<tr><td>强意芳隣交禮俗</td><td>굳센 뜻 고운 이웃 예속으로 사귀고</td></tr>
<tr><td>寬懷少友讀書聲</td><td>느렸다 빨랐다 어린 벗 글 읽는 소리</td></tr>
<tr><td>會聞苦極還生樂</td><td>모여 들으니 괴로움 심해도 삶의 즐거움이
돌아오니</td></tr>
<tr><td>見否華東有太平25)</td><td>문명의 동방에 태평성대 있는 것 보이지 않나</td></tr>
</table>

일별, 창망, 유전, 절지, 풍상 등은 극한적 심상을 형성한다. 거기에 老夫는 그러한 극한적 상황을 감당하기 어려운 미약한 존재임으로 해서 상황의 불리함이 심화된다. 그것은 함련에서 夢驚의 심상으로 형상화되며 경련에서 태평성대를 향한 노력과 실천으로 극복된다. 결련에서는 풍상 속의 즐거움과 희망을 전망으로 제시하여 비극적 현실 속에서 낙관적 전망을 보여주며 시상을 마무리한다.

<table>
<tr><td>繕竹橋</td><td>선죽교</td></tr>
</table>

<table>
<tr><td>振古無雙圃隱翁</td><td>만고에 떨치도다 짝할 이 없는 포은옹이여</td></tr>
<tr><td>君看橋石血痕紅</td><td>그대 보시게나 선죽교 돌에 핏자국 붉은 것을</td></tr>
<tr><td>一身社稷存亡際</td><td>한 몸은 사직의 존망이 갈릴 때</td></tr>
<tr><td>萬事綱常樹立中</td><td>모든 일 강상을 세우는 데 두었도다</td></tr>
<tr><td>今日難言常日故</td><td>오늘 그 날의 사연 말하기 어려우나</td></tr>
<tr><td>我朝卽獎勝朝忠</td><td>우리 조정에서 고려조의 충절을 높이 기렸네</td></tr>
<tr><td>浮雲變化人間世</td><td>뜬구름처럼 변화하는 인간 세상에</td></tr>
</table>

---

25) 柳麟錫, 『毅菴集 上』(경인문화사, 1973) 毅菴先生文集 卷 2 詩,「庚戌多至海港作」

松嶽屹空靑不窮[26]   송악 하늘에 우뚝 솟아 푸르름 끝없어라

　　예속과 의리는 復國 存社 扶道保民을 위한 전제로서 군신의 의리를 지키
다 죽은 정몽주의 삶의 흔적은 예찬의 대상이 된다. 시는 수련의 처음부터
최고의 찬사로서 포은 정몽주의 행적을 직설적 언어로 곧바로 예찬한다.
선죽교의 돌에 나 있는 붉은 핏자국은 만고에 떨칠 충신의 충절의 표징이다.
찬양의 대상은 포은옹이 나라의 존망이 갈리는 때 강상을 세우는 데 자신의
목숨까지도 바칠 만큼 절대적인 행동 기준으로 삼았다는 데 있다. 고려조의
충신이 조선조의 역신이 될 수 있음에도 불구하고 고려조의 충신을 기린
이유는 군신간의 강상의 의리를 지켰다는 데 있다. 뜬구름처럼 변화하는
인간 세상에서 그것은 고귀한 가치로 송악 하늘에 우뚝 솟아서 끝없는 푸름
을 자랑한다. 시는 전반부에서 선죽교에 묻어있는 충신의 핏자국을 통해
가치 있고 이상적인 것의 현실적 패배를 노래함으로써 비극미를 구현한다.
나아가 후반부에서는 송악 하늘에 우뚝 솟아 끝없이 푸름을 자랑하는 소나
무의 형상으로 숭고의 영역을 확보하고 있다.

　　　　　霖雨   장마

　　　　連月此淫雨   달을 이어 음산한 비가 내리네
　　　　愁歎白首翁   흰머리 늙은이 근심과 한탄
　　　　有終開霽日   비 그치고 말갛게 갠 날이면
　　　　快活一番風[27]   한 바탕 바람 불어 쾌활해지라

　　유인석 시에서 날씨는 시적 정황을 드러내는 중요한 매개적 장치로 작용
한다. 음양과 정사가 뒤집힌 상황에 대한 그의 의식이 끊임 없이 변주되며

---

26) 柳麟錫, 『毅菴集 上』(경인문화사, 1973) 毅菴先生文集 卷 1 詩, 「繕竹橋」

27) 柳麟錫, 『毅菴集 上』(경인문화사, 1973) 毅菴先生文集 卷 1 詩, 「霖雨」

드러나고 있는 것이다. 몇 달을 두고 이어지는 음울한 비에 흰머리의 늙은이
는 근심과 한탄이 끊이지 않는다. 날씨는 시적 화자의 심리적 정황의 등가물
이다. 비가 그치고 날이 맑게 개면 늙은이의 근심과 한탄도 한바탕 바람에
사라질 것이다. 어두운 현실과 밝은 미래에 대한 기대의 대비가 단순하면서
도 지리한 장마를 견딜 수 있게 하는 믿음임을 보여 준다.

<table>
<tr><td>次鼎甫有感吟</td><td>정보의 유감 운을 따 읊음</td></tr>
<tr><td>憂國念家常痛哭</td><td>나라 근심하는 마음에 집안엔 언제나 통곡
소리</td></tr>
<tr><td>荒林絶塞秋冬中</td><td>황량한 수풀 궁벽한 변방엔 가을과 겨울뿐</td></tr>
<tr><td>方包天地三春氣</td><td>사방에서 봄기운이 천지를 싸안는데</td></tr>
<tr><td>欲動山河萬里風</td><td>산하를 울리려는지 만리에 바람이 부네</td></tr>
<tr><td>幾箇有心經濟士</td><td>몇인가, 나라를 경륜하고 백성을 건질 마음
지닌 선비는</td></tr>
<tr><td>須臾無死疲癃翁</td><td>모름지기 늙도록 죽지 못하고 피로에 지친
늙은이</td></tr>
<tr><td>言詩少友能予起</td><td>어린 벗에게 시를 말하며 나 일어날 수 있
다면</td></tr>
<tr><td>明證斯文永不窮[28]</td><td>우리 유학이 영원토록 다함 없음을 분명히
증명하리</td></tr>
</table>

　　나라와 도의 앞날을 맡아 줄 선비, 젊은 벗에 대한 기대는 늙고 쇠약해져
지친 심신을 반증한다. 痛哭과 荒林, 絶塞, 秋冬은 모두 부정적 심상으로
현실적 상황의 어려움을 표현한다. 이에 비해 三春과 만리풍은 천지를 싸안
고 산하를 울려 가을과 겨울의 시절을 봄으로 바꿔 놓는 긍정적 심상이다.
천지에 기운이 돌아오면 죽지도 못하고 피로에 지친 늙은이도 일어나서

---

28) 柳麟錫, 『毅菴集 上』(경인문화사, 1973), 毅菴先生文集 卷 2 詩,「次鼎甫有感吟」

유학의 도가 결코 끝나지 않음을 분명하게 증명해 보일 수 있으리라고 확신
한다. 그러나 바라는 세계와 현실 세계의 거리는 늙고 지친 만큼이나 멀리
떨어져 있어 비극적 간극으로 작용한다.

夜坐口吟　　　　　　　밤에 앉아 읊음

道豈終休者	도는 어찌하여 끝난 것인가
聖何忽沒焉	성인은 어찌하여 가버리셨나
衛斥誰爲地	호위하고 배척함은 누가 할 것인가
死生吾有天	죽음과 삶이 내게는 하늘에 있네
松風疎積鬱	솔바람 불어와 쌓인 우울 흩어내도
林月照無眠	숲에는 달빛 비춰 잠 못 이루네
呼兒頻側耳	귓가엔 자주 아이 부르는 소리
雷起那方邊[29]	우레 소리 이는 곳 어디쯤인가

道가 끝나고 聖人이 가버린 시대, 道를 호위하고 邪를 배척해야 할 성인은
이미 존재하지 않는다. 있어야 할 현실이 도와 성인이 존재하는 것이라면
道도 聖人도 없는 현실은 이미 비극성을 내포한다. 이러한 상황에서 오직
죽음과 삶을 하늘에 맡겼을 뿐인 시적 화자는 솔바람에 쌓였던 울적함을
흩어내도 숲에 비치는 달빛 때문인지 잠을 들 수 없다. 극한적 상황과는
어느 정도 거리를 유지하고 있으나 잠 못 이루며 바장이는 선비의 아픈
마음이 초연한 듯한 어조에 실려 드러나고 있다.

3.4. 낙관주의적 비극미의 구현

잠시도 벗어날 수 없는 상실감 속에서 시적 화자는 잠을 못 이룰 뿐 아니

---

29) 柳麟錫, 『毅菴集 上』(경인문화사, 1973) 毅菴先生文集 卷 1 詩, 「夜坐口吟」

라 깊은 슬픔에 눈물을 흘린다. 시에 되풀이해서 나타나는 '하늘 끝', '늙은이', '아픔', '눈물', '죽음' 등의 이미지는 극한적 심상을 내포하고 있다. 이는 사천 년 문화의 나라이며 오백 년 성세의 백성으로서 당하는 노예의 삶이기에 더욱 비극적이다. 차마 함께 한 하늘을 이고 살 수가 없는 원수에게 당하고만 있는 현실은 살아있어도 죽음일 뿐이다. 그러므로 충성과 의리를 다하고 민족 정신을 떨쳐야 하는 것이다. 시적 화자의 이상은 현실적 죽음에도 불구하고 멸하지 않는다. 이는 유인석 시에서 일관되게 나타나는 낙관주의적 비극성으로 미래에 대한 확고한 믿음과 밝은 전망을 가능하게 하는 동력이다.

論告國中民人 　　　　　온 나라 겨레에게 고함

天涯抱痛老生身	하늘 끝 아픔 안고 살아가는 늙은 몸
爲向同胞下淚頻	겨레 향한 마음에 눈물 자주 흘리네
四千來歲東華國	사천 년 우리 문화의 나라
五百餘年聖世民	오백여 년 성세의 백성
食人以獸嗟當地	사람을 짐승이라 잡아먹으니 이 땅 당한 일 슬퍼하노라
爲役於讐忍載旻	원수의 노예 되니 차마 하늘 이고 살 수 없구나
有死無生今日事	죽음만 있고 삶은 없는 오늘의 사태
勉加忠義振精神[30]	힘써 충의 더하고 정신 떨쳐라.

　다음의 칠언절구 역시 이러한 비극적 정감을 표현하고 있다. 시는 황현의 절명시 4수 중 셋째 수[31]의 화답으로 읽혀진다. 황현의 절명시에서는 나라

---

30) 柳麟錫, 『毅菴集 上』(경인문화사, 1973) 毅菴先生文集 卷 2 詩, 「諭告國中民人」

31) 黃玹(1911), 『매천집』「絶命詩·三」鳥獸哀鳴海岳嚬/槿花世界已沈淪/秋燈掩卷懷千古/難作人間識字人(새 짐승도 슬피 울고 강산도 찡그리네./무궁화 온 세상이 이젠 망해 버렸어라./ 가을 등불 아래 책 덮고 지난날 생각하니,/ 인간 세상에 글 아는 사

가 망함으로써 그 나라의 백성은 물론 새와 짐승도 슬피 울고 강산도 찡그린
다고 했다. 이에 대해 유인석은 추도시에서 황현의 자결에 대해 동방의 푸른
잎새가 회오리에 떨어지니 해와 달도 비참하고 아픈 빛으로 떠 있고 하늘과
땅도 찡그린다고 했다. 이제는 잠겨 버린 무궁화 세상을 회오리에 떨어진
동방의 푸른 잎새로 치환하였다. 이는 황현이라는 애국지사의 존재에 근화
세계의 존재만큼의 무게를 실어 주면서 시의 어조를 한층 침통하게 만든다.

　轉句에서는 그의 죽음에 대한 당위성을 부여하며 동시에 자신의 충의
이념을 확인한다. 님이 죽고 없는 세상에 죽음을 택한다는 것은 너무나도
당연한 일이다. 당연한 일이나 쉽게 실천할 수 없는 일을 실행했기 때문에
그의 행동은 더욱 값지고 훌륭한 것이다. 그러므로 그의 죽음은 결구에서와
같이 만인의 탄식과 슬픔으로 이어진다. 상여줄은 이승과 저승, 만백성과
순절한 애국지사를 연결시켜 주는 매개적 장치이다. 님이 없는 세계에 대한
否定으로서의 죽음은 잘못된 세계에 대한 강한 저항이자 ‘있어야 할 세계’
에 대한 염원이다. 시는 이러한 이중의 장치로써 비극성을 높이고 있다.
지고한 가치인 나라의 멸망에서 오는 비극성, 그 가치를 위한 충절 지사의
죽음의 비극성, 그러한 현실에 대항하여 바로 잡지 못하는 데서 오는 비극성
이 그것이다.

　　　　步黃上舍玹死節時四絶韻爲悼之
　　　　상사 황현이 죽음으로써 절개를 지킬 때 지은 네 수의 운으로 그를 애도함

　　　日月慘光天地頻　　　해와 달도 슬퍼하고 하늘땅도 찡그리고
　　　東靑一葉忍飄淪　　　동방의 푸른 잎새 회오리에 떨어졌네
　　　誰宜不死無君死　　　누가 마땅히 죽지 않으랴 님이 죽고 없는 것을
　　　擁紼嗟咨泣萬人[32]　　상여 줄 부여잡고 만 백성 탄식하며 슬피 우네

　람 노릇하기 어렵기만 하구나.)

　32)　柳麟錫,『毅菴集 上』(경인문화사, 1973) 毅菴先生文集 卷 3 詩,「步黃上舍玹死節時四

　　그러나 유인석은 황현의 뒤를 따라 죽는다든지, 자기 스스로 죽음을 택하려는 생각을 하지는 않는다. 오히려 나라를 걱정하는 절개 있는 선비가 사람마다 죽으면 누가 있어서 앞날을 도모할 수 있겠느냐고 하여 죽음으로서 절의를 지키는 것보다는 살아서 앞날을 도모해야 국가 민족을 회복할 수 있다고 믿었다. 이는 화서학파를 중심으로 한 衛正斥邪派의 일관된 생각으로 그들의 현실참여적 실천적 경향을 보여 준다. 이것은 다시 두 가지 행동의 경향을 보여 준다. 하나는 현실적 패배가 이념적 패배를 의미하지 않으므로 국가와 겨레를 위해 의리를 지키다 죽어도 좋다는 것으로, 최익현 등이 의병을 일으켜 싸우다 죽은 경우가 그것이다. 다른 하나는 이념의 승리는 물론 현실적 승리까지 담보해 내야 한다는 의지와 실천이다. 이는 유인석이 노구를 이끌고 해외로 망명하는 명분이 된다. 자신의 신념을 실천하기 위한 여건이 점점 불리해지고 있을 때조차도 그는 자신이 믿는 가치 있는 세계의 승리를 위해 노력하였다. 그것은 죽음의 좌절과 항거를 넘어서는 절대적 명제였다. 살아서 조직적인 행동으로 국권을 회복해야 한다는 그의 입장은 끝까지 변하지 않았지만 황현의 죽음 앞에서 그 죽음의 절대성을 들어 그 충절을 애도하고 있다.

痛寃哭泣　　　　　슬프고 원통하여 소리쳐 울며

嗚呼痛矣嗚呼寃　　오호 슬프도다　오호 원통하도다
天地斯崩日月昏　　천지가 무너지고 해와 달도 저물었네
以彼之讐而彼醜　　저 놈의 원수와 저 놈의 추함으로
日邦爲合此何言　　일본과 합했다니 이것이 웬말인가

亂賊卽今快心否　　난신과 적자들아 이제 마음 즐거우냐
人華國滅功成還　　문명의 나라 멸하는 공이 이루어졌으니

絶韻爲悼之」

乃先父祖多嘉悅   너의 조상 무척이나 기뻐할 테고
爾後子孫將保安   너의 자손 장차 편안하겠지

嗟世英豪大丈夫   슬프다 영웅 호걸 대장부들아
此寃不雪可擡顏   이 원통함 씻지 않고 얼굴 들 수 있겠는가
哭之又哭天涯老   울어라 또 울어라 하늘 끝 늙은이여
哭盡乾坤春色還33)   울음 다하면 천지에 봄빛 돌아오리

  시는 3수의 칠언절구로 나라의 멸망과 난신적자에 대한 꾸짖음, 설분과
국권회복 염원을 차례로 읊었다. 첫째 수의 기구에서부터 감정의 직설적
토로로 시상을 일으킨 것은 시적 화자의 비할 데 없는 충격과 극심한 슬픔과
울분을 드러낸다. 승구에서는 다시 천지가 무너지고 해와 달이 저물었다고
하여 그 정감의 깊이와 정도를 과장한다. 이때의 극한적 표현은 강조 수법으
로 사용되고 있으며 국권 상실이라는 역사적 사실과 그에 대한 시적 화자의
진실한 감정을 담보하고 있으므로 허풍이라는 느낌을 주지 않는다. 전구와
결구에서는 전반부에서 제시된 감정을 일으킨 원인을 제시하고 있다. 전구
에서 저놈의 원수와 추함이라는 지극히 부정적인 대상의 제시는 결구에서
비분강개하는 감정의 극한적 대응을 자연스럽게 유발한다.
  둘째 수의 난신과 적자34)들은 충의 이념을 배반하고 적국 일본이 제 나라
를 빼앗는 데 공을 세운 인간들이다. 너의 조상이 기뻐할 것이고 너의 자손
이 편안해 질 것이라 하여 국가 민족을 배신한 그들의 행동이 현재는 물론
과거와 미래를 통해 어떤 의미를 지니게 될 것인가를 따져 묻는다. 표면적
사실, 반윤리적 가치 기준으로 본다면 그들은 현실적 세속적 안위를 누리고

---

33) 柳麟錫, 『毅菴集 上』(경인문화사, 1973) 毅菴先生文集 卷 3 詩,「痛寃哭泣」
34) 의암 유인석은 시 「詠五七賊」(의암집, 권 2 詩)에서도 난신적자에 대한 분노와 책
    망을 표현하고 있다. 汝看汝爲心快否/國亡人滅說言輕/在汝身家何所利/只存五七賊爲
    名

살아가게 될 것이므로 그들의 조상과 자손에게도 기쁨과 편안함을 줄 것이다. 그러나 충의 이념이라는 윤리적 가치로 보면 그들의 조상은 난신적자를 자손으로 두어 부끄러움과 분노로 절망할 것이며 그들의 후손들은 망한 나라의 백성으로 노예의 삶을 살 것이며 나라를 되찾는 날에는 부끄러운 조상 탓에 기를 펴고 살 수 없을 것이다. 여기서 반어와 풍자가 동시에 이루어진다. 그러나 시적 화자가 바라는 것과 실제의 현실은 뒤바뀌어 난신적자와 일제는 현실적 승리자이며 그들을 꾸짖는 화자와 그가 충성하고자 하는 나라는 패배자이므로 비극성은 고조된다.

셋째 수에서는 영웅호걸 대장부에게 슬픔을 호소하면서 시상을 일으켰다. 승구에서는 이 원통함을 씻지 않고는 얼굴을 들 수 없다 하여 나라를 지키지 못한 죄책감과 울분을 토로하고 국권 회복의 의지를 표명한다. 전구에서는 씻을 수 없는 치욕과 슬픔을 반복법을 사용하고 강조하고 있다. 끓어오르는 슬픔과 원통함은 하늘 끝 늙은이의 눈물로 표현된다. 역시 '하늘 끝', '눈물', '늙은이'와 같은 극한적 언어들이 사용됨으로 해서 비극적 감정을 더욱 고조시키며 그 울음은 봄이 올 때까지 계속될 것임을, 그리하여 봄이 오고 울음이 다할 것임을 강조하며 시상을 마무리한다.

이러한 우국충정은 이미 한일 간에 늑약이 맺어지기 이전인 을유년(1885년) 마지막 날 저녁에 읊은 시에서 그 원형을 볼 수 있다. 이미 기울어 가는 나라에 대한 근심이 국권 상실 후까지 몇 십 년 동안 지속되었음을 알 수 있다. 평생에 걸쳐 기울어 가는 나라의 운명을 근심하고 나라의 멸망과 함께 국권 회복의 의지로 신고와 간난의 삶을 지탱하며 살아갔음을 보여 준다.

乙酉除夕作　　을유년 마지막 날 저녁에 지음

今宵憂國淚　　이 밤 나라 근심으로 흘리는 눈물
流入海增波　　흘러서 바다로 가 물결 더하리

波聲鳴達曉　　파도 소리 울어서 새벽에 닿으니
天地感心多[35]　하늘 땅도 느끼어 마음 아파라

　그의 시에 특히 '마지막 저녁'을 노래한 것이 많다. 이는 한 해를 정리하고 마무리한다는 의미보다는 이 해에도 상황이 나아지지 않고 또 한 해를 보낸다는 아픔과 아쉬움 때문이다. 그는 한 해가 다 가고 마지막 날 밤에 잠을 못 이루며 나라를 걱정한다. 한없이 흐르는 눈물은 흘러서 바다로 가 물결을 더할 것이다. 시에서 먼 바다까지의 거리와 눈물과 바닷물의 양적 대비, 밤새워 울어 예는 아픔의 절절함은 감정의 과장으로 느껴지기보다는 비극성의 고조에 기여하며 감정의 지극함과 진실성을 담보한다. 오언절구의 간결한 형식은 숱하게 많은 그간의 사정들을 극도로 함축하며 파도소리와 하늘 땅에 이입된 절대성으로 표출된다. 그의 눈물은 바다에 닿도록 사무치고 물결을 더하도록 끝없이 많이 흐른다. 파도 소리가 울어서 밤을 새우고 새벽까지 닿는 것은 치유할 수 없는 깊은 상처와 아픔을 보여 준다. 나라의 운명과 도의 운명이 송두리째 흔들리고 있는 상황에서 그는 나라의 멸망을 예감하며 끝없는 눈물을 흘린다. 밤새워 우는 사무치는 슬픔은 하늘과 땅까지도 감동시킨다. 여기서 그가 지키고자 하는 '나라' 와 '도'가 가치 있는 것일수록, 그것을 상실한 아픔이 클수록 비극성은 높아진다.

　유인석이 1910년 국권을 빼앗긴 뒤에도 독립운동을 계속하다가 봉천성 관전현(奉天省寬甸縣)에서 병사하기까지 이러한 비극적 정황이 계속된 것이다. 그의 일생을 관통하고 있는 이념 지향은 그가 생애를 마감하는 순간까지 끝내 현실에서 이루어지지 않았다. 늙고 병든 몸으로 먼 이국 땅에서 숨지는 순간 그의 가치 지향성은 현실적으로 좌절된 것이다. 맞서 싸우고자 한 대상이 그의 힘으로는 지나치게 거대하여 생애를 다 해도 극복할 수 없었던 것이다. 이러한 개인의 생애를 뛰어넘는 시공간과 일제 파시즘이라

---

35) 柳麟錫, 『毅菴集 上』(경인문화사, 1973) 毅菴先生文集 卷 2 詩, 「乙巳除夕作」

는 물리적 힘 앞에 좌절하는 개인의 모습은 비장미를 띠고 다가오게 된다.

  그러나 이러한 비극적 정황은 그가 끝내 자신이 지향하는 이념 자체를 포기하거나 단념하지 않음으로 해서 다음 날을 기약하게 된다. 그것은 얼마나 먼 시간과 희생과 노력을 기울인 후에 오는 것이냐는 것과는 상관없이 반드시 와야 하고 오고야 말 것이라는 믿음 속에서 승리하게 되는 것이다. 이러한 태도와 역사에 대한 전망은 낙관주의적 비극성을 띠게 된다. 이것은 利害에 의한 삶을 거부하고 義理와 忠誠을 중시하는 유가 이념을 바탕으로 한 것이다. 그의 載道的 문학관 역시 이러한 삶의 이념에 따른 것으로 그의 시에 형상화되어 드러난다. 일제 시기를 통하여 형성된 패배주의나 냉소주의는 유인석과 같은 의병장들의 한시 전통에서는 비켜나 있다. 이육사나 심훈의 의지에 찬 시들이 이러한 비극성을 띠면서 비극미의 전통을 계승하며 80년대 이념시들로 이어지는 것이다. 이는 치열한 역사 의식을 동반하며 낙관적 비극미로 승화되는 것이다.

4. 맺음말

  유인석 한시문학 특히 의병 전쟁 및 독립 투쟁 망명 생활 중의 의식을 담고 있는 충절시에 드러난 숭고미와 비극미를 살펴보았다. 그의 충절시는 유가적 충의 이념이라는 도의 표현을 문학의 가치로 삼는 재도적 문학관을 바탕으로 그 도가 실현되지 않는 현실과의 끊임없는 투쟁의 과정과 현실적 패배를 보여 줌으로써 비극미를 구현한다. 이는 문학의 예술적 영역과 삶의 영역 중 삶의 영역에 비중을 두면서도 한국문학 속에 비극미의 영역을 담보하게 됨으로써 한국문학의 미적 영역을 넓혀 준다. 세상에서 오직 하나밖에 남지 않은 도가 실현되는 나라가 그의 이상이었다면 금수와 같은 오랑캐에게 나라를 빼앗기고 도를 지킬 수 없게 된 상황은 그의 끊임없는 투쟁으로도 극복할 수 없는 엄연한 현실이었다. 이러한 이상과 현실 사이의 거리, 또는 괴리는 일차적인 비극성을 형성한다. 이러한 비극성은 투쟁과는 반비례하는 현실 상황의 악화로 하여 깊어지게 되며 끝내는 막강한 물리력을 지닌 상대 앞에서 패배와 좌절을 겪으며 비장한 아름다움을 보여 주게 된다. 그러나 여기서의 패배는 현실적 패배일 뿐, 도와 그 도가 구현되는 나라를 회복하려는 의지는 더욱 강하게 작용하므로 이는 낙관적 비극미를 형성하는 것이다. 이는 전통 사회 한국인의 정서 속에 굳건하게 자리잡고 있는 미의식의 하나로 보아야 한다.

그의 한시 작품은 작품 속에 형상화되어 있는 위기의 시대에 선택할 수 있는 삶과 죽음의 방식을 통하여 개인적 삶은 물론 역사적 사회적 삶의 존재로서 한국인의 가치 지향적 성향을 형성하는 역할을 한다.

예술의 목적은 인류의 미적 경험을 심화하고 확장하고 조직하는 데 있다. 예술은 우리에게 현실의 미적 특질들을 이상적 혹은 전형적, 환상적 혹은 삶에 충실한 형상 및 모상으로 허구적 형식을 빌려 제시해 주기 때문에 동시에 더 많은 문제를 해결할 수가 있다.

또한 예술의 교육적 영향은 사회의 미적 인식을 형성하는 데 국한되는 것이 아니라, 인간의 관념과 견해 및 지향을 형성시킨다.[36] 이런 점에서 나라의 운명이 기울기 시작한 구한말부터 국권 상실의 시기에 침략적 외세에 저항하고 지향하는 이상적 가치를 수호하기 위하여 죽음에 이르기까지 투쟁한 그의 삶의 형상화로서의 한시 문학은 우리 문학사에서 당대의 유학적 지식인의 삶의 전형을 보여 주는 성과물로서 정당하게 자리매김되어야 할 것이다.

---

36) M.S 까간, 진중권 옮김(1998), 『미학 강의 1』, 새길.

≪참고 문헌≫

柳麟錫,『毅菴集 上, 下』(경인문화사, 1973)

毅菴先生文集

黃玹,『매천집』(1911)

M.S 까간, 진중권 옮김,『미학 강의 1』(새길, 1998)

柳漢喆,「柳麟錫 義兵 研究」(국민대학교 대학원 국사학과 박사 학위논문, 1997)

2. 雲崗 李康秊 漢詩 研究

1. 머리말
2. 항일 의병투쟁 전개
3. 衛正斥邪 理念
4. 일관된 신념과 실천 의지
5. 의병문학의 현장성과 비장미
6. 맺음말

1. 머리말

근대에 일본제국주의자들이 한국을 침략하여 단계적으로 식민지화를 추구하자 한국 민중들은 위기 상황에 직면할 때마다 의병운동을 일으켜 투쟁을 전개했다. 이러한 근대의 항일의병운동은 1895년부터 1914년까지 5단계에 걸쳐 전개되었는 바, 운강 이강년은 제1단계인 을미 의병운동부터 제4단계인 고양기 의병운동까지, 1896년 1월 고향인 충청북도 문경 가은에서 의병을 일으킨 때로부터 1908년 6월 4일 청풍 작성 전투에서 적탄에 발목을 맞아 체포되어, 그 해 9월 19일 서대문 감옥에서 교수형으로 순국할 때까지 13년간 의병전투를 전개하였다.

이강년은 22세 되던 해인 1880년 무과에 급제하여 龍驤衛副司果를 거쳐 宣傳官을 지내기도 한 전형적 무장이었으나, 그가 남긴 10편의 한시와 편지, 檄文, 祝祭文, 銘 등에는 위태로운 나라를 지키려 목숨을 바쳐 싸우는데 앞장섰던 의병의 기개와 의연한 삶의 모습과 그 과정이 생생하게 표현되어,

일제의 침략 수단으로 밀려오던 개화 문명을 찬양하던 창가가사의 한편에서, 의병전쟁기 우리 문학의 다른 면모를 확연하게 보여준 의병문학의 한 부분을 담당하고 있다.

그가 남긴 10편의 한시를 살펴보고 의병항쟁 문학의 성격과 문학사에서의 위치를 가늠하여 진정한 한국 문학의 길을 정립하는 데 보탬이 되고자 한다.

2. 항일 의병투쟁 전개

운강 이강년(1858철종9～1908)은 1858년(哲宗9年 戊午年) 12월 18일 慶尙北道 聞慶郡 가은면 道胎里에서 孝寧大君(太宗의 2남)의 19대 손으로 아버지 起台와 어머니 宜寧 南氏 사이의 맏아들로 태어났다. 諱는 崗秊, 字는 樂寅(또는 樂仁), 雲崗은 그 號이며 本貫은 全州이다. 어머니가 집 안으로 들어오는 해를 치마자락으로 받아 싸안고 방으로 들어오는 태몽을 꾸고 운강을 낳았으므로 어릴 때의 자를 陽出이라 하였다. 태어날 때는 집 뒤 둔덕산이 크게 울었다고 한다. 天姿가 산악처럼 높고 꿋꿋하며 강개하고 활달, 英毅果敢하였다. 또 학문을 좋아하여 어진 이를 사랑하고 선비를 禮遇하였으며 세상의 유자가 못 미칠 만큼 문학에도 능하여 보는 사람마다 나라의 큰 그릇이 될 것을 알았다[1]고 한다. 세상의 유자가 못 미칠 만큼 문학에 능했다는 데서 그가 문무를 겸전한 인물이었음을 알 수 있다. 작품 양이

---

1) 國譯 雲崗 李康秊 全集(서울:淸權祠, 1993) 雲崗先生文集 附錄 卷2 行狀. 母有夢日之兆 小字陽出 天姿嶷嶷如山嶽之不可動 慷慨豁達 英毅果敢 嗜好學問 愛賢禮士 開心見誠 人無不感 暴慢者革 其傲疎遠者 致其慕遊刃 文學人不見其矻矻攻苦 而文義卓然非世儒所及 而見自咸知爲國器矣.

얼마 되지는 않지만 치열한 전투 상황에서 생생한 현장의 상황을 문학적 기록으로 남길 수 있었던 것 역시 그의 평소 문학적 소양이 뒷받침되고 있었기 때문임을 알 수 있다.

여덟 살에 아버지 상을 당하여서는 상복을 입고 廬幕에 거처하여 禮制에 따르기를 힘썼다. 그의 증조부 悳儀도 효성으로 神을 감동시켜 異蹟이 일어나 많은 선비들이 그를 褒獎을 청하는 소를 올렸다[2]고 한다. 이러한 가풍과 어린 시절의 체험이 밑바탕이 되어 그는 충효와 인의를 중시하는 전통적 유교 이념에 충실한 인물로 성장한다.

1880년 22살 때, 무과에 급제하여 折衝將軍行龍驤衛副司果로서 선전관이 되었으나 갑신정변이 일어나던 1882년 겨울 권위인의 남직 폐단이 못마땅하여 벼슬을 버리고 고향 문경에 돌아온 운강은 몸소 밭 갈고 史書와 兵書를 읽으며 기울어져 가는 나라의 현실에 시름에 잠긴 나날을 보낸다.

고종 32년(을미, 1895년) 일제는 명성왕후를 시해하고, 1896년에는 개화파 정권으로 하여금 단발령을 강행, 강제로 고종의 머리를 깎게 하고, 관제를 고치는 등 한국의 전통질서를 일시에 파괴함으로써 행정과 사회 조직력의 無力化를 획책했다. 을미사변의 명성왕후 시해는 한국인에게 충격적 사건이었는데 특히 유림에게는 심각한 격분을 일으켰다. 국모가 시해된 1895년은 동학농민혁명운동의 뒤끝으로 사회가 불안정하였고 청일전쟁의 전운도 가시지 않은 때였다. 을미사변 후 공론을 거듭하던 유생들은 단발령을 계기로 일제히 봉기했다.

운강 이강년은, 을미의병의 대표격인 유인석이, 의병을 일으켜 제천으로 들어온 지평의 李春永, 安承禹 등에 의해 대장으로 추대되어 의병항쟁을 시작하였을 때, 고향 문경현에서 의병을 일으키고 가산을 다 흩어 군사 수백 명을 모집하여 농암에 주둔[3]하면서 의병 투쟁을 전개한다. 이후 작성 전투

---

2) 위의 글. 八歲遭外艱衰経　居廬務從禮制　見者異之
3) 雲崗先生倡義日錄 第1卷, 竹山 朴貞洙 編輯.　於是 砥平人李春永 安承禹等 倡義入堤川

에서 그가 발목에 적의 총알을 맞고 체포되기까지, 이강년 義陳은 경북·충북·경기·강원 지역 일대의 의병항쟁을 벌였는 바, 전기의 을미의병과 후기의 정미 의병에서 단위부대로서는 가장 치열하게 의병항쟁을 전개한다.

을미의병투쟁에서 문경에서 창의하여 제천의병 투쟁까지 약 6개월간 유격장으로 적과 싸웠다. 이듬해 1897년 5월, 전년에 망명한 스승 유인석을 만나기 위해 단신으로 요동으로 들어갔다. 그 해 7월 단양 금채동으로 다시 돌아와 어머니를 모시고 자기수양에 힘을 쏟고 1899년 충주 유림에서 화서 이항로의 문집 간행에 적극 활동하는 등으로 때를 기다렸다.

1907년 일제가 고종을 강제 양위시키고 정미 7조약을 강제체결하여 차관 통치를 시작하고 국가주권과 자위를 위한 최후의 교두보인 군대해산을 강행하였다. 한국군대는 이에 불복하고 의병으로 봉기하기 시작하였다. 이러한 상황에서 이강년은 8월 5일 원주 진위대 봉기 소식을 듣고 원주로 가서 원주진위대의 무기고에서 무기와 탄약을 입수하고 병력을 모아 의병부대를 조직, 1908년 7월까지, 제천·충주·문경의 갈평·죽령·순흥·단양 楡峙·풍기 백자동·경기도 용소동·청풍 작성 전투 등, 수많은 전투를 치르며 투쟁을 전개했다.

3. 衛正斥邪 理念

위정척사론은, 중화 중심의 화이론에 입각하여 서양의 이질문화를 배격하고 주자학적 정통문화를 수호하려는 의식으로부터 출발한다. 서양과 일본의 문호개방 요구라는 구체적인 역사 전개 속에서 서양의 침략세력을

推毅庵柳先生 爲將
公同時倡義 于所居聞慶縣 盡散家財 得兵數百人 駐次于籠巖

배격하고 조선의 민족과 국가를 수호하려는 단계로 진전되었다. 더 나아가 일본에 대한 배척 단계에 이르러서는 하나의 민족주의 사상으로 구체화된다. 즉 '척사→척양→척왜'의 내용으로 변화해 갔다. 서양과 일본으로 대표되는 이질문화의 도전으로부터 조선의 정통문화를 수호하여 조선민족의 자기 상실을 막으려는 '사회보존론'으로 기능했으며 그 과정에서 민족 주체의 보존을 위한 방법으로서 저항에 역점을 두었던 '저항 민족주의 사상'이었다. 또한 한말 외세의 침략이라는 민족적 모순 해결과 신분사회 해체기라는 계급적 모순해결이라는 두 가지 과제 가운데 국가·민족 보존을 위한 민족모순의 해결에 더 역점을 둔 근대 한국사상의 주체적인 하나의 주류였다.4)

운강 이강년은 을미 의병의 두 사상적 측면은 위정척사의 주자학적 문화 이념과 갑오, 을미 개혁에 반대하는 복고주의적 정치 이념이다.

의병투쟁 제1단계인 '을미의병투쟁'이 일어나게 된 계기는 일제의 명성왕후 시해사건, 갑오경장, 개화파 정권의 단발령에 대하여 국모의 원수를 갚고 친일개화정권을 타도하려 한 것이었다. 봉기한 의병들은 당시 지방 진위대가 설치되지 않았던 유리한 조건에서 도처에서 친일파 관찰사, 친일파 군수, 국내에 횡행하는 왜인들을 처단하면서 국모의 원수를 갚고 일본을 물리치며 친일정권을 타도할 것을 부르짖었다.

이강년 역시 "우리 이천만 민족이 장차 금수와 같이 될 것이며 오 백 년 예의에 종묘사직이 영원히 오랑캐와 같이 될 것이며 수천 년의 유학대도를 초개같이 버릴 것인가. 개벽한 이래로 비로소 있는 변을 당하여 손을 감추고 방관만 할 것인가?"5)라고 하며 집의 재산을 흩어 의병을 일으킨다.

---

4) 강재언, 조선근대사연구(서울:일본평론사, 1970), 314쪽

5) 都體察使義兵大將雲崗李康秊先生神道碑銘 幷序. 二千萬倫理民族其將爲禽獸乎. 五百年禮義宗枋其永爲夷狄乎. 數千載儒學大道棄爲芭離乎. 當此開闢以來창有之變其可袖手傍觀哉.

그해 겨울(음 12월), 적의 앞잡이로 고을 사람들의 머리를 강제로 깎고 포학한 짓을 하다가, 의병이 일어나자 달아나던 안동 관찰사 金奭中과 순검 李浩允, 金仁覃 등을 목벤 것도 같은 맥락이라 하겠다.

衛正斥邪論은 주자학 保衛 논리인 동시에 반주자학 즉 邪의 斥出 사상이었다. 이강년의 '각 도 열읍에 고하는 격문'에도 이러한 사상이 잘 나타나 있다.

> 아! 슬프구나 어찌 차마 다 말하랴.
>
> 역적놈들이 나라 일을 제 마음대로 하여 비밀리에 왕위를 내놓게 하는 계획을 꾸몄고 흉한 칼날이 임금을 협박하여 갖은 모욕을 주려고 했다. 조약을 강제로 맺어 우리 국권을 빼앗고 사문을 반포하여 우리 인민에 자갈을 물리며 시랑(승냥이와 이리)이 밥을 다투니 백만의 생령은 목숨이 물 새는 배를 탄 듯하고 밑없는 항아리같은 욕심을 채우기 어려우매 팔도의 산천은 형세가 가을철 나뭇잎 떨어지기보다 쉽게 되었도다. 사당의 신위가 크게 놀라고 궁궐 안이 처량하도다.
>
> 산림천택을 제 것처럼 여기고 재정과 백성을 제 물건 보듯 하며 머리를 깎고 복색이 변하니 사람과 짐승을 구별할 나위 없고 국모를 시해하고 임금을 욕뵈니 원수를 어찌 남겨 둘 소냐. 더구나 해외로 이민하려는 흉계는 저 점한철목(원나라 임금)도 그런 일이 없었다.
>
> 하늘이 노하시고 사람마다 죽이려 드는 지라 한 번 죽을 결심을 하고 성토하니 누가 이 나라에 사람이 없다 하랴. 함밤중에 울리는 대포 소리, 군대들의 순절이 더욱 기특하구나. 진정 제 몸을 돌이켜 반성해 보라. 아마도 입장을 바꾸면 다 그러리라 할 것이다.
>
> 마침내 갈수록 더욱 포악하여 무엄하게도 하늘을 쏘려 대드니 나중에는 반드시 패하여 땅에 떨어지고 말리라. 아아, 노예의 근성은 저 한나라 공경에게도 있었지만 간악한 심장은 어찌 모두 여진의 참군만 같으냐. 앞잡이가 많이 생기고 연맥이 멀리 뻗쳐 제 주인을 적에게 주어 사나운 범의 창귀(범을 인도하여 먹을 것을 찾아 주는 귀신) 노릇을 하고 왜에 결탁하여 영화를 도모하는 것은 마치 교활한 토끼가

굴을 만드는 것 같도다.

우리 나라는 소중화의 문명과 열성조의 배양으로써 아름다운 정치는 저 중국 한,당, 송, 명을 따랐을 뿐 아니라 참 선비들이 많이 나서 수, 사, 낙, 민의 근원을 입증할 만하였다. 때문에 신주(중원을 말함)가 몰락된 후로도 예의의 명맥이 이 땅에 붙었던 것이다.

슬프다! 죄없는 우리 만백성이 마침내 모두 죽게 된 참변을 만났도다.

천리가 엄연한데 누가 죄를 짓고 도망할 것이며 인정이 분노하니 한번 굴하면 반드시 펴지게 마련이라. 여기서 소매를 걷고 깃대를 드니 한 부대 군사로 옛 땅을 회복할 수 있고 옷자락을 찢어 발을 감으니 약한 힘으로 강한 적을 물리칠 날이 있다.

염파와 이목(중국 춘추전국 시대의 유명한 장군)이 초야에서 일어나니 찬 바람이 엄습하고 한세충과 악비(중국 송나라의 충신들)가 유림에서 나오니 칼빛이 하늘을 솟구친다. 오랑캐의 머리로 술잔을 만드니 원수 갚을 날이 멀지 않았고 동탁의 배꼽을 불태우니 광복하기 무엇이 어려우랴. 서울 안의 부로들은 예전 관원의 모습을 다시 보게 되고 개선가를 부르는 군사들은 왕실의 기업을 중흥하였도다.

무릇 모집에 응한 우리 충의의 군사들은 누구나 나라에 보답할 강개한 마음이 없겠는가. 고래와 새우를 합하여 함께 수용하니 계책이 빠짐없고 의리를 위하여 죽음을 택했으니 사삿 생각 모두 버렸도다. 관중이 아니었으면 좌임(오랑캐의 옷)을 면하기 어려웠을 뻔했는데 요치(중국 초나라 장수)를 베자는 데 누가 우단을 아니하랴. 산천초목도 적개심을 머금은 듯한데 천지신명인들 어찌 순리를 도우지 않으리오. 이 어찌 일시의 전공만이랴. 실로 만고에 중화 명맥을 붙든 것이다. 제각기 노력하여 후회하는 일이 없도록 하라. 모두 상과 벌은 산하를 두고 다짐한다.

이렇게 충성을 다하여 포고하는 데도 불구하고 만일 영을 어기고 도망하거나 태만하는 자가 있으면 이것은 곧 적당으로 몰 수밖에 없으니 단연코 먼저 군사를 옮겨 토벌할 것이다. 이미 선에 어두우면 뉘우친들 소용 있으랴. 말은 여기에 그치는 것이니 잘 생각하라.⁶⁾

倡義檄文은 역적에 의해 나라가 위태롭게 된 현실을 통탄하며 시작된다. 국토와 재정과 백성을 제 물건으로 여기며 국모를 시해하고 임금을 욕보인 원수는 남겨 둘 수 없으니 죽을 결심으로 원수를 성토하고 군대들이 대의에 순절함은 당연하다고 한다.

왜에 결탁하여 영화를 도모하는 부왜, 부로 세력들을 꾸짖고 왜와 그들에게 빌붙는 부왜 무리들로부터 지켜야 할 것들을 창의의 대의명분으로서 밝힌다.

그것은 중원이 몰락한 후에도 예의의 명맥이 붙어 있는 땅인 소중화로서의 우리 나라, 소중화의 문명과 열성조의 배양으로써 아름다운 정치가 중국의 漢, 唐, 宋, 明의 뒤를 따랐고 참 선비들이 많이 나서 洙, 泗, 洛, 閩의 근원을 입증할 만한 곳으로써의 우리 나라이다. 죄없는 만백성이 모두 죽게 된 참변을 만나, 초야에서, 유림에서 뛰쳐나와 오랑캐와 역적을 물리치고

---

6) 國譯 雲崗 李康秊全集. 檄告各道列邑文. 서울. 청권사. 1993. 453-455쪽. 嗚乎痛矣. 尙忍言哉. 逆虜專擅邦國陰決內禪之計凶. 鋒脅迫君父謀致北轅之羞勒約條. 而攘吾國頒赦文. 而箝我人豺狼荐食百萬生靈命迫漏船. 磽塈難充八域山川勢輕秋葉. 七廟震驚三內凄冷.山林川澤認作渠. 資財賦 人民視若己物. 毁形變服人獸之關無腹餘地. 弑妃辱主甲乙之讐尙戴一天. 若夫移民渡海匈計乃玆粘罕鐵木所無. 天旣厭矣.人得誅之決一死. 而舌戰孰謂華穀下無人. 雷半夜而砲聲. 尤奇編伍中死節渠. 苟反躬而自省庶悟易地. 則皆然顧乃去盍暴而射天可知終必敗而塗地. 噫奴顔婢膝尙有漢朝公卿奸肚逆腸胡皆女眞參軍. 羽翼成而瓜牙利脈絡遍. 而蔓延深以主予敵甘作猛虎之倀結倭圖榮廣開狡兔之窟. 猗我本朝小中華之文明. 列聖朝之培養至治馨香非徒漢唐宋明之軌轍. 眞儒比幷足微洙泗洛閩之淵源自神州之淪歿又碩果之結梢. 哀我蒼生之無辜遽遭黑窣之斯慘. 天運循環. 孰有罪而幸追人情忿填知極屈而必伸. 投袂揭竿可期夏一旅之複禹製裳裸足將見楚三戶之亡秦起. 頗牧於草野金精肅而北風寒遇. 韓岳於儒林劍氣衝. 而南斗紫飮頭月氏掃淸不遠燃臍薰卓匡復何難. 長安父老喜見漢官之威儀順昌旌旗中興. 宋室之基業凡我忠義應募之士. 孰無慷慨報國之心. 合鯨鰕而幷容計策畢擧擇熊魚. 而取舍係戀都忘微菅仲難免左袒矣. 誅淖齒何恨右袒乎. 山川草木應含敵愾之情. 天地鬼神豈無助. 順之理奚但一時之武功實扶萬古之華脈. 宜各努力母至噬臍凡諸賞罰有如山河. 如是盡情布告之後. 有或違令遁慢之人是乃賊黨之所歸斷當移兵. 而先討旣味先機. 雖悔何及. 言止於此想宜照亮.

왕실의 기업을 중흥하는 것이 엄연한 천리를 지키는 길이라 하였다.

의병 모집에 응한 충의의 군사들은 모두 나라에 보답할 강개한 마음을 지니고 있으며 의리를 위하여 죽음을 택한 것이다. 사삿 생각은 모두 버리고 나라를 빼앗기고 오랑캐가 되는 일을 막기 위해서는 소매를 걷고 옷자락을 찢어 발에 감아 적을 물리쳐야 한다는 것이다. 그것은 실로 한때의 전공만이 아니라 만고에 중화의 명맥을 붙드는 것이라 하였다.

그러므로 제각기 노력하여 후회하는 일이 없도록 할 것이며 영을 어기고 도망하거나 적을 물리치는 일에 게을리 하면 그것은 곧 적당이므로 먼저 토벌 대상이 된다고 하여 단호하고 의지에 찬 다짐을 하고 있다.

이 격문은 고종 36년(1899) 봄 이강년이 호남으로 가서 화서 이항노의 문집 출간 일을 돕고 있을 때 행장에 감추어 가지고 다니다가 무안 고을에서 발각되어 무안 현감에 의해 불태워졌다. 무안 현감 진씨는 창의 격문을 읽고 겁에 질려 화를 내며 이강년과 동행인 어숙선을 가두게 하고 이강년을 죄인 다루듯 심문하였다. 이 일을 다룬 작품이 칠언절구<병신 창의 글월이 무안 군수(성은 진이고 이름은 잊음)에게 불태워짐>인데 앞의 두 구절이 유실되고 문집에도 전하지 않는다.

　　　　　병신 창의 글월이 무안군수(성은 진이고 이름은 잊음)에게 불태워짐

　　　　　나를 욕뵈고 글을 불태우니 도리어 가소로와
　　　　　천추에 남은 버릇은 망진을 이었네

　　　丙申倡義文字爲務安郡守(姓秦失其名)所焚

　　　(앞의 두 구절은 빠졌음)
　　　辱我焚書還可笑
　　　千秋餘習續亡秦[7]

시는 7언절구 형식으로 되어 있었으나 앞의 두 구 起句와 承句는 없어지고 뒤의 轉結句만 남았으나 당시 상황을 이해하기에는 충분한 내용이다. 시에서는 나라가 위급한 때를 당해서 의병을 일으켜 민족과 강토를 지키려는 자신을 욕보이고 창의 격문을 불태운 무안 군수를 소인배로 가소롭게 여기고 진시황의 焚書坑儒의 버릇을 이은 행위로 규정하고 있다. 오래 전망한 진나라의 악습을 되풀이하는 무안군수를 통하여 국가존망의 위기에 처한 벼슬아치들의 현실 인식과 현실 대처 태도의 일단을 보여 준다.

1차 의병을 일으킬 때 유인석이 벼슬아치들에게 격문을 돌려 대대로 녹을 누려 왕조의 혜택을 받았으니 그 보은의 뜻으로 궐기하라고 했지만 현직에 있던 수구 세도가들은 별반 움직이지 않았으며 그들은 이른 바 한국이 병탄된 뒤에도 작위와 연금을 받고 친일파 노릇을 했다[8]는 사실에서도 당시 수많은 무안군수들이 존재했음을 알 수 있다.

무안에서 며칠을 고생하다 풀려난 이강년은 관서지방의 태천으로 가서 유림 동지들에게 화서집을 나누어 주고 돌아온다.

이 무렵 그는 학문연구와 시를 읊는 한편으로 유림의 선후배를 두루 만나러 다니기도 하고 진법 束五作隊圖를 만들기도 하는데 이것은 후일 의기를 드는 기초를 만들기 위해서였다.

그의 衛正意識은 春川 가亭에 있는 九聖廟를 참배하고 쓴 시에도 잘 나타난다.

<table>
<tr><td>구성묘에 뵙고 절함</td><td>瞻拜九聖廟</td></tr>
<tr><td>성현을 사모함이 깊어지니 그 몸가짐 본받고자</td><td>慕聖偏深摹聖儀</td></tr>
<tr><td>한 간 띠집에서 선사께 절하네</td><td>一間茅屋拜先師</td></tr>
</table>

---

7) 雲崗先生文集 第1卷 詩, 丙申倡義文字爲務安郡守(姓秦失其名)所焚

8) 이이화, 『조선후기의 정치사상과 사회변동』(서울:한길사, 1994), 429쪽.

<table>
<tr><td>정한 모습 엄숙하여 훈도하는 자리 같고</td><td>粹容儼若薰陶席</td></tr>
<tr><td>밝은 가르치심 빛나니 강습하는 장막이네</td><td>明命昭燃講習帷</td></tr>
<tr><td>행운 불운 돌고 돌아 천리는 변치 않고</td><td>否泰循環天不變</td></tr>
<tr><td>음양은 서로 우러러 도는 온전하여라</td><td>陰陽扶仰道無虧</td></tr>
<tr><td>다행히 이제도 높이 받드는 동쪽 노나라만이</td><td>幸今尊奉惟東魯</td></tr>
<tr><td>머물러 기다리누나 중원 평정의 그 때를</td><td>留待中州掃蕩時9)</td></tr>
</table>

시에서 구성묘에 모셔진 성현은 순수하고 엄숙한 모습으로 밝은 가르치심을 주시는 선사로 인식된다. 그러한 선사를 지극히 사모하는 마음이 있기 때문에 구성묘는 한 간 띠집에 불과하나 밝은 가르침을 강론하여 익히는 자리가 된다.

이러한 성현의 엄연한 모습과 사모의 정에서 작자는 천리의 변함없음과 도의 온전함을 재확인하고 동쪽의 공자의 나라, 노나라인 우리 나라에서 그 도를 높이 받들고 있음을 다행으로 여긴다. 성현의 도가 중원을 장악할 때를 기다리는 것이다. 우암 송시열로부터 이어지는 소중화 사상이 드러나고 있는 시로 의병을 일으킨 이강년의 사상적 기반을 알 수 있게 해 주는 작품의 하나이다. 그가 후에 유인석을 스승으로 삼고 그와 동조하여 활동하는 것에서도 이미 닦은 유교적 소양 위에 소중화 관념이 자리잡고 있음을 알 수 있다. 이러한 소중화에 대한 오랑캐인 일제의 침략은 바로 도에 대한 도전이자 하나밖에 남지 않은 도의 나라를 멸망시키려는 것이다. 그의 의리상 분연히 떨쳐 일어나지 않을 수 없는 상황인 것이다.

이 때에 미쳐 거의하는 자가 만약 再擧의 격서를 돌린다면 비록 强弱의 懸殊함은 있으나 義理의 바름을 잃지 않지만 인쇄에 붙이어 檄告하여서 서울과 나라 안에 돌려 보인다면 이 사람 저 사람 말을 좋아하는 자가 그 助名을 이르지 않겠습니까. 新進의 蒙學에게 瞻瞻의

---

9) 雲康先生文集 第1卷 詩, 구성묘에 절하여 뵈임 瞻拜九聖廟

뜻을 열어 주어 직접 스승의 자리에서 훈도를 받고 날로 성현의 글의
깊은 뜻을 읽고 尊王攘夷의 講說을 함양하여서 제 때에 대의를 발동하
여 용감하게 앞으로 나아가게 한다면 이것을 興動이라고 이를 수 있는
것이니, 어찌 異端의 말이 들리는 마당에 文字의 板刻을 기다려서
猝燃히 절의에 죽어 공을 세우는 사람이 된단 말입니까?10)

여기서도 그는 義理와 尊王壤夷를 일컬으면서 異端을 배척하고 있다. 이
러한 위정척사의 사상은 그의 글에 일관되게 흐르고 있는데 그것이 그의
좌우명이기도 하였다. 제 때에 대의를 발동하여 용감하게 앞으로 나아가야
한다고 주장하며 그것은 禮義의 나라를 회복하고 華夏의 제도를 지키기
위해서라고 보았다.

董子11)가 말하기를 "道의 큰 근원이 하늘에서 나왔으니 하늘이 변
치 않으면 도 또한 변치 않는다"고 하고 또 이르기를 "그 의리를 바르
게 하여 그 利를 꾀하지 않고 그 도를 밝혀서 그功을 헤아리지 않는
다."고 하였으니 진실로 萬世의 格言이다. 반드시 그 德을 닦아서 邪惡
한 세상에서 어지럽지 않게 하고 반드시 일을 바르게 하여서 公議에
어긋남을 보지 않고 大人의 행실을 본받고 匹夫의 용기를 경계하여서
禮義의 나라를 회복할 수 있다면 회복하고 華夏의 제도를 지킬 수
있다면 지켜서 두 가지에서 반드시 일이 있은 뒤에야 그만두어서 이와
같이 할 따름이다.삼가 先儒의 正論을 引用하고 다음에 스승의 교훈을
써서 아침 저녁으로 외워서 어리석음을 바로잡게 한다.12)

---

10) 위의 책 제1권 書「上毅菴先生 壬寅」此時舉義者 若飛檄再舉 則雖有彊弱之懸 不失義
   理之正 錄再檄告環示京國 則彼此利舌 其不謂釣名乎 使新進蒙學 開張督膽之志 親受薰
   炙於丈席之下 日讀聖賢之奧旨 日聽尊壞之講說 德性涵蓄大義時發 勇往直前 斯可謂興
   動 豈待板列文字於異言 喧豗之場 猝然爲殉節立功之士乎

11) 董仲舒. 前漢의 儒學者. 漢武帝에게 進言하여 儒敎로 정치 교육의 근본을 삼아 이 후
   로 儒學이 중국에 성행하였음. <春秋繁露>를 지음. <史記>와 <漢書>의 董仲舒傳
   에 보임.

12) 雲崗先生文集 第1卷 (五) 銘 一. 座右銘.. 董子曰, 道之大原出于天, 天不變, 道亦不變.

평소의 좌우명에서도 이강년은 동중서의 말을 인용하며 천도의 변치 않음과 이를 꾀하거나 공을 헤아리기보다는 의리를 바르게 하고 도를 밝힐 것을 강조하고 있다. 공론에 어긋나지 않도록 일을 바르게 하며 대인 군자의 행실을 본받고 필부의 용기를 경계한다 하였으며 예의의 나라를 회복하고 중국의 제도를 지킨 다음에야 이 같은 일을 할 수 있다고 하였다. 선유의 정론을 인용하고 스승의 가르침을 써서 아침저녁으로 외고 자신의 어리석음을 바로잡는 것을 좌우명으로 삼았던 그의 정신은 군사들을 다스리는 계율에도 그대로 나타난다.

> 준엄과 정직은 장수의 체통이고 일정하여 변함없음은 장수의 법령이고 간중, 관용은 장수의 사기이고, 아무리 흔들어도 움직이지 않음은 장수의 덕기이고 정신을 가다듬고 사려를 한결같이 함은 장수의 사업이고 천리를 밝히고 인심을 바로잡음은 장수의 준적이다. 홀로 서서 뜻을 빼앗기지 않음은 의리의 본령이고 위무에 굽히지 않음은 기절의 큰 쓰임이니 염결로써 위엄을 베풀고 정찰로써 예를 먼저하고 꾀하기를 좋아하여 이루고 일에 임하여 두려워하고 상을 무겁게 하고 벌을 가벼이 하며, 괴로움을 먼저하고 즐거움을 나중하여서 마음을 열어 성의를 보인다면 하늘과 사람을 감동시킬 수 있다.[13]

장수는 준엄 정직함으로써 체통이 서고 일정하고 변함없음이 장수의 법령이 된다고 하였다. 일이 간략하면서 무게가 있고 너그럽게 포용하고 흔들

且云, 正其誼不謀其利, 明其道不計其功. 誠萬世之格言也. 必須其德不使亂於邪世, 必正其事不見違於公議, 則大人之行可, 則匹夫之勇可戒, 而可以復禮義之邦則復, 可以守華夏之制則守, 二者必有事, 乃已其如是而已矣. 謹引先儒正論, 次書師訓, 朝夕諷誦以格蒙䐁.

13) 雲崗先生文集 第一卷 (五) 二. 軍戒.   嚴峻正直爲將之體統, 一定不易爲將之法令, 簡重寬容爲將之辭氣, 萬撓不動爲將之德器, 勵精神一思慮爲將之事業, 明天理正人心爲將之準的, 特立不拔義理本領, 威武不屈氣節大用, 廉以施威察, 以先禮好謀而成, 臨事而懼, 重賞輕罰, 先若後甘, 開心見誠, 天人可感.

림이 없으며 정신을 가다듬고 한결같이 생각하는 것이 장수의 덕이며 일이다. 무엇보다 천리를 밝히고 인심을 바로잡는 것이 장수의 표준 목적인 것이다. 뭇 사람들 중 홀로 우뚝 서서 뜻을 빼앗기지 않는 것이 의리의 본령이라 하였다. 위세나 무력에 굽히지 않음은 의기와 절개의 큰 쓰임이라 하였다. 그러므로 청렴결백함으로써 위엄을 베풀고 자세히 살핌으로써 예를 먼저 한다 하였다. 일을 도모하여 이루고 일에 임하여서는 두려워하고 重賞輕罰, 先若後甘하는 治者의 道理를 다하며 마음을 열어 성의를 다할 때 하늘과 사람을 감동시킬 수 있다는 것이다.

여기서 이강년은 천리를 밝히고 인심을 바로잡는 것을 목적으로 하여 뭇 사람 중에 홀로라도 우뚝히 서서 뜻을 빼앗기지 않는 의리의 본령, 어떠한 위세나 무력에도 굴하지 않는 의기와 절개를 지키는 것을 군장의 경계로 삼고 실천하려 했음을 알 수 있다.

1908년 진동대장 황순일을 꾸짖는 답서에는 그의 창의 동기가 직접적으로 뚜렷이 표명되고 있다.

> 창의는 오로지 존왕양이와 토복에 있으니, 마음을 열어 성의를 보여 지공 무사하여서 비록 공명과 이익을 較計하지 않으나 그 가는 곳은 마침내 大命脈(유가의 도통)을 잃지 아니하여야 그 궁극에 도달하는 것이다.14)

이렇듯 이강년의 詩, 書, 檄文, 座右銘, 軍戒 등 거의 대부분의 글에서 그의 위정척사 이념을 확인할 수 있는 바, 이 시기 척사의 대상은 바로 친일 주구인 관료와 정탐배, 식민지배를 진행시키고 있는 일본제국주의자들이었다. 그들을 물리치고 국가와 민족을 지키는 일이야말로 衛正의 첫째 가는 일이었다. 그가 의병을 일으킨 뜻 역시 여기에 있었다.

---

14) 雲崗先生文集 卷 1 書, 答黃淳一 戊申. 倡義亶在尊攘討復 開心見誠 至公無私 雖不較
   計 功利去處 終不失大命脉 到頭

4. 일관된 신념과 실천 의지

엎드려 큰아버지 삭주부군 비소에 올림伏묘伯父朔州府君匪所

원수가 의원임을 비로소 알았으니 만 번 죽여도 시원찮네
무슨 요행으로 우리 집이 가문의 명성을 이을까
하늘에 빌어 빌려주기 바라면 바람신이 도와서
어두운 구름 쓸어내고 밝은 해가 비치리
始識讎醫萬戮輕
吾家何幸繼家聲
禱天願借風神助
廓掃陰雲白日生[15]

이강년의 백부인 삭주공 盤樵 李起宅은 평북 朔州府使를 역임했다. 이강년은 백부인 삭주공에게 문후를 드리기 위해 서쪽 지방에 자주 갔다.[16] 여덟 살에 아버지를 여읜 백부에게서 학문을 배운 이강년으로서는 백부인 삭주공이 아버지와 같은 존재였을 수도 있다. 기구에서 원수가 의원임을 알았으니 만 번을 죽여도 오히려 가볍다고 해서 깊은 원한을 드러내고 있다. 무장다운 격렬한 적개심과 증오는 그가 후에 왜적과 투쟁할 때 역시 흔들리지 않는 강하고 굳센 감정의 바탕이 되고 있다. 당장에라도 단죄할 듯한 강한 기세로 시상을 일으킨다. 승구에서는 집안의 버팀목과 같았던 삭주부군의 부재로 인한 집안에 대한 걱정으로 시상을 이었다. 그러나 전구에서는 굳센 기상 그대로 시상을 일전한다. 하늘에 도움을 빌면 바람신이 도우리라는 믿음이 이어지며 결구에서 바람신의 도움으로 어두운 구름을 쓸어내고 나

---

15) 雲康先生文集 第1卷 詩, 엎드려 백부 삭주부군의 비소에 올림   伏묘伯父朔州府君匪所

16) 雲崗先生文集 附錄 卷2 行狀. 其伯父朔州公出宰西土 西土本聲妓之鄕也 數數往候 一不經心 敦行尙志 峻軒華貌 知若芭籬 奴顔婢膝 視之若俛.

면 밝은 해가 비치리라는 전망으로 시상을 마무리 한다. 그는 어떠한 어려운 상황에서도 앞날에 대한 믿음을 잃지 않았다. 그에게 미래라는 시간은 언제나 현재적 행동으로 해서 만들어지는 세계였다. 의병투쟁사에서도 그의 부대가 뛰어난 성과를 올린 것은 이러한 확신에 찬 결단과 행동이 중요한 바탕이 되었음을 알 수 있다. 불굴의 의지와 미래에 대한 낙관적 전망은 그의 주요한 기본 정서를 형성한다.

영락 김원령을 애도함   輓金源令榮洛

그 모습 신선 같고 그 기운은 봄이어라	儀表如仙氣味春
헤아려보면 옛부터 빛나기 남달랐네	算來平昔逈殊人
팔순 나이 임천에서 이름은 끝내 숨기고	八旬林壑名終隱
만 권 책 서재에서 스스로 진리를 즐겼어라	萬卷芸窓樂自眞
이승에선 구옹처럼 복받기도 드문데	福似龜翁今世罕
전에는 용숙에서 만나보기 잦았었지	逢於龍塾昔年頻
영연에 한 곡조가 정리에 늦었으니	靈筵一曲揆情晚
항상 일이 바쁘다는 내 몸 부끄러워라	緣事常忙愧我身[17]

  영락 김원령의 죽음을 애도하는 추도시다. 시는 김원령의 생전 모습과 그에게서 풍기는 기미를 신선과 봄에 비유하면서 시상을 일으킨다. 따져보면 그것은 옛부터 남달이 빼어난 데가 있는 인물이었다. 시적 대상인 영락은, 여든 나이까지 수풀과 골짜기에서 끝내 이름을 숨기고 숨어 사셨으며 만 권 책과 더불어 서재에서 스스로 진리를 즐긴 분으로 그려진다. 그렇게 훌륭하게 살다 갈 수 있는 것은 흔치 않은 일로 복받은 삶이다. 전에는 용숙에서 자주 만나기도 했는데 어느덧 유명을 달리하는 처지가 되었다. 더구나 그의 영령앞에 한 곳조 시를 읊는 것도 이리 늦엇으니 그와의 정리로

---

17) 雲康先生文集 第1卷 詩, 김원령 영락을 애도함 輓金源令榮洛

볼 때 부끄러운 일이다. 벼슬 일이 항상 바쁘다는 것도 핑계가 아니겠는가. 시는 전반부에서 영락 김원령의 생전 모습을 기리고, 후반부에서는 그와의 인연과 자신의 감회를 토로하고 있다. 선경후정의 전통적 구성법을 취하면서 시상을 전개하고 있다.

> 병신년의 창의한 글월이 무안군수에게 불태우는 바 됨
> 丙申倡義文字爲務安郡守姓秦失其名所焚
>
> 나를 욕하고 글을 불태움이 도리어 우습구나　辱我焚所還可笑
> 천추에 남은 버릇은 망한 진나라를 이었으니　千秋餘習續亡秦

명성왕후 시해로 일어난 을미의병은 을미왜변이 그 원인이 되어 일어났으므로 을미의병이라 하며, 실제로 의병이 일어난 것은 이듬해인 병신년이다. 시는 의병들의 주된 공격 대상이 親日官吏, 一進會員 및 憲兵分遣所 기타 在留日本人 등이었던[18] 까닭을 말해 준다.

일제는 한국을 병합하여 완전한 식민지로 약탈하기 위하여 개항 이래 장기간에 걸친 치밀한 준비를 하여 왔다. 그 침략 준비 과정에서 일본은 2차의 국제적 전쟁을 감행하여 勝氣를 잡았다. 또 직접 군사적 정치적 압력을 이용하여 강압적으로 침략에 유리한 기반을 구축해 갔으며 한편으로는 갖은 방법으로 친일분자를 육성하여 그들을 앞장세워 친일 세력을 부식시키고 왕조권력을 내부로부터 붕괴·와해시키는 수법을 구사해 왔다. 합병 전까지 친일분자를 육성하여 이용한 수법도 다양했다. 우선 한국청년을 일본유학생으로 받아들여 친일파로 육성하고 이들을 친일관료로 정치적으로 충원하여 정부기능을 마비시키는 방법을 썼다. 갑신정변 등 정변관련자나 망명자를 비호·회유해서 친일파로 육성하여 이용하였다. 또 一進會·進步

---

18) 위의 책, 158쪽

黨·정우회·대한상무조합 등 친일단체를 조직하여 이를 합방실현을 위한 여론조작과 매수공작에 이용하였다. 일본은 일본유학생, 정변관련자와 정치적 망명자 및 친일단체를 이용하여 친일파를 육성하고 이들을 침략책동에 동원하였다.

친일관료인 무안군수에 의해 병신년에 의병을 일으킨 글월이 불태워지고 이강년은 욕을 당한다. 분서와 갱유로 선비와 언론을 탄압하던 진나라의 버릇을 천 년 후 친일관료가 이어받았다. 천년 전이나 지금이나 그것은 나라를 망하게 하는 일이다. 부왜관료·친일관료의 반민족적 속성을 드러내고 그들이 나라가 망하는 원인으로 작용함을 인식, 통탄한 시이다.

친우 안신모가 솔가하여 요동으로 이사한 것을 듣고

의암 선생 따라서 어진 이를 불렀고
간고한 용양땅에서 강연자리 모셨도다
피비린내 나는 세상 고결하게 몸을 빼어
입지는 빛나고 학문에 밝아
왕사에 목숨 바쳐 충성도 돈독하고
어머님 모셨으니 효도 또한 돈독하다
삭풍이 몰아치는 은동 바다 천 리 길을
고국 땅 버리고 누가 먼저 가겠는가

문집에 원문이 나와 있지 않은 작품이다. 의암 유인석이 요동으로 가서 독립 운동을 하게 되는 시기를 시대적 배경으로 하고 있다. 가족과 더불어 멀리 요동의 용양땅으로 떠나 스승을 모시고 자기 몸을 지키며 뜻을 오로지 하는 벗 안신모를 노래했다. 의암 유인석을 스승으로 모시고 용양땅에서 배우는 자세를 지키는 친우의 모습과, 국내에서의 의병항쟁이 한계에 부딪치자 또다른 길을 찾고자 떠난 머나먼 타국땅에서도 스승의 자리를 잃지 않는 의암 유인석의 모습으로부터 시상을 일으켰다. 함련에서는 피비린내 나는 어지러운 국내외 정세 속에서 높고 깨끗한 뜻을 지키며 그 바탕에 떳떳한 입지와 깊이있는 학문이 바탕이 되고 있음을 밝히면서 시상을 이어받는다. 스승을 따라 가족을 이끌고 타국으로 떠나기까지의 그 결단과 행동력을 충과 효로 평가한다. 한 나라의 백성으로서 글한 선비로서 왕사에 투철했으며, 어머님을 모시고 떠난 그 결단에 충과 효의 의미를 부여하여 시상을 일전하였다. 그러나 그 결단이 그 길이 결코 쉽지 않은 것임을 삭풍이 몰아치는 은동 바다 천 리 길로 형상화하였다. 정든 고국 땅을 떠나 산 설고 물 설은 타국에 더구나 혼자몸도 아니고 가족과 더불어 떠난다는 것이 얼마나 큰 어려움이 따르는 일인가를 강조한 표현이다. 그것이 아무나 할 수 있는 일이 아님을 시대를 고민하고 재산을 기울이고 목숨을 바쳐서 투쟁했던 이강년으로서 누구보다 잘 이해하고 실감할 수 있었던 것이다. 실제로 이강년 역시 1897년 5월 전년에 망명한 스승 유인석을 만나기 위해 단신으로 요동(서간도)로 들어갔다. 이강년은 그해 7월 귀국 때까지 장백, 무송, 임강현 등지를 전전하며 유인석·조병준 등과 함께 항일 애국투쟁을 벌였다. 그러나 일이 뜻과 같지 않아 어쩔 수 없이 나라로 돌아왔던 것이다. 그가 돌아왔을 때, 집은 네 군데의 벽만 서 있고 단지에는 한 되의 곡식도 없었다. 그는 어머님을 모시고 단양의 산속으로 들어가 깊은 산에서 땔나무를 하고 백리 길에 쌀을 져서 사람이 견디기 어려운 간난고초를 겪으며 지냈다. 그러나 이에 처함이 안연하였으며 오직 오랑캐를 쳐서 원수를 갚고 난적을 죽여서 나라를 보위할 것을 잠시도 마음에서 잊지 못하였다.[19]

한편 유인석의 '북천지계'에 따라 의병의 잔존 병력들은 두만강·압록강을 건너 새로운 항쟁의 기지를 찾아 갔다. 그 중심 기지의 역할을 한 곳이

---

19) 雲崗先生文集 附錄, 卷 2, 行狀. 柳先生率兵 渡遼 公追後繼進 事不諧意 不得已 返國家
　　徒四壁 甁無升粟 奉母 入丹陽 山中窮山採樵 百里負米 艱難苦楚 人所難堪 而處之晏如
　　惟伐夷復讐誅亂 衛邦未嘗須臾忘於心.

중국 동북 지방, 러시아령 연해주 지방 등으로 이후 독립군 운동으로 전환한
다. 따라서 이 단계는 의병운동 관점에서 보면 퇴조기이나 독립군 전쟁이라
는 시각에서 보면 1910년 국권 상실을 계기로 의병운동이 질적 전환을 통해
1914년 중국 동북지방을 중심으로 하는 독립군전쟁이라는 새로운 형태의
항쟁으로 다시 시작되는 것이다.[20] 그러므로 요동으로의 활동 무대 이동은
의병 투쟁을 독립전쟁으로의 전환하는 계기로 작용하는 것이다.

> 변란과 재앙으로 나라가 망할 지경임을 듣고 격분을 견디지 못하여
> 한 수 지음　　　　　聞國變世禍漸至板湯不勝憤激仍賦一律

십 년 세월 영호에 감히 이 몸 두었는데	十載嶺湖敢有身
이제 어찌하여 근심과 두려움으로 병이 들었나	今何憂懼病相鄰
임금과 어버이 은의에 보답함은 오늘임을 알겠고	君親報義知今日
천지에 강상을 붙듦이 한 사람에 있도다	天地扶綱在一人
일을 당해 이기고 짐은 내 부르기 달렸으니	底事輸贏由我致
평생의 영예와 치욕이 필경 누구 탓일런가	平生榮辱竟誰因
공사간에 큰 슬픔 가장 씻기 어려운데	公私大慟最難泄
오히려 원수의 하늘을 이고서 헛되이 섶에 누웠네	猶載讎天空臥薪[21]

　　십 년 동안 영남과 호남 지방에서 보냈다. 위에서 언급한 바, 이강년은
갑신정변이 일어나던 1882년 겨울 권위인의 남직 폐단이 못마땅하여 벼슬
을 버리고 고향 문경에 돌아와 몸소 밭 갈고 史書와 兵書를 읽으며 기울어져
가는 나라의 현실에 시름에 잠긴 나날을 보낸다. 시는 이 시기 운강의 심정
을 잘 보여주고 있다. 임금과 어버이의 은혜에 보답하고 천지에 강상을 붙들
어야 할 시기에 십 년 세월을 향토에서 보내며 헛되이 보내고 있는 것을

---

20) 姜在彦, 朝鮮近代史硏究(서울:일보평론사, 1970) 305쪽

21) 雲康先生文集 第1卷 詩, 국변세화로 점점판탕에 이름을 듣고 격분을 견디지 못해 이
　　어 일률을 지음(聞國變世禍 漸至板湯不勝憤激仍賦一律)

한탄한다.

한국민은 1894년의 동학농민혁명, 1895년 을미왜변에 뒤이은 을미의병 투쟁을 통하여 반봉건 반외세 투쟁을 전개하였다. 노일전쟁 후 일제는 사실상 한국을 식민지화하고 이에 반대하는 의병투쟁을 비롯하여 한국민의 항쟁을 무지비하게 탄압하면서 청일전쟁과 노일전쟁을 치르는 동안에 군사력에 의한 한국예속화를 촉진하였다. 또 갑신정변과 갑오개혁에 등에 편승하여 일본식민지화를 위한 개화를 한국에 강요했다. 노일전쟁 후는 소위 한일협약을 체결하고 '보호국'이라는 명목으로 주권을 박탈하고 1905년부터 10년까지 통감부지배 아래 그 군사력으로 정치 경제적 식민지화를 다졌으며 나아가 사상 문화적 압제를 제도화하였다. 애국언론을 탄압하고 식민교육을 억압하여 민족 문화 말살에 혈안이 되었다.[22]

이러한 상황에 대해 이강년은 '일을 당해', '평생의 영예와 치욕', '공사간에 큰 슬픔' 등으로 파악하는 현실 인식을 보여준다. 또 그에 대한 반응으로서는 '이기고 지는 것은 내 부르기에 달렸으며', '평생에 영예와 치욕이 자신의 탓'이라고 생각한다. 즉 그의 나라의 역사적 문제를 자신의 문제로 인식하는 유자다운 태도를 보이면서, 그러나 그 유자로서의 책임을 다 하지 못한데 대하여 '원수의 하늘을 이고 헛되이 섶에 누웠다'며 괴로워한다. '臥薪嘗膽'의 자세를 다지는 굳은 결의와 자신의 설정해 논 책임을 다 하지 못한 자로서의 비분강개가 드러난다.

을사늑약 후 이강년은 다시 의병을 일으킨다.

용팔 원삼계의 옥중시에 부쳐   次元三戒獄中韻

위험에서도 움직이지 않으니 하늘에서 내었고   臨危不動出於天
이치 따라 시를 말하니 가장 시원스럽네   順理談詩最爽然

---

22) 金雲泰, 日本帝國主義의 韓國統治(서울:박영사, 1988), 60~61쪽

이기고 지는 걸로 오늘 일을 논할 리야　　　　勝敗何論今日事

꽃다운 이름이여 우리 조선에 회자되리　　　　芳名膾炙我朝鮮[23]

의병투쟁이 고조되자 일본정부는 이미 많은 군대가 한국에 주둔하고 있음에도 새로 군대를 증강하고 다시 헌병보조원과 경찰대를 한국주재군사령관, 헌병사령관 및 경찰국장 등의 지휘 아래 대대적인 초토작전으로 토벌을 자행했다. 여기에 매국단체 一進會의 소위 자경단도 동원하였다. 그 결과 가장 전투가 치열했던 1907년 8월부터 1909년 말까지 의병만 17,000명이 살해되고 36,000여명이 부상당하고 이밖에 많은 주민이 살해되고 촌락이 소실되었다.[24] 舊官人兩班層士林의 지휘 아래 농민과 해산군인 등이 중심이 되어 전국적 규모로 조직된 대규모의 무장의병의 항거는 일제의 막강한 무력 앞에 많은 희생을 치러야 하였다.

시의 용팔 원삼계도 의병 중의 한 사람으로 의병 투쟁 중 체포되어 투옥된 사람임을 알 수 있다. 원삼계의 시는 알 수 없으나 그의 시에 차운한 것으로 보아 원삼계가 상당한 기개와 투지의 인물이며 시 또한 그러한 그의 사람됨을 드러냈으리라는 것을 짐작할 수 있다.

여전히 봉건 경제의 수준에 머물고 있었던 조선과 자본주의 확립 과정을 이미 개시한 일본의 차이는 질적인 것으로 바뀌고 수구파는 물론 온건 개화파도 정책적 차원의 대책을 강구할 능력을 결여했으므로 그 차이는 점점 가속적으로 확대되었다. 상대적으로 강력한 군사력과 상호 보완을 이루면서 일본자본주의의 제국주의화, 조선의 식민지화 과정이 시작된다.[25] 이러한 침략 앞에서 그들은 승패나 공로 따위를 따져본다는 것은 생각할 수

---

23) 雲康先生文集 第1卷 詩, 나를 욕하고 글을 불태움이 도리어 가소로워 천추의 남은 버릇이 망진에 이었네 辱我焚所還可笑 千秋餘習續亡秦

24) 위의 책, 159쪽

25) 안병태, 한국근대경제와 일본제국주의(서울:백산서당, 1982), 234쪽 참조

없는 일이었다. 국가와 민족이 위기에 처했으면 그것은 당연히 목숨을 바쳐 투쟁하는 길 외에 다른 선택은 있을 없는 것으로 믿었던 것이다. 이것은 고대로부터 되풀이되는 유자로서의 대의명분이었기 때문이다.

시는 기구에서 위험한 상황에서도 동요하지 않는 원삼계[26]의 꿋꿋함을 찬양하면서 시상을 일으킨다. 하늘이 낸 사람이라 하여 원삼계를 대단한 인물로 인정하고, 쉽게 이를 수 없는 경지임을 말하고 있다. 승구에서는 이치 따라 시를 말하니 가장 시원스럽다고 하여 그 행동의 기준이 참된 도와 이치임을 밝히며 시상을 이어받는다. 전반부가 원삼계의 사람됨과 그의 글에 대한 찬양이라면 후반부는 그에 대한 시적 화자의 논평이다. 전구에서는 시상을 일전하여 의병 투쟁에서 설사 패배한다 해도 그것을 따지지는 않겠다는 의연하고도 결연한 태도를 표명한다. 그가 의병투쟁을 하다 패배하여 옥에 갇혔다할지라도 이는 그의 이름을 결코 부끄럽게 할 수 없다. 그의 이름은 아름다우며 조선인의 입에 꽃다운이름으로 널리 오르내릴 것이다. 의병을 일으키고 목숨을 다해 왜적의 침략에 대항해 싸운 투지와 기개를 찬양할 뿐 상황과 무력에 밀려 패배한 데 대한 책임을 묻지는 않았다. 이것은 당시 모든 의병에 해당하는 것으로 이강년 자신도 예외가 될 수는 없었다. 어찌보면 반어적 현실 같기도 하나 이강년 자신에게 주는 시라고 해도 손색이 없을 작품이다.

---

26) 삼계당 원용팔은 乙巳年 여름에 원주에서 토적을 도모하여 의병을 일으켰다. 원주 궁곡에서 간계에 빠져 원주의 賊黨 金龜鉉이 보낸 鄭秀達에게 잡혀 원주옥에 구금된 지 10일만인 9월 9일 평리원에 압수되었다. 다음해 丙午 2월 13일 庚戌, 45세의 나이로 병들어 옥중에서 죽었다. 거주지인 우너주 稼亭實에 돌아와 22일 장사를 지냈다. 柳省齋를 師事하였으며 유성재는 그가 慷慨奮發함이 남과 다르다고 칭찬했다고 한다.　제천군문화원, 湖西疑兵史蹟(제천군문화원, 1994) 686~693쪽. 侮堂 朴貞洙<元公三戒堂乙巳擧義始末> 참조

　　　　택운(이춘영) 묘에 가서　　澤雲(李春永)

　　　　일찍이 전장에서 못 만난 한스러움
　　　　때는 오고 일은 갔네 이미 석 삼 년
　　　　토적 복수 힘겨워 몸은 먼저 갔어도
　　　　의로운 그대 이름 이 땅에 길이 꽃 피리.[27]

　시는 정유년 11월 의암 유인석에게 보낸 편지의 뒤에 <친우 안신모가 솔가하여 요동으로 이사한 것을 듣고>와 같이 붙어 있는데 번역문으로 보아 오언 절구일 것으로 보이나 둘 다 원문이 없다.

　을미의병 때 安承禹와 함께 제천의병의 모체가 된 原州義兵(砥平義兵)을 이끈 이춘영(1869~1896)은 경기도 지평의 유생으로 1896년 1월 12일(乙未 11. 28) 포군 출신 金伯善과 기병할 것을 모의하였다. 그는 安承禹·김백선과 함께 이춘영은 포군을 기반으로 자신의 처가이며 仁穆大妃의 친정인 金祚秀(延安金氏宗家)집에 모여 기병을 결의하고 같은 해 1월 13일(11.29) 원주군 지정면 안창리에서 창의하였다.[28] 이로서 원주(지평)의병은 제천의병의 전단적 역할을 감당하게 되었다. 이춘영은 제천 의진이 편성될 때 中軍將의 직책을 맡으면서 유인석에게 의병 운동 전개의 계책을 묻고 의병활동을 전개해 갔다. 제천의병은 원주 의병이 주축이 되어 연합의병부대로 확대 형성되어갔으며 제천 충주 단양 등지에서 치열한 전투를 전개하였다.

　그러나 이춘영은 2월 23일 수안보의 일본군 수비대가 충주성 서문 밖의 갈천까지 공격해 오자 자진해서 군사를 이끌고 나아가 적을 격퇴시키고 그 여세를 몰아 일본군 병참기지인 수안보까지 급습하여 치열한 격전을 전개하던 중 승리를 눈앞에 두고 피격되었다. 당시 28세의 중군장 이춘영의

---

27)　雲康先生文集 卷 一, 書
28)　독립운동사편찬위원회,「從義錄」『獨立運動史資料集』1.(서울:독립운동사편찬위원회, 1984) 16~17쪽,　같은 책「下沙安公乙未倡義事實」365쪽

전사는 온 의병진에 큰 충격을 주었다.

　젊은 나이에 그렇게 전사한 택운 이춘영의 묘에 가서 이강년은 같은 의병의 처지로 동지를 잃은 쓰라림을 표현한다. 시는 일찍이 전쟁터에서 못 만난 한스러운 심정으로 그 아픔을 대신 드러내고 있다. 한 번 본 적도 없는 사람이지만 의병을 일으킨 그 뜻으로 튼튼한 연대감을 형성하고 있는 사이이므로 이춘영의 묘에서 이강년은 짙은 동지애를 노래하고 그의 노고를 대변한다. 이춘영이 죽은 지도 이미 삼 년이 세 번이나 지나갔다. 적을 토벌하지 못하고 지나가 버린 세월의 덧없음과 적과 싸워야 할 시절이 다시 돌아왔음을 대비하여 시대 상황의 아픔을 강조하면서 시상을 이었다. 이강년은 군사들에게 경고하는 글에서, '오백 년간의 종사와 예악이 모두 진토 중에 묻혀버리고, 삼천 리의 강토와 인민이 어육이 되었으니, 이런 때를 당하여 짐승이나 오랑캐로 자처하고 그저 앉아 있어야 옳으냐'[29]고 하여 분연히 일어날 것을 촉구하였다. 장차 위로는 국가를 돕고 아래로는 가정을 보전하며 기어이 우리 임금의 큰 욕을 씻고, 기어이 우리 국모의 깊은 원수를 갚으며, 기어이 우리 동쪽 나라의 제도를 회복하고, 기어이 우리들 신자의 직책을 다하여야 한다는 것이었다. 그래서 먼저 날뛰는 왜적을 없애고, 다음으로 내적의 무리를 목 베어 다시 광명하고 깨끗한 천지를 보아야만 우리 의병의 임무가 끝나는 것이니 책임이 지극히 중하다는 것이다.[30] 그러한 일을 감당하기 위해 싸우다 전사한 이춘영의 영혼 앞에 그는 지금도 적과 싸워야 할 때임을 밝히는 것이다. 적과 싸워야 할 때는 거듭 다가오는데 목숨을 바쳐 싸우던 장수는 돌아오지 않는다.

---

29) 雲崗先生倡義日錄, (4) 檄文. 三. 군사들에게 경고함(警戒士卒).　五百年宗社禮樂　盡沒糞壞　三千里疆土人民　盡入魚池　于斯之時　甘心獸夷　恬然無事乎

30) 雲崗先生倡義日錄, (4) 檄文. 三. 군사들에게 경고함(警戒士卒).　將上輔國朝　下保身家　期雪我君父之大辱　期報我　母后之深讎　期復我東華之制度　期盡我臣者之分識　先滅外夷之猖獗　次誅內賊之黨與　復覩天日光明　大地乾淨　則吾義　畢矣　所任也.　至重所責也.

　그러나 토적 복수가 힘겨워 먼저 가버린 그이지만 그 이름이 이 땅에 길이 꽃피어 겨레의 가슴에 남으리라는 믿음을 노래하면서 시상을 마무리한다. 시는 진혼의 성격을 띠면서 그의 넋이 호국의 영이 되어 겨레의 가슴에 깃들기를 바라는 염원으로 다가온다.

　강대한 적과 역부족인 아군이라는 힘의 불균형 상태에서 전쟁을 치러야 했던 의병장로서 이강년의 시에는 죽음과 삶의 경계선이 道와 非道라는 경계선과 함께 자리잡고 있다. 그 경계선은, 죽음이지만 도의 세계인 죽음과 삶이지만 非道의 세계로서의 삶에 대한 대비로 나타나기도 한다. 비도의 삶은 도의 죽음만 같지 못한 세계를 지향하며 삶의 세계에서 스러져 간 사람들, 그 중에 이강년은 자신의 동지로서의 택운을 보았던 것이다.

> 금산의 종용당은 곧 중봉 선생이 절의에 죽은 땅이니,
> 일절을 지어서 칠백 의사를 애도한다
> 錦山從容堂乃重峯先生殉義地也　　賦一絶以弔七百義士
>
> 누가 말했는가 무용을 분발함은 죽음조차 가볍게 보는 것이라고
> 온 군대 절의에 숨지니 도적이 오히려 놀래도다
> 한 무덤에 장렬히 가신 넋은 천 년 한이러니
> 달 진 빈 산에 들릴 듯한 그 소리여라
> 奮武誰云視死輕
> 全軍殉義賊猶驚
> 塚同烈魄千年恨
> 落月空山若有聲[31]

　중봉 조헌(1544~1592)은 이이와 성혼의 문인으로 이이의 문인 중 가장 뛰어난 학자의 한 사람으로 이이의 학문을 계승 발전시켰고 임진왜란 때

---

31) 雲康先生文集 第1卷 詩, 금산의 종용당은 곧 중봉 선생의 절의에 죽은 땅이니,일절
　　을 지어서 칠백 의사를 애도함 錦山從容堂乃重峯先生殉義地也 賦一絶以弔七百義士

錦山에서 싸우다 전사했다.

칠백의사를 애도하는 시는 기구에서 그들의 죽음이 지니는 의미를 노래하여 시상을 일으켰다. 죽음조차 가볍게 보았기에 그들은 나라를 위해 무용을 떨칠 수 있었다는 것이다. 그러한 무용을 온 군대가 한결같이 떨칠 수 있었다는 데서 중봉 조헌의 지도력과 용사들의 절의가 더욱 놀랍고도 빛난다. 그것은 침략자인 도적마저도 놀라워 할 만큼 어려운 일이었다. 승구에서 칠백의사의 죽음의 사실로 시상을 이었다. 전구에서는 칠백의사의 넋을 추모하였다. 장렬한 전사로 한 무덤에 묻힌 칠백의사의 충혼이 천 년의 한으로 남았음을 인식하여 그들의 넋을 위로하고자 한다. 결구에서는 달조차 지고 비어 있는 산에서 그들의 목소리를 듣는 것으로 시상을 마무리하고 있다. 달이 진 빈 산은 기울어가는 조선의 운명을 상징한다면 들릴 듯한 그 소리는 이런 시기에 꼭 필요한 충의의 정신을 안타깝게 갈구하는 시적 화자의 심정의 표현이다.

무덤은 호국령(護國靈)의 상징이며 재생의 장소이기도 하다. 왕릉이나 장군묘가 나라를 지켜준다는 관념은 우리 문화 저변에 깔려 있는 사상이다. 신라 유리왕(儒理王) 때 선왕인 미추왕의 능에서 댓잎을 꽂은 군사들이 나와 국가의 위기를 막아주고 사라진 후 그 능을 죽현능(竹現陵)이라 하였다. 그 후 혜공왕(惠恭王) 때 갑자기 회오리 바람이 일더니, 김유신의 무덤에서 무장을 한 장수와 수십 명의 병사가 나와 죽현능으로 들어간 잠시 후, 김유신이 울며 호소하는 듯한 소리가 들렸다. 자신은 살아서 국가에 공을 세웠고, 혼백이 되어서도 나라를 재앙과 환난에서 구하려 애쓰는데, 자신의 자손을 왕과 백성이 죽였으므로 거처를 옮겨 다시는 힘쓰지 않고자 하니, 왕(미추왕)께서 허락해 달라는 내용이었다. 혜공왕은 김유신의 무덤에 사죄하고, 취선사(鷲仙寺)에 공덕 보전을 내려 김유신의 명복을 빌었다.[32] 또 <柳文成

---

32) 三國遺事 卷 一 紀異 一, 未鄒王 竹葉軍

傳>에서는 유문성과 혼약한 이소저가 강제로 다른 남자와 혼례를 올리게 되자 목매 죽었다가 유문성이 이소저의 묘를 찾아가 제사를 지내자 공중에서 청아한 곡성이 들리더니 무덤이 열리며 이소저가 나온다.[33]

시에서 칠백의총은 바로 호국령의 유택이며 시적 화자는 그 호국령의 재생을 안타깝게 바라고 있다. 위기의 시기이므로 더욱 그리운 충혼과 그에 대한 추모의 뜻을 무인다운 간결하고 굵은 선으로 노래한 절구로, 죽음의 비장함과 어둠이 무용과 달빛으로 대조되면서 힘차면서도 비통스럽게 드러나고 있다.

구성묘에 뵙고 절함   瞻拜九聖廟

성현을 사모함이 깊어지니 그 몸가짐 본받고자	慕聖偏深摹聖儀
한 칸 띠집에서 선사께 뵈었네	一間茅屋拜先師
정한 모습 엄숙하기는 훈도하는 자리같고	粹容儼若薰陶席
밝은 가르침 빛나기는 강론하여 익히는 곳	明命昭燃講習帷
행운 불운 돌고 돌아 하늘은 변치 않고	否泰循環天不變
음과 양 부앙하여 도는 이지러짐 없어라	陰陽扶仰道無虧
이제 다행히도 오직 동쪽 노나라만이 높이 받들며	幸今尊奉惟東魯
머물러 기다리누나 중원 평정의 때를	留待中州掃盪時[34]

이강년은 성현을 사모하는 데서 그치지 않고 그 들의 몸가짐을 본받고자 한다. 한 간 띠집인 아홉 성현을 모신 사당에 깊은 사모로 참배한다. 성현을 모신 사당은 띠집이나마 성현의 정한 모습의 엄숙함으로 훈도하는 자리와 같고, 밝은 가르침으로 빛나기에 강론하여 익히는 자리가 된다. 이러한 아홉 성현의 사당에서 그는 행운과 불운이 돌고 돌아 하늘은 변함이 없으며 음양

---

33) 柳文成傳

34) 雲康先生文集 第1卷 詩, 구성묘에 절하여 뵈임 瞻拜九聖廟

이 부앙하여 이지러짐이 없는 도의 실체를 확신한다. 그 도는 오로지 동족의
노나라 즉 조선에서만 높이 받들어지고 있는 것이다. 도는 조선 땅에서 머물
러 기다리고 있는 것이다. 중원을 다시 평정할 때를. 결련에는 장수다운
높고 큰 기개가 드러난다. 시는 이강년이 지녔던 위정척사의 사상이 도의
유일한 수호자로서의 조선에 대한 자부와 조선을 통하여 중원까지 평정하
리라는 기개를 바탕으로 하고 있음을 보여 준다.

5. 의병 문학의 현장성과 비장미

사로잡힌 때 읊음　　　　　　　被擒時口號

탄환이여 무정하기 심하도다　　　丸子太無情
복사뼈에 박혀 못 가게 붙드네　　踝傷止不行
가슴이나 배를 맞추었다면　　　　若中心腹裏
옥경에 이르기에 욕되지 않을 것을　　毋辱到瑤京[35]

　　1884년 갑신정변이 일어나자 사직하고 낙향하여 지내던 이강년은 1895
년 明成皇后 閔氏가 시해되고 단발령이 내려지자 1896년 1월 11일 가산을
털어 문경에서 의병을 일으켰다. 이강년 의병부대는 안동관찰사 金奭中과
순검 李浩允 金仁覃을 체포하여 籠巖 장터에 운집한 군중 앞에서 효수하였
다. 이어 제천으로 柳麟錫을 찾아가 그의 師門이 되고 유인석 의병부대의
유격장으로서 문경 평천 조령 등지에서 활약하였다. 그의 의병활동 지역은
주로 강원도 충청도 경상북도 일대에 걸쳤는데 그 밑에서 활약한 金尙台

---

35) 雲康先生文集 第1卷 詩, 사로잡힐 때에 읊음 被擒時口號

李萬源 白南奎 河漢瑞 權用日 尹基榮과 그 밖의 장졸들이 모두 이 지방
출신자들로서 이 지역의 지리에 밝고 또 엄격한 군율로 의병부대의 기강이
서 있어서 지방민들의 절대적인 지지를 받고 있었기 때문에 일본군이 가장
두려워한 막강한 의병 세력이었다. 그러나 1908년 6월 4일 淸風 鵲城에서
벌어진 일본군과의 결전에서 발목에 총알을 맞고 일본군에게 붙잡혔다. 그
의 <팔도 동지들에게 영결하는 글>에는 양심의 격동으로 더 참을 수 없어
병신년 이래 13년 간 두 번 의기를 들고 있어나 피를 뿌리며 토벌하여 30여
차례 큰 싸움에서 적의 추장 백여 명의 목을 베었는데 불행하게도 올 6월
4일에 힘은 다 되고 갈 길은 막혀 탄환에 맞아 사로잡혔다36)고 하였다.
이 때 적이 이강년 부대의 뒤를 따라 영월에서 청풍으로 와서 나룻배를
끊어 놓았기 때문에 강을 건널 수가 없었다. 이강년 부대는 영춘의 산길을
경유하여 능강동(綾江洞)으로 향하려 하다가 소금 장수의 배를 만나 겨우
건너서 작성에 주둔하였다. 마침 장마비가 내리는데 적이 갑자기 들이닥치
니 이강년 부대는 반나절 동안을 힘껏 싸웠으나 이강년은 왼쪽 복사뼈에
적의 탄환을 맞고 적에게 잡혀 서울로 압송되었다. 이 싸움에서 도선봉 하한
서 및 우리 군사 7명이 전사하였는데 이강년은 마을 사람들에게 전사한
사람들을 잘 묻어 줄 것을 당부하고 적을 꾸짖으며 굴하지 않았다고 한다.37)
그는 이미 주천 땅에 이르러 일이 낭패됨을 알고 군중문적을 수습하여 주현
삼공에게 부탁하여 회당 박정수에게 보낸 후였다.38)

---

36) 팔도 동지들에게 영결하는 글(告訣八域同志) 雲崗先生倡義日錄 檄文 康季秉舜所激
按住不得自丙申以來十三載 再擧義旗沫血致討大戰十三餘 殺得賊酋百餘級 不幸於今年
六月四日 矢盡道窮中丸而被擒.

37) 雲崗先生倡義日錄 卷二 隆熙 二年 戊申(1908년) 時賊追公 自寧越至淸風 使絶津船不可
渡 由永春山路 將向綾江洞 得鹽商船 以渡駐次鵲城 適霖雨 猝至公力戰半日 丸中左踝
爲賊所執送至京 是時都先鋒河漢瑞及我軍七人戰死 公顧視洞人 曰吾旣被執不能有爲 望
厚瘞戰亡人 大罵賊不屈.

38) 雲崗先生倡義日錄 卷2, 恩津宋貢鎬 攢, 都體察使義兵大將雲崗李先生崗季神道碑銘 幷

시는 발목에 총탄을 맞고 사로잡히게 된 순간의 정황을 읊었다. 배나 가슴
에 맞아 전사했더라면 적의 손에 잡혀 욕되게 죽지 않았으리라는 점에서
발목에 맞은 총탄을 무정하다고 탓하였다. 총탄이 발목에 맞는 그 순간의
아득함과 경악을 총탄의 무정함을 탓하는 말로 간결하게 표현하면서 시상
을 일으켰다. 더 이상 전투를 진행시킬 수도 없고 자신의 몸 하나도 추스릴
수 없어 꼼짝없이 적의 손에 붙잡히게 된 상황의 어쩔 수 없음을 탄식한
것이다. 그 탄식은 그러나 닥쳐올 죽음에 대한 염려에서가 아니라 그 죽음이
욕될 것을 염려해서이다. 떳떳하게 죽고 싶은 죽음을 앞둔 장수의 심정이다.
그는 싸우다 싸우던 자리에서 죽는 것을 떳떳한 죽음이라 생각하고 그런
죽음을 각오하고 있었던 것이다. 그 떳떳함은 자신에게뿐 아니라 저 세상의
옥경에까지 이어지는 것이다.

　시는 죽음마저도 뜻대로 할 수 없게 된 장수의 좌절을 그림으로써 비장미
를 형성한다. 비장이란 오직 함락되는 고뇌 중의 숭고로, 엄격히 말한다면
한 고해 속에 몸을 둔 위대한 인물이 형성하는 숭고 가치를 갖춘 고뇌[39]라고
할 때 시는 죽음 이상의 좌절을 통해 심각하게 비장을 드러낸다. 여기서
숭고는 이강년이 지닌 백절불굴의 분투와 그 개인의 인격 가치[40]로 독자에

序.　至酒泉　知事狼狽收拾軍中文蹟　托朱公鉉三送致朴悔堂貞洙

[39] 콘, 普通美學(G. Cohn:Allgemeine Aesthetik) 190쪽

[40] 엘스터, 문학원리, 제4장 제2절(3) 허다한 자연 현상을 우리들은 숭고한 것이라고
이른다. 예를 들면 호호망망하게 끝이 없는 바다, 뭇 별들이 총총한 하늘, 하늘을
찌르는 산봉우리들…… 우리들은 이러한 현상들을 마주하고 자연의 위대함을 느끼
고 몰래 驚伏하고, 바라보며, 감탄하지 않을 수 없다.…… 이 밖에도 무한하게 위대
한 사람의 힘, 백절불굴의 분투, 개인의 인격가치가 발휘될 때에 사람들로 하여금
무궁한 감동이 솟아나게 만든다. 이 때에 우리들도 또한 숭고한 것을 가지고 그 인
격을 저울질한다. ……그렇기 때문에 나를 초월하면 초월할수록 나로 하여금 그 量
적 혹은 質적 대상을 파악할 단서는 없어지지만, 곧 숭고한 意境으로는 더욱 더 들
어가게 만든다. 숭고란 마치 종교적인 감정과 같다. 왜냐하면 종교 감정을 거쳐서
발생하는 대상은 어떻게 헤아릴 수 없는 존재-신이기 때문이다.

게 무궁한 감동이 솟아나도록 한다. 이는 적극적 비장을 구성하여[41] 까치성 의병 전투라는 역사의 현장에서 생생한 부르짖음으로써 그 목소리는 오랜 시간을 뚫고 지금까지도 우렁차면서도 비통하게 들려오는 것이다.

붙잡히면서 입으로 부름	被執口拈 二首
오십 년 살아오며 죽기로 결단한 마음	五十年來判死心
이제 와 구차히 살 생각이 있으랴	到今寧有苟生心
군사께 맹세하고 다시 싸웠건만 끝내 돌이키지 못했으니	
	盟師再出終難復
지하에서도 오히려 싸울 뜻을 가졌네	地下猶存冒劍心
더디디 더딘 여름날 사람 보기 드물어	遲遲夏日見人稀
교활한 오랑캐는 말마다 묶어놀 꼬투리 찾네	猾虜隨言覓括機
이 몸 위에 존왕양이 대의를 짊어지고	身上直擔尊攘義
당당히 죽으리니 슬프다 하지 말라	堂堂就死莫云悲[42]

발목에 총탄을 도적에게 붙잡혀 욕되게 죽을 것을 염려하던 이강년은 그 염려대로 결국 적에게 사로잡히는 몸이 된다. 적에게 사로잡히는 굴욕과 통한을 노래하면서 저세상에서도 싸울 테니 자신의 죽음을 슬퍼하지 말

---

41) 위의 책, 제3절에서는 비장의 파멸 상태에 대하여 논하였는데, 숭고를 비장의 기초로 삼고, 예를 들면 세상을 구한다든가 인류를 구한다든가(적극적), 혹은 침략 전복(소극적)과 같은 숭고한 의지 혹은 숭고한 행위를 통하여 갖추고 있는 위대한 창조력 혹은 파괴력의 파멸과 같은 것은 적극적 혹은 소극적 비장을 구성할 수 있다. 앞의 것은 혁명 열사가 몸을 바쳐 義를 행하는 것과 같으며, 뒤의 것은 巨寇 劇盜(큰 도적들)가 끝내는 패망함과 같다고 하였다. 사실 그 이면의 구별은 설령 成 · 敗로써 영웅을 논하는 것은 아니더라도 왕자로서 일어나는 것(興王)이나, 역적으로서 패하는 것(敗寇)이 본질적으로는 모두 위대하고 힘있는 숭고의 대상이라고 보았다.

42) 雲康先生文集 第1卷 詩, 붙잡히면서 입으로 부름 被執口拈 二首

것을 당부하고 있는 시다. 최초로 총탄에 맞는 비극으로부터 사로잡히는 단계로 상황이 악화되면서 시적 화자는 오히려 마음을 가다듬고 있다. 죽음에 대한 태도가 이미 확립되어 있기 때문에 구차하게 살 생각이 추호도 없음을 칠언절구 두 수 중 첫째수의 기승구에서 천명한다. 이는 그가 살아온 오십 평생을 정리하는 말이기도 하다. 자신의 죽음이 현실로 다가온 순간 그는 이제껏 싸워온 것을 돌아본다. 군사께 기필코 적을 무찌르고 나라를 구하겠노라 맹세하고 죽음을 무릅쓰고 싸웠다.

　이강년이 제천으로 柳麟錫을 찾아가 그의 師門이 되고 유인석 의병부대의 유격장으로서 문경 평천 조령 등지에서 활약한 것은 1896년부터였다.[43] 이강년 부대는 계속해서 문경 평천 조령 등지에서 활약하였다. 이 해 4월에 張基濂이 거느린 관군과 제천에서 싸워 패한 다음 유인석이 요동으로 가자 그도 의병을 해산하고 유인석을 따라가서 3년 동안 그 곳에서 지내고 다시 돌아와 단양 금채동에서 학문에 전념하였다. 1907년 일본의 침략이 더욱 노골화하여 헤이그 특사사건으로 고종이 강제로 선위하고 정미칠조약으로 한국군대가 해산당하자 영춘에서 다시 의병을 일으켜 때마침 원주 진위대를 이끌고 봉기한 閔肯鎬 부대와 합세하여 충주를 공격하였다. 1907년 7월 7일 제천에서 일본군과 교전한 것을 비롯하여 9월 16일에는 싸릿재(柵峙뉴치), 9월 27일에는 죽령, 10월 5일에는 故里平, 10월 23일에는 栢子洞에서 큰 전과를 올렸다. 이 해 12월에는 전국의 의병들이 서울을 공격하기 위하여 각도 의병장을 따라 양주에 집결하여 13도 연합 의병부대를 편성하자 湖西 倡義大將으로 이에 참석하였다. 그러나 이 연합 의병부대의 서울진격작전

---

43) 雲崗先生倡義日錄에 의하면 이강년은 1896년 3월 13일(음 1월 29일) 제천으로 가서 의암 선생을 뵙고 막료의 예를 올린 다음 공과 의리를 강론하였다고 했으며, 이틀 후인 3월 15일(음 2월 1일) 의암 선생이 공을 등용하여 유격장으로 삼고 군사 6哨 (초는 100명 가량)를 주어 전군장 홍대석과 함께 수안보의 적의 병참을 치게 했다고 하였다. 이강년은 군례를 마치고 바로 떠나 수안보 남산에서 전투를 시작한 이래 계속 전투를 벌여왔다.

이 미수에 그치자 다음 해인 1908년 봄부터 휘하 장병들을 독려하여 2월 17일의 龍沼洞戰鬪를 비롯하여 2월 26일의 葛其洞戰鬪, 3월 12일의 百潭寺戰鬪, 4월의 安東西壁戰鬪에서 빛나는 승리를 거두었다. 그의 의병활동 지역은 주로 강원도 충청도 경상북도 일대에 걸쳤는데 그 밑에서 활약한 金尙台 李萬源 白南奎 河漢瑞 權用日 尹基榮과 그 밖의 장졸들이 모두 이 지방 출신자들로서 이 지역의 지리에 밝고 또 엄격한 군율로 의병부대의 기강이 서 있어서 지방민들의 절대적인 지지를 받고 있었기 때문에 일본군이 가장 두려워한 막강한 의병 세력이었다.

이렇듯 존왕양이의 기치를 들고 침략자인 적군과 싸워 온 이강년으로서는 사로잡힌 후에도 결코 싸움을 그만 둘 뜻은 없었다. 그러나 이미 발목에 총탄을 맞고 적에게 사로잡힌 몸이 되었으므로 지하에 가서 라도 적을 무찔러 기필코 물리치겠다는 것이다.

첫째수가 투지를 다짐하는 의지를 노래했다면 둘째수에서는 적에게 붙잡혀갈 때의 정황과 자신의 떳떳한 죽음에 대해서 슬퍼하지 말라는 당부를 읊었다. 그가 존왕양이의 대의를 위해 싸웠으며 또 그것을 위해 죽는다는 뜻은 맏아들 승재에게 남긴 유서에도 잘 나타난다.

> 사 천여 년의 華夏의 正脈, 2천 년의 현성의 대도, 5백 년 예의의 전형, 3천 리 소화의 인민이 견양의 굴혈로 빠져들고 만단 말인가? 머리를 쳐들어 하늘을 부르나 하늘 뜻이 아득하니 통곡할 뿐이로다. 나는 장차 어찌할까? 네 아비는 의리의 대종사의 문에서 가르침을 대략 받아서 존양토복의 네 가지 큰 의리를 한 마음 위에 사문에서 홀로 전하는 믿음의 신표로 삼았다. 그래서 천하의 강적이며 한 하늘 아래서는 더불어 살 수 없는 원수들에게 죽음을 무릅쓰고 칼날을 겨룬 지 10여 년에 요동과 하북에서는 물결처럼 내달리고 호서와 관동을 별동이 떨어지듯 급히 달렸다. 그 사이 넘어지고 거꾸러지며 낭패함이 한 번만이 아니니, 그 정리가 슬프고 그 형세가 외로웠다. 그러나 군자

는 말하기를 '양은 다할 이치가 없다'고 하고 옛 사람은 이르기를
'세월이 오래면 반드시 되돌아오는 것이 상도이다'라고 하였으니 상
제가 이 백성에게 중정의 덕을 내렸으면 분명히 재앙을 뉘우치는 마음
이 있을 것이다. 믿는 것은 단지 일맥의 정리일 뿐이다. 두소의 조그만
재질을 헤아리지 않고 감히 달팽이와 대롱처럼 좁은 소견을 다하여
호서와 관동의 수백 명 의사를 거느려 나아가 싸우고 물러와 지켰다.
마침내 눈보라와 추위로 싸우기 어렵게 되어 요해를 점거하여서 봄의
날씨가 풀리기를 기다렸다.[44]

이 유서에서 보듯 그는 존양토복을 위해 목숨을 다해 싸웠다. 싸움은 힘에
부치는 것이었고 형세는 불리했다. 그런 중에도 그는 양은 다하지 않고 상도
는 반드시 되돌아온다는 신념을 저버리지 않는다. 뒷 사람에게는 자신의
죽음을 결코 슬퍼하지 말라고 당부하였는데 이정규가 쓴 행장에도 그의
무인다운 당당하고 침착한 자세가 강조되고 있다.

승재가 금하는 것을 물리치고 들어가 뵈오니 도적이 서로 놀래어
모여 서거늘 공이 손을 들어 가리키며 말하기를 "내가 애태워 토복한
지 열세 해에 능히 저 무리를 섬멸하지 못하고 도리어 저 놈의 죽이는
바 되니 비록 통분하나 운수를 어찌하랴. 너는 지나치게 슬퍼하지
말라. 가사는 대략 유서에 들어 있으니 다시 끌어낼 것 없고 네가
나를 살리고자 하여 적당에게 간곡하게 청촉한다면 결코 나의 자식이
아니니 삼가 이를 하지 말라"고 하였다.

---

44) 雲崗先生文集 卷 一, 書, 승아에게 유언하여 보임(遺示承兒). 四千餘載華夏正脉 二千
餘年賢聖大道 五百年禮義典型 三千里小華人民 沒入犬羊窠穴 而止乎 仰首號天天意漠
漠 痛哭痛哭 吾將奈何 汝父略承敎 誨於義理 大宗師之門 以尊壞討復 四大義 爲一心上
單傳密符 與天下强賊 不共戴天之讎 冒死爭鋒十有餘載 波奔遼薊星馳湖關 顚倒狼狽 不
一其端 其情則慼矣 其勢則孤矣 然君子曰 陽無可盡之理 古人云 千秋必返理之常 上帝降
衷于斯民明明 有悔禍之心所恃者 只此一脉正理而已 不量斗筲之少 敢竭蠡管之見 倡率
湖關 數百義旅 進戰退守 竟至雪寒 難戰占據 要險以待春和.

　그는 자신의 죽음이 자식의 어버이에 대한 정리 때문에 떳떳함을 잃게
될까 경계했던 것이다. 자식에 대한 어버이의 진정한 사랑과 충의를 동시에
실천하고 있는 모습은 인간에 대한 엄숙한 경의를 표하게 한다.

<table>
<tr><td>옥중에서 외침</td><td>獄中口號</td></tr>
</table>

모름지기 성패를 말하지 말라	成敗何須說
처음에 말한 대로 조용히 실천했네	從容如踐言
붉은 마음 북돋아 기르신 징험이니	丹心培養驗
거룩하신 임금 은혜에 느껴 우노라	感泣聖朝恩[45]

　앞의 시 붙잡히면서 부른 시나 옥중에서 외친 시가 다 한계 상황에서
지어진 작품인 만큼 시상을 오래 가다듬고 글로 써서 퇴고를 거친 것이
아님을 알 수 있다. 제목에 밝혀 놓은 '구염' '구호'란, '①입 속에서 읊음
②즉석에서 시를 지음 ③글이나 말을 문서에 의하지 않고 말로써 전달함.
口號'라는 사전적 정의를 빌릴 것도 없이 생동하면서도 현장감이 강한
즉흥시의 성격을 지닌다. 그러나 이러한 즉흥시가 그 발상마저 즉흥적인
것이었다고는 볼 수 없다. 이것은 그가 지니고 있던 총체적 세계관이 자신의
전 생애와 지금까지 전개해 온 의병전쟁의 결과로 수렴되어 나타난 것이다.
그의 생애에서 일관되게 추구했던 세계의 結晶이다. 이는 남송의 문장가
蘇轍(1039~1112)이 말하는 생명력의 구체화로서의 문장이다.

　　저는 문장이란 것은 생명력이 구체화된 것이라고 생각합니다. 그러
　　나 문이란 공부해서 능해질 수는 없으나, 기는 수양으로 얻을 수 있다
　　고 생각합니다. 맹자는 나는 나의 호연지기를 기른다고 했습니다. 지
　　금 그의 문장을 살펴보면, 너그럽고 두텁고 넓고 커서 하늘과 땅 사이

---

45) 雲康先生文集 第1卷 詩, 옥중에서 외침 獄中口號

에 가득 차고 그 기의 적고 큼을 모두 적합하게 만듭니다. 太史公이
천하에 돌아다니고 四海 안에 있는 명산대천을 두루 돌아보고, 燕나라
와 조나라 사이에 있는 뛰어난 사람들과 교유를 맺었습니다. 그렇기
때문에 그 글은 여유가 있으면서 자유롭고, 자못 특수한 공기를 지니
고 있습니다. 이 두 분이 어찌 일찍이 붓을 잡고 공부만 했다고 이와
같이 될 수 있었겠습니까? 그 생명력이 그의 몸 속에 가득 차서 그의
모양에까지 넘치며, 그 말을 움직여서 그 자신도 모르는 사이에 그
글에 나타난 것입니다.46)

　이강년은 제천에서 충주로 압송되어 수원의 일본 수비대에 구류되었다가
서울의 일본군헌병사령부로 압송되어 갇혔다가 이튿날인 음력 6월 10일
평리원으로 이송되었다. 평리원 옥에 갇혀 있던 이강년은 음력 9월 19일(9
월 22일?) 왜적에게 교수형을 선고받고 살해당한다. 형을 집행하기 전에
왜놈 중이 재를 올리려 하니 꾸짖어 물리쳤으며 왜놈 신미호지가 술을 권하
자 설령 내가 술을 좋아한들 어찌 네 술을 마시겠느냐며 빨리 죽이기를
재촉하였다. 그는 "우리 나라 2천만 동포가 장차 차례로 나처럼 죽게 될
것이니 어찌 슬프지 않으랴"는 외침을 마지막으로 형을 당했다. 적이 어깨
를 결박하고 목을 매달았는데 바지가 허리로 미끌어지니 결박된 손으로
잡아서 벗어지지 않았으며 형을 집행한 지 14분 만에야 기절하였다.47)
　이러한 이강년의 죽음을 두고 정운경은 다음과 같이 애도하였다.

---

46) 蘇轍, 欒城集, 四部備要 卷 二十二,　以爲文章者氣之所形 然文不可以學而能 氣可以養
　　而至 孟子曰 我善養吾浩然之氣 今觀其文章 寬厚宏博 充乎天地之間 稱其氣之大小 太史
　　公行天下 周覽四海名山大川 與燕趙間豪俊交遊 故其文疏蕩 頗有奇氣 此二子者 豈嘗執
　　筆學爲如此之文哉 其氣充乎其中 而溢乎其貌 動乎其言 而見乎其文 而不自知也.
47) 雲崗先生倡義日錄, 卷 二, 戊申 九月 十九日 公遇害 참조. 臨刑倭僧設齋 公叱退之 典
　　獄倭酋神尾虎之曰 聞公嗜酒欲一飮乎 公曰 設吾嗜酒 豈飮汝酒乎 速殺我 乃大聲疾號曰
　　我國二千萬人民 將次第受死 必如我 寧不痛哉 賊遂縛肩 懸項脫袴下至腰 公以被縛手執
　　之不解 十四分間乃氣絶 (出巡檢在述傳說)

아! 애석합니다. 공이 백의적수로서 분기하여 여러 번 패한 뒤 30여
회의 대전에서 수백 명의 적을 베었고 최후의 날에는 만사를 체념하고
깨끗이 돌아갔으니 만약 산하의 간기를 타고나서 일월과 빛을 다투는
처지가 아니라면 어찌 능히 이러한 일을 할 수 있었겠습니까? 국궁진
력한 것은 제갈량을 닮았고 갈충보국한 것은 문천상을 닮았고 여러
번 싸워서 여러 번 이긴 것은 악무목을 닮았고 죽음에 임해서 적을
꾸짖은 것은 안고경을 닮았습니다. 천 년 뒤에 공의 사적을 읽는 사람
은 반드시 그 늠름한 세상을 상상할 것입니다. 아 슬프고 아픕니다.[48]

　이강년의 시신은 유언에 따라 그의 두 아들 承宰 兢宰와 부하인 도선봉장
권용일에게 인계되어 과천의 孝寧大君의 묘 아래 장례하였다가 나중에 제
천의 장침산 태방을 향한 언덕에 장사지내고 다시 문경에 옮겨 장사지냈
다.[49]

6. 맺음말

　절대절명의 위기 앞에 맞서 죽음을 배수진으로 자신을 걸고 있는 상황에
서 이루어진 문학은 현실과 작품과의 간격이 좁음으로 해서 더욱 그 문학적
긴장을 이겨내기가 어렵다. 자칫 문학은 거대한 현실의 중압감에 눌려 현실

---

48) 雲崗先生文集 附錄 卷 二,　祭文 22 鄭雲慶
　　嗚呼 公以白衣赤手 奮起屢敗之餘大戰 三十獲賊數百至於不幸之日 就化如歸 若非山河
　　間氣日月爭光 豈能如是 鞠躬盡力 諸葛似之 竭忠報國 文山似之 屢戰屢捷 岳武穆似之
　　臨死罵賊 顔杲卿似之 千載之後讀 公之史者 想必凜然 吾以爲公之志遂矣 公之事畢矣 嗚
　　呼痛哉
49) 雲崗先生文集 附錄, 卷2, 宣城 金晦鎭, 墓碣銘.　從遺命葬 果川大君墓側 後移葬堤川 長
　　枕山 向兌原 又移葬 聞慶某山某向原.

속에 매몰되어 버리고 그 잔해만 남게 된다. 그러나 작품이 현실을 등가하며 문학으로 승화시킬 수 있었다는 것은 그 인간적 깊이와 넉넉함으로 상황과 대결할 수 있었기 때문이다. 기울어져 가는 나라의 운명과 역부족인 형세, 성패나 공로를 따지지 않고 으레껏 정해진 궤도를 달리듯 마땅히 싸우다 죽어간 그들, 의병문학은 서녘 하늘을 붉게 타며 넘어가는 노을처럼 장엄하게 조선조 한문학의 대단원을 이룬다.

≪참고문헌≫

雲岡先生倡義日錄

權用佾일, 丁未倭亂

騎驢隨筆

『독립운동사1』, 독립운동사편찬위원회, 1974.

『독립운동사자료집 별집1』, 독립운동사편찬위원회, 1974.

李九榮, 『湖西義兵事蹟』, 제천문화원, 1994.

이구용·최창희·김흥수, 『강원도항일독립운동사(Ⅲ)』, 춘천,광복회강원도지부, 1992.

金義煥, 『抗日義兵將列傳』正音社, 1975.

金雲泰, 『日本帝國主義의 韓國統治』, 서울, 박영사, 1988.

안병태, 한국근대경제와 일본제국주의, 서울:백산서당, 1982.

한국정치외교사학회편, 갑신정변연구, 서울:평민사, 1985.

이은순·이배용 외, 한국사회사상사, 서울:지식산업사, 1996.

소연방과학아카데미편,논장편집부역, 미학의 기초Ⅱ, 서울:논장, 1988.

소연방과학아카데미편,논장편집부역, 미학의 기초Ⅲ, 서울:논장, 1989.

3. 勉庵 崔益鉉 思想 研究

1. 머리말

　조선 시대 선비는 나아가면 군주를 도와 爲國治民하고 물러가면 산수간에서 수기에 힘쓰는 것을 기본적인 세계관으로 하였다. 이러한 선비적 세계관은 현실과 어떠한 관련을 가지며 전개되느냐에 따라 여러 모습으로 작용하였다. 최익현의 경우 나라와 백성에 대한 의리를 지키기 위해 노구를 이끌고 의병 항쟁을 하다 죽어간다. 이것은 승패나 결과와 상관없이 반드시 해야 하고 지켜야 하는 자신의 신념 체계를 실천으로 옮긴 것이다. 공동체에 위기가 닥쳤을 때 기능적으로만 반응한 사람들에게는 무고한 목숨만 희생시키는 몹시도 미련한 짓으로 비쳤을 일이다. 그러나 이것은 뜻을 세우고 그 의지의 확고함을 보여 주어 대의를 밝히고 있다는 점에서 그 의의가 크다.

　이 글에서는 그러한 그의 사상과 신념이 문학 작품과 현실에 어떻게 작용했는가를 살펴보기 위한 바탕이 되는 최익현이 지녔던 사상적 특성을 밝혀 보고자 한다.

2. 화서 性理學의 학맥 계승

　면암 최익현은 화서 이항로의 문하에서 성리학을 배우고 일생을 성리학적 교양과 가치관을 지니고 살아간다. 그가 지닌 사상적 배경을 살펴보기 위해서는 조선조 후기 성리학의 발달 과정에서 그의 사상이 지니는 위치와 그 의의를 밝혀 보고자 한다. 이것은 그의 삶과 문학의 성격을 규명하는 데 바탕이 되는 작업이기 때문이다.

　性理學이란 용어는 원래 '性命·義理之學'의 준말이다. 심성의 수양을 과거 어느 유학보다도 철저히 하면서 동시에 규범 법칙 및 자연 법칙으로서의 理(또는 性)를 깊이 연구하여 그 理의 의미를 완전히 실현하려는 유학 중의 하나다. 한 마디로 하여 存心養性과 窮理를 지극히 중요시함으로써, 종래의 유학<主體 客觀 양면을 망라>을 형이상학적으로 재구성 발전시킨 것이다.[1]

　성리학에서 理와 氣의 문제는 유가 철학의 세계관과 인간관을 보다 통일적이고 체계적으로 이해하고자 한 철학적 시도였다. 유가의 세계관은 이른바 '物心不離'의 세계, 기원에 있어서도 무한하고, 종말도 생각할 수 없는 영원으로 뻗는 생명의 세계를 상정한다. 유가의 세계관은 일종의 합법칙적 세계관의 입장에 있다.

　이같은 사고의 추리는 인간의 입장에도 적용되어 인간은 이른바 生長之心과 知覺之心과 仁義之心을 함께 지니는 포괄적 존재로 이해된다. 유가철학의 특성이 바로 '心身一如'의 인간관에 있음은 바로 이와 같은 의미에서이다.

　성리학에서 이 세계는 理와 氣로 구성되는 것으로 이해된다. 세계의 유형적 존재는 모두가 陰陽·五行이라는 氣의 요소로써 구성되고 유형적 존재는 모두 무형의 원리 또는 보편을 내재하는 것으로 본다. 인간에게 있어서도

---

1) 윤사순, 「한국 성리학의 전개와 특징」『한국사상의 심층』(서울 : 1996), 189쪽

육체는 물론이고 마음 또한 이른바 血氣之心이나 知學之心은 기이고, 仁義之心을 이라고 하여 마음을 人心과 道心으로 구분하고 있다. 성리학은 인간의 마음 안에 성이 있다고 분석하면서도 인성과 본성을 구분해서 설명한다. 인성은 이른 바 氣質之性으로 氣이며 본성은 本然之性으로 이라고 규정한다.

이와 기는 서로 <不相離>의 관계에 있고 동시에 <不相雜>의 관계에 있다는 두 가지 원칙 위에서 관계를 맺고 있다. 따라서 理 없는 氣나 氣 없는 理만을 생각할 수 없으며, 그러면서도 理는 理고 氣는 어디까지나 氣이다. 理氣가 일원적인 것이냐 이원적인 것이냐는 이 두 가지 원칙 중 어느 것에 초점을 둔냐에 따른다.

불상리의 원칙에 입각해서는 理氣 사이에 先後가 있을 수 없다. 그러나 우주론의 측면에서 생각할 때, 유형적 사물의 생성 과정에는 반드시 그에 앞서서 생성을 가능하게 하는 원리적 요소가 예상된다. 주자의 경우에도 사물의 세계에서는 理氣가 無先後하다고 피력하면서도 우주의 근원에 관한 사고에서는 理氣先後를 주장한다. 또 氣가 운동성을 지니고 있음에 반해서 理는 無爲이며, 氣의 운동성을 타고서 그것에 질서를 가져다 줄 따름이다.

朱熹의 학설은 요컨대 만물의 근원에 대해서는 理一元論이요, 만물에 대해서는 理氣二元論이다. 그의 이기론에는 理를 實體視하고, 기에서 초월한 一物이라고 해석한 부분이 있었기 때문에 후세의 학자들 사이에 논란이 일어났다.

여기서 성리학이 윤리적 이상주의를 앞세운 주리적 성격이 대표적 특징이지만 그 속에는 존재하는 세계를 논리적으로 설명하려는 성격도 만만치 않음을 간과할 수 없다.

성리학을 완성한 晦庵 朱熹(1130~1200)는 윤리적인 입장에서는 '理'의 존엄한 가치에 대한 절대적 신봉자였지만, 사실 세계를 설명하는 자연 철학의 입장에서는 氣의 구체성과 능동성을 앞세우는 태도를 분명히 하였다. 조선의 유학자들은 주희의 이와 같은 포괄적인 학문관을 받아들여 理・氣

의 상호관계로 설명되는 존재와 가치의 여러 문제를 보다 치밀하게 연마해 나갔다. 그러한 학문 방법을 통해 세계와 인간에 대한 보다 명확한 인식을 얻고, 그 속에서 도덕적 이상 사회를 구현할 수 있는 길을 찾고자 하였다.

조선 성리학이 그 연마의 과정이 성숙되어 주자학을 더욱 치밀하게 조술하다 보니 주자학의 이론을 답습하는 데서 더 나아가 주자학 자체의 상충적 요소들을 발견하고, 그러한 문제를 해결하기 위한 발전적 이론이 필요하게 되었다.

조선 중기 성리학자들의 공통 관심사였던 四端七情論辯이나 조선 후기 기호 지역 학자들의 人物性動異論이 바로 조선 성리학의 연마 과정에서 드러난 철학적 문제 의식의 드러남이었다.[2]

여기서 한국 성리학의 이론은 첫째, 이황에서 비롯되고 李玄逸에 의해 계승되어 李震相에 이르러 발전한 주리적 이기관, 둘째, 李珥에서 비롯되고 宋時烈에 의해 계승되어 韓元震에 의해 발전한 主氣的 理氣觀, 셋째, 고종 때의 奇正鎭과 영정조 때의 任聖周 등이 우주의 理현상에 대한 체계적 이론을 전개한 一元的 理氣觀으로 나누어진다.

李滉이 53세 때 10월에 이웃에 사는 鄭之雲이 지어 보인 「天命圖說」내용 중 '四端은 理에서 發하고 七情은 氣에서 發한다.(四端發於理, 七情發於氣.'라는 문구를 「사단은 이의 발이고 칠정은 기의 발이다(四端理之發, 七情氣之發)」로 고쳐줬다. 이 수정된 문구는 선비들 사이에서 논란거리가 되었는바, 고봉 기대승은 사단도 칠정 외에 따로 있는 것이라 할 수 없고 氣를 떠난 理가 따로 없을 진댄(理氣不相離의 원칙) 서로를 양립시켜 이발기발(理發氣發)이라 함은 이와 기를 너무 이원론적으로 분리시켜 놓는 혐의가 짙다[3]고 異論을 제기했다.

논변의 왕래가 거듭되면서 이황은 사단도 物에 感하여 動하는 것은 七情

---

2) 김현, 『임성주의 생의 철학』(서울 : 한길사, 1996), 25～26쪽

3) 奇大乘, 『高峯集』, 兩先生四七理氣往復書 第 1卷 上篇, 書,「高峯答退溪論四端七情書」

과 다름없으나 ‘四端은 理가 發하여 氣가 이에 따르는 것(四端理發而氣隨
之)’이고 ‘七情은 氣가 發하여 理가 이것을 타는 것(七情氣發而理乘之)’[4]이
라고 개정하였다. 그는 理發과 氣發이 不相理의 관계에서나마 ‘互發’하는
것이라 강조하여 그의 理氣四七論을 ‘理氣互發論’이라 한다. 주자성리학의
문제될 여지를 포착하여 해명한 互發論은 성리학적 인식의 심도를 더하여
발전시킨 것이라 할 수 있다.

이러한 이황의 理氣互發說에 대해 우계 成渾이 율곡 이이에게 편지로
질의를 하면서 6년 간에 걸친 논쟁이 시작된다.

이이는 理가 발하는 것을 기본적으로 부인하는 입장에서 퇴계의 ‘四端理
發而氣隨之’와 ‘七情氣發而理乘之’ 중 ‘理發而氣隨之’는 반대하고 ‘氣發而
理乘之’는 반대하고 ‘氣發而理乘之’만이 가능하다고 주장한다. 理가 발하는
사단이란 칠정 외에 따로 있는 것이 아니고, 氣가 발한 칠정 중에 특히 선한
일면만을 택해서 發한 것이라 분석한다. 발하는 것은 어디까지나 氣이며
발하는 까닭은 理라는 ‘氣一途說’은 퇴계의 ‘互發論’의 명제 중 ‘氣發’을
채택한 것으로 이 점에서 볼 때, 율곡의 이론은 퇴계 이론의 발전적 계승으
로 볼 수 있다.

주리학파와 주기학파의 사단칠정논변은 ‘理’를 중시하여 성선을 확보한
다는 윤리적 입장과 ‘氣’를 위주로 사실 세계를 논리적으로 해명한다는 이
론적 입장 사이의 갈등이라는 주자학에 내재된 문제가 드러난 것이라 할
수 있다.

도덕성 발현에서 ‘이’의 주도적 역할을 역설한 퇴계의 호발설은 인간에게
는 선한 본성(理)이 있어 그것이 자발적으로 발현(理發)될 수 있음을 강조한
것이며 기의 조건이 아무리 탁박하고 병든 상태라 하더라도 도덕성을 발현
해야 할 상황에 처하면 ‘理’의 발동으로 의연히 도덕적 감정과 행위를 드러

---

4) 奇大乘,『高峯集』, 兩先生四七理氣往復書 第 1卷 上篇, 書,「退溪答高峯非四端七情分理
　　氣辯第二書」

낼 수 있다는 고결한 도덕적 이상주의의 표명이다.

그러나 선악이 병존하는 엄연한 현실 세계를 논리적 정합성을 지닌 이론으로 설명해 낸다는 성리학의 과학 정신에는 미흡할 수밖에 없다. 理想에서 동떨어진 현실이 빚어졌을 때 그것을 모두 원리에서 벗어난 돌발적인 것으로 치부해버린다면 이 세계의 보편적 질서를 찾을 수 없기 때문이다.

한 편, 율곡의 '氣發理乘一途說'은 인간이 모든 심리 현상은 도덕적인 것과 비도덕적인 것의 구별 없이 그 발현은 기의 작용에 의한 것이며, 그러한 감정의 근원은 '理'에 있다는 것5)이다. 이것은 자연의 運化(운행과 변화) 현상을 설명하는 것과 동일한 이론틀로 인간의 심리 현상을 합리적으로 설명해내고 도덕적 실현을 위한 현실적 토대의 중요성, 理의 가치 실현을 위한 토대로서의 氣의 중요성을 반영하였다는 장점이 있으나, 성리학적 인성론의 중요한 목적의 하나인 상황의 제약을 초극하는 절대적인 도덕 실천의 가능성을 제시하는 데는 미흡하다. 모든 바람직한 것(善)에 대한 가능적 원리인 理가 실제로 바람직한 모습으로 현상화되느냐, 왜곡된 모습으로 드러나느냐는 것은 현상화의 능동성을 갖지 못한 수동적 존재에 불과하기 때문이다. 그렇다면 기질의 환경이 극도로 나쁜 경우(기질이 탁박해진 경우) 자발적 도덕의 실현을 기대할 수 없게 된다는 뜻으로 해석될 수도 있다는 것6)이다. 性의 발현이 전적으로 氣의 청탁 여부에 의해 善情 또는 惡情으로

---

5) 李珥, 「答成浩原」『栗谷全書』卷 10, 書 2

"어린 아이가 우물에 빠지는 것을 보게 되면 측은히 여기는 마음을 발출하게 된다. 그러한 사건을 목격하고서 측은히 여기게 되는 것은 기의 작용에 의한 것이니 이것을 이른바 기의 발현이라고 한다. 그런데 그 때, 그것을 측은히 여기는 마음의 근원은 仁이니 이것을 일컬어 '理'가 거기(기의 발현)에 올라탔다고 하는 것이다.

"見孺子入井, 然後乃發惻隱之心, 見之而惻隱者氣也, 此所謂氣發也, 惻隱之本則仁也, 此所謂氣發也. 惻隱之本則仁也, 此所謂乘之也. 非特人心爲然, 天地之化, 無非氣化而理乘之也."

6) 農巖 金昌協(1651~1708) 「論退栗兩先生四端七情說」『農巖續集』卷 下,說

"율곡은 인심도심설에서 선은 청기에서 발현하고, 악은 탁기에서 발현한다고 하였다. ……그러나 정이 선하고 악하게 되는 원인을 기의 청탁에만 돌린다면 이의 실

방향지워진다면 氣의 제약을 뛰어넘는 理의 자발적 善의 실현을 기대할
수 없으므로 純善의 理가 지니는 의미가 실추된다는 것이다.

　이렇듯 퇴·율 사칠론은 결국 심리 현상의 발출 과정을 합리적으로 설명
하고자 하는 심리철학적 연구와 맹자 성선설의 본지를 계승하여 인간의
도덕적 존엄성을 천명하고자 하는 윤리적 신념을 하나의 이론 체계로 융화
시킨 것이라 할 수 있으나 각각 이론과 당위의 어느 한 쪽에 미비한 점이
있어 후대의 지속적 연구 과제로 이어지게 된다.

　주자학의 합리적 이론면을 중시한 율곡의 학문은 沙溪 金長生(1548~1631)
과 愼獨齋 金集 (1574~1656)을 거쳐 尤庵 宋時烈 (1607~1689)에게 계승
되면서 그 성격을 강화시켜 기호성리학의 특성을 강하게 드러내게 된다.

　우암 송시열은 강력한 의리 지향의 주리적 도덕 이념을 신봉하였으나
그 이상으로 주희의 이기이원론적 존재론을 존중하여 ‘理’와 ‘氣’의 상호
관계에 대한 이론은 절대로 율곡의 이론을 따라야 한다고 확신했다. 송시열
이 시작하여 南塘 韓元震(1682~1751)이 완성한『朱子言論同異攷』는 퇴계
호발설의 중요 근거인『朱子語流』의 ‘四端是而之發, 七情是氣之發’이 주자
의 정론이 아님을 입증하고자 사단 칠정에 대한 주희의 言說을 모아 종합적
으로 비교 검토하고 있다.[7]

　송시열의 학문적 대통을 이은 遂庵 權尙夏(1641~1721)와 한원진으로
대표되는 제자들은 이율곡과 송시열이 중요시한 주자학의 이론적 측면을
계승하여 학문 활동을 전개하였다. 권상하는 五官의 形氣와 내면의 心氣를

─────────────

　　체와 선의 선함을 나타낼 길이 없게 될 것이다. ”
　“ 栗谷人心道心說, 善者淸氣之發, 惡者濁氣之發,……今若以善惡之情, 一歸之於氣之淸
　　濁, 則恐無以見理之實體而性之爲善也.”
　7) 韓元震,『朱子言論同異攷』卷 2, 情
　　“孟子四端章廣錄曰:‘四端是理之發, 七情是氣之發. 問:看得來如喜怒哀樂愛惡欲, 却似近
　　仁義. 曰:固有相似處.’ 案:四七分屬理氣之發, 固已非實理. 又以七情謂非仁義之發, 而只
　　曰‘近似’尤是可駁. 皆與先生平日所雅言者不同可見. 全段是誤錄.”

구분하여 사사로운 人心은 形氣에서 비롯되나, 사단을 포함하는 칠정은 내면의 心氣에서 발현한다[8]고 하여 心을 형기로부터 분리시킴으로써 기발에 의한 도심의 발현을 천명하였다. 이것은 '理 '가 발현 능력을 갖지 않아도 도심이 발출될 수 있음을 설명하고자 한 것으로 이러한 율곡 계열의 학문 경향은 권상하의 高弟 한원진 등에게 이어진다.

권상하의 문하에서 수학하던 제자 가운데 巍巖 李柬(1677~1727) 등과 남당 한원진 등은 人性과 物性이 같은가 다른가, 未發의 心體가 純善한 것이냐 악할 수도 있느냐는 문제에서 의견을 달리했다.

한원진을 비롯한 호서의 인성 물성 상이론자들은『孟子 』「生之謂性章」의 朱子註 「理로써 말하자면 仁義禮智를 품수받은 것이겠으나 어찌 사물이 얻어 온전하리오」라는 주석에 근거해서 인성과 물성이 다름을 추리해 낸다. 성이란 氣質 이후에 지어진 개념, 곧 이와 기 가운데 내재한 후에 생기는 개념이므로 일정한 기와 결부된 개별성으로 한정해 이해한다. 성이란 기질로 인하여 특수하게 구체화되는 개개 사물의 특성을 지칭하는 것인 만큼 만물은 각기 다른 성을 지니고 있다는 것이다(人物性同異論). 또 인간의 심은 구체적인 정신현상의 토대로 기에 속하는 것인데 기에는 淸濁不齊의 차이가 있으므로 정신 현상을 발현하기 이전의 미발심 상태라도 선과 악의 요소가 함께 들어 있다는 것이다. (未發心體有善有惡說) 같은 인류라도 기질의 청탁부제한 차이가 있으므로 기로 인해 구체화된 심체의 차등이 생기고 성인과 범인의 심성은 서로 다른 면이 있다는 것이다.[9]

---

8) 權尙夏, 「四七互發辨」『寒水齋集』卷 21, 雜著
  "人心은 形氣의 私에서 생기는 것이니, 이 때의 氣는 耳目口鼻를 지칭한 것이다. 七情은 氣에서 發하는 것이니, 이 때의 氣는 心을 지칭한 것이다. 글자는 같아도 의미가 전혀 다르다."

9) 韓元震, 「擬答李公擧」『南唐集』권 11, 書
  ◦ "理本一也, 而有以超形氣而言者, 有以因氣質而名者, 有以雜氣質而言者……因氣質而名. 則健順五常之名是也. 而人物之性不同矣."

　이러한 人物性異論에 반대하여 巍巖 李柬을 중심한 洛下의 人物性同論者들은『中庸』「天命之謂性章句」 朱子註 ‘사람과 만물이 생겨남에 각기 그 부여된 이를 얻음으로 인하여 健順五常의 덕이 되나니 이른바 性이라’는 주석에 의거해 금수는 물론 모든 사물이 사람과 마찬가지로 仁義禮智信이라는 오상의 성을 모두 품수받았다고 하면서 인물성이 같음을 주장하였다.

　李柬도 인간이라는 구체적 존재는 음양오행의 기에 의해 의존해 이루어진다고 보지만, 본성은 氣의 영향을 받지 않은 순수한 理만을 가리키며, 그러한 理는 사물에 따라 차이가 있는 것이 아니며 性則理라는 원칙이 당연히 현상 세계의 모든 사물에도 적용되어 보편적 본질로 내재한다고 설명한다.(人物性同論) 그는 인간의 두덕성 발현의 주체가 되는 心(明德)은 氣에 의존하고 있기는 하나 淸濁不齊한 氣稟과는 엄격히 구분되는 것으로 스스로 氣稟의 血氣를 물리치는 주재력을 발휘할 수 있다고 보았다.10)

　결국 인물성동이논변에서 한원진, 屛溪 尹鳳九(1681~1767) 등의 인물성 이론 및 미발심체유선유악설은 모든 구체적인 것은 기의 특수성에 기인한다는 논리적 입장을 내세운 이론인 반면, 외암 이간의 인물성동론과 미발심체의 본선설은 인간의 심성이 기의 차별성에 구애됨이 없이 순선하다는 성선설적 대의명분을 가치로 삼은 이론이었다. 한원진이 심의 지각 작용을 논리적으로 설명해내는 것을 중요시했기 때문에 정신 현상의 다양성을 설

◦「上師門」위의 책, 卷 7 書

“ 心之未發, 雖皆惺然虛明, 而氣稟本色之淸濁粹駁, 未嘗不自在矣. 自其淸濁粹駁者而言之. 則謂之心有善惡可也. 兼氣質淸濁粹駁者而言之. 則理之存乎其中者. 亦只得爲淸濁粹駁之理, 而所謂氣質之性也. 自其爲氣質之性者而言之. 則謂之性有善惡亦可也.”

◦「與沈信夫」위의 책, 卷 15, 書

“ 聖人之心, 淸氣聚而虛靈, 故常覺於理. 衆人之心, 濁氣聚而虛靈, 故常覺於欲. 此虛靈所稟之氣人人不同, 而虛靈之心不能皆善者也.”

10) 李 柬,「未發辨」『巍巖遺稿』卷 12, 雜著

“ 明德本體則性凡同得, 而血氣淸濁則性凡異稟. 明德則天君也, 血氣則氣質也. 天君主宰, 則血氣退聽於百體, 而方寸虛明.”

명해 주는 氣의 차별성을 수용한 반면, 이간은 심의 윤리적 실천 능력을 추구했기 때문에 그것의 성선을 최대한 확보하려고 노력했다고 볼 수 있다.

호·락 논쟁은 기본적으로 선악의 문제를 중요시한 문제였던 데서 당시 유가적 도덕 정신을 심화하는 데 큰 작용을 했을 것임이 확실하다. 선천적으로 선하다는 형이상학적 확신도 중요하지만 현실적인 인간의 마음에 깃들인 선악의 모순되는 요소가 직시되고 있는 점에서 자아반성적 내지는 현실 긍정의 이론이라 할 수 있다.[11]

호락 논쟁 이후 18세기 후반에 이르러 그 시비를 종합하고 극복하려는 움직임이 제기되었는 바 노사 기정진의 유리론과 녹문 임성주의 유기론이 그것이었다.

農巖 김창협에서 비롯한 절충적 견해는 그 후 鹿門 任聖周에 이르러는 氣論으로 치우치고, 다시 蘆沙 奇正鎭에 이르러는 理論을 고집하는 경향을 낳았다.

최익현이 14세부터 그 문하에 나아가 학문을 계승하게 되는 화서 이항로는 낙학파의 영향을 받고 낙학파의 견해에 더욱 동조하면서도 호락 어느 편에도 기울지 않고 양설을 조화하며 독자적 학설을 제시하여 화서학파라는 독자적 학파를 이룬다.

이항로가 호락논쟁에서 어느 한 쪽에 기울지 않으려 하면서도 낙론에 가까운 경향을 보인 것은 보편적 원리를 正道로 삼고 理性을 강조한 그의 사상에서 비롯되는 것으로 스스로 孔子-朱子-尤庵의 도통을 제기함으로써 栗谷-沙溪-尤庵을 잇는 기호학파의 계열을 자처하였다. 호락논쟁을 조화시키려 하였던 것도 호락 논쟁 자체가 기호학파의 학설 논쟁이라는 점에서 자파의 문제를 해결하려는 의도에서였던 것이다.

이항로는 羅整庵의 二氣合一說에 반대하여 二氣二元論 확립에 노력하였

---

11) 李楠永,「爭點으로 본 韓國 性理學의 深層」『韓國思想의 深層』(우석:서울, 1996) 227쪽

다. 二氣는 二物이라는 주자의 결론을 입증하기 위하여, 大舜은 위미, 孔子는 上下, 孟子는 大小 또는 善利, 栗谷은 通局의 두 글자로서 理와 氣를 나누어 설명하고 있다고 성현의 학설을 두루 제시하고, 결코 의심할 수 없는 결론이라고 하였다.

위에서 그는 기호학파 계열임을 자처하면서도 퇴계의 이기호발설을 받아들였다고 하였는 바, 그것은 理先氣後 理尊氣卑 理主氣役을 주장하여 理 우위를 강조하는 주리설을 확고하게 제시하고, 단지 그 理만을 가리키면 全하지 아니함이 없고 겸하여 氣를 가리키면 偏하지 아니함이 없다고 하여 洛論과 같은 견해를 보이기도 하고, 人과 物은 본래 一理요 一氣라 하여 처음부터 貴賤尊卑의 차별이 있는 것이 아니나 動靜體用 및 發用과 未發用에 의해서 一物도 되고 二物도 된다고 하여 湖論의 이른바 人物性相異論과 같은 견해를 보이기도 하였기 때문이다.

또, 천지간에는 理와 氣만 있다고 하면서 그 중에서도 理가 氣에 비하여 우월하며 존재의 원인이 되고 당위의 표적이라고 하였는 바, 그는 도학의 근원적 성격은 퇴계학파나 율곡학파가 모두 주리론임을 밝히려 하였던 것이다. 그의 死後 문인인 김평묵과 유중교 사이에 주리주기의 대립이 일어나 한말 격렬한 성리학 논쟁을 일으켰으나 화서 사상의 근원적 문제에까지 도달하지 못한 것으로, 이항로가 호락논쟁 어느 한 쪽에 기울어지지 않은 것은 단순한 절충적 입장이라기보다 오히려 그 사상이 도학 정신의 근본을 주리론으로 파악하고 모든 분열을 근원에서 포괄할 수 있었던 것[12]으로 파악해야 한다.

김평묵과 유중교 사이의 논쟁은 이항로의 心 개념에 대한 유중교의 문제 제기에 의한 것이었다. 이항로는 明德을 理로 밝히면서 동시에 心이 主理와 主氣로 인식될 수 있음을 인정하면서도 明德과 心을 일치시켜 심의 주리론을 강조하였다. 유중교는 화서가 명덕과 함께 심을 주리로 해명한 것은 本心

---

12) 琴章泰 · 高光植『儒學近百年』(서울 : 박영사, 1986) 19~20쪽

을 가리키는 것이겠지만 심의 본래적 지위는 形而下의 氣에 속하는 것임을 주장하고, 화서의 심 개념은 사물과 법칙의 구분이 애매하다고 하면서 화서의 심설을 조정 보완하고자 「調補華西心說」을 지어 선배인 김평묵에게 문의하였다. 이에 김평묵은 「華西心說本義」·「華西雅言心說考證」등을 저술하여 화서의 입장을 정밀히 고증하면서 明德 내지 本心은 理를 위주로 이해하여야 心의 능동적 主宰性을 확보할 수 있다고 心主理說을 명확히 제시하여, 유중교의 입장에 결연히 반대한다. 이로써 화서학파는 김평묵을 지지하는 崔益鉉, 洪在龜, 柳基一 등과 유중교를 지지하는 柳重岳, 李根元, 宋敏榮, 李昭應 등으로 나뉘어 오랜 동안 상당한 논쟁을 전개한다. 이러한 논쟁을 거치면서 화서학은 새로운 차원의 도약을 이룩하는 바, 그것은 시대 현실에 대응하는 행동철학으로의 발전이었다.

여기서 화서의 학통은 공식적으로 김평묵-유중교-유인석으로 이어지나, 그 사상의 본질적 정신의 계승은 김평묵, 최익현, 홍재귀, 유인석 등의 현실 대응 양식에서 드러나며, 특히 최익현, 유인석의 의병항쟁에서 행동철학으로서의 화서학이 철저하게 구현되고 있다.

여기서 최익현의 조선 화서 성리학을 계승한 巨儒로서의 면모를 확인할 수 있게 된다.

3. 華西學派의 衛正斥邪 意志

14세 때 화서 이항로의 문하에 나아가 사사하기 시작한 면암 최익현은 중암 김평묵과 성재 유중교로부터 화서학의 원리를 체득하고 그 연찬에 힘을 기울였다.

최익현의 사상을 알아보기 위하여는 먼저 최익현의 생애를 통하여 가장 큰 영향을 준 화서 이항로의 사상을 살펴볼 필요가 있다. 최익현의 사상은 이항로 사상의 연장선상에 놓여 있으며 더욱 실천적인 면으로 심화된 것이므로 때문에 이항로의 사상을 살펴보는 것은 최익현 사상의 뿌리를 살펴보고 그 성격을 더욱 분명히 하는 의미를 갖기 때문이다.

앞에서 살펴본 대로 화서 이항로는 洛學派의 영향을 받고 낙학파의 견해에 더욱 동조하면서도 湖洛 어느 편에도 기울지 않고 양설을 조화하며 독자적 학설을 제시했다. 그것은 도학 정신의 근본을 밝히면서 호락 양설을 근원에서 포괄하며 도학의 정통으로 자리잡는 의미를 갖는다.

이러한 그의 사상은 한말 義理學의 宗匠으로서 서양과 일본의 침략에 대한 민족적 저항의식의 선봉을 이루었고 그의 문인들에게 이어져 몰락하는 한말 역사 상황에 정방향으로 대결하는 실천적 사상으로 실현되었다.

이항로가 살고 있던 십구세기 중엽 조선 사회의 역사적 상황은 안팎으로 모순이 쌓이면서 절박한 위기를 맞고 있었다. 정치의 부패와 기강의 문란은 三政의 문란을 가져왔고 전국 도처에서 민란이 일어났으며 천주교의 전파는 지배층에게 유교적 양반 질서를 동요시킨다는 불안한 위기 의식을 안겨 주었고 병인양요를 통해 충격적으로 확인된 서양의 무력적 위협과 그 아류인 일본의 침략 세력은 가속적으로 압박을 더해 왔다.

이러한 역사적 상황에서 성리학은 시대에 부응하는 새로운 사명을 각성하고 대응논리를 전개하게 된다.

즉, 배청숭명론의 의리 정신은 저항 대상을 청에서 서양과 일본에로 전환시키지 않을 수 없었던 바, 당시 성리학의 의리 정신은 화서 이항로를 중심으로 집약되어 그의 제자인 중암 김평묵, 성재 유중교, 면암 최익현, 의암 유인석 등에게 이어져 화서학파의 기본 이념으로 발전하였다.

1792(정조16)년 경기도 楊平郡 西宗面 蘆門里 檗溪 마을, 멀리 靑華山이 보이는 계곡에서 노산蘆山의 정기를 받고 태어난 이항로는 3세에 천자문을 익히고 6세에 十八史略, 12세에 尙書를 익혔을 만큼 수재였으며 17세(순조8

년, 1808)에 漢城試에 합격했고, 1840년(헌종6)에는 學行으로 천거되어 휘경원 참봉에 임명되었으나 벼슬길을 단념하고 학문에만 전심하며 후진을 양성하는 데 힘을 기울였다. 그는 시대적 부패 풍조 속에서 부패한 戚臣, 부정한 세도가 등 권문 세력에 아부하여야 출세가 보장되는 현실 정치 참여를 거부한 것이다.

세도 정치가 끝나고 홍선 대원군이 실권을 잡게 되는 1864년, 이항로는 삼정 개혁·고종 추대·천주교 탄압 등으로 알려진 心庵 趙斗淳의 천거로 掌苑署 別提가 되며 이어 都事, 持平, 掌令 등을 역임하였고 1866년 프랑스 군함이 서울 서북쪽 서강에까지 침범한 병인양요 때에는 동부승지로서 척화소를 올려 당시 조정에서 거론되고 있던 화친론을 배격하고 적극적으로 대항하자는 주전론을 강력히 주장하였다. 그의 주장은 대원군에 의해 국론으로 정하여지고 그는 공조판서로 승진한다. 그러나 경복궁 중건 중지와 취련의 시정을 촉구하는 등 최초로 대원군의 정책을 반대하면서 대원군의 배척을 받으며 여생을 마치게 되었다.

그가 현실 정치에 참여하게 되는 것은 고희가 지난 73세 때였다. 그는 무너져 가는 국운을 좌시할 수 없었기 때문에 평소에 주장한 대의를 위해 노구를 이끌고 나섰던 것이다.

당시 격동하는 현실을 심각하게 우려하면서 대응책을 강구하기에 부심했던 이항로의 현실 대응 논리는 평생 동안 정진해온 성리학에서 찾아질 수밖에 없었다. 즉, 우세한 물리적 힘을 기반으로 침투해 들어오는 서양 세력에 대항하기 위해서는 전통적인 성리학적 질서와 의식을 존중하고 자주 의식을 살려 민족과 주권을 지켜야 한다는 '존왕양이적 위정척사운동'을 제창했던 것이다.

이러한 이항로의 사상 체계는 전통적 주자학에 근거해 있는 바 二元的 主理論으로, 스스로는 孔子-朱子-尤庵-의 도통을 제기하여 栗谷-沙溪-尤庵을 잇는 기호학파 계열을 자처하였으나, 실제로는 퇴계의 理氣互發說을 받아들였다.

그는 理尊氣卑의 형이상학적 틀로써 우주는 물론 안간을 해석하고, 理主氣從(理先氣後, 理主氣役)의 논리를 설정하고 理와 氣·道와 氣·天理와 人慾·上과 下·自我와 他者·治와 亂·中華와 夷狄이라는 이분법적 사고에 따라 모든 상호관계를 이원적 주리론으로 엄격하게 구분하고 이의 우위를 강조하는 이원적 주리설을 확고하게 제시하였다.

理·氣는 존재를 성립시키는 이원적 요건으로 개체 속의 理는 우주적 질서로서의 태극을 개체로서 나타내는 본성이 되고 氣는 본성이 스스로를 실현하기 위해서 몸담고 있는 형체가 되기 때문에 이와 기는 한 사물 속에서 결코 떨어질 수 없다.

모든 현상은 이기의 不離(依存) 아닌 것이 없지만 動靜流行에 있어서는 주리·주리의 구분이 있는데 主理는 正理요 順勢이며 主氣는 悖理요 逆勢이므로 그에 따가 善惡과 邪正이 판가름이 나며,13) 즉, 理가 主가되고 氣가 俗이 된다면 理는 순수하고 氣는 바르며 만사가 다스려져서 천하가 편안하지만 氣가 主가 되고 理가 혼란하게 되면 理는 드러나지 못하며 萬事는 어지럽고 天下는 위태하게 된다14)는 것이다. 그러므로 하늘의 罰(天討), 천지의 질서(天秩)는 주리이어야 한다는 理尊을 주장하게 된다.

이기 사이에는 존비귀천, 대소경중, 선후중외, 주객존망의 차이가 있으며 이는 언제나 선하지만 기는 선과 불선이라는 양면의 속성을 지니므로 이와 기가 상합하면 천하는 안정되고 존귀하게 되나 상충할 경우 천하는 혼란하

---

13) 華西集 卷 12 答崔贊謙益鉉

　蓋理無氣不行, 氣無理不生, 則理氣有則俱有, 無則俱無, 非相離之物也, 但於動靜流行之間, 有理爲主氣爲主之別, 而理之爲主, 正理也, 順勢也, 氣之爲主, 悖理也, 逆勢也, 是以有善邪之正判焉.

14) 華西集 雜著 理氣問答

　合理氣則一也, 其以理爲主, 而氣爲主則不同也, 理爲主, 氣爲役, 則理純氣正, 萬事治而天下安矣, 氣爲主, 理爲貳, 則氣强理隱, 萬事亂而天下危矣.

여 비천하게 된다는 것이다.

이항로의 이기론은 우주만물이 안정과 정상으로 활용될 것을 의도하고 있으며 대외적으로 격심한 충격과 혼란이 심해가던 당시 현실 대응의 논리로 작용하게 된다.

이러한 이기론은 인성론에도 적용된다.

만물은 각기 자신의 성을 발현함으로써 天理인 太極을 실현하게 되는데 性은 心의 본체로써 이가 기를 타고 靜한 것이요, 神은 理가 氣를 타고 動한 것이며 심은 사람의 神明으로서 理氣를 合하고 動靜을 포함한 것이라고 한다. 사람에 있어서 심은 만물에 있어서의 태극과 같이 一身을 주재하는 것이니 심은 즉 사람 속에 있는 理라 할 수 있다. 그러나 마음에는 두 측면이 있다.

그것은 형기에 좌우되고 그에 따르는 인심과 선악을 판별하고 순수한 방향으로 향하는 마음, 즉 도리에 따르는 道心으로, 인심을 절제하고 도심을 따르는 것이 학문하는 목적이라고 한다.

理體가 나에게 내재한 것은 性이요, 심용이 사물의 이에 감응한다고 할 때 심의 본질은 性則理이므로 본래 일치할 수 있는 것이다. 그러므로 物의 理를 밝힌다는 것은 心의 理를 밝히는 것이니 聖賢書를 읽는 까닭도 明理에 있고 心의 理를 자각하는 데 있었다.[15]

이러한 논리에 따라 이항로는 당시 국제 정치 상황에서 서양을 氣의 존재이며 인심의 본체로 보고 당시의 시급한 대외 모순에 대응하려 하였다.

기의 존재이며 인심의 본체인 서양과 이의 존재이며 도심의 본체인 조선과의 관계는 화서의 논리 체계 속에서는 조선이 主가 되고 서양이 役이 된다면 만사는 잘 다스려지고 천하가 편안하지만 그 반대의 경우 만사가 어지럽고 천하는 위태롭게 되는 것이다. 그런데 현실 상황에서 서양은 조선에 비해 막강한 물리적 힘을 지니고 침범해 오고 있었다. 이러한 현실 인식

---

15) 華西集 卷 5 答南致遠

欲明理者, 非讀聖賢言語文字, 則不可得也.

을 바탕으로 이와 기의 상합이 아닌 상충을 막기 위하여서는 기의 존재이며 인심의 본체인 서양을 물리치고 이의 존재이며 도심의 본체인 조선을 수호해야 할 절박한 필요성이 제기되는 것이다.

이러한 衛正斥邪의 정신과 논리는 1896년 음력 9월 병인양요 때 그 해결을 위해 조정으로부터 동부승지로 부름을 받고 올린 사직 상소16)와 다시 올린 '辭工曹判書疏'에 극명히 드러난다. 그것은 자본주의 팽창을 위해 우세한 물리적 힘을 기반으로 조선에 불평등을 강요하는 서구의 정치적 경제적 침략에 대한 한민족의 대응 논리로 열강의 침략이 노골화되면서 민족적 저항 운동으로 발전하게 된다.

이러한 위정척사 의지는 최익현이 존경하여 마지않던 당대의 거유 노사 기정진이 69세 때 쓴 '병인소'17)에도 첨예하게 드러나는 바, 화서의 문인들에 의해 계승되어 척사위정·창의호국 운동으로 일제 강점 이후까지 활발히 전개되며 항일 의병전쟁의 논리적 바탕으로 작용한다.

최익현의 의병 활동 역시 이러한 논리적 배경 속에서 이루어지게 되는 바, 이 문제에 대해서는 의병전쟁기 그의 한시를 다루면서 다시 언급하도록 한다.

4. 理氣論과 心說

4.1 理氣論

최익현은 14세 때 봄 아버지 지헌공을 따라 벽계에 가서 스승을 뵙고

---

16) 李恒老 華西先生文集 卷 3 疏箚 辭同副承旨兼陳所懷疏 (高宗 3年 陰 9月 13日)

17) 奇正鎭 蘆沙集 卷 3

그대로 머물러 수업한 이래 이항로의 성심어린 가르침과 특별한 사랑을 받으며 학업을 닦아 스승의 학문과 사상을 발전시키게 된다. 스승 이항로와의 사이에 수차에 걸쳐 오고간 問目에 그가 理發氣發 문제에 깊은 관심을 가지고 탐구했음이 나타나는 것처럼 그는 이기론 심성론의 궁구에도 항시 스승에게 자문을 구했다.

이항로가 처음 학업에 대한 권면의 뜻으로 면암에게 큰 글자로 써 준 '洛敬閩直'은 낙양의 정자와 민중의 정자가 倡言한 居敬窮理와 敬以直內를 뜻하는 것으로 이후 최익현의 학문 자세를 일관하는 정신이 된다. 다음 해 화서 문하에서 아침 저녁으로 함께 강론하던 화서의 맏아들 槐園 李埈은 '明誠兩進敬義偕立'를 써 준다. 이것은 최익현을 포함한 화서의 문인들이 敬과 義를 중시했음을 알 수 있게 한다.

또 선배 문인 중암 김평묵은 "天理는 사그러지기 쉽고 人慾은 자라나기 쉬우니, 전일하게 도를 구해도 인욕이 이기고 천리가 지게 될까 염려되는데, 어느 겨를에 異端을 전공하겠는가"하고 이단을 멀리 하고 인욕을 경계하며 오로지 도를 구할 것을 권면하고 있다. 김평묵은 최익현과 사십여년 동안 교분의 돈독함이 范馬 형제 이상이었다[18]고 할 만큼 정의가 두터웠던 인물로 성재 유중교와 더불어 화서학을 발전시킨 쌍벽을 이루는 인물이다. 그 중에서도 김평묵은 화서의 철저한 계승자로 화서의 심설에 대한 논변에서 화서의 이론을 고증 수호한 화서학의 적통이었다.

화서의 심론에 대한 화서학파 내의 논변은 화서의 심론을 지키려고 한 김평묵과 화서의 심설을 보충하고자 한 유중교 사이에 오랜 동안 상당한 논쟁의 형태로 전개되었다.

'이항로가 明德과 함께 심을 主理로 해명한 것은 本心을 가리키는 말이겠

---

18) 면암선생문집 연보 신묘년 선생 59세조
   범마 형제는 宋의 范鎭과 司馬光 두 사람이 의기가 투합하여 의논이 한 입에서 나온 것처럼 똑같았고 정의가 친형제 이상으로 두터웠다.

지만 心의 본래적 지위는 形而下의 氣에 속하는 것이며, 화서의 심 개념은 사물과 법칙의 구분이 애매하다'고 하여 화서의 心說을 보완하고자 한 유중교의 문의에 김평묵은 결연히 반대하고 『華西心說本義』·『華西雅言心說考證』 등을 저술하여 스승의 입장을 정밀히 고증하면서 明德 내지 本心은 理를 위주로 이해하여야 心의 能動的 主宰性을 확보할 수 있다는 心主理說을 명확히 제시하였다. 여기서 화서의 문인 중 최익현, 洪在龜, 柳基一 등은 중암 김평묵을 지지하고 柳重岳, 李根元, 송민영, 李昭應 등은 성재 유중교를 지지하여 오랜 동안 상당한 논쟁을 전개한다.[19]

최익현은 理氣論에서 태극이 동하여 양을 낳고 정하여 음을 낳는다는 말에서 '동하고 정한다.'는 것은 작위가 있는 것이요, 이는 진실로 작위가 없는 것이지만 능히 작위가 없는 것이지만 능히 작위가 있는 것의 주장이 되는 것이니, 이미 주장이 된다면 동하게 하고 정하게 하는 것이 태극이 아니겠느냐고 한다.

즉 理는 태극과 마찬가지로 작위의 주장이 되며 소이연이 된다는 것이다.

> 대저 솔개는 스스로 날게 되고 물고기는 스스로 뛰놀게 되는 것이요, 그렇게 하도록 시키는 것이 있는 것이 아니다. 그러나 理를 나타내는 자가 반드시 이것으로 논하여, 천하의 이치가 뚜렷이 나타나고 광명한 것이 이보다 더한 것이 없다고 하는 것은 무엇 때문인가? 대저 理의 體는 지극히 隱微하여 형상할 수가 없으니 지극히 나타나고 뚜렷한 물건에 나아가서 그 所以然을 찾는다면 바로 절반은 안 것이다. 그러므로 日月이 왕래하고, 寒暑가 차례로 바뀌며, 물이 흘러 쉬지 아나고, 만물이 끝없이 생기니 그렇게 되는 것은 반드시 소이연이 있다.
> 소이연이란 무엇인가? 바로 태극이다.[20]

---

19) 崔完基 : 『韓國 性理學의 脈』 (서울 : 느티나무, 1989), 246-247쪽.
20) 면암선생문집 잡저 「고청여석진에게 써서 보임(書示高清汝石鎭)」

  그러므로 모든 물건이 다 理와 氣가 있으니 그 중에 하나라도 빠지면 물건을 이룰 수가 없다는 것이다. 해와 달이 왕래하고 추위와 더위가 차례로 바뀌며 물이 쉬지 않고 흐르며 만물이 끝없이 생겨나는 것이 氣라면 그 소이연은 理 즉 태극이라는 것이다. 이어서 그는 '오직 理는 먼저요 氣는 뒤이며 理는 主가 되고 氣는 客이 되며, 이는 장수가 되고 氣는 졸개가 되는 것이니 이것은 큰 分界로서 털끝만큼이라도 어지럽혀서는 안 된다[21]고 하여 主理說을 주장한다.

4.2 心性論

  최익현은 심성론에서 性은 사람에게 있는 太極이나 그 體는 마음에 갖추어져 있고 用은 情에서 達하는 것이니 마음은 어둡고 밝은 차이가 있고 情은 지나치고 미치지 못하는 폐단이 있으므로 반드시 이겨 다스리는 공부를 더한 다음에야 性이 온전하게 될 것[22]이라고 한다.

  최익현은 반드시 이겨 다스리는 공부에 대해서는 堯舜의 惟精惟一과 孔子·顔子의 克己復禮와 子思·孟子의 存養省察과 遏人慾·存天理가 모두 이 說이라고 하였다.

  유정유일은 論語 堯曰에 나오는 말로 알기를 정밀히 하고 행동을 안 그대로 한다는 뜻으로 舜이 禹에게 가르쳐준 말이다. 『서경』대우모에 "인심 즉 육체에서 나온 마음은 위태롭고 道心 즉 性命에서 나온 마음은 은미하다. 유정유일하여야 진실로 中道를 행할 것이다."하였는데 朱子는 『중용』序에서 "精이란 인심과 도심의 사이를 정밀히 분간하여 혼동하지 않는 것이요, 一이란 本心의 바름을 지켜서 떠나지 않는 것이다." 하였다. '진실로 중도를

---

21) 앞의 글

22) 앞의 글

행할 것'이라는 이 말은 본래 요가 순에게 가르쳐준 것이라 하며, 극기복례
는 공자가 顏淵에게 가르친 말로 자기 개인의 사욕을 이겨 예에 돌아가야
仁을 할 수 있다는 뜻으로 논어 안연편에 있다.

　최익현은 이어,

　　존양성찰·알인욕·존천리에서 존양은 마음을 보존하며(存心) 성
　을 기른다(養性)는 뜻이며 성찰은 자신의 사욕을 살피는 것이다. 자사
　는 中庸 首章에서 "군자는 보지 못하는 데에도 삼가며 듣지 못하는
　바에도 두려워한다(君子戒愼乎其所不睹恐懼乎其所不聞)" 하였는데
　이것은 靜할 때의 존양 공부를 말한 것이며, 이어 "군자는 홀로 아는
　곳을 삼간다"하였는데 이것은 動할 때의 성찰 공부를 말한 것이다.
　존천리는 천리를 보존하는 것으로 존양에 해당하며 알인욕은 사욕을
　막는 것으로 성찰에 해당한다. 맹자 양혜왕 상에서 자사의 전통을
　이어 받은 맹자는 梁惠王에게 "인의를 말할 뿐이니 어찌 반드시 利를
　말씀하십니까?"하였는데 集註에 "인의는 천리의 公이요 利는 인욕의
　私이다"라 하였다. 그러므로·율곡 이이는 擊蒙要訣 讀書章에서 "맹자
　를 읽어 義·利를 밝게 분별하여 천리를 보존하고 인욕을 막는 학설
　에 대하여 일일이 밝게 살펴 擴充하라."하였다.23)

　라고 하여 성을 온전하게 하기 위해 이러한 수양과 공부 즉, '반드시 이겨
다스리는 공부'가 필요함을 주장하고 이어서 心則理說을 전개한다.

　　대저 마음은 物이 되고 성품은 칙(則)이 되는 것은 세 살 먹은 어린
　아이도 모두 알고 말한다. 다만 心자는 性자와 상대해서 말한 것이니,
　만약에 마음만을 들어서 말한다면 仁·義·禮·智는 마음의 이치요,
　惻隱·羞惡·辭讓·是非는 마음의 情이니, 이것을 통합하여 말하면
　明德이라 한다. 정상(精爽)은 마음이 기운이요, 화장(火臟)은 마음의

---

23) 앞의 글

형체인데, 이것은 군자가 마음으로 여기지 않는다.

　그렇다면 마음은 필경 무엇이라 이름해야 하는가? 마음은 氣이며 物이다. 그러나 虛靈과 神明은 오로지 氣만이 할 수는 없는 것이다. 그러므로 마땅히 理와 氣를 합한 이름을 써야 한다. 이와 기를 합한 이름이라면 眞妄과 邪正의 구분이 없을 수 없으니, 반드시 참되고(眞) 바른(正) 것을 가려서 구분해 낸 다음에야 비로소 理가 주장이 된 마음이라 할 수 있다.[24)

여기서 최익현은 마음은 이·기를 합한 이름을 써야 하며 그러면 진·망·사·정의 구분이 있고 참되고 바른 것을 가려서 구분해 내야 이가 주장이 되는 마음이라고 하였다.

이가 주장이 되는 마음이란 성재 유중교가 「心說辨」에서 말하는 형이하의 심에서 眞하고 正한 것을 간별하여 낸 本心·道心·良心과 같은 것으로 天理의 本然으로 보아 形而上의 것이니 理라고 하겠다는 것과 일치하는 개념이다.

그러나 유중교가 心의 知覺은 이와 기를 합한 것으로 이외 기가 합하였다고 하면 거기에는 벌써 진망사정의 雜이 생겨 理의 본체가 존재할 수 없게 되며 이것을 心이라고 말하니 심은 形而下의 것이다, 形而上의 심에서 眞·正한 것을 간별해 낸 理가 있다 해도 일반적으로 心이라면 형이하의 것으로 氣라고 하지 않을 수 없다며 心則氣를 주장한 반면 최익현은 스승인 화서 이항로가 세상 학자들이 심을 기에 귀착시키고 심지어 明德까지 형이하라 하는 폐단을 구원하기 위해 부득이 心則理를 말했음을 들어 심즉리설을 옹호한다.

최익현은 우선 이른바 이가 주장이 된 마음에 대해 糾明한다.

이가 주장이 된 마음이란, 周易에서 말한 '천지의 마음'과 舜이 말한 '道心'과 공자가 말한 '明德'과 맹자가 말한 '仁義'의 마음과, '良心'·'대인의

---

24)　면암선생문집 잡저 「고청여석진에게 써서 보임」

마음’·‘赤子의 마음’과 그 외에도 ‘本心’·‘主宰’·‘天君’이라 한 것, ‘마음이 태극’이라는 것, ‘마음·성품·하늘은 한 이치’라는 것으로 이른바 ‘本體’라는 것이라고 한다.

이에 대해 진망이 섞여 있고 선악을 겸한 것은, 공자가 말한 ‘잡으면 보존되고 놓으면 잃어버린다’는 마음, 大學에서 말한 ‘마음을 바룬다’고 할 때의 마음, 맹자가 발·눈·입·귀와 함께 취급한 마음, ‘마음을 비유하면 곡식 종자와 같다’, ‘마음이 태극을 갖추고 있다.’고 할 때의 마음으로 이른 바 ‘當體’라는 것이라고 한다.

앞의 이가 주장이 된 마음 즉 본체는 揀別해서 말한 것이요, 진망선악이 섞인 마음 즉 당체는 混淪해서 말한 것으로, 본체는 形而上이 되고 당체는 形而下가 되는 것은 비록 성현이 다시 나온다 하더라도 바꿀 수 없다는 것이다.

선사 화서 선생은, 이러한 당체와 본체 및 혼륜과 간별의 구분을 모르고 心을 氣에 귀착시키고 명덕을 형이하라고까지 하는 世儒들의 잘못을 구원하기 위해 心자를 말할 때 形而上의 뜻을 따른 것이 많았으며 理가 주장이 되는 것을 發明하였다는 것이다.

그것은 이항로가 ‘내가 만일 陸象山·王陽明 두 사람을 대하여 만나 말한다면 반드시 입이 아프도록 心이 氣라고 말할 것이다’라고 한 것으로도 세상의 폐단을 구원하기 위하여 부득이 했던 뜻을 알 수 있다는 것이다.

육상산은 송나라학자 陸九淵으로 지행합일설을 주장하여 尊德性만을 강조하고 心理同一을 주장하여 주자의 학설과 상반되었으며 왕양명은 明나라 王守仁으로 육구연의 학설을 따라 良知說을 주장하고 “마음은 곧 이치이다” 하였으므로 ‘마음의 명덕이 이치’라고 주장한 화서 이항로도 이들을 대해 말한다면 ‘마음은 이치가 아니라 氣라고 말하겠다는 것이다.

이렇듯 화서 선생 또한 일찍이 심을 氣와 物로 보았는데도, 그가 主理를 주장하고 선인들이 못한 발명을 하였다는 것은 ‘마음에 이와 기가 함께 있어도 이가 주인이며 기가 從일진대는 심즉리가 된다는 것, 명덕은 형이하가 아닌 형이상이며 태극에 동정이 있다는 것'을 밝혀 냈다는 말이다.

하늘은 땅을 거느리므로 하늘을 오로지 말하면 道요, 神은 鬼를 거느리므로 신을 오로지 말하면 理이며 마음은 百體의 주장이 되므로 마음을 오로지 말하면 사람의 太極이라는 것이다.

또 陰陽과 動靜이 태극으로 주장을 삼으면 태극이 空寂에 빠지지 않아 動靜의 機가 혼자서 제멋대로 하지 못할 것이다. 마음이 비록 기이며 물이지만 반드시 이가 주장이 된 마음으로 본체를 삼아서 사욕을 이기어 다스리고 마음을 보존하고 기르는 공부를 폐하지 않게 한다면 이미 主客과 帥卒의 구분이 있으며 또 명분과 위치가 일정하여 분명해질 것이다. 대저 물건마다 모두 이와 기가 있는데 유독 마음만이 그렇지 않겠는가. 비유해서 말하면 김판서 집에는 김판서가 주인이니 門客인 이씨·장씨가 주인이 될 수 없으며, 이참판 집에는 이참판이 주인이니 종인 안가·박가가 주인이 될 수 없는 것과 같다. 김판서 집에 문객인 이씨·장씨가 있다고 이참봉 집이다 장진사 집이다 한다거나, 이참판 집에 종 안가·박가가 있다 해서 안 청지기 집이다 박 구종 집이다 할 수 없는 것처럼 마음에 이와 기가 있다 해서 기를 가리켜 형체의 주인이라 부를 수는 없다는 것이다.

최익현은 이것으로 미루어 마음뿐 아니라 천지 사이에 가득한 온갖 형태의 물건에 대해서도 종일토록 말해도 마찬가지 논리이며 이 점이 바로 理를 주장한 이항로의 공으로 世儒들의 이론보다 탁월한 점이라고 한다.

蘆沙 奇正鎭이 '修養家에서 氣를 단련한다는 설은 일찍이 들었거니와 氣를 밝힌다는 학문은 듣지 못하였다.' 한 것도 명덕이 氣 아닌 理이며 形而上임을 먼저 안 것이라는 것이다.

여기서 최익현이 누누히 강조했듯이 心則理를 주장하는 이유는 理의 주재선으로 심의 선을 담보해 내려는 데 있는 것으로 왕양명의 심즉리 설과는 같은 이론이 아니다.

왕양명은 理는 선천적으로 사람의 마음 속에 있고(心則理), 따라서 지(知; 理)의 인식은 행(行;실천)과 一體 불가분이며, 格物이란 이 知를 다하여 실천을 바로잡는 일(致良知)이라 말하고, '理:체제 이념'과 '吾:현실과의 모순'을 관념적으로 해결하려 했다. 그는 현실의 유교 윤리 그 자체에 비판을 가한 것은 아니나 理의 주관화 · 상대화는 자연적인 인간의 마음 그 자체를 중시하고 구대의 유교에 적대하는 양명학 左派를 전개했다.

이같이 이항로의 이론을 계승한 최익현의 심성론에 대한 이해는 결국 율곡 이래 기호성리학이 인간의 심리 현상을 합리적으로 설명하려는 주자학의 객관주의를 강력하게 드러냈지만, 그렇다고 해서 성선의 실현 근거를 확보하는 성리학의 윤리적 목적을 소홀히 해서는 안 된다는 의식의 연장선상으로 이해할 수 있다. 이러한 문제 의식은 理의 주재성 확보로 하여 오히려 퇴계의 이론에 접근해 가는 경향을 띠게 된다.

그의 시편 중 율곡의 자취를 노래한 것이 한 편도 눈에 띄지 않는 반면 퇴계의 시를 차운하여 지은 시는 두 편이나 보인다. 시에서 최익현은 퇴계 정신을 그윽한 향기 맑은 향취라고 노래한다.

수승대에서 퇴계 선생의 시를 차운함   搜勝臺次退溪先生韻

영남에는 수석도 많은데,	嶠南饒水石
수승대가 그 이름 높았네.	搜勝擅名佳
돌 솟아도 못은 예와 같고,	石出潭因舊
놀이 짙어도 길은 묻히지 않았네.	霞濃逕不埋
일찌기 누가 삼동이 주인이던가	曾誰三洞主
이제 나 하늘에 오른 것 같네	今我上淸懷
시가 이루어지자 곧 돌아가니,	吟就飜歸去
그윽한 향기 벼랑에 방울지네	幽香滴斷崖

촉석루에서 퇴계 선생의 시를 차운함   矗石樓次退溪先生韻

진양 삼절사는 역사에 드리웠고,   晉陽三節垂靑史
객지에 맑은 향취는 이 누각일세   寓地淸芬有此樓
사직 향한 곧은 충성은 별이 북극에 절함이요 社稷貞忠星北拱
조종 위한 큰 뜻은 물이 동으로 흐름이라.   祖宗大義水東流
높은 난간 돌층계엔 서늘한 기운 떠돌고   層欄壓石微凉動
넓은 들에 이은 하늘 푸르른 빛 떠 있구나.   曠野連天積翠浮
예로부터 군사 써도 별 효과가 없었으니   從古用兵多不效
긴 노래 한 곡조로 꽃다운 물 마주했네   浩歌一曲對芳洲

수승대와 촉석루의 퇴계시를 차운한 오언과 칠언 율시에서 산수의 아름
다움 속에 깃든 선현의 자취를 노래하고 있다.

영남에는 수석이 많아 그 풍부한 수석으로 단을 쌓은 수승단은 이름이
높다. 등림시의 일종인 시의 수련에서는 등림한 곳을 밝혀 썼다. 이어지는
함련에서는 수승대의 빼어나게 아음다운 경치와 그윽한 정취를 대구로 배
치했다. 돌은 솟아 있고 못은 옛 자취 그대로 그윽하며 짙은 놀에도 길은
묻히지 않는다. 짙은 놀에도 묻히지 않는 길은 퇴계가 추구하던 道心으로
시인 역시 가고자 하는 길이다. 경련에서는 자신의 감회를 옛 성현의 자취에
대비시켜 드러낸다. 일찍이 삼동의 주인이던 道人처럼 이제는 내가 하늘에
오른 듯 맑은 회포를 읊고 돌아가니 그윽한 향기가 바위 벼랑에 방울진다.
선현이 수승대에 남긴 자취 위에 나의 자취가 아롱지는 것이다. 어떤 희열조
차 느끼며 쓴 차운시임을 알 수 있다.

진양의 촉석루에서도 선현의 자취는 이어진다. 청사에 드리운 진양의 삼
절을 시의 첫구에 배치해서 촉석루의 성격과 분위기를 설정한 다음 이 촉석
루야말로 객지에서 만난 맑은 향취라고 하여 등림한 곳을 밝히고 촉석루를
기렸다. 함련에서는 별이 북극을 향하여 두 손을 맞잡고 읍하는 듯 반짝이는

것은 사직을 향한 곧은 충성이며, 물이 동쪽으로 쉼 없이 흐르는 것은
조종을 위한 큰 의리이다. 촉석루에서 바라본 주변 풍광에 대한 해석을
통하여 나라와 겨레에 대한 충성과 의리가 북극성을 향하여 뭇 별들이 읍하
듯 영원히 빛나며, 물이 동쪽으로 쉬임 없이 흐르듯 역사의 흐름과 함께
영원할 것임을 예찬한다. 경련은 함련과 마찬가지로 대구의 수법으로 층계
난간의 암석에 떠도는 서늘한 기운과 촉석루 바깥에 펼쳐진 드넓은 들과
들을 이어 펼쳐진 짙푸른 하늘을 표현했다. 수평으로 펼쳐진 들과 수직으로
드높은 하늘을 배치해 공간의 입체적 묘사를 꾀하고 있으며 서늘한 기운과
푸르른 하늘빛으로, 함련에서 노래한 충절의 깊이, 역사와 함께 영원할 큰
의리의 밝고 높고 드넓은 본질을 이어받아 시상을 심화 확대시켜 드러내고
자 하였다.

　이렇듯 성현의 지취가 깃든 곳이니만큼 예로부터 이곳은 군사를 써도
별로 효과를 볼 수 없었던 것이다. 그것은 촉석루가 지니는 범할 수 없는
위엄과 신성성으로, 이곳이 범접 못할 충정과 대의가 깃든 곳임을 다시 강조
하는 구실을 하고 있다. 이 꽃다운 물가에서 시인은 한 곡조의 긴 노래를
부르게 되는 것이다.

　두 편의 차운시에서 수승대나 촉석루는 전날 선현의 향취로 하여 더욱
의미 깊고 향기로울 수 있으며, 성현을 흠모하는 시인의 마음은 놀이 짙어도
묻히지 않은 도의 길을 따라가거나 북극을 향한 별이나 동으로 흐르는 물을
따라 흐르고 있는 것이다.

　戊子년(1888. 4월 최익현은 유중교에게 답하는 편지[25])에서 선사의 심설
을 옹호한다. 그는, 선사 이항로의 심설은 근래 儒賢들의 大同한 의론을
정밀히 분석하여 斯文·世道에 공이 있는 것이므로 총명하고 뛰어난 자질
과 格物致知와 涵養의 積功이 한층 더 뛰어난 사람이 아니면 결코 망령되이

---

25) 면암선생문집 권 7 「유치정에게 답함(答柳穉程)」 戊子 四月

移動하여서는 안 된다고 한다. 그것은 스스로 吳楚僭王의 誅責에 빠지는 일이라는 것이다. 춘추 때 제후인 오와 초가 왕으로 僭稱하였으므로 그 나라 임금의 죽음에는 僭號를 피하기 위해 장사한 일은 쓰지 않고 '卒하였다.'고 써서 그들의 참람함을 주책한 春秋 公羊傳宣公 18年 疏의 일처럼 된다는 것이다.

하물며 名目으로서 형이하가 되고 主宰·妙用으로서 형이상이 되는데 전체를 들어서 專言하면 사람의 태극이 된다는 것 등은 그 처지에 따라 합당한 바가 있어 피차가 交盡(모두 다함)하여 어떤 한 쪽을 편벽되이 폐한 것을 볼 수 없으니 遺編에 밝게 빛나 가리울 수 없는 것이며 主理의 화가 주기보다 심한 것임이 확실해서 부득이 異說을 제기하는 것도 아니라고 하였다.

그 후 최익현은 동문 선배로, 화서의 심설에 이론을 제기한 유중교의 설에 동조한 박홍암 경수에게 보내는 답서[26]에서도 스승의 심론을 들어 박경수의 부당함을 논한다.

선사의 심론이 이·기를 겸하고 진망(眞은 正, 妄은 邪임)을 갖추어 혼동해서 말씀한 것이 있고, 혹은 순수하게 기와 혼합되지 않은 이 하나만을 揀別하여 말씀한 것도 있다. 몇 가지를 들어 그 예에 준하여 보면 '심이란 이와 기가 합일된 物이다.', '心이란 形·氣·神·理를 포함한 것이다.', '物과 氣의 上面의 德을 가리켜 理라고 한다.' 는 것은 혼동하여 말한 것이고, '심이란 사람에게 있는 태극이다.', '이 性·情을 통솔하여 體·用을 주재하는 것이 심이다.', '심이란 활용되는 이치가 나에게 있는 것이다.'라 한 것은 간별하여 말한 것으로 '마음을 氣라고 하는 폐단을 구원하여 權을 쓴다.'는 것이다.

유중교는 혼동하여 말한 것을 平實完全(心說에 있어서 完全 無弊함)하다

---

26) 면암선생문집 권 7 서 「박홍암 경수에게 답함(答朴弘菴慶壽)」 乙未 正月 二日

했고 간별하여 말한 것을 過當偏重하다고 했다.

그러나 비록 理·氣가 뒤섞였다 하여도 道器上下와 理欲公私(이는 公 욕은 私로 분별하여 말하는 것)의 분별은 바꿀 수 없는 것이며 이치로만 간별하여 말한다 해도 이가 있는 곳에 기 역시 존재하니 어찌 사물을 떠나 無를 말하여 心·理가 서로 背馳될 수 있겠느냐는 것이다.

이것은 그 主意의 命脈이 이에 있고 기에 있지 않음을 의미한다. 그러므로 '심과 이가 相對하면 심은 나에게 있는 통솔하는 주재이고, 이는 물에 있는 條理名目이니 내외의 도를 합한 것이므로 달리 볼 수 없는 것이다. 심과 성이 상대하면 심은 성의 田地(성이 존재하는 곳)이고 성은 심의 條目(인·의·예·지를 이름)이니 天理의 全體로서 나누어 둘이 될 수 없다.' 한 것도 모두 공자와 맹자를 祖述한 것이며 程子와 朱子에게서 이어받은 것으로 내력과 증거를 갖춘 분명하고 합당한 견해인 바, 뒤섞어 말한 것만 완전하여 편중되지 않은 것이라 하고, 간별하여 말한 것을 편중되어 완전하지 못하다 하며, 전부를 집대성하여 절충해서 定論한 것을 완성되지 못한 論案이라 하여, 유중교의 정돈으로 완전하게 되었다고 한다면, 이럴 수는 없는 일이라는 것이다.

權이라는 것 역시 일정한 經에 인하여 변통하고 損益하는 것이니 마치 맹자의 성선설이 시대를 구제한 교훈이라 할 수 있지만 실은 자기 본연의 성으로부터 미루어 넓혀 말씀한 것이요, 성이 본래 선·악이 있는데 告子의 무리에 대해 말했기 때문에 선한 쪽만 미친 것이지 일부러 악을 빼놓고 이른 것이 아닌 것과 같다는 것이다.

또 神明이 이·기를 겸한 것이라는 말씀은 잘 알겠으나 이의 妙處·이의 運用을 신이라고 하니, 理로서 神하지 않는다면 이의 존재는 다만 뻣뻣하게 굳은 덩어리에 불과하게 된다.

주역의 大傳에 '음양을 측량할 수 없는 것을 신이라 이른다.' 하였고 張子(橫渠, 이름은 載)는 '양쪽에 있으니 측량할 수 없다' 했는데 양쪽 즉 음·양에 다 있다는 그것은 바로 理를 가리킨다. 대학 명덕 장구의 '虛靈不昧', 맹자 진심장 집주의 '神明'이란 말을 보아서도 理의 존재를 알 수 있다는 것이다.

최익현은 이와 같이 일관되게 스승의 심설과 스승의 설을 계승한 김평묵의 이기론과 심설을 동조 옹호하여 유중교의 설을 논박하며, 앞서 논급한 대로 '고청여석진에게 써서 보임'에서 자신의 생각을 정리해 보여 줌으로써 심설에 대한 입장을 분명히 하고 있다.

최익현은 이후 주리론·의리론에서 화이론·척사론으로 전개된 스승 이항로의 이론을 계승하여 행동 철학으로 발전시키게 된다.

5. 행동규범으로서의 春秋大義

최익현 행동 철학의 한 바탕이 되는 춘추대의 사상은 조선조 전 시대를 통하여 일관된 선비 정신으로 계승 발전되어 왔다.

고려말 중국으로부터 들어온 신유학은 조선 왕조 창업 과정에서 정몽주, 길재 등을 중심으로 하는 의리학과 정도전 등을 중심으로 하는 경세학으로 분화되어 이후 15세기를 거치면서 관학파의 경세적 학풍과 土林派의 의리적 학풍으로 정착되었다.

사림파는 정여창, 김굉필, 김종직 등의 問道와 研學을 통해 성숙해 갔으며 네 차례에 걸친 사화 등 관학파와의 갈등 속에서 산림에 흩어져 의리와 존양에 더욱 힘을 쏟았다.

수기치인으로서의 성리학은 인륜 특히 군신 사이의 의리를 절대시하였으며, 다른 한편으로는 궁극적으로 정치적 현실을 바로잡는다는 실천을 중시했다.

길재에 이어 김숙자, 김종직, 김굉필, 조광조로 이어지는 사림에서는 인간의 심성을 연구하면서 도덕과 의리를 숭상하여 16세기 이후 사상계를 성리학으로 주도해 갔다.

임진·병자 양란을 겪으면서 17세기 초 조헌, 송시열 등은 의리학을 내세워 사람으로서 필요한 도리를 밝히는 것이 학문의 요체라며 人道와 正義를 위해 언행을 다져야 한다고 주장하며 특히 名分論에 충실하였다.

화서 이항로가 우암 송시열을 높여 맹자에 견주기도 하고 주자의 정통으로 삼았던 것도 이러한 우암의 의리 정신 때문이었다. 송시열이 공자의 춘추 대의와 맹자의 義理之辭 주자의 尊王攘夷를 의리 정신의 맥락으로 삼아, 주자를 옹호하여 윤휴를 배척하고 효종을 도와 북벌을 전개한 것은, 이항로에게는 하나의 모범이었다. 이러한 의리 정신의 발현으로 이항로는 병인양요 때 75세의 노구를 이끌고 척화소를 올리며 감연히 나섰던 것이며, 스승의 정신을 이어받은 화서학파 최익현 등 제자들에 이르러 시대에 대응하는 행동 철학으로 발전해 가는 것이다.

기원 전 12세기 경 武王이 殷나라를 멸하고 周왕조를 세운 이후 그 극성시대에는 중국의 전 영토를 지배했으며 봉건제도로 통치했다. 종주국인 주나라를 비롯해 많은 제후국에서는 史官을 두어 역사를 기록했다. 맹자 離婁篇에 '晉나라의 乘, 초나라의 檮杌, 노나라의 春秋가 다 같은 것'이라고 한 것처럼 춘추는 원래 노나라의 사기다. 연대순으로 되어 있는 편년체 역사로 1년을 사시로 나누어 춘·하·추·동 별로 기록하여 춘추라 했으니 춘추는 춘하추동을 줄인 명칭이다.

춘추의 내용은, 공자가 隱公 원년(기원전 722)에서부터 哀公 14년(기원전 4810까지 242년간의 기록에 대하여 윤리적 입장에서 비판 수정을 더하고 정사선악의 가치 판단을 내린 것이다. 비판하는 태도가 지극히 엄정하고 대의 명분이 뚜렷해 인간의 길을 밝히고 있다는 평가를 받았다. 맹자에서는 "춘추가 완성되니 난신적자가 두려워했다.(成春秋而亂臣賊子懼)"고 하였다. 춘추경의 엄정한 비판에 두려운 마음이 생기고 또 양심의 가책을 받아 패역의 행동을 범하려던 자가 감히 이것을 실천에 옮기지 못함으로써 사악이 한때 자취를 감추게 되었다는 것이다. 춘추경을 지은 공자의 업적을 一治一亂이라 찬양하는 바, 춘추경이 나오기 전 세상이 쇠퇴하고 正道가 희미해져서 邪說과 폭행이 일어나 신하가 그 임금을 弑(아랫사람이 윗사람을 죽이는 것)하고 자식이 그 아비를 시하는 혼란 상태가 일란이라면 춘추경이 나온 후 사악의 잠적은 일치라는 것이다. 춘추경은 그 후 인간의 길잡이가 되어, 중국 사람들이 대의가 하늘에 통했다고 높이 평가하는 관우는 잠시도 춘추경을 손에서 놓는 일이 없었다고 하며, 우리나라에서도 춘추경을 탐독하고 춘추대의를 부르짖으며 정당한 언론을 춘추필법이라 하여 윤리 도덕을 밝히고 사회를 정화하는 양심 세력, 지사, 선비의 신념과 행동 강령으로 작용해 왔다.

인간의 인격적 가치 내용으로서의 義는 이렇듯 공자에서부터 중시되었으며 맹자에 와서는 仁과 짝을 이룰 만큼 특히 중요시되었다. 의는 인간의 행동이나 태도의 모습을 가리키는 儀의 뜻을 갖는 것이면서 그 행동의 마땅함을 의미하는 宜 또는 誼의 뜻을 갖는다.

따라서 의는 인간 행위의 외형에 당위적 규범으로 적용되는 것으로 이것은 '의로써 바깥을 반듯하게 한다.(義以方外)'는 주역의 언급에서도 드러난다. 의의 중요성을 높였던 맹자는 仁義라 하여 인과 의를 병칭하고, '인은 사람의 마음(人心)이고 의는 사람이 가는 길(人路)이다', '인은 사람의 편안한 집(安宅)이고 의는 사람의 바른 길(正路)이다.'라 하여 인과 의를 대조시켜 제시한다. 인이 인간의 내면적 바탕이라면 의는 인간의 외형적 행동 규범으로써, 인간의 도덕적 인격의 표리로 서로 보완적인 것이며 서로 조화되어야 할 것임을 말한 것이다. 결국 외형적 행동 규범으로써의 의도 인격의 내면에 근거를 두고 있는 것임을 밝혀 준 것이다.

측은히 여기는 마음이 인의 端, 부끄러워하고 미워하는 마음이 의의 단이라는 사단설의 규정에 따르면 인과 의는 모두 인간의 본래적 마음에 내재하는 것이지만 인이 사랑의 포용적 성격이라면 의는 악에 대한 배척의 분별적 성격으로 대조될 수 있다. 의는 不義를 거부하고 증오하고 부끄러워하는 부정적 성격을 지녀 유교적 삶의 현실 속에서 흔히 엄격하고 저항적이며 강인한 모습으로 나타나며, 유교적 인격의 양면인 어질고 후덕스러운 면과 대조적으로 꼿꼿하고 존엄한 면을 이룬다.

개인의 인격에서 기본적인 한 면을 이루는 의는 사회 질서와 역사의 전개 과정에서는 그 정당성의 판단 기준이요, 추구해야 할 행동 규범으로써 강력하게 제기되어 왔으며 특히 도덕적이거나 역사적인 위기에서는 의가 더욱 절실한 원리로써 작용한다.[27]

조선 왕조를 통하여 주자학이 정통 이념으로 정립되면서 주자학의 의리론은 선비정신을 강화하였는 바, 선비는 강상의 이념으로 권력을 견제하고 순화하는 기능을 갖는다. 선비 정신은 利害와 의리가 충돌할 때는 이해를 버리고 의리를 지키며 재화나 권력에 대한 탐욕을 배제한다.

이러한 의리는 행동을 통해 실천되어야 하는 것으로 행동을 위한 의지와 용기가 필수 조건이 되고, 행위의 정당성을 부여하는 규범적인 조건이 된다. 위난에 처하여 의리의 실천을 회피한다면 의리는 관념에 불과하게 되며, 신념과 용기를 동반하여 행동으로 실천되었을 때, 비로소 국가존망의 위난에서 생명을 버리면서도 투쟁하는 용기의 원천이며 정당성의 근거가 된다.

의리는 성공과 실패, 잘 되고 못 되고를 헤아리지 않는다. 결과로서의 성패보다는 동기로서의 불의에 대한 의분과 생사를 넘어선 의용을 강조하는 것이다.

최익현의 擧義는 이러한 의리의 성격을 첨예하게 드러내 보여주는 바, 그는 의병을 일으켜 왜적과 싸워서 이기리라는 승산을 가지고 거의했던 것이 아니었다.

난적은 누구나 쳐야 하는 것으로 고금을 물을 필요도 없고 지위의 높고

---

27) 금장태, 「의리 사상과 선비 정신」, 『한국사상의 심층』(서울 : 우석, 1996), 228-231쪽.

낮음을 따질 필요도 없는 것이다. 그리하여 최익현은 결과의 성패 여부를 떠나 칠십 노구를 이끌고 포의로 밭두렁에서 감연히 일어섰던 것이다.

최익현의 거의에서 나타나는 것처럼, 유교 이념에 비추어 가장 중대한 의리는 국가간의 신의와 역사적 필연의 방향이요 정당성으로서의 대의이다. 의리의 원천은 보편적 天理에 있으며 의리의 규범을 벗어날 수 있는 어떠한 현실적 영역도 승인될 수 없다. 부모 자식간의 의리인 효와 국가와 개인간의 의리인 충이 갈등할 때 大義滅親 · 先公後私라 한 것처럼 소의보다 대의를 앞세운다.

의리를 실현하는 과정에서 개인은 생명까지 바쳐 순절 · 순의하는 희생을 치르기도 하며 의리는 이익을 무시하거나 버리는 데서 지켜지는 것이라는 엄격한 순수성 속에서 지켜진다. 대의를 버리고 존속하는 것은 진정한 생존이 아니고 생존의 보장도 될 수 없으며, 대의를 지킨다면 한때 죽음을 당한 것 같아도 영원한 생존을 획득할 수 있다는 것이다.

최익현을 포함한 화서학파 인물들은, 현실적 승산보다는 대의에 따른 신념으로 병인양요로부터 일제 침략에 이르는 시기에 척화론의 주장에서 의병 운동에 걸쳐 춘추대의를 역사적 전환이 위기에 다시금 강경하게 제시함으로써 배청론의 대의를 계승하고, 대의를 통하여 정당한 국가와 정당한 왕조를 지키려고 싸웠던 것이다. 28)

최익현 사상의 기반으로 계승된 이항로의 위정척사 사상도 尊王攘夷의 춘추대의와 대의명분의 關衛論으로, 그는 "공자가 춘추를 지었을 때 제시한 대의가 수십 가지이지만 그 가운데서 尊周가 가장 컸으며, 주자가 綱目을 修撰하였을 때도 역시 그러하였다. 이 의리야말로 一民이라도 강론하지 아니하고 하루라도 밝히지 않으면 三綱이 허물어지고 九法이 막히며 예악이 무너지고 夷狄이횡행하게 되는 것이니, 어찌 금수가 되지 않겠느냐?"고

---

28) 위의 책. 같은 글 참조

하였다. 이러한 존주 사상은 춘추대의라는 명분 아래 군신지의를 더욱 확실
하게 하였다.

최익현은 이러한 이항로의 대의를 밝히는 의리 정신을 기리어, 「화서 선
생 신도비명」29)에서 그를 성리의 본말이며 학문의 주지로, 천민이며 왕좌라
고 높이 받든다.

<table>
<tr><td>성리의 본말</td><td>性理源委</td></tr>
<tr><td>학문의 주지</td><td>學問主旨</td></tr>
<tr><td>한·식·존·양 등</td><td>閑息尊攘</td></tr>
<tr><td>대의 수십 가지이네</td><td>大義數十</td></tr>
<tr><td>그 책이 집에 가득하니</td><td>其書滿家</td></tr>
<tr><td>남긴 빛 찬란하여라</td><td>遺光燁燁</td></tr>
<tr><td>공맹의 도를 전수하고</td><td>尼輿傳授</td></tr>
<tr><td>주송의 학을 넓혔네</td><td>朱宋張皇</td></tr>
<tr><td>시대가 더욱 어려웠으니</td><td>時則尤難</td></tr>
<tr><td>그 공로 잊을 수 있으랴</td><td>功何可忘</td></tr>
<tr><td>천민이요 왕좌라 30)</td><td>天民王佐</td></tr>
</table>

— 화서 이선생 신도비명 병서 중 —

명에서 '한·식·존·양'은, 한은 성인의 도를 호위하는 것, 식은 사설을
소멸시키는 것, 존은 주를 높이는 것, 양은 오랑캐를 물리치는 것으로 수십
가지 대의 중 으뜸으로 꼽아 놓은 것이다. 공자·맹자의 도를 전수하고 송나
라 주희와 조선의 송시열의 학문를 넓혔으므로, 서양의 도가 침략해 들어와
횡행하는 어려운 시대 상황을 생각할 때, 그 공로 또한 더욱 잊을 수 없으며,
天理를 온전하게 다한 民, 즉 벼슬하지 않은 無位의 선비인 채로 천리를

---

29) 면암선생문집 권 24 신도비 「華西李先生神道碑銘幷序」

30) 勉庵集, 卷 25 雜著, 「華西李先生神道碑銘 幷序」

다했으며, 능히 제왕을 보좌할 재능을 지녔다고 하여 이항로의 학문과 사상을 찬양하고 있다.

시 「요동백묘」[31]에서는 큰 의리가 화이를 움직이니 산악 정기에서 난 영웅적 자질이라하여 요동백의 의리를 높인다.

요동백묘   遼東伯廟

큰 의리가 하늘을 받들어 화이를 움직이니	大義擎天動夏夷
산악에서 정기받아 홀로 영웅 자태여라.	稟精山嶽獨英姿
누가 알았으리 춘추필법 화양의 붓이	誰知襃袞華陽筆
두터운 어둠 기나긴 밤 깨뜨릴 줄을[32]	劈破重陰閉九時

요동백은 조선 광해군 때 무신 김응하(金應河:1580-1619)로 1618년(광해군 10) 명나라 건주위(建州衛)의 반란으로 조선군의 지원을 요청하였을 때 도원수 강홍립(姜弘立)의 부하가 되어 명나라 장군 유정(劉鋌)의 군사와 연합, 건주위 정벌에 종군했다. 이 싸움에서 김응하는 홀로 적병 수십 명을 죽였으나 중과부적으로 적병에게 포위되어 전사하였다.[33] 그가 전사하자 명나라 신종은 그에게 요동백을 추봉했다.

죽음으로써 무장의 의리를 다한 요동백 김응하의 대의는 하늘을 받들고 화이를 움직였으니 산악의 정기를 받은 유독히 빼어난 영웅적 자질 때문이라는 것이다.

말년에 청주 화양동에서 은거했던 우암 송시열의 붓으로 짙은 음기와 막혀버린 어둠의 시간을 깨뜨리고 춘추필법으로 대의를 기리게 될 것을 누군들 알았겠는가. 김응하의 사당에서, 그의 행적을 돌이켜보고, 송시열의

---

31) 면암선생문집 권 1 시

32) 위의 책, 卷 1 詩

33) 『한국사 대사전』(대구 : 고려출판사, 1992)

바른 붓으로 평가받았다 하여 그 의리를 더욱 높여 기리고 있다.

환갑날의 소감을 피력한 시 『晬日志感』34)에서는 비록 도가 쇠퇴하는 시대의 가난한 삶이나마 소중화에 태어나 사는 것을 다행이라고 노래한다.

<table>
<tr><td>환갑날 소감을 기록함</td><td>晬日志感</td></tr>
<tr><td>내가 다행히 소화동에 나서</td><td>日余生幸小華東</td></tr>
<tr><td>육십 년을 꿈꾸고 깨는 가운데 보냈네</td><td>六十年過夢覺中</td></tr>
<tr><td>귀밑털은 다만 아침 저녁에도 달라지는데</td><td>鬢髮但看朝暮別</td></tr>
<tr><td>마음은 아직 쇠년과 장년이 같길 바라네</td><td>心其猶許壯衰同</td></tr>
<tr><td>만 번 갚기 어려운 게 낳아 기르신 은덕인데</td><td>萬回難報劬勞德</td></tr>
<tr><td>다시 이루어 잊을 수 있음은 천지의 공덕일레</td><td>再造能忘覆載功</td></tr>
<tr><td>공과 사 우러르고 굽어보니 적고도 많은 감회 일어</td><td>俯仰公私多少感</td></tr>
<tr><td>설 하늘 가난한 지붕 아래서 천풍시를 읊조리네.35)</td><td>臘天白屋誦泉風</td></tr>
</table>

회갑날을 그는 내가 다행히 소중화에서 태어난 날이라 했다.

화이론에서 화는 요순과 공맹 주자의 전통이 있는 중국과 그러한 문화를 받아들여 계승 발전시킨 조선을 가리킨다.

그는 도학의 바른 길이란 세상에 언제나 있는 것이 아니어서 중국도 맹자 이후 1천 5백 년 동안에 겨우 염溪 周敦頤·伊川 程頤·橫渠 張載·晦庵 朱熹 뿐이었다. 창성하는 운수가 동으로 돌아와서 정치와 교육이 밝게 되자, 퇴계·율곡·우암같은 선생이 나와서 천 년을 내려온 정正學의 전통이 비로소 우리 나라에 있게 되었다36)고 한다.

우리 나라는 箕子 이래로 이미 오랑캐의 풍속을 변화시켜 本朝에 이르러서는 임금은 임금답고 신하는 신하다우며, 아버지는 아버지답고 아들은 아

---

34) 면암선생문집 권 1 시

35) 앞의 책, 卷 1, 詩

36) 면암선생문집 권 24 신도비 「화서 선생 신도비명 병서」

들다와서 仁義의 가르침과 예악의 풍속이 彬彬하여 夏·殷·周 삼대 때와
서로 같아서 소중화란 이름이 있는 것이며 명나라(神州)가 망한(陸沈) 이후
로는 우리 나라는 易經의 剝卦 上九의 碩果不食의 상과 같다[37]는 것이다.
과실 나무에 큰 과일 하나가 따먹히지 않고 남아 있는 것처럼 도의 명맥을
유지하고 있는 소중화에서 태어난 것이 다행스럽다는 것이다.

중국이 중국답고 인류가 인류다와서 천하 만고를 다스리는 것은 君統·
師統·父統의 삼통이 있기 때문이니 군통은 법으로써 전하고, 사통은 도로
써 전하며, 부통은 몸으로써 전한다는 것이다.

사람마다 모두 삼통이 있고 삼통이 있으므로 사람이 될 수 있으니 삼통이
만고 천하 인류의 기강이 되는 것이다. 천하로 말한다면 천하가 함께 높이는
바요, 인류로 말한다면 사람마다 각각 높이는 바다. 이 도리를 공자는 맹자에
게 전하였고 맹자는 정주에게 전하였으며 정주는 우리 나라의 여러 先正들에
게 전하였으니, 하늘이 변하지 않으면 道도 역시 변하지 않는다. 이에 순종하
면 이 편 사람이 되고 中華의 사람이 되니 죽더라도 영광스럽고, 그것을
어기면 오랑캐가 되고 짐승이 되어 산 것이 죽는 것만 못하다[38]는 것이다.

육십 년을 꿈꾸고 깨는 가운데 보내고 다만 아침저녁으로 달라지는 머리
털만 보이는 흰머리 쓸쓸한 노년에도 마음만은 오히려 아직도 장년이다.
돌이켜 생각할수록 낳아 길러 주신 부모님 은혜 갚기 가 어려움을 느끼니
어찌 탄식하지 않으랴. 회갑의 나이에도 장년의 마음으로 살아 있다는 것은
다시 만들어 주신 천지의 공이다. 壽란 五福의 하나요 達尊의 하나라고 하여
성인들이 소중히 하는 것이며, 두 번의 유배 생활을 하고도 어진 임금의
관대함으로 목숨을 부지하고 자유의 몸이 되어 오늘에 이르렀으니 뜻밖의
일로 더욱 감회가 깊다.

서경 洪範에 이 세상 사람에게 다섯 가지 복이 있다고 하여, 壽, 富, 康寧,

---

37) 면암선생문집 권 14 「유길준에게 보내려던 답서(擬答兪吉濬)」
38) 면암선생문집 권 16 잡저 「포천향약서고문(抱川鄕約誓告文)」

攸好德, 考終命을 차례로 들었다. 그 첫째 복을 누린 것이요, 맹자 公孫丑
下에 인간의 세 가지 달존으로, 조정에서는 지위가, 향당에서는 연치가, 세
상을 보존하고 편히 하는 데는 덕이 높은 것이라 하였으니, 모든 사람이
존경할 만한 연치를 누린 것이다.

　이러한 때 마침 가정이 평온하고 육친이 무사하며 약간의 탕병에 손님들
도 모였으므로, 선부모 환갑에 비교하면 너무 참람하고 과분한 일이고, 부모
형제를 생각하는 회포에 차마 환갑의 술잔을 받을 수 없으나, 자손들이 성의
를 무시할 수도 없는 일이라, 최익현은 공사간의 이러한 여러 감회를 느끼며
예에 맞추어 드리는 자손들의 잔을 받는다. 증조부 嘉蔭府君 이래 처음 있는
일이었다. 그는, '하늘이 준 것이 후한데 평생을 둘러 봐도 착한 일이라곤
없어 소인과 범부들처럼 돌아가고 말 일이 슬프다. 지금부터 남은 해를 오직
하늘에 맡기고 과실을 뉘우치고 改悔에 전념하여 혈기가 쇠하여도 분발하여
공부를 게을리 하지 않음으로써 과거의 흉한 것을 덜고 미래에 길한 것을
이룰 수 있으면 이것이 곧 스스로 경계하는 바' 39)라고 소감을 피력했다.

　섣달의 차가운 하늘 아래 띠로 지붕을 이은 초라한 집에서 시대를 아파하
는 천풍시를 읊으며 시인은 회갑을 보내는 것이다.

　설 하늘 가난한 집에서 외는 천풍시, 周나라의 쇠퇴를 슬퍼하는 천풍시는
시경 檜風의 匪風과 曹風의 下泉을 가리킨다. 회풍의 비풍은 회나라의 정치
가 문란해져서 민심이 불안한 것을, 또는 주왕실이 쇠퇴를 슬퍼하여 노래한
시40)라하며, 조풍의 하천은 큰 나라의 침략을 받아도 주나라 왕조가 쇠퇴한

---

39) 면암선생문집 권 1 시 「환갑날 소감을 기록함(晬日志感」

40) 『詩經』(서울 : 홍신문화사, 1994), 254-255쪽. 國風 檜風.
　바람이 거세게 일고/수레는 쏜살같이 달리네/고개 돌려 바라보니 주나라 가는 길/
　내 마음도 슬퍼지네//회오리바람 몰아치고/소레는 빠르게 달리네/고개 돌려 바라보
　니 주나라 가는 길/내 마음 서러워지네//누가 능히 물고기 삶을 때/가마솥에 물을
　넉넉하게 부으리요/누가 서쪽 주나라에 돌아가/회나라의 좋은 소식 전하리요
　(匪風發兮며 匪車偈兮라 顧瞻周道요 中心怛兮로다//匪風飄兮며 匪車嘌兮라 顧瞻周道

뒤로는 원조를 청할 수가 없는 것을 보고 슬픔에 잠겨 지난 날 주나라가 번창했던 시절을 회고하며 노래한 시[41]라고 한다. 조나라 사람들이 포학한 共公을 미워하고 明王과 賢伯을 사모하여 하천을 지었고, 문왕 무왕과 周公의 정치를 사모하여 비풍을 지었듯 최익현은 회갑날 천풍시를 읊으며 기울어져 가는 道와 춘추의리를 슬퍼했다.

요산에서 밤에 모임	堯山夜會
오래된 연옹 집에서	百世淵翁宅
유풍의 말씀 다시 길어라	遺風說更長
이 마음 마땅히 모두 쏟으니	寸心宜盡瀉
맑은 밤 다함 없어라[42]	淸夜未渠央

연옹은 淵齋 宋秉璿(1858-1905)으로 송시열의 9대 손이다. 을사조약이 체결되자 두 차례나, 을사 오적을 참하고 조약을 폐기하라고 주장하는 상소를 올렸으나 批答이 없자 70노구를 이끌고 걸어서 서울로 올라가 고종을 대면해 자신의 주장을 펴고 비답을 내려 달라 하였다. 고종은 비답을 내리겠다고 달래어 그를 여사로 내보냈으나 일주일을 기다려도 소식이 없었다. 다시 대궐로 들어가 식음을 전폐하고 궁궐 뜰에서 철야 待罪자 4인교 한대가 와서 임금을 뵈러 가자고 속여 그것을 탄 채로 서울역에 옮겨져 일본

오 中心弔兮로다// 誰能亨魚요 漑之釜鬵고 誰將西歸에 懷之好音고)

41) 위의 책, 262-263쪽. 詩經 國風 曹風.

　차가운 샘물이 흘러내려/ 우거진 강아지풀 적시네/자다가 깨어 탄식하며/번창했던주나라 서울을 생각한다네//차가운 샘물이 흘러내려/우거진 사철쑥 적시네/자다가 깨어 탄식하며/ 번창했던 주나라 서울을 생각한다네//

　(冽彼下泉이여 浸彼苞蕭로다 愾我寤嘆하여 念彼京周하노라// 冽彼下泉이여 浸彼苞蓍로다 愾我寤嘆하여 念彼京師하노라//芃芃黍苗를 陰雨膏之니라 四國有王이어늘 郇伯勞之니라)

42) 앞의 책, 卷 1, 詩

헌병들의 엄중한 감시 속에 기차로 대전까지 압송되었다. 대전 집에 돌아온 다음 날 송병선은 고종에게 올리는 마지막 遺疏와 동생·士友·제자·가족들에게 보내는 고별문을 써서 經床 위에 차곡차곡 쌓아 놓은 뒤 목욕재계·의관 정제하고 북향사배한 후, 산 속에 들어가 도를 지키는 길도 있지 않느냐는 문인들에게, "출사하고 은둔하는 것은 평상시의 일이다. 오늘날은 인류가 소멸되고 우리 도가 멸망하였으니 이것은 만고에 없었던 극한의 자리다. 도를 위해 죽는 것은 선비의 도리이니 오직 한 번 죽는 수밖에 다른 도리가 없다."하였다. 아들과 조카들이 울부짖자, "마땅히 죽을 자리에서 죽는데 왜들 이러느냐."고 준엄하게 꾸짖고는 자리를 펴게 한 뒤 바로 누운 채로 숨을 거뒀다. 을사년(1905) 12월 30일 대전 石南의 石村精舍에서의 일이었다. 오로지 대전의 석남, 영동 학산면 범화리 서실, 茂朱 棲碧亭을 오가며 저술과 강학에 힘썼고 때때로 상소를 올려 신하로서의 도리를 잊지 않으면서 최후에는 죽음으로써 선대의 춘추대의를 지켰다. 유소에서 마지막으로 국권 회복을 호소하고 殉道 殉國의 절의를 지켜 송병선이 자결한 직후, 李儁 烈士는 "송선생의 殺身成仁한 貞忠大義가 5백 년 동안 배양된 유학의 원기를 드러냈다."고 그 결행을 평가했다.

우암 송시열의 엄격한 정통주의적 도학 이념을 계승하고 철저히 실천한 선비 송병선의 죽음에 최익현은, 그 아우 송병순에게 보낸 弔狀에서, "선생께서 세상에 계실 때 민국이 우러러 바라기를 하늘의 북극성과 황하의 砥柱 같이 여겼는데 이제 그만입니다. 아, 나라는 누구를 의지하며, 사림은 누구를 공경하여 법받겠습니까?"[43]하며 슬퍼하였다.

그는 또, 사생과 영욕에 의리가 다를 바 없으니, 선생의 뒤를 함께 따라 周旋하려고 했으나 길이 막히어 하지 못하였다며 다만 동쪽을 바라보고 길이 탄식하여 소리 없는 눈물이 마구 떨어지는 것을 금할 수 없다[44]고 하였다.

---

43) 면암선생문집 권 7 서 「송도사 병순에게 보냄(與宋都事秉珣)」 병오 2월

최익현과 송병선은 이기설에 대한 논란이 오고 가기도 한 사이였다. 송병
선은 최익현에게, 奇正鎭의 猥筆이 율곡을 비판한 것인데도 기정진의 신도비
문을 지으면서 그의 주리설을 인정한 것은 율곡을 배척하는데 가깝지 않으냐
고 항의하였고, 송병순 역시 이항로의 心主理說, 李震相의 心則理說 등을
양명학이나 禪學에 빠질 위험이 있는 것이라 하여 극력 배척하고, 기정진이
'외필'에서 율곡을 비판한 데 대해 '辨猥筆說'(1902)을 지어 엄중 비판하였다.
   이에 최익현은 '송병선에게 보내는 답서'에서

> 율옹이 퇴계의 말을 伸卞한 것이 어찌 참으로 퇴계를 존경한 것이
> 아닌 줄을 알며, 노옹(노사 기정진)이 율곡의 글을 외필한 것이 어찌
> 참으로 율곡을 尊慕한 것이 아닌 줄을 알겠습니까?45)

하며 이것은 마치 임금을 섬기는 자가 그저 순종만 하는 것을 잘하는
것으로 여기지 않고 임금이 싫어하거나 노하더라도 의리에 좇아 직언하는
것이 충성을 다하는 것이요, 벗을 취하는 자가 의리야 어찌 되었든 덮어놓고
옳다고만 하여 비위나 맞추며 허물없이 즐기는 것을 좋아하지 않고, 善을
권하여 인덕을 쌓도록 격려하고 돕는 것이 바로 交誼를 온전하게 하는 것과
같다고 하였다. 최익현은 선인의 권위 있는 이론이라 할지라도 비판적으로
계승 발전시키는 태도를 학문의 바른 도리라 생각했음을 알 수 있다.
   그는, 노사 기정진의 신도비문에 '闢邪(정도를 보위하고 사악을 물리치는
것)하는 공을 自任하고 주기의 학문을 내쳐 일치의 운을 담당하였다. 〔任闢
邪之功 黜主氣之學 以當一治之運〕'는 16자로 命意를 삼은 것은, 銘文을
전개하여 나가는 데는 응당 본분에 의하여 말해야 하기 때문이라 하여 자신
의 견해를 굽히지 않고 있다. 학문을 강론하고 의리를 논변하는 데는 또한
한 가지 도리가 있으니 아부하여 구차스럽게 동조해서도 안 되고 私를 따라

---

44) 위의 글

45) 면암선생문집 권 7 서 「송연재 병선에게 답함(與宋淵齋秉璿)」 壬寅:光武 6년(1902)

왜곡해서 응락할 수도 없는 것이라는 자신의 생각에 충실했던 것이다.

그러나 최익현은 오래된 연옹 집에 유풍의 말이 다시 길다며 송시열로부터 9대손인 송병선에게까지 끼쳐오는 유풍을 감탄한다.

최익현은 69세 때인 1901년 4월 전북의 樂英堂에서 송병선과 강의를 열기도 하였다. 최익현은 송병선을 일찍부터 한 번 보고자 하였는데 송병선이 期日을 정해 많은 선비를 모아서 강회를 베풀면서 판서 李容元을 통해 낙영당으로 최익현을 청하였다. 최익현은 기별을 듣자 곧 길을 떠나 호남 臨陂에 있는 낙영당 모임에 갔다. 도가 기울어진 시대에 보기 어렵게 의관은 엄숙하고 장했으며 악기 소리에 맞춰 글을 읽는 모습이 성대하였다.

연옹의 집에서 느끼는 유풍은 그대로 화서학파가 존숭하여 마지않는 송시열의 의리 정신이며 가통을 정통으로 계승한 송병선·병순 형제에게로 이어진 의리 정신이다. 이러한 유풍이 감도는 집에서 최익현은 마음을 남김 없이 쏟으며 다함 없는 맑은 밤을 보내는 것이다. 5언 절구의 짧은 시 형식에 오랜 역사적 시간과 자신의 마음의 시간을 중첩시켜 전해 오는 도에 대한 숭모와 그윽한 송근수 집의 유풍을 기리고 있다.

> 지석리에서 입재 송상공 근수에게 절함
> 支石里拜立齋宋相公近洙
>
> 상공의 출세와 처세 참으로 조용하여   相公出處儘從容
> 수죽의 그 살림살이 맑고도 짙어라   水竹生涯淡且濃
> 변천 많은 이 몸 아직 생명이 있어서   桑海殘生猶有命
> 늙어서야 대인 만남이 허락되었네   暮年爲許大人逢

송근수(1818-1902)는 고종 대 문신으로 1848년(헌종14) 문과에 급제하여 대사헌·이조 판서·우의정을 거쳐 1882(고종19) 좌의정에 이르렀으며 한미수호조약 등 개화 정책에 반대하여 퇴직한 후 奉朝賀가 되었다. 봉조하란 조선 시대 전직 관원을 대우해서 높여 부르던 칭호로, 종 2품 이상의 퇴임한 관리에게 이 칭호를 주어 종신토록 그 품계에 알맞는 녹을 받게 하였다. 이들은 실제 사무에는 종사하지 않았고 국가의 의식이 있을 때에만 조복을 입고 참여하였다.

시는 의리에 어긋난 일에 반대하고 이익을 좇아 벼슬자리에 연연하지 않은 처세를 예찬하고 수죽의 맑은 살림살이가 그러한 처세의 바탕에서 나왔음을 보여 준다. 전구에서는 두 번씩이나 귀양살이를 하고도 아직도 남은 생명이 있어 늙은 나이에 송근수와 같은 대인을 만날 수 있었다는 감회를 읊는다. 그 때 최익현의 나이 70세였고 송근수는 85세로, 그 해에 송근수는 세상을 떠나니, 그 때가 마지막 만남이었다.

그 때 최익현은 송근수에게 자신의 8대조 상서공의 묘표를 청하였으나 '붓을 놓은 지가 이미 오래라'하여 强請할 수도 없어 결국 연재옹에게 부탁하였던 것이다.[46)

최익현에게 있어 춘추대의를 지키는 이는 대인이었으며 그것을 무너뜨리고 서양의 질서를 꾀하는 무리들은 소인이었다. 소인들이 들끓어 도가 실낱 같은 운명 속에 언제 끊어질지 모르는 상황에서 대인을 만나볼 수 있었던 것은 특별한 감회를 느끼게 하는 일이었다.

6. 시대적 위기 의식과 현실 대응 논리

이제 저 왜놈들은 마침내 인종마저 바꿀 독한 꾀를 써서 移民의 條例를 만들어 불일내로 시행한다 하옵니다. 이 지경이 되었는데 역적들은 또한 무슨 말로 그 죄를 면할 수 있겠습니까? 이 때를 당해서

---

46) 면암선생문집 권 15 「영조에게 보냄(輿永祚)」 壬寅 4月 27日

진실로 인성(人性)을 가진 자라면 누구나 죽기를 원하지 않을 자가
없을 것인데 하물며 신과 같은 늙은 것은 하루 더 살면 하루 더 욕이
되고, 이틀 더 살면 이틀 더 욕이 될 것이니, 어찌 구차스럽게 몸을
살려, 한 번 죽어 나라에 보답하기를 민영환 · 조병세 · 홍만식 · 宋秉
璿   등과 같이 못하겠습니까?

　　그러나 생각하건대, 옛날 남의 신하된 자로서 나라가 장차 망할
때를 당하여 버리고 간 이가 있으니, 그가 곧 殷의 微子였고, 또 죽은
이로는 명 나라 太學士 范景文 등 40여 인이 그들이요, 나라를 회복하
는 데 뜻을 두어 의병을 일으켜 역적을 토벌하다가 뜻을 이루지 못하
고 죽은 이도 있으니, 漢나라 翟義와 宋의 文天祥이 그들입니다. 신은
불행히도 오늘까지 살아서 두 눈으로 이 변을 보고 이미 가야 할 땅과
의리가 없으니, 대궐에 나아가서 소를 올리고 폐하 앞에서 머리를
깨고 스스로 죽을 수밖에 없사옵니다.

　　하오나 폐하께서 할 일을 못하실 것이 분명하다면 빈 말만 번거롭
게 드리는 것이 한갓 文具(法文만 갖추어 있는 것)로만 돌아갈 뿐이며,
또 인심이 그래도 국가를 잊지 않음을 보니 혼자만 구렁에 목매어
죽는 것도 경솔한데 가까운 것입니다. 이 때문에 억지로 참고 살아
있으면서 몇 사람의 동지와 더불어 翟義와 文天祥 같은 거사를 모의한
지 벌써 3-4개월이 되었습니다. 그러나 신이 본디 재지가 없으며 더구
나 노병으로 죽게 되었고, 모의를 한다 해도 방해만 되는 것이 10에
8-9이기 때문에 지연을 면치 못하고 세월만 보내다가 이제야 계획이
조금 정해져서 사람들이 조금 모입니다. [47]

병오년(1906)에 올린「倡義討賊疏」중 을사늑약으로 국권이 사실상 침탈
되고, 그러한 현실에서 의병을 일으키는 대의를 밝히는 부분이다.

여기서 최익현은 현실 대응의 유형을 세 가지로 들고 있다.

첫째는, 나라가 망할 때를 당하여 버리고 가는 것으로, 殷의 微子와 같은
경우를 들었다.

---

47) 앞의 책, 권 5, 소 「의병을 일으켜 역적 치기를 건의하는 소(倡義討賊疏)」丙午 閏 4月
　　11日

을사조약 체결 후, 거의를 종용하는 최익현의 청을 거절하였고 俛宇 郭鐘錫이 巴里長書에 서명을 요청할 때도 거절한 艮齋 田愚는 '浮海之意'를 품고 西海의 孤島인 왕등도·古君山島를 거쳐 繼華島에서 생애를 마치도록 일제가 지배하는 육지를 밟지 않는 절의를 지켰다.

둘째는, 나라를 위해 자결한 사람들로, 을사늑약 후 자결한 민영환, 조병세, 홍만식, 송병선과 明나라 太學士 范景文 등 40여인을 들었다.

을사조약이 체결되자 趙秉世 洪萬植 閔泳煥 宋秉璿 李相哲 金鳳學(平壤병졸) 등이 속속 자결했던 것이다.

경술국치 때 梅泉 黃玹의 음독 자결, 毅堂 朴世和의 단식 자결, 송병선의 아우인 心石齋 宋秉珣의 음독 자결(1912) 등도 같은 경우라고 하겠다.

셋째는, 나라를 회복하는 데 뜻을 두어 의병을 일으켜 역적을 토벌하다가 뜻을 이루지 못하고 죽은 이로, 韓나라 翟義와 宋의 文天祥을 들었다.

그 외에도 거사를 도모하였으나 거사 이전에 무산된 경우와 은거하며 후학에 대한 강학에만 전념한 경우, 일제의 소위 은사금 등을 거절하며 이사를 하여 피한다든가, 그 때 그때의 사안에 따른 일제에 대한 비협조 등의 저항이 있었다.

老柏軒 鄭載圭(1843~1911)와 松沙 奇宇萬(1846~1927)은 을사조약 후 의거할 것을 도모했으나 이루지 못했다. 기우만은 1911년 일제의 소위 은사금을 받지 않기 위해 이사를 하기도 하였다.

면우 곽종석은 을미사변이 일어난 1895년 春陽에서, 1906년 최익현에게서 의병에 참여하라는 요청을 받았으나 모두 거절했으며, 1919년 '파리장서'를 문인 김창숙을 통해 상해에 보냈다가 발각되어 대구 감옥에 갇혔다가 병보석으로 풀려나 죽었다. 48)

錦溪 李根元(1840~1918)은 1906(67세)년 一進會의 鄭赫善이 의병을 일

---

48) 위의 책. 451~472쪽

으키려 했다고 誣告하여 驪州헌병대에 잡혀갔다가 돌아왔으며, 1910년(71세)에 일본 천황이 내리는 은사금을 받지 않고 砥平 헌병분견소에서 7일 동안 갇혀 있다 풀려났다.[49]

의암 유인석은 을미년(1895)에 이영춘, 안승우, 맹영재, 김백선 등 의병장들의 추대로 의병대장이 되어 제천·충주·청풍·단양 등지를 무대로 활약하였고, 1896년(55세) 충주·단양·청풍·평창을 점령하였으나 관군에 패배하여 초산을 거쳐 만주로 망명하였다가 1897년 귀국하였으나 1898년 다시 만주로 망명하였다. 1900년(59세)에는 만주에서 義和擧를 피하여 귀국하여 평안도 황해도에서 강학하며 인재를 기르다 1907년(66세) 독립운동의 해외 기지를 개척하기 위해 러시아領 연해주로 망명하여 1910년 十三道義軍都總裁로 추대되어 각국 정부에 성명서를 보내고 국내 진공 작전 계획을 세웠으며 국내의 志士에게 만주에 망명하여 항일전을 계속하도록 촉구하면서 자신도 만주로 옮겨갔으나 뜻을 이루지 못하고 74세에 이역 땅에서 세상을 떠났다.[50]

恒窩 柳重岳(1843~1909)은 유중교의 문인으로, 을미사변 이후 討逆·斥邪活民·復禮를 위해 擧義할 것을 주창하고, 의병의 정당성을 주장하고 이를 입증하는 이론을 전개하였으며 자신이 의병에 뛰어들지는 않았지만 유인석의 가장 가까이서 그를 뒷받침해 주는 역할을 하였다.[51]

恒齋 李正奎(1865~1895)는 1904년 일진회에 대처하기 위해 제천 향약을 조직하고 장의로 활동하였으며, 1906년 최익현과 유인석의 의거 연락을 위해 만주 吉林城을 왕래했다. 1907년(43세) 헤이그 密使사건으로 고종이 양위한 뒤 의암 유인석에게 블라디보스토크로 가도록 권고하고, 1910년 요동으로 건너가 瀋陽에 머물다 합병 소식을 듣고 귀국 양기탁과 함께 이동

---

49) 금장태·고광식, 앞의 책. 55쪽
50) 위의 책, 65~72쪽
51) 위의 책, 73~82쪽

령을 요동으로 보냈으며, 1911년 양기탁이 105인 사건으로 투옥되자, 제천 충주 등지에서 강학에 힘썼다.[52]

이러한 유림들의 현실 대응 논리 중 최익현의 경우는 앞의 두 경우를 거쳐 세 번째의 적극적 항쟁을 선택했다. 그것은 선비의 대 현실 발언을 통한 현실 참여의 방법인 상소 투쟁이 더 이상 힘을 발휘할 수 없는 상황에서 선택한 최후의 수단이었다. 최익현에게 그것은 이미 당연히 설정되어 있었던 길을 걸어간 것으로 선택의 정당성이나 역사적 의의에 대해서는 추호의 갈등이나 회의도 있을 수 없었다. 다만 실천과 실천을 위한 노력이 있을 뿐, 거사 후의 성패나 생사는 문제삼지 않았던 것이다.

儒者가 天·地·人을 통하고 가장 고귀한 품성과 지혜를 갖추어 유일한 실천장인 현세간에서 펴는 것이 行道이지만 그것이 장애를 받을 때 그저 ‘獨善其身’만 한다면 그것은 너무도 소극적이고 守道 衛道에 대한 사명감과 용기가 부족하다고 볼 수밖에 없다. 그러므로 현실의 不正과 不義와 非道를 비판하여 바로잡고 그것이 받아들여지지 않을 때에는 목숨을 내걸고 싸워 義不義와 是非善惡을 분명히 가려 놓아야 하는 ‘殺身成仁’할 때, 선비의 이름에 값하게 된다. 이 때 儒者가 갖추어야 할 것은 學德과 함께 不搖不屈하는 志節이다.

그러므로 선비는 현실지배자의 不義에 이용되지도 않거니와 타락된 현실에 물들지 않은 하나의 ‘現世를 직시하는 局外者’, ‘淑世를 自任하는 修道者’로서의 직분과 기능을 담당해야 한다.[53] 이 직분과 기능을 수행하기 위해서 선비는 ‘제왕도 신하로 삼을 수 없는’[54] 高孤卓絶한 永像이 있어야 하고, 그것을 지키기 위해서는 ‘선비는 죽일 수는 있어도, 그 절개를 꺾을 수는

---

52) 위의 글, 107~114쪽

53) 『禮記』「儒行」, “儒有忠信以爲甲冑, 禮義以爲干櫓, 載仁而行, 抱義而處, 雖有暴政, 不更其所, 其自立有如此者.“

54) 위의 책. “儒有上不臣天子, 下不事諸侯, 愼靜而尙寬, 强毅以與人, 博學以知服, 近文章, 砥厲廉隅, 雖分國如錙銖, 不臣不仕, 其規爲有如此者.“

없다'[55]는 秋霜烈日같은 志節이 있어야 한다.

선비는 孔子의 道를 배우고 실천해서 인문 세계를 創進하는 주체로서, 학문을 쌓아 지혜를 밝히고 인격을 도야하여 인심을 교화하며, 나아가 천하가 맡겨졌을 때 이를 경영할 수 있는 위대한 경륜을 가지고 있어야 한다. 그러나 그것이 여의치 않을 때는 자기 혼자만이라도 도를 지키어 후세를 기약하고, 마지막으로 그것마저 위협을 받을 때는 도를 간직하고 殉道하는 志節이 있어야 한다는 것이다. 이 학문, 지혜, 인격, 교화, 경륜, 지절을 한몸에 갖추고 살아가는 대장부가 선비이다.[56]

儒는 예의 범절이나 어떤 행사의 진행 절차와 형식을 잘 알아서 사람들을 인도하는 術士[57], 六藝에 통달하여 이로써 民을 가르치는 교육자[58], 孔子의 道를 숭상하고 그 도를 세상에 펴는 儒士, 天人之際와 古今之變을 究通하는 학자[59], 天地人의 이치를 통하고 天道 人道 地道를 통해 우주론 인생론을 학문적으로 탐구하는 철학자이며, 천지의 변화와 만물의 情狀을 파악하고 그에 순응해 살아갈 인생의 도리를 터득하여 스스로 그를 실천하고, 이러한 도덕적 실천을 궁극적 목표로 하기 때문에, 성정을 도야하고 進德修業에 힘써 위대한 인격을 갖추고 人道를 실천하여 인문 세계를 창조해야 한다. 莊子의 '內聖外王'이 바로 儒가 추구하는 인간 성취의 理想像이므로 儒는 士에서 시작하여 聖으로 끝나는 道德君子이기도 하다.

儒는 그 道를 실천하는 데 역사상 많은 장애와 핍박을 받았다. 그러므로 儒는 세상을 만나면 그 도를 펴는 傳道의 사명을 다해야 하지만, 세상을 못

---

55) 위의 책, "儒有可親而不可劫也, 可近而不可迫也, 可殺而不可辱也.'
56) 金忠烈『中國哲學散稿』Ⅱ(청주·서울 : 온누리, 1994), 159~174쪽
57) 『周禮』「天官大宰」以九兩繫邦國之民條註:師, 諸侯師, 師氏有德行, 以敎民者, 儒, 諸侯保氏, 有六藝, 以敎民者.
58) 『周禮』「地官大司徒」, 四曰聯師儒條註:師儒, 鄕里敎以六藝者
59. 『列子』「周穆王」篇, 노유유생

만났을 때에는 그 道가 끊어지지 않도록 傳道할 책임도 져야 한다. 이 때, 儒는 守道, 衛道者의 모습으로 나타나 이른바 '殺身成仁'하는 志節을 지켜야 한다.

曾子의, "책임은 무겁고 길은 머니, 선비여 가다듬고 굳세지 않을 수 있겠는가."60) 한 말, 孟子가 "천하의 가장 넓은 데 居하고 천하의 가장 바른 데 서고 천하의 가장 바른 길을 간다. 세상에 쓰이면 그 道를 천하에 펴고, 쓰이지 못하면 홀로 그 도를 몸에 닦는다. 부귀도 그를 타락시키지 못하고, 빈천도 그를 변질시키지 못하며, 더욱이 총칼도 그를 굴복시키지 못한다. 이것을 대장부라 한다."61) 이런 것은 모두 行道의 毅力과 守道의 용기를 말한 것으로 儒의 大丈夫적 기개를 촉구한 것이다.62)

이러한 여러 면모는 儒가 단계적으로 지향해 가는 모습이기도 하고 또 동시에 갖추고 실천해 가는 모습이기도 하지만, 儒의 궁극적 모습은 위에서 말한 선비로서의 모습일 것이다.

면암 최익현의 사상과 생애 그것의 문학적 형상화인 한시를 통해 이러한 완성된 儒者로서의 모습을 확인해 볼 수 있다.

이는 평소 임금을 내 몸 같이 사랑하고 나라를 내 집같이 사랑하라는 스승 이항로의 가르침을 몸으로 실천하고자 한 조선조 마지막 선비로서의 한 모습을 전형적으로 극명하게 보여준 때문이라 하겠다.

≪참고 문헌≫

각주로 대신함

---

60) 『論語』「泰伯」, 任重而道遠, 士不可以不弘毅

61) 『孟子』「騰文公下」, 居天下之廣居, 立天下之正位, 行天下之大道, 得志, 與民由之, 不得志, 獨行其道, 富貴不能淫, 貧賤不能移, 威武不能屈, 此之謂大丈夫

62) 金忠烈 『中國哲學散稿』Ⅱ(청주·서울 : 온누리, 1994), 159~174쪽

Ⅱ. 중세적 정감의 세계

1. 萬福寺樗浦記 揷入詩 研究

<table>
<tr><td>

1. 머리말
2. 고독과 사랑
3. 저승 길과 저승 집
4. 다시 고독
5. 맺음말

</td></tr>
</table>

1. 머리말

소설 속의 시는 소설의 대화나 희곡의 대사와 같은 역할을 한다. 대화가 정보전달이나 지식과 감정의 교류, 사교, 아름다움이나 정서 표출 들의 기능이 있다면 소설 속의 시는 특히 정서를 극대화시키는 역할을 한다. 그러므로 감정의 고조된 경지를 드러내며 연회 장면이 많은 경우 그 기능을 잘 발휘할 수 있게 된다. 이는 판소리에서 아니리와 창이 거듭되는 것처럼 감정의 굴곡과 발전 전개 과정을 드러내는 데 효과적으로 작용한다. 김시습의 금오신화에는 시를 소개하기 위하여 소설을 썼다는 느낌을 받을 만큼 많은 시가 들어 있으며 소설 전개에 중요한 구실을 한다.

김시습이 그의 시 題金鰲新話 二首에서 읊었듯이 금오신화를 지은 곳은 금오산실이다. 그는 금오산실 작은 집에서 푸른 모포를 깔아 놓고 매화 그림자가 창에 가득한 달 밝은 밤에 등불을 돋우고 향을 사르며 앉아 한가하게 인간 세계에서는 보지 못하던 글을 지어냈다. 옥당에서 짓던 글들은 이미 그의 마음에서 떠났다. 밤이 깊도록 단정히 앉아 향을 사르며 풍류스런 기이한 이야기를 자세히 찾아내어 적은 것이 금오신화이다.[1] 이러한 풍류성은 김시습 소설 속의 시를 통하여 극대화된다. 금오신화 5편 중 남염부주지를 제외한 만복사저포기와 이생규장전, 취유부벽정기, 용궁부연록에는 많은 시가 들어 있다. 특히 앞의 세 편은 시가 소설 전개에 결정적 역할을 하는 작품이다.

이 글에서는 김시습 소설 금오신화 중 만복사저포기의 시를 통하여 김시습 소설에서 시의 의의와 그 역할을 알아봄으로써 이 작품의 의미에 더 가까이 접근하고자 한다.

2. 고독과 사랑

만복사저포기[2]의 시는 아래와 같이 모두 열 편이다.

1. 양생이 외로운 처지를 한탄하며 배필을 원하는 시(절구 2수)
2. 이생과 인연을 맺고 조촐한 잔치를 베푸는 자리에서 여인이 만강홍 곡조에 맞추어 외로운 자신에게 배필이 생겼음을 기뻐하여 지은 시(배율 1수)

---

1) 梅月堂集 卷 六 詩, 題金鰲新話 二首. 矮屋靑氈暖有餘/滿窓梅影月明初/挑燈永夜焚香坐/閑著人間不見書//玉堂揮翰已無心/端坐松窓夜正深/香揷銅鑪烏几淨/風流奇話細搜尋   작은 집에 푸른 모포를 까니 따쓰함이 여유로운데/매화 그림자 창에 가득하고 달은 밝아오네/등불 돋워 긴 밤내 향 사르고 앉아서/한가로이 인간 세상에서 볼 수 없는 글을 짓네//옥당에서 짓던 글은 이미 마음에 없고/소나무 창가에 단정히 앉으니 밤은 정히 깊었어라/향로엔 향을 꽂고 검은 상은 정결한데/풍류스런 기이한 이야기 자세하게 찾아 내오.

2) 梅月堂 外集 卷一, 金鰲新話

3. 여인과 함께 여인이 이끄는 대로 그녀의 집에 가는 길에 풀숲이 우거
   지고 길이 없는 곳으로 가자 의아해하는 양생에게 詩經시를 외어
   농으로 읊은 시(詩經 召南篇 行露章 첫장의 全文임)

4. 그에 대한 양생의 화답시(1·2구는 詩經 衛風 有狐章, 3·4구는 齊風
   載驅章의 구절)

5~8. 개령동에 있는 여인의 집에 가서 사흘을 보내고 여인이 한 마을에
   사는 친척 처녀들을 불러 함께 송별연을 하는 자리에서 여인들(정씨
   오씨 김씨 유씨)이 부른 칠언단편의 송별시.

9. 같은 자리에서 외로왔던 자신이 배필을 만나게 된 기쁨과 헤어지더라
   도 자신을 저버리지 말 것을 당부하는 뜻을 노래한 여인의 칠언 율시

10. 역시 같은 자리에서 양생이 선녀와 같은 여인을 만나 즐거움을 누린
    데 대한 기쁨과 몇 번을 다시 태어난대도 다시 배필이 되고 싶다며
    여인에 대한 사랑을 즉흥적으로 읊어 화답한 고풍시

위의 10편 중 1·4·10는 양생의 시, 2·3·9시는 여인의 시, 5·6·7·8은
여인의 친구들의 시이다. 만복사저포기는 이 시들을 중심으로 전개된다.

2.1 고독

만복사저포기에 나오는 첫 번째 시는 일찍 부모를 여의고 남원의 만복사
동쪽 방에서 홀로 사는 양생이 읊은 것이다.

一樹梨花伴寂寥   한 그루 배꽃나무 적료함을 짝하고
可憐辜負月明宵   가련하다 달 밝은 밤 헛되이 보내나니
靑年獨臥孤窓畔   젊은이만 홀로 누운 외로운 창가에
何處玉人吹鳳簫   어디서 고운 님은 옥통소를 불고 있나

翡翠孤飛不作雙　　　짝 못 지은 비취새 외로이 날아가고
鴛鴦失侶浴淸江　　　짝 잃은 원앙도 맑은 강에 노니는데
誰家有約敲碁子　　　뉘 집에서 바둑 두리란 약속이 있으련가
夜卜燈花愁倚窓　　　밤이면 서러운 창에 기대 불꽃점을 쳐 보네

첫째 수에서 양생은 자신의 외로운 처지를 노래하고 있다. 달밝은 봄밤 배나무에는 배꽃이 하얗게 피었다. 정감을 자아내는 배경이다. 아무도 없는 외로운 창가에서 젊은이는 홀로 누워 어디선가 들려오는 옥퉁소 소리를 듣고 있다. 옥퉁소 소리는 실제 들려오는 것일 수도 있고 시적 화자의 고운 님을 그리는 갈망일 수도 있다. 첫째 수의 결련은 둘째 수에서 더 구체화 심화된다. 양생에게 외로움의 문제는 그의 전 존재를 위협하는 중대한 영향을 미치는 문제이다. 그는 일찍 부모를 여의고 만복사 동쪽 방에서 홀로 살고 있었다는 것으로 보아서 부모형제나 의지할 만한 가까운 일가친척도 없는 외로운 빈한한 인물이다. 자기 감정과 생각을 실어 시를 짓고 읊을 만큼의 지적 능력이 있으나 그에게는 과거를 보고 출세와 입신양명의 길을 걸을 생각은 없어 보인다. 그에게 가장 절실한 것은 고독의 문제이다. 그의 고독은 어려서부터의 오래된 것으로 고독으로부터 벗어나고자 하는 그의 갈망이 크고 깊은 것임을 말해준다.

일반적으로 고독은 원인은 긴밀한 감정적 접촉의 부재에서 오는 고독과 사회적 관계망의 부재에서 오는 고독의 두 가지로 볼 수 있다. 긴밀한 감정적 접촉의 부재에서 나타나는 형태의 고독-감정적 고립의 고독-은 다른 감정적 접촉의 통합이나 잃어버렸던 것을 다시 통합함으로써만이 치료될 수 있다. 반대로 매력 있는 사회적 관계망의 부재와 결합된 형태의 고독-사회적 고립의 고독-은 그러한 관계망의 접근을 통해서만 치유될 수 있다. 그에게는 긴밀한 감정적 접촉을 할 만한 사람이 없다. 작품 전편을 통해 봐도 그가 사회적으로 의미 있는 관계망을 설정하고 있다는 단서를 찾아볼 수 없다.

그는 그가 기거하고 있는 만복사 절집에서도 소외된 인물이다. 3월 24일 만복사에서는 청춘남녀들이 많이 몰려가 연등을 하고 복을 비는데 양생은 날이 저물어 저녁불공이 끝나 사람들이 드문 틈을 타서 부처님과 저포놀이를 한다. 절의 행사에 참여해 일을 돕는다거나 고을의 청춘남녀와 함께 복을 빌지도 않는다. 시를 짓고 불꽃점을 치고 부처께 소원을 빌 때 양생은 언제나 혼자였다. 자신의 문제를 상의할 누군가를 생각한 흔적도 발견할 수 없다.

양생은 감정적 고립과 사회적 관계망의 부재라는 두 가지 의미에서 다 고독하다.

시는 둘째 수의 기·승구에서 그러한 자신의 고독을 짝을 짓지 못한 비취새, 짝 잃은 원앙으로 등가하면서 한층 강조한다. 전구에서는 자신의 고독한 처지를 극복할 수 있는 반려자를 찾으려는 의도를 드러낸다. 누구네 집에서 바둑둘 약속이 있게 될까 기대해 본다. 이는 혼삿말이 있을 것을 기대하는 것이다. 결구에서는 반려자를 찾게 되기를 기대하며 등불의 불꽃으로 점을 쳐보는 심정을 노래한다. 이는 고독의 극복을 위한 구체적 몸짓의 시작이다.

고독이 심각한 불안에 직면하면 자동적으로 통합에 이르게 된다고 한다. 이 사실은 고독이 본질적으로는 불안보다도 더 무서운 것임을 의미한다.[3] 고독은 정상 상태에서는 고통스러울 만큼 부끄러움을 타던 사람도 과감하다 할 정도의 사회적 행동을 추구하게 만들기에도 충분한 힘, 추진력이 된다. 그러나 양생은 그렇게 부끄러움을 타는 사람 같지는 않다. 그러므로 그가 통합을 향한 몸짓을 시도하는 것은 너무도 자연스러운 귀결이다. 시에서 그것은 창가에서 바장이며, 임이 불어줄 옥퉁소 소리를 그리워하고 등의 불꽃으로 점을 쳐보는 행위로 나타난다. 양생은 달밤이면 고독한 자신의 처지와 고독을 극복하려는 소망을 담은 시를 읊으며 꽃이 하얗게 핀 배나무 아래를 바장이기도 한다.

---

3) Harry Stack Sullivan, The Interpersonal Theory of Psychiatry(New York: W.W.Norton, 1953), 262쪽

그의 이러한 시도는 소기의 성과를 거둔다. 공중에서 그대가 짝을 찾는다면 무슨 걱정이 있겠느냐는 소리가 들려온 것이다. 이는 그의 시에 대한 하늘의 화답이다. 결국 양생은 부처와의 저포놀이에서 이기고 아리따운 여자를 만나게 된다.

2.2. 극복과 사랑

양생은 제단 아래 숨어서 엿보다가 불전에 자신과 똑같은 소원을 비는 여자가 나타나자 그 여자에게 접근하여 서로의 소망을 확인하고 바라던 바가 이루어졌음을 기뻐한다. 두 사람은 만나자마자 곧 서로를 사랑하게 되고 절의 법당 앞 행랑채의 끝의 좁은 판자방에서 인연을 맺는다. 처음 만난 사이인데도 양생과 여인은 아무런 거리낌이 없었으며 양생에 비해 여인이 더 적극적인 면이 있다.

그들은 여인의 주선으로 음식을 차려 놓고 자축하는 잔치를 벌인다. 그 자리에서 여자는 양생의 동의를 얻어 만강홍 곡조에 붙여 가사를 짓고 시녀에게 노래를 부르게 한다. 그 때 시간은 이미 4경이 되었다.

惻惻春寒羅衫薄	가련토다 봄 추위에 명주 적삼 얇아라
幾回腸斷 金鴨冷	몇 번이고 애를 끊네 금압 향로 싸늘해라
晚山凝黛 暮雲張纖	저문 산은 검게 엉기고 저녁 구름 퍼졌는데
錦帳鴛衾無與伴	비단 휘장 원앙 이불엔 짝할 이가 없구나
寶釵半倒吹龍管	금비녀 반만 드리고 퉁소를 불어보네
可惜許 光陰易跳丸	애달파라 광음은 공 굴리 듯 쉬이 가고
中情懣	가슴 속 정은 가득한데
燈無焰銀屏短	은병풍 낮은 곳 등불엔 불꽃이 없네
徒收淚誰從款	한갓 눈물 거두니 누가 함께 기뻐할까
喜今宵鄒律一吹回暖	기쁜 이 밤 피리 한 곡조에 따스함이 돌아오네

破我佳城千古恨　　　아름다운 나의 성에 천고 한을 깨뜨리고
細歌金縷傾銀椀　　　가느다란 금루곡에 은잔을 기울이니
悔昔時抱恨蹙眉兒眠孤館　한스러이 눈썹을 찡그리고 홀로 잠들던 옛
　　　　　　　　　　시절이 후회스럽네

　시는 여자도 역시 이생과 마찬가지로 고독한 처지였음을 말하고 있다.
1~3행의 봄 추위를 막기에는 너무 얇은 명주 적삼, 아무도 찾아주는 이가
없어 싸늘하게 식은 향로, 넘어가는 햇빛을 배경으로 검게 엉긴 산과 하늘에
퍼져있는 구름 들은 시공간적 배경이면서 그녀의 외로운 처지를 우회적으
로 드러낸다. 그러나 4행에서는 비단 휘장을 친 방에서 원앙 이불에 짝할
이가 없다며 그 외로움의 정체를 구체적으로 드러낸다. 금비녀나 퉁소를
부는 행위는 여인의 구애라는 상징으로 사용되고 있다. 가슴속에 정이 가득
한 채로 세월은 공이 굴러가듯 쉬이 가버리고 그녀는 유한한 청춘을 안타까
워한다. 등불에 불꽃이 없음은 임의 부재, 사랑의 부재를 의미한다. 그러므
로 그녀는 흘리던 눈물을 거둔다 한들 누구와 더불어 즐길 것인가를 염려한
것이다. 그러나 10행에서 상황은 일전한다. 추율을 한 번 불어 따스함이
돌아올 수 있게 된 것이다. 여기서 따스함은 계절적으로 봄이며 진정한 청춘
을 뜻한다. 즉 임과 더불어 사랑을 나눌 수 있게 되었음을 의미한다. 그러므
로 피리 소리는 봄이면서 봄답지 않게 싸늘하고 청춘이면서 청춘답지 않게
사랑할 수 있는 임이 없는 상태를 봄다운 따스함과 청춘다운 사랑의 임이
있는 상태로 돌이켜 주는 역할을 한다. 여인은 양생이 고대하던 옥퉁소를
불어줌으로써 양생과의 인연을 맺을 수 있게 된 것이다. 그리하여 1~9행까
지의 길고 긴 천고의 한은 다 깨뜨려진다. 여인은 아름다운 금루곡을 들으며
임과 함께 술잔을 기울이면서, 한스러이 눈썹을 찡그리고 홀로 잠들던 옛
시절을 후회할 수 있게 된 것이다.
　두 사람은 아직 서로의 이름도 모르는 채로 깊은 인연을 맺는다. 그러나

노래가 끝나고 여인이 양생에게 하는 말에서 양생과 여인은 이미 어떤 인연이 있었음이 암시된다. 지난번 봉도에서 만나기로 한 그 약속은 어겼으나 오늘 소상에서 옛 낭군을 만나게 되어 하늘이 준 다행이라며 여인은 낭군께서 진정 자기를 사랑하여 준다면 끝내 그의 아내가 되겠지만 버린다면 영원히 자취를 감추겠다고 한다.[4] 이는 여인과 양생이 이미 만나기로 한 인연이 있었음을 의미한다. 이는 시녀 향아의 질문에 대한 여인의 답변-오늘밤 일은 우연이 아니며 하늘과 부처의 도움이며 평생의 기이한 만남이라[5]는 말에서도 드러난다. 여인은 이미 양생과의 인연을 짐작하고 있었으며 여인에게 양생과의 만남은 필연적인 것이다. 술은 여기서 여인이 양생과 백년가약을 맺는 합환주의 의미를 지닌다. 결국 양생과 여인, 두 사람은 부처를 매개로 하여 고독을 극복하고 사랑으로 맺어진다.

3. 저승 길과 저승 집

먼 마을에서 닭 우는 소리가 들리고 절의 새벽 종소리가 울려오고 먼동이 트기 시작하자 여인은 시녀에게 주연을 거두어 돌아가도록 하고 양생에게 자기 집으로 갈 것을 청한다. 양생이 여인의 손을 잡고 마을을 지나가도 사람들은 양생만을 알아볼 뿐 여인과 함께 가는 것을 알지 못한다. 여인이 이승 사람이 아님을 보여주는 장치는 이미 작품 여러 곳에 설정되어 있었다. 우선 여인이 불전에 바친 축원문에, '어버이께서도 여자로서의 수절함이

---

4) 金時習, 梅月堂外集 卷 一 萬福寺樗蒲記. 曩者蓬島 失當時之約 今日瀟湘 有故人之逢
   得非天幸也 郎若不我遐棄 終奉巾櫛 如失我願 永隔雲泥
5) 위의 책, 위의 글. 今日之事 蓋非偶然 天之所助 不之所佑 逢一粲者 以爲偕老也 不告
   而娶 雖明敎之法典 式燕以遨 亦平生之奇遇也.

그르지 않았다고 하여 한적한 곳으로 옮겨 초야에서 임시로 살게 해 주셨는데 이미 3년이나 되었습니다.', '날이 가고 달이 바뀌니 이제 혼백마저 사라져 없어졌고, 기나긴 여름날과 겨울밤에는 간담이 찢어지고 창자마저 끊어질 듯 합니다.'라 하고 있다. 또 양생이 여인에게, '그대는 어떤 사람이기에 혼자 여기에 왔느냐'고 묻자, '저 역시 사람입니다. 무슨 의심이 있으십니까?' 한다. 두 사람이 좁은 판자 방에 들어가 서로 이야기하고 즐겼는데 인간과 마찬가지였다고도 하였다. 이는 여자가 인간 세계 즉 양생이 있는 세계와는 다른 세계의 존재임을 의미한다. 이렇듯 여기 저기에 언급되어 있던 여인의 존재는 여기서 더욱 확실히 드러난다. 그러나 아직은 묵시적으로만 인정될 뿐이다. 날이 새고 여인의 안내로 가는데 풀숲이 우거지고 이슬이 뚝뚝 떨어지고 있었으며 따라갈 길이 없었다. 양생은 이상히 여겨, 사는 곳이 어찌 이 같으냐고 묻는 양생의 물음에 여자는 다만, 상부(孀婦.의 거처는 본래 이 같을 따름이라고 한다. 상부는 여기서 남편을 여읜 여자가 아니라 남편이 없이 혼자 사는 여자의 의미로 보인다. 이러한 대답에 이어 여인은 농담으로 옛 시를 읊고 양생 또한 이에 응한다.

3.1. 사랑길

3.1-1

於邑行路	고을에 가는 길
豈不夙夜	어찌하여 초저녁에 못갔는가
爲行多露	가는 길에 이슬이 많아서라오

3.1-2

有狐綏綏	어슬렁거리는 여우가 있었다네
在彼淇梁	저 기수 다리에 있었다네

魯道有蕩　　노나라 오는 길 드넓고 평평하니

齊子翺翔　　제나라 아가씨 수레는 나는 듯하네

　시를 읊고 나서 두 사람은 한바탕 웃는다. 이 부분은 만복사저포기 전편을 통하여 가장 유쾌하면서도 즐거운 정감이 넘치는 곳이다. 왠지 모를 귀기가 서려 있으며 정체를 알 수 없는 두려움이 엄습해 오는 듯 하면서도, 날이 새고 풀숲에는 이슬이 맺혀 있고 시를 읊조리며 농담을 하는 젊은 남녀의 분위기는 청신하면서도 낭만적인 것으로도 볼 수 있다. 역설적인 이러한 설정으로 형성되는 미묘한 분위기는 만복사저포기 전편을 통해 흐른다. 귀기 어린 두려운 분위기와 사랑과 진실이 넘치는 인물들의 행위가 한없이 쓸쓸하면서도 아름다운 매력을 발산해 읽는 이의 마음을 사로잡는다.

　여자의 시는 詩經 召南篇 行露章 첫 장의 全文이고 양생이 읊은 것은 시경 衛風 有狐章과 齊風 載驅章에서 각 2구씩 따온 것으로 두 사람의 사랑하는 마음을 적절히 표현해 준다. 고시의 인용은 두 사람의 사이가 그 옛날부터의 오랜 인연으로 맺어졌으며 시경의 전통처럼 순수하고 아름다운 관계임을 뒷받침한다. 그 옛날 시경 시대로부터 그 때까지의 모든 사랑하는 남녀들이 그들의 사랑을 축복해 주는 분위기이다.

　두 사람은 다북쑥이 들을 덮고 가시나무가 하늘을 찌르는 곳에 작고 몹시 아름다운 집이 있는 개령동으로 간다. 開寧洞은 이생이 살고 있던 세계와는 다른, 편안하고 행복하며 사랑이 넘치는 세계로, 양생이 지금까지 보내왔던 고독한 세계와는 다른 세계가 열리는 곳이다. 여자 집의 방은 잘 정돈되어 있었고 음식은 어젯밤 만복사에서의 차림과 같았으며 시녀가 간사스럽지도 않았다. 양생이 사흘간 머무르는 동안 즐거움도 평상시와 같았다. 양생은 음계에서 오히려 양계에서의 즐거움을 누릴 수 있게 된다. 다만 만복사에서 주연을 베풀 때, 포진과 궤안이 깨끗하면서도 문채가 없었던 것처럼 그릇이 깨끗하면서도 무늬가 없어 인간 세상의 것이 아니리란 생각이 들기도 하였으나 여자의 은근한 정이 두터워서 다시는 그런 생각과 근심을 하지 않는다. 여자의 사랑은 양생의 두려움을 씻어 낸 것이다. 사랑의 시간은 빨리 지나간다. 사흘을 머물렀을 뿐이었는데 여자는 이곳의 사흘은 인간 세계의 3년과 같다고 한다. 3년을 보냈으니 마땅히 집으로 돌아가 생업을 돌보아야 한다는 것이다. 저승 집에서 이생은 행복을 느끼고 시간 가는 줄도 모른 것이다. 저승 집에서의 시간은 절대적인 시간으로 이승에서의 그것과 현격한 차이가 난다. 이것은 그들의 짧은 사랑을 통해 사랑의 강렬함과 깊이를 강조하고 이별의 안타까움을 더해주기 위한 장치이다.

그러므로 이별 잔치가 열리자 양생은 이별이 이토록 빠른 것을 탄식한다. 그러나 여자는 이별하더라도 다시 만나 평생 소원을 다 풀 수 있을 것이라며 오늘 여기 누추한 곳에 온 것도 묵은 인연이 있기 때문이니 이웃 마을의 친척을 보고 가는 것이 어떻겠느냐고 제의한다. 양생의 허락으로 알림을 받고 온 사람이 정씨, 오씨, 김씨, 유씨 등 네 여인이다. 여자들은 7언 단편 4수씩을 지어 양생을 전송한다.

3.2. 이별-사랑의 절정

이별연에 모인 여자들이 불러 준 시는 여자와 같은 처지에서 자신들의 감정을 이입하여 부른 노래이다. 이는 여자와 마찬가지로 왜구의 침략에 희생된 아까운 처녀들이 많았던 당대의 사회상을 보여주며 그들의 한이 깊었음을 반증한다. 그들은 한결같이 문벌 높은 귀족(貴家巨族)의 딸이며 성품이 온화하고 풍운이 범상하지 않다. 자질이 총명하여 시부에 능하다. 그들 4사람은 칠언단편 4수씩을 지어 양생을 전송한다. 이들의 모임은 처음 부처 앞에서 인연을 맺은 양생과 여인의 결합을 공식적으로 인정하는 자리이기도 하다. 그들은 양생과 여자의 관계를 진심으로 기뻐하며 축복해 준다.

3.2-1 첫째 여인인 정씨의 시이다. 정씨는 태도가 멋스럽고 구름 같은 쪽진 머리가 귀밑을 가리고 있다. 그는 슬프게 탄식하며 바로 읊었다

<table>
<tr><td>春宵花月兩嬋娟</td><td>봄밤이라 꽃도 달도 모두 고운데</td></tr>
<tr><td>長把春愁不記年</td><td>봄 수심 그지없어 몇 해인지 알 수 없네</td></tr>
<tr><td>自恨不能如比翼</td><td>비익조가 될 수 없는 이 내 몸이 한스럽네</td></tr>
<tr><td>雙雙相戲無靑天</td><td>쌍쌍이 함께 노닐 푸른 하늘 없는 것을</td></tr>
<tr><td></td><td></td></tr>
<tr><td>漆燈無焰夜如何</td><td>칠등에 불꽃 없고 이 밤을 어이하나</td></tr>
<tr><td>星斗初橫月半斜</td><td>북두성 비끼고 달도 반만 기울었네</td></tr>
<tr><td>惆悵幽宮入不到</td><td>처량하다 유궁에는 찾는 이 없어라</td></tr>
<tr><td>翠衫擾亂鬖鬖(髟+沙)</td><td>비취적삼 구겨지고 구름 머리 헝클었네</td></tr>
<tr><td></td><td></td></tr>
<tr><td>標梅情約竟蹉跎</td><td>매화가지 끝에 맺은 사랑 속절없어라</td></tr>
<tr><td>辜負春風事已過</td><td>봄바람 탓을 하랴 이미 지난 일</td></tr>
<tr><td>枕上淚痕幾圓點</td><td>베개에 눈물 자국 몇 점이런가</td></tr>
<tr><td>滿庭山雨打梨花</td><td>산 비에 뜰 가득 배꽃이 지네</td></tr>
<tr><td></td><td></td></tr>
<tr><td>一春心事已無聊</td><td>한 봄 마음 하염없어라</td></tr>
<tr><td>寂寞空山幾度宵</td><td>적막한 빈 산에서 몇 밤이런가</td></tr>
<tr><td>不見藍橋經過客</td><td>남교에 지나는 객 알지 못하고</td></tr>
<tr><td>何年裵航遇雲翹</td><td>배항은 어느 해에나 운교를 만날까.</td></tr>
</table>

시는 여자가 양생을 만나기 전의 고독과 슬픔 속에서 사랑하는 님을 만나기를 고대하는 심정을 노래하고 있다. 이는 정씨뿐 아니라 사랑을 이루지 못하고 아까운 청춘에 희생당한 저승의 넋들이 품은 한이기도 하다. 이것은 고독의 세계와 사랑을 이룬 세계와의 극명한 대비로도 읽힌다. 그곳은 칠등에 불꽃이 없는 암흑의 세계이며, 찾는 이 없는 처량한 유궁, 비취빛 적삼은

구겨지고 구름 같은 머리는 헝클어지는 세계, 희생과 짓밟힘, 베개에 눈물 자국이 얼룩지며 적막한 빈 산의 공허하고 외로운 세계이다.

배항은 양생을 비유한 인물이다. 정씨는, 雲翹부인이 唐나라 때 裵航에게 藍橋6)의 신선 굴을 가르쳐 준 것처럼 양생이 운교 부인을 만나 신선 굴을 찾고, 여자를 만나 사랑의 세계를 열어 줄 수 있기를 바라고 있었음을 노래한 것이다.

3.2-2 두 번째는 吳씨의 시이다. 만복사에서 향을 사르고 저포놀이로 부처와 내기를 하고 짝을 만나 가약을 맺고 사랑을 나누는데 자신은 여전히 외로운 처지로 서러워함을 노래하였다. 양생과 여자의 사랑을 자신의 외로운 처지에 대비시켜 강조하고 있다.

<blockquote>
寺裡燒香歸去來　　　절집에 향 사르고 돌아오는데
金錢暗擲竟誰媒　　　몰래 던진 금전에 누가 맺어졌나
春花秋月無窮恨　　　봄 꽃 가을달에 끝없는 한이
銷却樽前酒一盃　　　동이 앞 한 잔 술로 씻어지려나

溥溥曉露浥桃腮　　　새벽 이슬 방울방울 고운 뺨을 적시는데
幽谷春深蝶不來　　　어둔 계곡 봄 깊어도 나비가 찾지 않네
却喜隣家銅鏡合　　　즐거워라 이웃집엔 맑은 거울 합쳤다고
更歌新曲酌金罍　　　새 곡조로 또 부르며 술잔이 오가누나
年年燕子舞東風　　　제비는 해마다 봄바람에 춤추는데
腸斷春心事已空　　　애닯은 이 마음 헛되고 말았어라
</blockquote>

---

6) 藍橋는 중국 陝西城 藍田縣 동남쪽에 있는 땅 이름으로, 세상에 알려 전하기를 그곳에 신선이 사는 굴이 있는데 당나라 때 배항이 雲英을 만난 곳이라 전한다. 배항은 당나라 때 사람으로 그가 아직 과거에 오르지 못했을 때 일찍이 운교라는 부인을 만났더니, 그 부인이 남교란 곳에 가면 신선이 사는 굴이 있다고 일러 주었다. 뒤에 배항은 남교로 가서, 운영을 만나게 되었다.

羨却芙蕖猶並蒂　　꽃받침도 가지런한 부거조차 부럽구나
夜深同浴一池中　　밤 깊어 한 못에서 함께 목욕하는구나

一層樓在碧山中　　푸른 산 속에 높다란 다락 하나
連理枝頭花正紅　　연리지 머리꽃은 진정 붉구나
却恨人生不如樹　　한하노라 인생이여 나무만 못하구나
靑年薄命淚凝瞳　　청춘이 박명하니 눈물만 맺히누나

오씨는 가장귀지게 머리를 묶어 쪽을 지었다. 요염하고도 날씬하며 정을 이기지 못하는 태도로 정씨에 이어 읊었다. 오씨 다음 차례의 김씨가 음탕하다고 책망한 것처럼 그의 시에는 남녀의 交情을 의미하는 대담한 비유가 사용되고 있다. 복사꽃 고운 뺨을 적시는 새벽 이슬, 어두운 계곡의 나비, 꽃받침을 가지런히 하고 밤 깊어 한 못에서 목욕을 하는 연꽃, 두 그루의 나무가 뿌리는 땅 속에서, 가지는 공중에서 서로 이어져 있어 화목한 부부나 남녀를 이른다는 연리지꽃의 짙붉은 색채 등이 그것이다. 오씨의 시는 이들을 자신의 외로움과 대비시켜 극대화하면서 만복사에서 만나 사흘 동안 누린 양생과 여자의 사랑의 열락을 노래한다.

3.2-3 세 번째는 용모와 자태가 단정하고 엄숙한 金씨의 시이다. 그는 엄숙한 태도로 붓을 잡고 앞의 오씨의 시가 지나치게 음탕하다고 책하면서 이 자리의 광경만 읊어야 한다고 말한다. 각자가 많은 말로 자신의 회포를 노래하여 절조를 잃고 인간 세계에 비루한 회포를 전하게 되어서는 안 된다는 것이다. 그가 낭랑하게 읊은 賦는 인간 세계에서 배필을 구한 자신들이 세계를 경계하면서도 양생과 여자가 만나, 사랑을 나누고 가약을 맺은 일을 축복한다. 다가온 이별을 안타까워하며 술과 노래로 마음껏 즐길 것을 권한다.

杜鵑鳴了五更風　　두견새 소리 그치고 새벽 바람 부는데
寥落星河已轉東　　고요히 떨어지는 은하수는 이미 동으로 기
　　　　　　　　　울었네
莫把玉簫重再弄　　옥퉁소 다시는 불지 마오
風情恐與俗人通　　이 풍정 속세 사람이 알까 두렵네

滿酌烏程金叵羅　　오정술 금파라에 가득 부어라
會須取醉莫辭多　　만났으니 취해야지 많다고 사양 마오
明朝捲地東風惡　　내일 아침 봄바람이 사정없이 불어올 제
一段春光奈夢何　　한 도막 봄빛에 꿈을 어찌하리오

綠紗衣袂懶來垂　　초록빛 명주적삼 소맷자락 드리우고
絃管聲中酒百巵　　관현악 소리 울리고 술이 백 잔
淸興未闌歸未可　　맑은 흥 식기 전엔 돌아갈 수 없으니
更將新語製新詞　　다시금 새로 지은 시에 새 노래 부르오

幾年塵土惹雲鬟　　구름 머리 진토된 지 몇 해
今日逢人一鮮顔　　오늘사 고운 얼굴 님을 만났네
莫把高唐神境事　　고당의 신비경 말하지 마오
風流話柄落人間　　풍류스런 이야기 인간에게 전해질라

　술과 노래, 흥취가 식기 전에 양생이 이승의 세계로 돌아가기 전에 다시
새 시를 짓고 새 노래를 부르며 임을 만난 기쁨을 즐기라고 한다. 김씨는
이 고당의 신비경을 인간 세상에 가서는 말하지 말 것을 당부한다. 범접할
수 없는 아름다운 세계가 인간적인 속됨으로 떨어질까 염려한 것이다. 이는
사랑의 열락에서 타락으로의 변질에 대한 경계이다.

　3.2-4 넷째 시는 엷은 화장에, 흰옷을 입고 몹시 화려하지는 않으나 한결같
은 법도가 있는 柳씨의 시이다. 그녀는 말없이 있다가 미소를 지으며 노래했다.

시는 여자의 처지를 깊이 이해하고 동정하며 찬양한다. 여자의 처지가 바로 자신의 처지로 인식되며 봄바람을 못 이겨 남의 집에 떨어지는 복숭아꽃 오얏꽃을 비웃으며 쇠파리똥 같은 사람을 만나 곱고 깨끗한 곤산 옥돌에 티가 될까 걱정한다. 그의 곧고 깨끗한 정절에 대한 자랑과 고고한 지조가 비유적 언어로 전개된다. 그러나 셋째 수에 가면 자신은 연지분이 싫고 머리는 다북쑥 같으며, 먼지만 쌓인 경대에 거울은 녹슬었음을 한탄하고, 대조적으로 여자는 족두리에 꽃을 꽂고 고운 임과 가약을 맺었음을 부러워한다. 고운 인연을 맺은 여자 앞에서 유씨는 부끄럽다고 했다. 이것은 홀로 고고하게 정절을 지키는 것도 아름다운 일이지만 고운 임을 만나 백년가약을 맺고 부부로서 평생을 행복하게 사는 것을 더욱 이상적인 일로 본 조선인의 사고를 보여준다.

確守幽貞經幾年	저 세상에서 굳게 정절을 지켜온 지 몇 해가 지났나
香魂玉骨掩重泉	아름다운 혼과 옥 같은 모습은 구천에 묻혔네
春宵每與姮娥伴	봄이면 밤마다 항아님과 짝하고파
叢桂花邊愛獨眠	계수나무 꽃 그늘에 홀로 잠들곤 하였다오
却笑東風桃李花	우스워라 도리꽃은 봄바람에
飄飄滿點落人家	표표히 인가에 떨어져 점점이 가득하네
平生莫把靑蠅點	평생 두고 쇠파리똥은 잡지 마라
誤作崑山玉上瑕	곤산 옥돌 위에 티가 될까 저어하네
脂粉慵粘首似蓬	연지분도 지워지고 머리는 다북쑥
塵埋香匣綠生銅	화장대는 먼지에 묻히고 거울엔 녹이 슬었네
今朝行預隣家宴	오늘 아침 이웃집 잔치에 참여하고
羞看冠花別樣紅	족두리에 꽂은 꽃 보기에도 부끄럽네
娘娘今配白面郞	아가씨는 이제야 백면랑을 만나
千定因緣契闊香	하늘이 정한 인연이니 약속 끝없이 꽃다워라

月老已傳琴瑟線　　월하노인 이미 금슬줄을 전했으니
從今相待似鴻光　　이제부터 양홍처럼 맹광처럼 서로 대하오

　시는 구천에 묻혀있던 여자가 하늘이 정해준 인연을 만나 금슬 좋은 부부가 되었으니 양홍이나 맹광처럼 끝내 서로를 존중하며 사랑하는 부부가 되라고 당부한다. 마치 어버이가 하는 당부처럼 여겨질 만큼 간절한 축복과 사랑이 담긴 당부이다.

　위 네 편의 칠언절구들은 한 편 한 편이 기 승 전 결의 한시 구성법을 취하고 있으면서 또 네 여인의 시 전체가 한 편 한 편 기 승 전 결의 구성으로 전개되고 있다. 이는 남녀간의 사랑이 전개되는 과정이며, 그 속성과도 정비례한다. 즉 이 이별시들은 삼중구조로 되어 있는 셈이다. 삼중 구조의 얼개가 네 구절의 네 수씩 네 편의 시로 이루어져 있다. 이는 乾은 元하고 亨하고 利하고 貞한다는 周易의 乾卦와도 같다. 元은 만물이 처음 남이요, 亨은 만물이 暢茂함이요, 利는 實로 향함이요, 貞은 성숙함이다. 네 사람의 시에서 사랑의 덕은 하늘의 덕처럼 나서 번창하고 열매맺어 성숙한다. 四時의 진리와 같은 것으로 사고했음을 알 수 있다.

　3.2-5. 여자는 鄭·吳·金·柳씨의 시를 다 듣고 감동하며 근체시 칠언율시를 지어 읊는다. 시는 여자와 양생이 전생에 인연이 있었으며 헤어졌다 다시 만났음을 초나라 양왕이 꿈에 선녀를 만났다는 고사와 순임금의 두 비 아황과 여영이 남편 순임금을 여의고 상수에서 피눈물을 뿌리고 투신했다는 고사를 통하여 암시한다. 앞에서 이야기한 삼세에 인연이 있음을 다시 확인하는 내용이다.

開寧洞裏抱春愁　　개령동 깊은 속에 봄시름 안고
花落花開感百憂　　꽃 지나 피나 온갖 수심 느꺼워라

楚峽雲中君不見	초협 구름 속에 고운 님 여의고
湘江竹下泣盈眸	상강 대숲 가에 눈물 머금은 눈동자여
晴江日暖鸚鵡並	강 맑고 따스한 날 앵무는 짝을 짓고
碧落雲鎖翡翠遊	푸른 하늘 구름 걷고 비취새 노니누나
好是同心雙縮結	좋을시고 그대와 나 동심결로 맺었으니
莫將紈扇怨淸秋	비단 부채가 맑은 가을을 원망케 마오

시의 후반부 경련부터는 시상이 바뀌어 다시 잃었던 짝을 찾아 가약을 맺게 된다. 역시 앵무 비취 들을 동원해 비유한다. 결련은 동심결로 굳게 맺은 부부의 인연을 저버리지 말아달라는 간곡히 호소이다. 가을이 되어 더 이상 쓸모 없자 버려지는 비단 부채의 신세가 되지 않기를 바라고 있다. 아름답고 값진 비단 부채도 가을이 되면 버려지는 것처럼 지금 마음 다해 서로를 원하던 사랑도 식어버릴 수 있음을 염려한 것이다. 사랑의 유한성에 대한 사랑하는 사람의 영원하고도 공통된 주제를 들고 나온 것이다. 이는 그들의 인연의 유한성과 중첩되면서 작품의 비극성을 짙게 한다.

3.2-6. 梁生도 시문에 능한 사람이어서 그 시법이 청고하며 음운이 옥소리처럼 맑음을 알고 감탄하여 마지않았다. 그 자리에서 곧 붓을 달려 古風長短篇 一章으로 답한다.

今夕何夕	이 밤 어인 밤이기
見此仙姝	이 선녀를 만났네
花顔何婥妁	꽃다운 얼굴 얼마나 곱고 고우며
絳脣似櫻珠	진홍 입술 앵두 같아라
風騷尤巧妙	시와 노래 더욱이 멋스럽고
易安當含糊	이안조차 말이 없네
織女投機下天津	직녀아씨 베틀 던지고 천진을 내려오고
姮娥抛杵離淸都	항아님 방아 버리고 청도를 떠나왔네

靚粧照飛玳瑁筵　　예쁘게 꾸민 대모자리는 빛이 나고

羽觴交飛淸讌娛　　술잔은 나는 듯 오가고 맑은 잔치 흥에 겹고

殢雨尤雲雖未慣　　고단한 비 구름 비록 익숙지 않으나

淺斟低唱相怡愉　　술을 조금 따르고 나직이 노래 불러 함께
　　　　　　　　　즐기네

自喜誤入蓬萊島　　봉래섬에 잘못 온 걸 기뻐하나니

對此仙府風流徒　　여기가 선계인가 풍류도를 대했네

瑤漿瓊液溢芳樽　　신선의 맑은 술은 향그런 동이에 일렁이고

瑞腦霧噴金猊爐　　서뇌향은 금예향로에서 안개처럼 번져가네

白玉床前香屑飛　　백옥상 앞에는 향내 나부끼고

微風撼波靑紗廚　　실바람 살랑이는 푸른 비단 휘장이여

眞人會我合卺巵　　진인께서 나를 만나 술잔을 합하거니

彩雲冉冉相縈紆　　오색구름 피어나 서로 감돌아 둘러주네

君不見文蕭遇彩鸞　　그대 아시는지 문소가 채란을 만나고

張碩逢杜蘭　　장석은 두란을 만났음을

人生相合定有緣　　인생에 어우름은 정녕 인연 있음이니

會須擧白相闌珊　　날이 새도록 지치도록 마셔보세

娘子何爲出輕言　　아가씨여 어찌하여 가벼이 말씀하오?

道我奄棄秋風紈　　내가 몰래 가을 부채 버린다는 말씀을

世世生生爲配耦　　세세생생 다시 태어난대도 배필이 되어지라

花前月下相盤桓　　꽃 앞에서 월하노인께 우리 굳게 맹세하오

　시는 4언 5언 7언을 자유로이 사용하여 운을 바꿔가며 28행의 장편으로
사랑의 잔치를 예찬한다. 1~6행에서는 4언과 5언의 간결한 어구로 여자의
빼어난 아름다움과 시적 재능을 예찬하고 7행~12행에서는 주연의 격조와
흥겨움을 노래하였다. 13~20행에서는 자신이 여자의 다른 세계에 온 것을
명시적으로 인정하고 그 세계를 예찬하며 여자를 만나 잔치를 하게 된 것을
축복이라 한다. 21~24행은 두 사람의 인연을 문소와 채란, 장석과 난행의
관계에 비유하여 부부로서의 인연을 강조한다. 25·26행은 자신의 사랑에

대한 여자의 염려가 오히려 섭섭할 만큼 자신의 사랑이 강하다는 것을, 27·
8행에서는 그러므로 세세생생 다시 태어난다고 해도 배필이 되자고 한다.
이는 남녀를 맺어준다는 월하노인께 꽃 앞에서 굳게 맹세하자는 제의로
절정에 달하게 된다. 이것으로 양생과 여자는 세세생생의 부부로서 완전하
게 결합된다. 그들의 사랑은 완전무결한 것으로 완성되며 더 이상은 발전할
수 없는 사랑의 극치를 이룬다. 이는 이 소설의 구성상 절정부가 되며 양생
과 여자는 사랑이 절정에 이르는 순간 이별한다. 그러나 이 이별은 더욱
영원한 이별을 위한 예비적 이별의 의미를 지닌다. 이후, 양생과 여자는
다시 만남과 이별을 반복하며 결국 여자는 영원히 저 세상으로 가고 양생만
이 남아 자취를 감추게 되는 것이다.

  만복사저포기의 시는 이로써 끝난다. 시는 사랑의 기원으로부터 시작되어
사랑의 절정, 완성에서 끝이 나고 이후는 저승길을 떠나는 여자의 애끊는 이별
사와 죽은 여자를 향한 양생의 마음을 각인한 긴 조문이 남게 된다. 여기서
시는 소설 속의 사랑을 극대화시키는 역할을 한다. 시는 두 사람의 사랑의
감정과 사랑의 전개 과정을 표출하는 중요한 장치로 기능하는 것이다.

  술이 다하고 서로 이별하게 되자 여자는 이생에게 은그릇 하나를 준다.
내일 여자의 부모가 여자를 위해 보련사에서 음식을 베풀 것이니 보련사(寶
蓮寺. 가는 길 도중에서 기다려 함께 절로 가서 부모님을 뵙자는 것이다.
양생은 물론 좋다 하고 이튿날 은주발을 들고 보련사로 가는 길가에서 기다
리다 딸의 대상을 치르려고 보련사로 향하던 그녀의 부모와 만나게 된다.
여자의 부모는 양생의 말을 듣고 양생에게 딸과의 약속대로 기다리고 있다
가 같이 오라며 보련사로 먼저 간다. 그들은 약속대로 만나 서로 기뻐하면서
손을 잡고 절로 가서 부처에게 예를 올리고 하얀 휘장 안으로 들어간다.
그러나 그러한 여자의 모습은 그 부모나 부모와 함께 온 일행, 그 절의
승려에게는 보이지 않고 양생에게만 보인다. 여자는 양생에게 밥을 먹자
권하고 양생은 그녀의 부모에게 그 말을 전한다. 여자의 부모가 시험해 보기

위해 같이 밥을 먹게 하자 여자의 모습은 보이지 않고 수저 소리만 들리는데 인간과 똑같았다. 여자의 부모는 놀라 탄식하고 양생에게 권하여 휘장 옆에서 같이 자도록 한다. 한밤중에 이야기 소리가 낭랑하게 들려 와 사람들이 자세히 들으려 하면 갑자기 소리가 그친다. 이는 장소가 절이라는 것 뿐, 마치 초례를 치르고 첫날밤을 보내는 신방의 분위기와 비슷하다. 양생과 여자는 부모의 허락 아래 잔치를 하고 신혼 첫밤을 치른 것이다.

양생이 고독한 자신의 처지를 한탄하며 짝을 찾는 노래를 부른 것이 3월 23일, 부처님과 저포 내기를 하고 여인을 만난 것이 3월 24일, 여자와 저승 집에 온 것이 3월 25일, 헤어지는 날은 3월 27일이라야 한다. 그러나 저승의 3일은 이승의 3년과 같다 했으므로 다음 다음 해 3월 24일이 된다. 그러므로 양생이 여자를 기다려 보련사로 간 날은 3월 25일, 결국 양생은 여자와 3월 25일 첫날밤을 치르고 그 다음 날(3월 26일) 날이 밝기 전 다시 여자와 이별한다. 여자는 만복사에서 부처에게 바친 축원문에 자신이 부모가 임시로 마련해 준 거처(무덤)에서 3년을 살았다고 했다. 또 양생과 만나 3일을 보냈는데 그곳의 3일은 인간 세계의 3년과 같다고 했다. 축원문에서 말한 3년을 인간 세계의 3년으로 친다고 해도, 여자의 부모가 딸의 대상을 치르러 보련사에 온 시점은 여자가 왜구에 의해 죽은 지 6년이 된다. 6년만에 치르는 대상에 대해서는 소설에서 아무런 설명이나 납득할 만한 장치가 없다. 다만 왜구의 침략으로 인한 혼란으로 제대로 격식을 갖춰 장례를 치를 수 없었던 당시 시대 상황의 탓으로 짐작해 볼 수 있다. 아니면 여자의 한이 깊었음을 강조하기 위해 3년이란 장치를 하다보니 숫자에 오류를 범한 것으로 볼 수도 있다. 여자는 이승의 한을 못다 풀어 6년 동안이나 죽어도 죽을 수 없는 존재가 된 것이다.

여자는, 검소하고 부지런한 아낙으로 그대를 받들어 백 년의 높은 절개를 바쳐 술을 빚고 옷을 기워 평생 지어미의 길을 닦으려 했으나 애닯게도 업보는 비낄 수 없어 저승길을 떠나야 하겠다고 한다. 여자는 지난 번 개령동에서, 이별하더라도 다시 만나 평생의 소원을 다 풀 수 있을 것이라고 하던 말과는 달리 이제 한번 이별하면 훗날을 기약하기가 어렵다고 한다. 개령동에서의 이별보다 더욱 슬픈 이별이다. 여자는 슬프고도 황급하여 뭐라 말씀드릴 수 없다고 한다. 혼을 보낼 때는 우는 소리가 끊이지 않고 문 밖에까지 이르며, 다만 은은한 소리만이 들려온다. 귀의 삼엄하고 으스스한 분위기, 불길하며 우울하고 억압된 공포, 알 수 없는 위험이 도사리며 노리고 있는 불안에서 오는 팽팽한 긴장감은 배경의 뒤편으로 물러나고 모든 정서는 이별의 슬픔으로 집중된다. 이별의 슬픔이 깊을수록 사랑은 더욱 고조된다.

4. 다시 고독

여자의 이별사는 처절할 만큼 서러운 한이 서려 있다. 여자에게 이 이별은 사랑하는 임과의 이별이며 또한 부모와의 이별이면서 이 세상과의 이별이기도 하다. 슬픈 이별을 하는 여자의 한과 아득한 저승에서 마음으로나마 맺어보려는 소망이 애절하면서도 안타깝다.

> 曰, 冥數有限 慘然將別 願我良人 無或疎闊 哀哀父母 不我匹兮 漠漠
> 九原 心科結兮 //
> 餘聲漸滅 嗚咽不分//
> 저승길도 기한 있어 / 슬픈 이별인가 보오 /원합니다 임이시여/ 혹시
> 나 멀리 마옵소서 / 서럽고 서럽도다 어버이시여 / 나의 배필 못 지었
> 네 / 아득한 구원에서 / 마음으로 맺어보리

남은 소리는 점점 사라져 목메어 우는 소리와 분별할 수 없게 된다. 양생

과 여자와의 두 번째 이별이다. 여자의 부모도 다시는 의심하지 않게 되고 양생에게 은주발은 물론 딸의 몫으로 되어 있는 논밭과 노비를 신표로 준다. 다음 날(3월 27일) 양생은 개령동의 자취를 찾아가 제물을 차려 놓고 지전을 불사르고 정식 장례를 치른 뒤 제문을 지어 여자를 위로한다.

4.1. 죽음과 환생-음양의 바뀜

惟靈 生而溫麗 長而淸渟 儀容侔於西施 詩賦高於淑眞 不出香閨之內 常聽鯉庭之箴 逢亂離而璧完 遇寇賊而珠沈 托蓬蒿而獨處 對花月而傷心 腸斷春風 哀杜鵑之啼血 膽裂秋霜 歎紈扇之無緣 嚮者 一夜邂逅 心緒纏綿 雖識幽明之相隔 實盡魚水之同歡 將謂百年以偕老 豈期一夕而悲酸 月窟驂鸞之姝 巫山行雨之娘 地黯黯而莫歸 天漠漠而難望 入不言兮恍惚 出不逝兮蒼茫 對靈幃而掩泣 酌瓊漿而增傷 感音容之窈窈 想言語之埌埌 嗚呼 哀哉 爾性聰慧 爾氣精詳 三魂縱散 一靈何亡 應降臨而陟庭 或薰蒿而在傍 雖死生之有異 庶有感於些章

영령이시여! 나면서부터 온화하고 아름다웠으며 자라서는 맑고 청순했소. 얼굴과 자태는 서시와 같고 시부는 숙진보다 높았다오. 규문 안에서 나가지 않고 항시 이정의 교훈을 들었소. 난리를 만나서도 정조를 지켰으나 왜구를 만나 목숨을 잃었습니다. 다북쑥에 의지해 홀로 살면서 꽃과 달을 보며 마음만 슬펐습니다. 봄바람에 애끊는 두견의 피울음을 슬퍼하며 간담을 찢는 가을 서리에 인연 없어진 비단 부채를 한탄합니다. 지난날엔 하룻밤 만나 마음을 얽고 비록 유명이 다름을 알지만 물과 고기가 함께 즐거움을 다했습니다. 장차 백년을 같이 지내려 하였는데 어찌 하루 저녁에 이별의 비참함을 기약했겠습니까? 달나라 난새를 타는 선녀가 되고 무산에 비내리는 아가씨 되오. 땅은 검고 어두워 돌아볼 수 없고 하늘은 막막하여 바라보기 어렵습니다. 들어와서는 어이없어 멍하니 지내고 나가서는 아득하여 가지 못합니다. 영혼 모신 휘장을 대하면 눈물이 가리고 술을 따를 때는 더욱 슬픕니다. 그 목소리 그 모습 요요함을 느끼고 낭랑하던 말소리 생각합니다. 아아 슬프도다. 그대의 총명하고 지혜로운 성정, 그대의 맑은 기상, 삼 세의 혼이 흩어져도 한 영령이야 죽겠습니까? 응당 강림하시어 뜰에 오르십시오. 혹 향그런 쑥으로 곁에 계십니까. 비록 삶과 죽음이 다를지라도 아마 이 글에 느낌이 있으리다.

　간절한 제문으로 여자의 넋을 위로하며 장례를 치른 뒤 양생은 슬픈 정을 이기지 못하여 집과 논밭을 다 팔아 다시 사흘 저녁을 재를 올렸다. 그러자 여자가 공중에서 불렀다. 그대의 은덕을 입어 이미 다른 나라에서 남자가 되었다는 것이다. 여자는, 비록 유명의 간격이 더욱 멀어졌으나 참으로 깊이 감사드린다며 그대는 마땅히 다시 정업을 닦아, 함께 윤회에서 벗어나라 한다. 여기서 양생은 여자와 세 번째 이별을 한다. 이번의 이별은 시간적으로나 공간적으로 멀고도 긴 이별이며 여자에게는 진정한 죽음을 죽게 된 것이라는 의미를 갖는다. 여자가 다른 세상에서 남자가 되었으므로 양생이 그 세상에서 여자가 되지 않는 한 양생과 부부의 인연은 끝난다. 이별은 마치 파도처럼 처음에 와서 부딪쳤다가는 다시 더 큰 아픔으로 부딪쳐오고 또 마지막으로 더 큰 물결로 부딪쳐 온다. 고조되었던 양생의 행복은 사라지고 양생은 다시 처음 만복사 동쪽 방에서 홀로 지내던 시절처럼 고독한 처지로 되돌아온다.

　여자가 양생의 지극한 정성으로 다른 세상에서 남자가 되었다는 것은 지극히 상징적인 사건이다. 장화홍련전 등에서 보듯이 조선 시대에 귀신은 음 즉 여성으로 나타난다. 원한을 품고 피를 흘리며 양계의 사람을 해치는 陰은 강한 陽에 의해 제압된다. 음은 양이 베푸는 은혜로 원한을 풀고 저 세상으로 간다. 이 때 음은 양계인 이승의 틈입자로서 추방해야 할 대상이다. 그러므로 약한 양을 괴롭히다가 강한 양에 제압된 음은 다시 이승에 머뭇거리거나 기웃거리지 않고 제 갈 길로 가게 된다. 그러나 만복사저포기를 비롯한 김시습 소설에서 귀신인 음은 이승에 머무를 수 있는 시간이

제한된다는 시간적 한계를 제외하고는 양과 다를 바가 없다. 더구나 그녀는 귀신의 시간인 밤[7])에만 활동하는 것이 아니라 닭이 울고 날이 샌 후라고 해서 사라지지 않는다. 양생을 제외한 다른 사람의 눈에는 보이지 않는다던가 보통의 여자들이 하지 않는 대담하고도 파격적인 행동을 하는 것 외에 여자는 이승 사람과 다를 바가 없다. 여기서 귀신의 세계로 귀신을 부정하는 역설이 이루어진다.

김시습은, 귀신이란 것은 바르고 참된 氣인데, 바르고 참된 기가 천지 사이에 움직여 아래로는 백성을 돕고, 위로는 하늘에 순응하는 까닭에, 사당을 세우고 그에게 비는 것은 위엄과 영험을 두려워해서가 아니고 대개 그 공덕을 갚기 위해서[8])라며, 사람이 처음 죽었을 때 혼이 비로소 올라가고 넋이 비로소 내려오는 것이지만 돌아보고 사랑하는 정은 아직 없어지지 않는다[9])고 한다. 여기에서 사람이 죽으면 다같이 귀신이 되고 귀신이 화하면 다같이 사람이 되는[10]) 세계, 이승과 저승이 통합된 세계가 펼쳐진다. 그대의 총명하고 지혜로운 성정, 그대의 맑은 기상, 삼 세의 혼이 흩어져도 한 영령이야

---

7) 韓國文化象徵辭典編纂委員會, 韓國文化상징사전 2 (서울 : 두산동아, 1996), 256·258 쪽 참조. 낮이 사람이 활동하는 시간이라면, 밤은 귀신이 활동하는 시간이다. 귀신을 맞이해 위로하는 마을 동제나 집안의 기제사는 밤에 지내는 것이 원칙이다. 굿도 밤에 시작해 동트기 전에 끝내는 밤굿이 많다. 귀신이 등장하는 설화는 밤을 배경으로 한다. 삼국유사에서, 비형랑은 귀신의 무리를 부려 하룻밤 동안에 돌을 다 듬어 큰 다리를 완성한다. 또, 그는 황천 언덕에서 밤새 귀신들과 놀다가 절의 새벽 종소리를 듣고서야 헤어져 집으로 돌아가곤 한다. 설화에서는 나그네가 밤이 되어 찾아든 집이 귀신집이고 저승사자는 임종할 사람을 밤에 데려간다. 도깨비들은 밤 중에 숲 속에서 놀다가 방망이를 잃고 간다. 귀신은 밤에 활동하는 것이 정상인데 대낮에 귀신이 나타난다면 변괴일 수밖에 없다. 삼국사기에 의하면 백제 의자왕 20 년에 대낮에 궁 안에 귀신이 나타나 백제가 망한다고 외친 후 땅 속으로 들어갔다.

8) 金時習, 梅月堂集, 卷 17 雜著, 鬼神 第8. 鬼神者正眞之氣也 正眞之氣運化 兩間下祐黎 民上順復載 故立祀而禱之 非懼威靈也 盖賽其功德也.

9) 梅月堂集, 卷 17 雜著, 喪葬 第十. 人之始死也 魂始升魄始降 而眷戀之情尙未消息也.

10) 梅月堂集, 卷 17 雜著, 喪葬 第十. 人死同爲鬼 鬼化同爲人.

죽겠느냐며 응당 강림하여 뜰에 오르라는 양생의 지극한 호소는 여자를 다시 공중에 나타나게 한다. 여자는 양생과 자신 사이의 더욱 멀어진 거리를 확인한다. 氣가 모인 것이 태어나서 사람이 되고 氣가 흩어진 것은 죽어서 鬼가 된다. 여자는 간절한 소망으로, 죽어 흩어졌던 氣를 다시 모아 사람이 되었다가 다시 흩어져 귀가 되고 다시 모아 나타났다가 끝내 속세를 벗어나 다른 세상으로 간다. 아득히 멀고도 넓어 전조가 없는 데로 되돌아가 천지로 복귀하는 과정에서 여자는 잠시 양생과의 인연을 맺은 것이다.

> 어떤 것은 氣가 아직 미진한 것이 있어 강사(자살이나 타살같이 비명에 죽는 것)를 하여도 오히려 무형한 속에 체재하여, 마치 거울에 입김을 불면 안개가 끼고 추위가 심하면 얼음이 되는 것과 같아서, 오래되어서야 자연히 사라져 가는 것이다. 아직까지 돌아감이 있고서 돌아오지 않는 것은 없다. 그러므로 周易에서 말하기를, "精氣는 物이 되고 遊魂은 變이 된다. 그러므로 鬼神의 精狀을 안다."고 하였다. 지극히 잘 다스려지는 세상과 지극한 사람의 분수에는 이런 일이 없었다.
>
> 或有氣未盡强死尙滯 無形之中如呵鏡 成翳寒甚化氷 久久自然消散去了 未有歸而不歸者也 故易曰 精氣爲物遊魂爲變 故知鬼神之情狀 且至治之世 至人之分 無這箇物事.[11]

왜구에 의해 억울한 죽음을 당한 여자의 영혼은 아직 미진한 것이 있어 죽었어도 오히려 무형한 속에 머물렀던 것이다. 거울에 입김을 불어 흐려진 것이 안개나 얼음이 되는 것처럼 여자의 기는 오래되어서야 이승에서 사라져 간 것이다. 양생의 사랑과 부모의 齋, 다시 양생의 지극한 장례와 齋를 받고서야 드디어 저승길을 갈 수 있었다. 죽었어도 죽을 수 없었던 여자의 혼이 진정한 죽음을 죽을 수 있게 한 것은 이승에 남아 있는 몹시도 그리운 사람이다. 이러한 양생과 여자의 인연은 그가 감각한 시간으로 보아서는

---

11) 梅月堂集, 卷 20 說, 鬼神說.

3월 23일부터 30일까지의 불과 며칠에 걸친 짧은 것이다. 그러나 여자가 보련사에서 보낸 첫날밤이자 마지막 밤에 양생에게 한 말에서 다시 확인되듯이 그들이 삼세의 인연이 있다면 양생은 다른 세상에서 여자로 태어나 부부의 인연으로 맺어질 것이다. 절 뒷마당 등 부근에 죽은 사람의 시신을 임시로 안치하고 풀과 나뭇가지 등으로 덮어놓았다가 뼈만 남으면 다시 매장하는 초분 형태의 장례 풍습과 관련해, 당시 장가가기 힘들고 외로웠던 총각들의 屍姦을 소재로 한 이야기라는 설이 있다. 그 설을 받아들여, 그러한 당시 떠돌던 시애설화나 패담을 배경으로 했다 하더라도, 이 작품이 시애 설화의 수준에 머무르는 것은 아니다. 만복사저포기는 鬼氣어리고 으시시하며 음습한 性愛가 아닌 인간적 정감이 풍부한 남녀간의 사랑으로 형상화해 내었다는 점에 그 의의가 있는 것이다.

여자는 양생에게 靜業을 닦아 함께 윤회에서 벗어나자고 하였다. 윤회는 중생이 轉轉하여 無始無終함을 일컫는다. 즉, 세상의 온갖 물질과 세력은 인과 법칙에 따라 변화해 간다. 우리의 業識도 육체가 흩어질 때 아주 없어져 버리는 것이 아니라 생전에 지은 업에 따라 지옥, 아귀, 축생, 수라, 천상, 또 다시 인간으로, 수레바퀴가 돌듯이 돌아다니는 현상을 가리킨 말이다. 이러한 도중에 사람과 사람의 만남을 인연이라 한다. 양생과 여자의 다른 세상에서의 인연과 정업을 닦아 윤회에서 벗어나는 부분은 소설의 여백을 형성한다. 양생이 지리산에 들어가 약초를 캐며 살았다는 부분과 함께 작품에 여운을 준다.

4.2. 그 뒤-아는 이 없음

소설은, 양생은 그 뒤 다시는 장가들지 않고 지리산에 들어가 약초를 캐며 살았다고 하는데, 그가 어디에서 세상을 마쳤는지 아는 이가 없다[12]는 말로

끝난다. 이러한 결말은 이 소설의 비극성을 의미한다는 견해와 道의 성취를
뜻한다는 상반된 견해를 낳기도 하였다.

> 귀는 굽힌다는 뜻이요, 신은 편다는 뜻이니, 굽히되 펼 줄 아는 것은
> 조화의 신이요 급히되 펼 줄 모르는 것은 울결된 요매들일 것입니다.
> 조화의 신은 조화와 어울린 까닭으로 처음부터 끝까지 음양과 더불어
> 하며 자취가 없고, 다만 요매들은 울결된 까닭으로 인물과 혼동되고
> 사람들을 원망하며, 모습을 가지고 있습니다. (중략) 만물을 유혹하는
> 요물은 매라 합니다. 이들은 모두 귀들입니다. 음양불측을 이름하여
> 곧 신이라 하니, 신이란 것은 묘용을 말하는 것이요, 귀란 근본으로
> 돌아감을 이름입니다. 하늘과 사람은 같은 이치이고 현상계와 본체계
> 는 간격이 없으니, 근본으로 돌아감을 靜이라 하고, 천명을 회복함을
> 常이라 하며, 조화와 종시를 같이 하면서도 그 조화의 자취를 알 수
> 없음이 있으니, 이것이 곧 道라 하는 것입니다. 그러므로 중용에, 귀신
> 의 덕이 성대하다고 한 것입니다.
>
> 鬼者屈也 神者伸也 屈而伸者 造化之神也 屈而不伸者 乃鬱結之妖也
> 合造化故 與陰陽終始而無迹 滯鬱結故 混人物寃懟而有形 (중략) 惑物
> 曰魅 皆鬼也 陰陽不測之謂神 即神也 神者妙用之謂也 鬼者歸根之謂也
> 天人一理 顯微無間 歸根曰靜 腹命曰常 終始造化 而有不可知其造化之
> 迹 是卽所謂道也 故曰 鬼神之德其盛矣乎.13)

남염부주의 염왕에 설에 의하면 여자는 魅에 해당하는 鬼이다. 귀란 근본
으로 돌아감을 이르는 것이니 여자는 근본으로 돌아간 것이다. 조화와 終始
를 같이 하면서도 그 조화의 자취를 알 수 없는 것을 道라고 하였는데 양생
의 자취 없음도 바로 이 道의 경지로 보인다. 이 소설에서 여자의 이야기가
더 많음에도 불구하고 제목이 만복사저포기인 것은 바로 여기에서 연유한

---

12) 金時習, 梅月堂外集, 卷一 金鰲新話 萬福寺樗蒲記. 生後不復婚嫁 入智異山採藥 不知
　　所終.

13) 金時習, 梅月堂外集, 卷一 金鰲新話, 南炎浮洲志

다. 양생의 저포놀이는 현상계와 본체계를 잇는 다리 역할을 한다. 이 점에서 주인공이 梁生이라는 것도 상징적이다. 양생은 왜구의 침략으로 인해 죽어도 못다 죽은 여자의 魅와 더불어 고독을 극복하며 사랑을 성취한다. 사랑은 그 절정을 향하는 순간 충격적으로 이별로 전환된다. 이별을 통하여 양생은 다시 본래의 고독으로 되돌아가나 그 고독은 만복사 시절 양생의 고독은 아니다. 지리산에서 약초를 캐는 양생은 더 이상 사랑의 노래를 부르지 않게 된다.

采藥仙洞	신선 마을에서 약을 캐다
我欲采藥還	나 약 캐서 돌아오려고
艤舟淸平渚	배 지어 청평 내로 갔네
我如劉阮行	내 유영과 완적의 행차 같아
食盡歸無處	먹을 것 떨어져도 돌아갈 곳 없네
行行見桃實	가다가다 복숭아 보니
團團감可茹	둥글고 달아 먹을 만하네
身輕骨欲仙	몸 가벼워 뼈는 신선이 될 것 같고
行至數里許	몇 리쯤 걸어 이르러 보니
溪流淸且淺	얕은 시냇물 맑게 흐르네
一杯隨水去	한 잔 들고 물 따라 가니
杯中何所有	잔 속에 무엇이 있나
胡麻飯新貯	호마 밥 새로 담아 놓았네
溪邊窈窕女	시냇가엔 얌전하고 고운 아가씨
一笑來延佇	한 번 웃고 와서 발 돋우고 멀리 바라보네
迎入設床帳	맞아들여 상과 휘장 차려 놓으니
禮數秩有序	예의 격식에 질서가 있네
伴宿玉堂淨	함께 자는 옥당은 깨끗도 한데
無夢淸夜阻	꿈 없이 맑은 밤에 의지하였네.
深嗟我塵人	깊이 탄식하네 내 속세의 몸임을

已覺爾仙侶　　　이미 깨달았어라 그대는 신선임을
送我出洞門　　　나를 보내네 동문 밖에 나와
重尋迷處所　　　다시 찾아도 갔던 곳 아득하네14)

  시에서 약초를 캐는 것은 곧 신선 마을에 가는 것을 의미한다. 그곳은 둥글고 단 복숭아 열매가 있고 몸이 가벼워지고 뼈는 신선이 될 것만 같은 세계이다. 잔 속에는 맛 좋은 호마밥이 먹어도 먹어도 새로 담겨 있고 시냇가에는 얌전하고 어여쁜 아가씨가 나를 보고 웃으며 와서 발을 돋우고 멀리를 바라본다. 그 아가씨를 맞아들여 상을 차리고 휘장을 두르고 이름과 지위에 알맞는 예의와 격식을 갖춰 차례와 순서에 맞게 의식을 행하고 깨끗한 옥당에서 함께 잠을 잔다. 꿈도 꾸지 않는 맑은 밤에 의지해 둘의 인연을 맺는다. 그러나 그대는 신선이고 나는 속세의 인간이므로 향기로운 이 인연이 오래 갈 리 없다. 동문 밖까지 나와 나를 보내는 그대, 다시 찾아도 갔던 그 곳은 알 수 없이 아득하기만 하다. 이러한 인식은 만복사저포기의 양생과 여인과의 관계에도 그대로 나타난다. 이러한 신선과 귀신의 동일시는 사랑의 힘으로 가능해진다.

  일반적으로 도교에서는 신선은 속세 사람들을 구원하고 요귀는 사람을 해친다. 속세의 범인일지라도 수도 등의 노력을 하면 신선의 이상 세계에 들어갈 수 있고 나쁜 짓을 하면 요귀에게 미혹당하거나 사로잡혀 고통을 당하게 된다. 신선과 요귀를 범인과 연결해주거나 격리시켜 주는 역할을 하는 것이 도사이다. 도사는 법술로써 한편으로는 인간과 신을 통하게 하고 다른 한편으로는 요귀와 인간을 격리시키는 것이다. 여기서 주체는 도사이며 인간은 도사의 법술에 의지해서만 액운에서 벗어나 생존을 꾀하고 더 나아가 이상적인 신선 세계로 진입할 수도 있는 피동적 존재가 된다. 즉 도교는 죽음을 두려워하고 삶을 즐기는 인간 본연의 심성을 바탕으로 인간과 신·귀 속으로 진입하여 세계의 구원자가 되고자 한다. 좀더 오랜 생존의

---

14) 梅月堂集 卷 六 詩, 采藥仙洞

시간과 넓은 공간을 확보하는 것, 인간 삶의 확장은 인간의 근본적인 삶의 동인이다. 그러므로 인간 삶의 시공이 유한함은 인간으로 하여금 삶에 대한 끊임없는 성찰과 문제 의식을 가지게 하며, 긴장을 유발한다. 유가에서는 유한한 삶을 사는 인간에게 자신들의 이상과 가치를 무한한 역사와 사회 속에서 실현시키도록 하고 있으며 도가에서는 인생의 유한에 대한 절망과 우주의 영원함에 대한 탄식 속에 정신적인 초탈과 자유를 추구한다. 침중한 탄식과 한숨은 인류에게 가장 오래되고 가장 깊은 곳에서 깃들어 있는 우환인 생존의 문제로부터 우러나오는 것이다.

그러나 사랑은 이러한 유한성을 극복하고 인간을 영원하고도 자유로운 존재로 전환케 한다. 사랑에 빠진 신이나 귀는 깊은 인간적 정감을 지니며 그 용모 또한 아름답다. 그들은 사랑을 동경하고 행복을 추구하며 신의 긍지와 냉혹함이나 귀의 삼엄한 분위기와 공포는 뒤편으로 퇴색된다. 여기서 이미 鬼와 神, 인간의 구별은 사라진다. 만복사저포기의 鬼인 여인 역시 아름다운 용모와 행동거지, 깊은 인간적 정감에서 인간과 다를 바가 없다. 이것은 종교적 진실이 문학으로 이행되면서 일어나는 변환이면서 세속에서의 초탈과 자유에 대한 추구이다. 양생의 회귀는 원점으로의 회귀가 아닌 한 차원 높아지면서 이루는 나선형 회귀이다.

<table>
<tr><td>采藥深洞</td><td>깊은 골에서 약을 캐다</td></tr>
<tr><td>雨暗深洞藥苗肥</td><td>비 내리고 어두운 골에 약초 모가 살겨있어</td></tr>
<tr><td>剔去蘆鬚滿擔歸</td><td>잔뿌리 다듬어 한 짐 가득 지고 오네</td></tr>
<tr><td>廩祿焦心曾染指</td><td>늠록은 마음을 태워 일찍이 염지하고</td></tr>
<tr><td>功名催老已知幾</td><td>공명은 늙음을 재촉하니 벌써 낌새를 알았다네</td></tr>
<tr><td>商山芝皓來回漢</td><td>상산의 지호는 한나라로 돌아왔는데</td></tr>
<tr><td>海上徐翁去不歸</td><td>바다 위 서옹은 가고 오지 않네</td></tr>
<tr><td>托此欲成投隱計</td><td>이것을 핑계 삼아 숨어 살 뜻 이루려나</td></tr>
</table>

人間誰有羽生衣   인간 세상 그 누구라서 날개옷이 있었던가[15]

　깊은 골에서 약을 캐는 것은 바로 선계의 일이다. 벼슬길과 부귀공명은 마음을 태우고 늙음을 재촉하는 부질없는 것일 뿐이다. 일찍이 맛보고 벌써 그 기미를 알았으니 더 이상 벼슬과 공명에 뜻을 둘 리 없다. 진나라 때 난을 피하여 상산에 숨어산 네 사람의 백발 노인들은 돌아와서 漢나라 惠帝의 스승이 되었는데 시황의 명을 받고 동남동녀 삼천 명을 데리고 불사약을 구하러 떠난 徐市은 돌아오지 않는다. 불사약을 구하러 떠나가느니 숨어 삶이 더 낫지 않으냐. 이렇듯 핑계삼아 은거할 뜻을 이루어보련다. 인간 세상의 그 누구도 날개옷이 없다. 우의(羽衣), 곧 날개옷을 입는 사람은 우인(羽人), 곧 도사를 일컫는다. 돌아오지 못하는 서불의 행적으로 보아 인간 세상에는 이러한 우인이 없다. 그러므로 깊은 골짜기에서 약을 캐며 사는 것이 곧 신선의 삶이며, 경지이다. 시는 숨어사는 사람의 이면을 배경으로 깔면서 깊은 산골짜기에서 약을 캐며 사는 은일자의 생활을 노래한다. 여기서도 약을 캐며 사는 은일자의 삶은 곧 신선의 삶을 의미한다.

　지리산과 약초, 사람들이 모르는 그의 최후, 이 모두는 양생이 신선이 되었음을 암시한다. 약은 아픈 곳을 치유하는 역할을 한다. 양생이 약으로 다스린 것은 몸과 마음의 아픈 곳이다. 그는 아픔을, 고독이라는 이름의 병을 다스리고 신선이 되는 것이다.

5. 맺음말

　김시습 시에는 소설 속의 시를 제외하고는 戀詩가 없다. 이는 극화된 세계

---

15) 梅月堂集 卷 六 詩, 采藥深洞

에서만 자신의 정감을 표출할 수 있는 조선 남자의 억압된 감정의 세계를 보여주는 것이기도 하다. 이러한 억압은 조선시대 전반에 걸쳐 연군을 연정으로 노래한 왜곡된 감정 세계만을 보여준다. 이는 이중적 성의 구조 속에서 위선을 낳게 되고 불건강한 성문화의 확대 재생산으로 이어진다. 그러나 극화된 세계이지만, 김시습 소설에서는 시를 감정 교류의 중요 매개물로 삼으며 진정한 남녀의 사랑이 이루어진다. 이것은 시가 지니는 정서의 환기라는 기능을 극대화한 경우라 할 것이다. 비록 이승과 저승을 넘나드는 사랑으로 설정되어 그 한계를 스스로 그어 놓고 있기는 하지만, 이것은 방외인으로 살았던 김시습 정신의 자유로움이 준 중세적 사랑의 승리이다. 이러한 주제는 이생규장전에서 더욱 발전적으로 나타난다.

양생과 여자의 완전무결한 사랑은 이승과 저승을 넘나드는 사랑이기 때문에 가능한 것이다. 이는 역설적으로 이승에서는 이러한 사랑이 가능하지 않음을 보여준다. 불가능한 것의 가능함으로 그 역설과 긴장은 깊어진다. 또 이승과 저승을 넘나들 만큼 절실하고 진실되며 절대적인 사랑임을 의미한다. 김시습이 꿈꾼 사랑은 이러한 삼 세의 인연으로 맺어진 절대적인 사랑이었다. 이는 중세인이 꿈 꾼 사랑의 이상적 형태로 비극적이면서도 아름다운 것이었으며 이러한 인간적 정감은 시를 통해 더욱 효과적으로 고조된다.

≪참고 문헌≫

로버트 S · 와이쓰 編著, 金鎭洪 譯, 『孤獨의 社會學』(서울:전예원, 1983).
오세영 외, 『구조와 분석 Ⅰ 詩』(서울:도서출판 창, 1993).
李東根, 『朝鮮後期「傳」文學硏究』(서울:太學社, 1991).
송효섭, 『문화기호학』(서울:민음사, 1997).
레이먼드 윌리엄즈, 임순희 옮김, 『現代悲劇論』(서울:학민사, 1985).
葛兆光, 沈揆昊 옮김, 『道敎와 中國文化』(서울:東文選, 1993).

2. 黃眞伊 漢詩 研究

> 1. 머리말
> 2. 대상적 자아로서의 여성 의식
> 3. 맺음말

1. 머리말

황진이는 생몰년 미상의 조선 중종 때 명기(名妓)이다. 개성 출신으로 본명은 진(眞) 일명 진랑(眞娘)이며 기명은 명월(明月)이다. 그에 대한 직접 사료는 없고 다만 간접 사료인 야사에 각양각색으로 전해지며 지나치게 신비화시킨 흔적이 보여 허실을 가리기 어렵다. 황진사의 庶女라는 설과 맹인이 딸이었다는 설이 있으며 기생신분이라는 점에서 맹인 딸이라는 설이 더 유력하다. 기생이 된 동기도 15세 경 이웃 총각이 황진이를 혼자 연모하다 죽자 서둘러 기계(妓界)에 투신했다 하나 사실 여부는 알 수 없다. 용모가 출중하며 총명이 뛰어나고 민감한 예술적 재능을 갖추어 많은 일화가 전한다. 미모와 가창 뿐 아니라 서사(書史)에도 정통하고 시가에도 능하였으며 당대 석학 서경덕(徐景德)을 사숙하여 거문고와 주효를 가지고 그의 정사를 자주 방문, 당시(唐詩)를 정공(精工)하였다고 한다. 당시 10년 동안 수도에 정진하여 생불(生佛)이라 불리던 천마산 지족암의 지족선사(지족선사)를 유혹하여 파계시키기도 하였고 당대 대학자 서경덕을 유혹하려 하였으나 실패한 뒤 사제관계를 맺었다는 이야기도 유명하다. 박연폭포(朴淵瀑布) 서경덕과 더불어 스스로를 송도삼절(松都三絶)이라 할 만큼 자존심이 강하기도 한 것으로 알려져 있다.

그의 전기적 사실들이 어느 만큼 진실이든 황진이가 여성이며 기생 신분이라는 것, 시를 지었다는 것 들은 부정할 수 없는 사실로 인정된다. 사회적 삶에서 철저히 남성중심적이었고 신분 질서가 철저했던 조선 중기 천민 계급인 기생이었다는 점에서 그의 삶의 성격은 극적인 것으로 드러난다. 그의 신분이 양반이었다면 허난설헌이나 신사임당과 비슷한 길을 걸었을 것이다. 그가 서녀든 맹인의 딸이든 온전한 양반 신분은 아니었으며 그에게 기녀라는 신분과 여성이라는 양면적 질곡은 시초부터 그의 삶에 어떤 성격적 특징을 부여하게 된다. 이에 그의 시에 나타난 여성성을 고찰함으로써 그의 시가 지니는 의미를 규명해 보고자 한다. 황진이 시는 현재 전해지는 것으로 한시 6수와 시조 6수가 있다. 이 작품 중에도 지은이가 불분명하다고 보는 작품이 있으나 여기서는 그런 작품까지 포함해 한시만 다루어 보기로 한다.

2. 대상적 자아로서의 여성 의식

반달을 노래함	詠半月

누가 곤륜산의 옥을 잘라내	誰斷崑山玉
마름질하여 직녀의 빗을 만들어 주었나	裁成織女梳
견우와 헤어진 뒤	牽牛離別後
시름하며 푸른 허공에 던져 두었네	愁擲碧空虛

시는 곤륜산의 옥을 잘라내 마름질하여 직녀의 빗을 이루어낸 존재는 누구인가를 물으며 아름다운 반달의 모양과 푸르스름한 달밤의 분위기를 임과 헤어진 뒤 시름에 잠겨 있는 여인의 심정에 의탁해 표현한다. 반달을 보며 빗을 떠올린 이는 분명 여성일 것이며 머리 치장에 공을 들이고 신경을 쓰는 계층임을 알 수 있다. 그러나 그 빗은 빗을 사용하는 이와 떨어져 홀로 허공에 존재함으로 해서 비극성을 띤다. 빗과 그것을 사용하던 여성과의 거리는 달과 그것을 바라보는 독자의 거리만큼이나 멀다. 이는 또한 헤어진 임과의 거리로 치환되면서 시적 긴장이 팽팽해진다. 견우와 헤어진 뒤 시름하여 머리도 빗지 않고 던져 둔 빗은 반달로 떠올라 다시 시름진 여인의 마음을 비추고 있다. 여성의 치장을 사랑하는 님과의 관계 속에서 파악하고 있다. 이는 남성의 대상물로서의 여성 인식으로 남성에게 위안을 주기 위한 직업적 신분적 존재로서의 여성 인식이 그 바탕이 되고 있다.

그러나 여기서 반달은 빼어나고 가치 있는 미적 대상물로 드러냄으로써 그러한 자기 처지를 미화시키고 있다. 이는 의도했든 하지 않았든 자기 위안의 한 표현으로 반달 즉 곤륜산의 옥으로 만든 직녀의 빗은 객관적 등가물로서 작용한다. 여기서 직녀는 버림받은 여인의 이미지로 표상된다. 조선시대 남녀간의 애정에서 여성은 수동적이고 남성은 공격적 능동적이었으며 이러한 도식이 이 시에도 그대로 나타나고 있다. 황진이 시의 여성은 항시 남성을 그리워하며 기다린다는 의미에서 조선적이다. 시의 제재인 반달은 황진이의 기생으로서의 이름이 명월(明月)이라는 점과도 관련해 볼 수 있다. 밝은 달이라면 흔히 보름달을 떠올리게 되는데 여기서는 반달로 그 밝음을 충분히 드러내지 못하고 있다. 더구나 버려진 빗의 이미지로 못다 한 한과 안타까움 한탄이 자리잡고 있다. 천지를 밝게 비추며 은혜를 내리고 만인이 우러르는 월인천강(月印千江)적 이미지와는 거리가 멀다.

시에서 황진이는 곤륜산 옥으로 만든 아름답고 귀한 빗, 그러나 님의 떠나감으로 해서 버려진 빗을 통해 자기 존재를 파악하고 있다. 여기서 직녀는 곧 빗이며 반달이며 시적 화자 자신이다. 이를 둘러싼 문제 상황은 사랑하는 님 견우와의 헤어짐과 누군가가 곤륜산의 옥으로 만들어 준 빗이다. 곤륜산의 옥으로 만들어진 빗에는 황진이 자신의 인간적 자질 즉 타고난 미모와 뛰어난 총명, 가창 시가에 능했던 민감한 예술적 재능, 서경덕을 사사할 만큼 빼어났던 지적 바탕 들이 함축되어 있다. 그러나 그 빗은 버려진다. 버려졌다고 해서 그러한 인간적 자질들이 사라지는 것은 아니다. 다만 그 사회적 상황에서 유용성이 없을 뿐이다. 사회적 상황에서 유용성이 없다는 것은 바로 그 삶의 전 체계를 지배한다. 그것은 불우함이기도 하다. 그 불우함의 까닭은 시에서는 다만 님과의 이별이라는 개인적 차원에서만 파악된다. 신분과 여성이라는 이중적 질곡에 대한 인식은 드러나지 않는다.

<table>
<tr><td>소판서(세양)를 보내며</td><td>送別蘇判書(世讓)</td></tr>
</table>

달 아래 오동잎 다 떨어지고	月下庭梧盡
서릿발 속에 들국화 피었다	霜中野菊黃
다락은 높아 하늘이 한 척인데	樓高天一尺
사람은 취했나니 술이 천 잔일세	人醉酒千觴
흐르는 물은 거문고 소리에 어울려 차고	流水和琴冷
매화꽃은 피리 소리에 들어 향기롭다	梅花入笛香
내일 아침 우리 헤어진 후에도	明朝相別後
정은 푸른 물결 더불어 길어라	情與碧波長

시간적 배경은 역시 밤, 달밤이다. 오동잎이 다 떨어지고 서릿발 속에 들국화가 노랗게 핀 늦가을이다. 하늘에 닿을 듯 높다란 누각에서 사람은 한없이 술을 마시고 취했다. 청청한 늦가을 달밤 헤어짐의 아쉬움을 달래는 술이다. 흐르는 물소리가 거문고 가락과 어울려 차갑게 들린다. 매화꽃이 피리소리에 들어 향기롭다. 내일 아침이면 헤어질 것이나 정은 푸른 물결과

함께 길고 길다. 현실로 다가오고 있는 헤어짐과 푸른 물결처럼 끝없이 흐를 정을 노래하여 떠나는 이를 위로하고 있다. 판서 소세양을 보내면서 기생인 황진이가 어서 가라고 시원하다고 노래할 리는 없다. 그들의 관계가 설사 신분의 차이를 무시하거나 뛰어넘는 그런 종류의 것이었다고 해도 그의 노래는 근본적으로 남성 위안적인 내용에서 한 치도 벗어날 수 없는 것이다. 뜰에 다 져버린 오동잎과 서릿발, 흐르는 물과 차가운 거문고 소리와 달빛들은 이별의 이미지로 형상화된다. 이별의 쓸쓸함이 고즈넉이 깊어지면서, 임과의 정이 푸른 물결처럼 길게 이어질 것을 노래했다. 이는 바램이면서 또한 다짐이기도 하다 떠나는 남자를 위해서나 자신을 위해서 쓸쓸함을 달랠 무슨 말이 필요했던 것이다. 정을 안으로만 간직하지 않고 이렇듯 다짐하고 노래해야 했던 것이 기녀 황진이의 임무이자 직업이었기 때문이다. 이 때 황진이는 성큼 키를 키우고 소세양 판서와 같은 위치에서 노래하고 있는 듯하지만 이것은 어디까지나 환상적 희망사항이었을 뿐이다. 이미 신분과 직업으로서 굳어진 그의 태도는 시적 자아의 무의식에 깃들어 한 치의 오차도 없이 기녀로서의 임무를 수행해내고 있는 것이다.

그리는 꿈 　　　　　　　　　　　　 相思夢

그리는 이 심정은 꿈에서나 만날 뿐 　　　 相思相見只憑夢
나 님을 찾아갈 때 님은 날 찾아왔네 　　 儂訪歡時歡訪儂
바라거니 언제일까 다른 날 밤 꿈에는 　　 願使遙遙他夜夢
한 시에 같이 떠나 오가는 길에서 만나지기를 　 一時同作路中逢

　　황진이 시의 특징 중 하나인 발상의 기발함이 보이는 작품이다. 만나고자 하는 님과의 만남을 현실적 방법이 아닌 꿈으로 해결하려 했다는 점에서 사랑의 형태는 낭만적인 것으로 드러나며 현실-꿈-사랑 사이의 부조화와 역설적 반비례가 시적 긴장을 불러오는 역할을 한다. 님도 역시 나를 그리다가 나를 찾아 떠났으리라는 가정은 님에 대한 믿음, 또는 님의 사랑에 대한 자신감의 표현이면서 한편으로 가련할 만큼 님의 사랑의 감정에 매달려 있는 여인의 위치를 말해준다. 인간의 성적인 욕망이 1. 성기관을 통한 욕구, 2. 육체적 접촉에 의한 욕구, 3. 에로스적 욕구 등으로 구별되며 에로스적 욕구는 어떤 존재와 함께 있고 싶어하며 그 존재를 사모하는 마음이라는[16] 의미에서 이 시는 에로스적 욕구를 정서의 기반으로 하고 있다. 시의 인식이 낭만적이라는 기본 성격과 이 시의 정서적 기반 역시 낭만적 사랑이라는 의미에서 시의 특질 중 한 부분을 잘 보여주는 작품이기도 하다. 또한 시의 장면에서 님과 시적 화자 사이의 관계 설정은 시적 화자가 님을 그리워하고 있다는 외에는 제시되어 있지 않으므로, 미혼의 연인 사이든 무슨 연유로 오랜 동안 헤어져 있게 된 부부 사이든 내연의 관계이든 상업적 내지 신분적으로 성적 서비스를 제공하는 이성과의 관계이든 공감할 수 있는 폭을 가지게 된다. 또한 남녀 관계가 아닌 경우에까지도 그리움이라는 공통 분모로 해서 시공의 차이를 초월하여 공감의 폭을 넓히며 대중성을 확보하게 된다. 이는 현실적인 해결책이 불가능함으로 해서 꿈길에서나 만나고자 한다는 것과 그러나 님도 나를 찾으러 꿈길을 떠났기에 만나지지 않았다는 것, 몹시 간절하고 순수해 보이는 감정 들의 문학적 장치로 시의 자리에 들어오며 대중의 마음을 사로잡는 힘을 확보한다. 그러나 즉물적이고 현실적이지 않다는 점에서 현대적 정서에서 멀어져 고전적 이미지를 갖게 된다.

<table>
<tr><td>작은 잣나무배</td><td>小栢舟</td></tr>
</table>

저 강 복판에 떠 있는 조그만 잣나무배	汎彼中流小栢舟
몇 해나 푸른 물가에 한가히 매었던가	幾年閑繫碧波頭
뒷 사람이 뉘 먼저 건넜냐고 묻는다면	後人若間誰先渡

---

16) 임홍빈, 『기술문명과 철학』(서울 : 문예출판사, 1995), 345쪽.

문무를 모두 갖춘 부귀한 이라 하리   文武兼全萬戶侯

  표제인 작은 잣나무배는 시적 화자 자신이다. 잣나무배는 강 중류에 떠서
몇 해나 푸른 물가에 한가히 매어 있었다. 아무도 타는 이가 없어 배는
제 역할을 하지 못하고 있었다. 그러나 훗날 뒷사람이 누가 먼저 건넜냐고
묻는다면 문무를 모두 갖추고 만 호의 녹을 받는 제후(왕)라고 한다는 것이
다. 이는 작은 잣나무 배는 맨 처음으로 문무를 함께 갖춘 만호후를 즉
이상형으로 생각하는 이를 태워 건너 주겠다는 바램이다. 잣나무는 그러한
자신의 의지에 대한 신의와 맨 처음 태워서 간 저쪽에 건네주고 싶은 그와의
신의를 의미한다. 또 그에 대한 어떠한 시련과 고통 속에서도 변치 않는
절개의 고고함을 뜻하기도 한다.
  신라 신충(信忠.은 <원가(怨歌.>에서 효성왕이 자기와의 약조를 저버리
자 잣나무에 노래를 지어 붙여 말라죽어 가게 하여 왕의 총애를 받아낸다.
신라 효성왕이 잠저시에 잣나무 아래서 신충과 바둑을 두었다. 이 때, 신충
에게 훗날 그를 잊지 않을 것임을 잣나무에 대고 맹세하였다. 그 후에 등극
한 왕은 공신들을 대우할 때, 정작 신충을 잊고 등급에서 빠뜨렸다. 신충은
이를 원망하여 노래를 지어 잣나무에 붙이니 나무가 시들었다. 왕이 뉘우쳐
신충을 불러 벼슬을 주자 잣나무는 되살아났다.[1] 또 찬기파랑가에서 충담
사는 잣가지 높아 서리 모르시올 화반이라며 기파랑을 찬양했다.
  배는 신화에서 영웅 운반체이며 결연의 매개체이기도 하다. 신라 남해왕
때 가락국 바다에 배가 왔다. 수로왕과 백성이 맞아들이려 하자, 달아나
하서지촌 아진포에 가 닿았다. 아진의선(阿珍義先).이라는 고기잡이 할머니
가 그 배를 끌고 와 보니, 배 가운데 궤가 하나 있었다. 궤 안에는 사내아이와
칠보와 노비들이 들어 있었다. 이 아이가 자라 훗날 탈해왕이 되었다.[2] 여기

---

1) 三國遺事, 卷 五, 信忠掛冠
2) 三國遺事 卷 一, 紀異 一 第四脫解王

서 배는 영웅(왕)이 될 아이를 실어다 준 신비한 운반체로 새로운 인물의 등장을 예고한다. 가락국 김수로왕 신화에 나타나는 배는 영웅에게 반려자를 실어다 주는 결연의 매개체이다. 왕비가 없음을 걱정하는 백성들에게 수로왕은 자신이 이 땅에 온 것은 하늘의 뜻이니 때가 되면 하늘이 짝을 지어 줄 것이므로 걱정하지 말라고 타이른다. 어느 날 유천간에게 명하여 배와 말을 준비해 망산도(望山島)에 가 기다리게 하니, 북쪽을 향해 오는 배가 보였다. 그 배에는 장차 수로왕의 비가 될 허황옥이 타고 있었다.[3]

시적 화자의 소망은 일차적으로 영웅적인 인물을 만나 그와 결연을 하고 강 저쪽의 피안으로 건너가는 일이다. 몇 해 동안이나 한가히 푸른 물가에 배어 있기만 한 것은 그러한 소망이 이루어지지 않았기 때문이며 그래서 기다리고 있는 것이다. 푸른 강물은 이러한 소만의 푸르름이다. 그러나 배가 배타는 이를 한 번만 실어다 주고 끝날 수는 없는 일이다. 배에 사람을 태우고 강 저쪽으로 건너 주는 일은 일회적인 일이 아니라 반복적으로 행해야 할 일이다. 그러므로 시적 화자는 '먼저 건너는 이'에게 특별한 의미를 부여하고 있다. 원하든 원치 않든 많은 남성을 상대해야 했던 기녀로서의 삶의 비극성을 암시하고 있는 작품이다. 여기에서도 남성의 대상으로서 자신을 인식하고 있다. 영웅적이고 이상적인 인물이 맨 처음 먼저 작은 잣나무 배를 타고 강을 건넜기 때문에 유의미해지는 존재로서의 자기 인식이다. 이는 남성의 대상적 존재로서만 존재의 기반이 가능했던 조선 사회 기녀로서 의식 수준으로 황진이 역시 이에서 벗어날 수는 없었음을 보여 준다.

또 무속 신화에서 배는 자연의 단계에서 문화의 단계로 나아가는 징후이기도 하고 영혼 인도나 망인의 천도, 송신(送神), 액을 가져가고 복과 명을 주는(除厄招福) 이별과 기다림을 의미하기도 한다. 보호자와 구원, 포용원리나 자궁, 풍요, 풍류를 상징하기도 한다.

---

3) 三國遺事 卷 紀異 二, 駕洛國記

<table>
<tr><td>만월대에서 옛일을 생각하며</td><td>滿月臺懷古</td></tr>
</table>

옛 절은 도랑 곁에 고요하고	古寺蕭然傍御溝
저녁 놀 키 큰 나무 사람을 시름지게 하네	夕陽喬木使人愁
연기와 놀 쓸쓸해라 스님의 남은 꿈에	煙霞冷落殘僧夢
세월이 아득해라 부서진 탑 머리에	歲月崢嶸破塔頭
누런 봉은 깃을 접고 참새들만 나는데	黃鳳羽歸飛鳥雀
진달래꽃 진 곳에 소와 양이 풀을 뜯네	杜鵑花落牧羊牛
송악산 번화롭던 그 날을 생각하니	神松憶得繁華日
어찌 알았으리 이제 봄조차 가을일 것을	豈意如今春似秋

　저녁과 연기, 놀은 허무와 스러짐의 의미로 쓰였다. 수련의 옛 절과 함련의 스님과 관련지을 때, 연기의 심상은 이승의 업장(業障)을 불태우고 정화시키는 향연이다. 향연은 그러면서도 이승을 떠나간 자의 형상으로서 차갑고 쓸쓸한 하강의 심상으로 그려진다.

　만월대는 경기도 개성시 송악산 남쪽 기슭에 있는 고려의 궁궐터로 회경전(會慶殿)을 중심으로 길이 약 445m, 너비 약 150m의 대지를 말하기도 한다. 궁궐은 고려 공민왕 10년(1361)에 소실되어 터만 남았다. 사라져간 오백 년 고려 왕조의 상징인 만월대는 번화롭던 것의 사라짐과 그에 따른 무상감의 대명사로 조선조를 통하여 사용되어왔다. 만월대의 상징성에 자신의 인생에 대한 감회를 실어서 노래한 작품이다. 궁궐에서 흘러내리던 작은 시내, 어구 옆에는 오래된 절만이 쓸쓸하다. 회경전을 중심으로 정남에 승평문 좌우의 동락정, 신풍문, 춘덕문 춘궁태초문, 장화전, 원덕전, 장령전, 연영전, 자화전, 건덕전 등 장엄하고 화려하던 옛날 궁궐의 모습은 사라져버렸다. 사라진 것에 대한 쓸쓸함과 상실감을 큰키나무와 저녁놀로 형상화했다. 놀이 지는데 키가 큰 나무가 서 있는 모습은 더욱 고적하고 쓸쓸해 보인다. 고려조의 쇠망과 함께 사라지지 않고 아직 남아있는 스님의 꿈과 오랜 세월에 견디느라 부숴져버린 탑머리에서 세월의 무상과 쓸쓸함을 환기한다. 그것은 황진이 자신의 스러짐이며 존재의 쓸쓸함이다. 함련과 경련에서는 율시의 정석대로 대구를 사용했다. 누런 봉이 깃을 접고 진달래꽃이 떨어지는 것은 고려의 왕조가 패망하고 지조 있는 선비들이 사라짐을 말한다면 참새들만 날고 소와 양이 풀을 뜯는 것은 소인배가 횡행하고 이권에 다툼질하는 현실을 의미한다.

결련에서는 고려의 번성했던 그 날을 생각해보면 그 때는 어찌 지금 봄조차도 가을 같을 것을 뜻하기나 하였겠느냐는 것이다. 번성했던 시절에는 뜻하지도 않았던 조락은 현실이 되었다. 계절은 진달래가 지고 소와 양이 풀을 뜯는 봄철이건만 저녁놀과 키 큰 나무 오래된 절의 쓸쓸함으로 가을처럼 느껴진다. 연기와 놀은 어둠 속에 스러지고 남은 스님의 꿈과 부서진 탑 머리가 옛일을 떠올릴 뿐이다.

전통사회에서 여성의 대명사는 ‘섭섭이’ ‘아녀자’ ‘양주댁’ 들이었고, 대표적 여성상은 유한정정(有閑貞靜), 부창부수(夫唱婦隨), 인고열녀(忍苦烈女) 들이었다. 여성이 이 세상에 존재하는 이유와 가치는 혼인하여 자녀를 생산 양육하며, 특히 뉘댁 가문을 이어가는 데 필요한 아이를 낳아주고, 남정네들이 바깥일 세상살이를 잘 하도록 거들어주고 받들기 위해서라고 해왔다. 전통사회를 통하여 일관된 여성관은 여성을 한 개인으로 보는 것이 아니라 남성의 대우(對偶, 한짝)로 파악하고 여성 최대 기능은 혼인하여 자녀를 생산 양육하는 것이었다.4) 이러한 당대 여성정체성으로부터 소외되었던 여성 계층들은 남성의 성적 쾌락이나 감정 유희의 대상물로서 존재하였다. 이러한 기녀가 관에 소속해 있으면 관기, 관비이고 개인에 딸려 있으면 사노(私奴)가 된다. 이 때 기녀의 존재는 기생을 상대할 수 있는 남성 계층 즉 양반 사대부의 감정 상태에 달려 있게 되며 대체로 피붙이도 없는 외로운

---

4) 이태영 외, 『현대한국여성론』(서울:三民社, 1978), 11~38쪽 참조

처지에서 만남과 헤어짐의 덧없음, 청춘의 덧없음은 더욱 절실한 것이 된다. 또 사대부와 사랑을 한다 해도 신분적 격차로 1대 1 대등한 관계가 아니라 수직 관계일 수밖에 없었다.

기녀는 노비와 마찬가지로 한 번 기적에 올려지면 천민이라는 신분적 굴레에서 벗어날 수 없었다. 기녀와 양반 사이에서 태어난 경우라도 천자수 모법(賤子隨母法)에 따라 아들은 노비, 딸은 기녀가 될 수밖에 없었다. 기녀가 양민 부자나 양반의 소실이 되는 경우 속신(贖身)이라 하여 재물로 그 대가를 치러줌으로써 천민 신분을 벗어나 양민 신분이 되기도 하였다. 한편 기녀가 병들어 제구실을 못하거나 늙어 퇴직할 때 대비정속(代婢定屬)이라 하여 그 딸이나 조카딸을 대신 들여놓고 나왔다. 기녀는 조선사회에서 팔천 (八賤)의 하나였으며 양반 부녀자와 마찬가지로 비단옷에 노리개를 찰 수 있었고 직업적 특성에 따라 양반사대부들과 자유연애를 할 수 있었으며 고관대작의 첩이 되면 친정을 살릴 수 있었다. 가난과 중노동에 시달리던 시절에 친정을 살릴 수 있다는 것은 기녀에게 커다란 위안이기도 하였다. 관기는 대개 15세부터 소임에 종사하여 50세가 정년이며 10대의 어린 기를 동기, 늙은 기는 노기, 퇴역한 후의 기를 퇴기 또는 퇴물이라 했다. 동기의 교육과정은 엄격하여 15세에 기안에 올라 음률을 익히고 춤을 배우며 재주 있는 이는 서화도 익힌다. 일류기생이 되려면 악생(樂生)들로부터 종아리에 피가 맺히도록 호된 기합을 받는 과정을 거쳐 관아에 매이게 되면 행수기생 에게 복종해야 되며 호장이 분담해 주는 대로 수청기 침비 급수비의 직무를 해야 한다. 이런 까닭에 고을 관기는 아전과 관계가 밀접했다. 또 기녀는 공물이므로 그 생살권(生殺權)이 관원들에게 있었다. 감사나 부사의 수청을 들어야 함은 물론 이방 호방 등 아전들과 좌수 별감 비장들도 마음대로 차지할 수 있었으며 관원들이 출장 오면 으레 위안기(慰安妓)로 나가야 했 다. 기생의 사치노예로서의 수명은 고작해야 20대, 그 이후는 꽃으로서의 역할은 쇠퇴했다. 30이 넘으면 수청기생들은 뒷전으로 물러나 노동을 해야

한다.5)

　지나간 왕조에 대한 한과 상실의 정서적 바탕은 기녀로서의 삶의 특성 때문에 더욱 절실한 공감대를 형성한 것이다. 고려조에 대한 백성으로서의 정서가 아닌 잃어버린 것에 대한 무상감이 공유된 것이다. 시는 고도(古都)의 고적한 분위기와 자연의 무구한 상태를 통해 그러한 자기 정서를 실어 노래했으므로 고전적인 전아함이라는 최소한의 격조를 유지한다.

<table>
<tr><td>박연 폭포</td><td>朴淵</td></tr>
<tr><td>한 줄기 긴 하늘이 바윗골에 뿜어 나와</td><td>一派長天噴壑礱</td></tr>
<tr><td>폭포수 백 길 물소리 우렁차다</td><td>龍湫百仞水潨潨</td></tr>
<tr><td>나는 샘물 거꾸로 쏟아져 은하수 같고</td><td>飛泉倒瀉疑銀漢</td></tr>
<tr><td>성난 폭포 가로 드리워 흰 무지개 뚜렷하네</td><td>怒瀑橫垂宛白虹</td></tr>
<tr><td>어지러운 물벼락 골짜기에 가득하고</td><td>雹亂霆馳彌洞府</td></tr>
<tr><td>구슬 절구에 부서진 옥 창공에 맑았으니</td><td>珠舂玉碎澈晴空</td></tr>
<tr><td>노니는 이여 여산이 좋다고 말하지 마라</td><td>遊人莫道廬山勝</td></tr>
<tr><td>천마가 해동에선 으뜸가는 곳</td><td>須識天磨冠海東</td></tr>
</table>

　시는 황진이의 인간적 자랑이 한껏 표현된 작품이다. 스스로 송도삼절이라 일컬은 박연은 곧 황진이 자신이기도 하다. 아름답고 힘차며 깨끗하여 거칠 것 없는 기상으로 자부심을 드높게 드러내었다.

　만월대 시에 비해 힘차며 역동적이다. 폭포가 지니는 하강의 심상조차도 나는 샘물의 솟구치는 이미지로 대체되었다. 나는 샘물이 거꾸로 쏟아져 은하수가 되고 성난 폭포는 가로 드리워 흰 무지개로 뜬다. 흰빛이 지니는 정적이고 수동적인 이미지는 이 시에서 강하고 힘차며 적극적인 역동적 이미지로 바뀐다.

---

5) 金用淑, 『한국女俗史』(서울:民音社, 1990), 241~255쪽 참조

우박이 어지럽게 날고 천둥소리는 골짜기에 가득하다. 구슬을 찧는 절구에 옥이 부서져 창공에 맑은 물방울로 솟구치고 넘쳐난다. 여기서 노니는 이는 여산이 아무리 중국의 명산이라도 말해서는 안 된다는 것이다. 모름지기 해동에서 으뜸가는 천마산을 알아야 한다는 말로 중국의 여산보다 송도의 천마산을 높이 평가하고 있다.

또 시는 천마산이 박연폭포로 해서 천마산이며 훌륭하다는 것을 여러 이미지를 동원해 제시한다. 수련에서는 한 줄기 긴 하늘이 뿜어져 나와 바위 골짜기에 갈리는 모습으로 폭포를 제시하고 있다. 골짜기에 갈린 하늘이 백 길이나 되는 벼랑을 쏟아져내려 용의 못을 이루었다. 함련에서 한줄기 하늘은 나는 샘물로, 흰 무지개로 변환된다. 경련에서 하늘은 어지러운 물벼락과 맑은 부서진 옥으로, 천마산은 골짜기와 구슬 찧는 절구로 변용되면서 박연폭포와 천마산의 이미지를 반복적으로 확대 심화시킨다. 황진이의 다른 시에서와 마찬가지로 시청각적 이미지가 동시에 구사되어 복합적 감각 효과를 내기도 하고 수직과 수평 하늘과 못의 대립과 조화를 통해 한 폭의 잘 짜여진 산수화로서의 효과를 발휘하기도 한다.

송도 　　　　　　　　　　　　　　　　松都

눈발 속에는 지난 조정의 모습이　　　　雪中前朝色
차가운 종에선 옛 나라의 소리가　　　　寒鐘故國聲
남쪽 누각에 시름지며 홀로 섰나니　　　南樓愁獨立
남은 성터에 저녁 연기 피어오르다　　　殘廓暮烟香

시는 고도로서의 송도를 노래하고 있다. 시는 앞의 만월대회고의 후편이라 할 만큼 그 정서가 비슷하면서도 만월대 시보다 한결 정제되어 있다. 그에게 지나간 조정이란 어떤 의미였을까. 한 나라의 백성으로서 왕조에 대한 충성심, 아니면 흘러가 버리는 것에 대한 무상감과 그에 얹혀진 자신의 청춘과 인생의 덧없음, 스물이면 환갑이라는 기생으로서 이제는 기울어 가는 자신의 젊음에 대한 회한 들이 눈발이 날리는 속에 바라보는 옛 도읍지의 영상으로 형상화되고 있다. 남쪽 누각에 홀로 시름지며 섰는 시적 화자는 몹시 쓸쓸해 보인다. 차가운 종소리가 들리고 남은 성터에서 피어오르는 저녁 연기는 고적감과 우수를 더해 준다. 눈 내리는 고도의 모습과 홀로 바라보는 시선, 차가운 종에서 울려오는 고국의 소리, 남은 성터에 피어오르는 저녁 연기는 희뿌여면서도 잿빛으로 가라앉아 있다. 절제된 오언시의 멋을 느낄 수 있는 시이다. 그러나 황진이에게 망한 나라의 옛 도읍지라는 것이 어떤 의미가 있었던 것일까. 평생 소외된 자로서의 자기 정체성을 망각하고 남성의 대자적 존재로서만 자신을 인식했던 자기상실감이었을까. 그 반대편에 놓여 있는 사대부 남성의 아낙들이 소외된 자리에서 느끼는 존재의 불안이었을까. 지나가 버린 왕조처럼 그들 역시도 남성에게 일시적인 한때의 존재였을 뿐이다. 시는 전체적으로 희뿌연 잿빛 속에 빛과 소리와 향기를 배치했다. 짙은 우수를 깔아 놓았으면서도 홀로 섰는 자태를 통하여 고고함을 잃지 않으며 저녁 연기 속에 여백의 아름다움을 느끼게 한다. 이 시에서도 천민인 기녀로서의 사회적 삶에 대한 인식이나 계급적 연대감, 사회적 약자로서의 여성인식 등은 나타나지 않는다. 어느 양반 사대부가 느꼈을 법한 고도에서의 회한을 노래한 시로 읽혀질 뿐이다.

다만 귀족적 정서에 길들여져 사대부들과 고급 문화인 시를 즐기며 화답할 수 있었던 그에게서 사회적 삶에 대한 인식을 기대한다는 것은 무리한 일로 보인다. 신분상으로는 천민이면서 오히려 천민이나 평민들과는 동떨어져 있는 그들의 생활이 그 정서를 양반 사대부를 흉내낸 사이비정서로, 개인적 차원의 연정의 세계에서만 노닐도록 한정지어 준 것이다. 진솔하다는 것이 다만 감정을 숨기지 않는다는 뜻이라면 그의 시는 진솔한 감정을 노래한 것이다. 그러나 느껴야 할 감정과 해야 할 생각을 하지 않고 자신을 대상적 자아로만 인식했을 때, 그것은 거짓된 사이비진실일 뿐이다.

3. 마무리

이상에서 황진이 한시를 통해 진솔한 감정의 표현으로 평가받아온[6] 기녀
시에 나타난 여성 의식을 살펴보았다. 그의 작품이 그 신분과 직업상 대
남성적 성격에 머무르다 보니 남성에 대한 연정의 여러 국면을 노래했거나
사대부들이 지녔을 법한 感想을 노래하고 있음을 보았다. 그의 시에서는
양반사대부들의 정서에서 한 발 나아갔다거나 다른 점이 발견되지 않는다.
다만 양반사대부들이 체면상 말하지 못한 남녀의 연애감정 부분들을 세련
되고 재치 있는 언어로 솔직하게 토로했다는 정도에 그친다. 이러한 의사정
서(疑似情緖)는 남성의 대상물로서의 기녀라는 신분적 한계 때문인 것으로
보인다.

황진이가 이러한 자기 영역에서 한 발도 나아갈 수 없었던 것은 당연한
일이었을지도 모른다. 그것은 바로 노래와 춤의 기능처럼 그에게 생존의
한 수단이었을 것이기 때문이다. 결국 그의 작품 세계는 철저히 남성 중심적
사고에 충실한 것이었다. 이는 여성이 신분과 직업을 넘어서 자신의 인간으
로서의 자리를 찾는다는 것이 얼마나 어려운 일인가를 보여 주는 일이기도
하다. 그들의 정서에 부합되지 않는 기녀 자신의 존재에 대한 성찰이나 각성
을 토대로 한 작품은 인정받을 수도 용납될 수도 없었기 때문이다. 설령
황진이와 같은 그들 기녀들이 자신들의 당파성에 철저한 작품을 썼다하더

---

6) · 金東旭, 『韓國文學의 基底』, 「古典文學을 찾아서」(서울:文學과 知性社, 1981), 13쪽
     참조. 기녀문학을 汗牛充棟의 漢文藝보다는 韓國的이라 함
   · 呂增東, 韓國文學史(서울:螢雪出版社, 1973) 156~157쪽 참조. 한국의 짧은 풍류는
     眞娘보다 나은 것이 없으며, 남자의 짧은 풍류로 宋純(1493~1583)이 있었다지만
     眞娘의 풍류는 따를 수 없다고 함
   · 黃在君, 『韓國古典女流詩研究』(서울:集文堂, 1985), 278쪽 참조. 妓女들이 남성을 만
     나 扶興하고 그들의 억제된 감정을 해결해 주는 매체가 詩歌였는데 이 詩歌의 情
     은 이들의 생활처럼 眞率하고도 多感했으며 그 중에서도 唱妓 黃眞伊의 詩情은
     참으로 眞率하고 多感했다고 함.

라도 전해지지 않았을 가능성이 크다. 그러나 그들이 자신의 존재에 대한 각성에 이르지 못해서였든, 다만 작품이 전해지지 않아서였든 여성으로서 또는 인간으로서 그만한 재능을 가지고 그들이 썼어야만 했던 작품에 대한 아쉬움은 여전히 남는다. 그래서 문학을 연구하고 그 감춰진 비밀들을 찾아 내려 애쓰는 것인지도 모른다.

≪참고문헌≫

임홍빈, 기술문명과 철학(서울:문예출판사), 1995.
일연, 삼국유사
이태영 외, 현대한국여성론(서울:三民社), 1978.
金用淑, 한국女俗史(서울:民音社), 1990.
金東旭, 韓國文學의 基底「古典文學을 찾아서」(서울:文學과 知性社), 1981.
呂增東, 韓國文學史(서울:螢雪出版社), 1973.
黃在君, 韓國古典女流詩硏究(서울:集文堂), 1985.

Ⅲ. 대상과 자아의 시적 변용

1. 願往生歌 研究

> 1. 머리말
> 2. 彌陀信仰과 내세 지향
> 3. 달에게 부친 왕생 염원
> 4. 불교적 세계관의 한계
> 5. 맺음말

1. 머리말

향가란 삼국시대 신라에서 기원한 한국어 시가 형식으로 일반적으로 말하면 향찰 표기법에 의하여 씌어진 신라의 노래란 뜻을 갖고 있다. 그러나 향가란 8세기 이후에 많이 쓰인 이름으로서 그 이전에는 '사뇌가'라고 불렀다.

'사뇌가'란 신라의 발상지이고 그 정치, 경제, 문화의 중심지였던 사뇌지방[1]의 노래, 사뇌노래라는 데서 기원하였다. 이 사뇌노래가 후기로 내려오면서 의미가 확충되어 '신라의 노래', 곧 '향가'란 말로 쓰이게 되었고 따라서 향가의 '鄕'이란 말은 결국 신라를 가리켜 한 말이었다.

향가는 그 발생 초기에는 특정한 시가 형태를 의미하는 것이 아니라 향찰 표기법에 의한 신라 가요의 통칭으로 되었을 뿐이나 자체의 발생 과정에(7세기 후반기 이후) 점차 하나의 민족 정형시로서의 일정한 시가 형태를 의미하는 개념으로 쓰이게 되었다.

---

1) '사뇌'는 '斯盧', '舍羅', '詞腦', '新羅' 등 여러 가지로 기사되었으며 사뇌지방은 '사뇌벌', '사로지방' 등으로 불렸다.

향가는 형태상 4구체, 8구체, 10구체 등 형식을 취하고 있으나 대부분은 10체 형식을 취하는 바 이것은 우리나라 최초의 민족 정형시 형식이 되었다.

이 10구체 향가 형식은 다음과 같은 공통되는 특징이 있다.

(1) 시 전체는 10구로 하나의 구가 한 시행을 이루며, (2) 그 10구는 의미상 세 개의 분절(분단)로 구성(3장 구성)되고 있는데 시의 전구-앞의 두 개 분절은 각각 4구로, 후구(落句)-마지막 분절은 2구로 되어 있다. (3) 10구 중 初句는 대체로 짧은 구로 시작되고 낙구 첫머리에는 대개 '아야(阿也, 阿耶)'등의 감탄사가 붙으며, (4) 시가의 음수율은 2·3조 또는 3·3조가 대부분이다.

이 10구체 향가 형식은 한국 최초의 정형시 형식으로서 의의가 있을 뿐 아니라 후대의 정형시 형식은 경기체가와 고려속요, 시조 등 새로운 민족 시가 형식의 출현에도 많은 영향을 주어 한국 고전 시가사에서 중요한 위치를 차지한다.

그 중 「삼국유사」 권5 感通 제 7廣德 嚴莊조의 말미에 실려 있는 <願往生歌>는 鄕歌중에서도 法藏菩薩의 사십팔대원에 의한 서방정토에의 왕생을 기원한 작품으로 무량수불전에 합장하여, '원왕생 원왕생'하고 외치며 부처님을 간절히 그리워하고 있다는 信心을 부처님에게 알려 달라고, 서쪽으로 가는 달에게 호소한 불교적 종교시[2])라 하겠다.

散文記錄과 함께 실려 있는 이 노래는 10구체 형식을 빌어 한 인간의 간절한 소망과 悲願을 나타내고 있어서 시적 긴장감을 고조시키고 있는 작품[3])이기도 하다.

노래의 작가가 누구냐는 문제를 두고 많은 논란이 있지만[4])이 글에서는

---

2) 金起東. 「國文學槪論」(서울:태학사 1987), 72쪽.

3) 朴魯埻. 「願往生歌攷」 (국어국문학 85호, 1981), 196쪽

4) ① 廣德妻說(盖十九應身之一德 嘗有歌云)

· 梁柱東. 「古歌硏究」(서울: 博文出版社 1946), 498쪽. 「國文學論攷」 (서울: 을유문화
    사, 1962). 130쪽

광덕설을 받아들여 작품을 해명해 보고자 한다.

廣德妻說을 제기한 梁柱東 자신이 이미 '德嘗有歌云'으로 붙여 읽는 것에 옳을 가능성을 60%부여하고 있으며[5] 元曉說, 民謠說, 失名說 등 論考들도 廣德說을 부정하기에는 못미치며 수긍하기 어려운 부분이 많기 때문에[6] 삼국유사의 기록을 믿고 해석을 바로 하여 지은이를 廣德으로 보는 것이 옳다고 본다.

그렇다면, 향가를 '詞淸句麗'[7], '其意甚高'[8]라 하였으니 이 말을 '고도한

　　・金鍾雨. 「鄕歌文學硏究」(서울: 선명문화사, 1974).
　　・鄭銓東. 「願往生歌에 대한 異說考」(「경북대 논문집」13집, 1969).
　　② 廣德說(德嘗有歌云)
　　・金東旭.「新羅淨土思想의 展開와 願往生歌」(「中央大論文集」2집, 1957). 「韓國歌謠의 연구」(을유문화사, 1961., 63~103쪽.
　　③ 元曉說
　　・金社燁.「願往生歌와 元曉大師」, 「鄕歌의 文學的 硏究」(계명대 출판부, 1979), 173~228쪽.
　　④ 傳乘民謠說
　　・崔喆.「新羅歌謠의 硏究」(개문사, 1979), 149쪽
　　⑤ 전문 불승이 지은 순수 불찬가說 失名(十九應身之~德嘗有歌元)
　　・成基玉, 「願往生歌의 生成背景 硏究」(「震檀學報」51호, 19981), 203~225쪽

5) 梁柱東. 「增訂 古歌硏究」(一潮閣, 1965), 498쪽. '文義론 德嘗有歌(廣德說)歌意론 一德(廣德妻說)이 差勝하다'고 함.

6) 元曉說은 '嘗有歌云'의 해석을 '有歌'에만 초점을 맞춰 '노래가 있었다'로 했는데 嘗을 앞에 붙일 때는 '作·有'가 두루 쓰이며 거듭쓰기를 피하려는 漢文용법상 같은 항목에서 이미 作을 쓴 경우 다음에는 有를 사용했기 때문에 '有'를 '있었다'로 보는 것은 옳지 못하다.
　　民謠說·失名說은 三國遺事의 기록들을 가공의 것으로 보는데 문제가 있다. 삼국유사의 기록들이 결코 고의적인 조작이 가해진 것이 아니며 신빙성 있는 것으로 대부분이 문헌으로부터의 인용이라는 것이 일반적 견해이기 때문이다. (李基白, '<三國遺事>記錄의 信憑性問題' 東亞古代文獻의 信憑性問題, 翰林大 아시아문화연구소 발표요지 1985, 11), 51쪽.

7) 삼국유사, 권2, 경덕왕조.

본격적인 문학으로 세련된 수사와 투철한 시정신을 구비한 예술 문학'이란 말로 바꿔 본다면 향가가 신라의 國風이라는 견해는 부당한 독단이며, 도저히 범용한 필부나 교양 없는 庶衆의 힘으로 제작될 성질이 아니고 향가의 작가는 당시의 귀족 문화층이라는[9] 견해에서는 벗어난다. 광덕은 신을 삼아서 생계를 도모한 사람으로 귀족이라고는 볼 수 없기 때문이며 10구체 향가로 한기리 여인 希明이 난 지 5년에 갑자기 눈이 먼 아이를 데리고 분황사의 천수대비 앞에 나아가 아이로 하여금 노래를 지어 부르게 하였더니 눈을 뜨게 되었다는 <千手大悲歌>[10]를 보아도 그렇다.

이것은 향가가 후대로 가면서 여러 계층의 사람들에 의하여 창작되면서 그 제재가 다양화되고 수량도 많아졌으며, 우리나라 최초의 민족어 시가집이며 종합 시선집인 「三代目」이란 향가집이 나올 만큼 성행했음을 보여 준다.

<원앙생가>는 불교 문화가 꽃피던 신라 사회, 비천한 신분이었으나 信心 깊었던 사문 광덕의 종교적 발원을 노래한 것이나, 그 발상과 표현이 뛰어나 문학적 가치가 있으며, 또한 전문가의 작품이 아니라는 데도 의의가 있다.

이 노래를 통해 고대 신라 민중들이 가지던 정신의 지향과 삶의 모습을 살펴 볼 수 있겠기 때문이다.

2. 彌陀信仰과 내세 지향

삼국유사 권5 感通 제 7 廣德 嚴莊조에 다음과 같은 西昇 說話가 전한다.

---

8) 균여전, 제8, 譯歌功德分.

9) 정병욱, 「한국고전시가론」(서울:신구문화사, 1980), 84쪽.

10) 「삼국유사」, 권3, 芬皇寺 千手大悲 盲兒得眼條. '景德王代 漢岐里女希明之兒 生五稔而 忽盲一日其母抱兒 詣芬皇寺左殿北壁畫千手代悲前 令兒作歌禱之 遂得明 其詞曰…

광덕과 엄장

문무왕 때에 사문이 있었는데 이름은 광덕과 엄장이다. 두 사람은 좋은 벗으로 조석으로 약속하기를 '먼저 안양(극락 세계)으로 돌아가거든 모름지기 그 일을 알리자'하였다.

광덕은 분황사 서쪽 마을에 은거하여(혹은 황룡사의 西去房에 있다 하니 어느 말이 옳은지 알 수 없다)신 삼는 것을 업으로 처자와 함께 살았다. 엄장은 남쪽 산에 암자를 짓고 농사일에 힘썼다.

하루는 노을이 붉게 지고 솔 그늘이 고요히 저물었는데 창 밖에 소리가 나며 이르기를 '나는 벌써 서쪽으로 가니 그대는 잘 있다가 빨리 나를 따라 오라'한다. 엄장이 문을 열고 나가 둘러보니 구름 밖에서 하늘 풍악소리가 나고 빛이 땅에까지 뻗히었다. 다음 날 광덕 살던 곳을 찾아가니 과연 광덕이 죽었다. 이에 그 아내와 함께 유해를 거두어 장사지냈다. 장사를 다 마치고 그의 아내에게 말하기를 '남편이 죽었으니 이제 나와 같이 사는 것이 어떠하냐'고 하니 그 아내가 '좋다'하였다. 드디어 머무르며 밤에 자다가 장차 통하려 하니 그의 아내가 사리며 말하기를 '어른께서 정토를 구함은 나무에 올라 고기를 구하는 격입니다.'하였다. 엄장이 놀라고 이상해서 묻기를 '광덕이 이미 그러했는데 내가 또한 어찌 거리끼겠는가'하니 그 아내가 말하되 '지아비가 나와 십여 년이나 같이 살았지만 일찍이 하루 저녁도 한 자리에 눕지도 않았는데 하물며 더러운 일을 범했겠습니까? 다만 밤마다 몸을 단정히 하고 바로 앉아 아미타불의 이름만 오로지 외거나, 혹은 십육관을 지어 관을 익히고 밝은 달이 창에 비치면 때로 그 빛에 올라 그 위에 정좌하였습니다. 온 정성을 기울임이 이와 같았는데 비록 서방정토로 가지 않으려 한들 어디로 가겠습니까. 무릇 천 리를 가는 사람은 첫걸음으로 알아볼 수 있으니 지금 어른의 관은 동으로 간다고 말할 수 있습니다. 서쪽은 아직 알 수 없습니다.'하였다.

엄장이 부끄러워 얼굴을 붉히며 물러나가 곧장 원효 법사에게로 가서 간절히 진요를 구하니 원효가 삽관법을 지어 이끌었다. 엄장이 이에 몸을 깨끗이 하고 뉘우쳐 자책하며 한 마음으로 관을 닦아 또한 서쪽으로 승천하였다.

삽관법은 원효대사 본전과 해동승전 중에 있다. 그 부인은 곧 분황

사의 종이니 대개 십구응신의 하나이다. 광덕이 일찍이 노래를 지은
것이 있으니 이러하다.

> 달하, 이제
> 서방꺼정 가셔서
> 무량수불 전에
> 일러다가 사뢰소서
> 다짐 깊으신 존을 우러러
> 두 손을 모두와
> 원왕생 원왕생
> 그릴 사람 있다고 사뢰소서
> 아으, 이 몸을 끼쳐 두고
> 사십십팔대원 이루실까[11]

광덕과 엄장은 문무왕 때, 신라가 고구려와 백제를 병합하여 삼국을
통일한 시대로 신라 불교가 홍성하는 시대의 사람이다.

통일신라의 지배적인 사상은 불교였다. 불교는 군왕으로부터 일반 민중

---

11) <원왕생가>는 양주동 풀이를 따름.
文武王代 有沙門廣德 嚴莊二人 友善日 夕約日 先歸安養者 須告之. 德隱居芬皇西里(或
云 皇龍寺 有西居房 未知孰是). 蒲鞋爲業 挾妻子而居. 莊庵柄南岳火種刀耕. 一日 日影
拖紅 松陰靜暮 窓外有聲 報云, 某已西往矣 惟君好住. 速從我來. 莊排闥而出顧之 雲外
有天樂聲 光名屬地. 明日歸訪其居 德果亡矣. 於是乃與其婦收骸 同營篙里. 旣事 乃謂婦
曰 夫子逝矣 揩處何如 婦曰可 遂留夜宿將 欲通焉. 婦斬之曰 師求淨土 可謂求魚緣木.
將驚怪問曰 德旣乃d爾 予又何妨. 婦曰 夫子與我 同居十餘載 未嘗一夕 同床而枕 況觸
汚乎. 但母夜端身正坐 一聲念阿陀佛號 或作十六觀觀旣熟 明月入戶. 時昇其光 加跌於
上. 竭誠若此雖欲勿西奚往. 夫適千里者 一步可規 今師之觀可 云東矣 西則夫可知也. 莊
愧報退 便詣元曉法師處. 懇求津要 曉作錚觀法誘之 藏於時潔已侮責 一意修觀 亦得西
昇. 錚觀在曉師本傳 與海東僧傳中. 其婦乃芬皇寺之婢 蓋十九應身之一. 德嘗有歌云. 月
下伊底亦, 西方念丁 去賜里遣 無量壽佛前乃, 惱叱古音(鄕言云 報言也)多可支白遣賜立,
誓音深史隱尊衣希仰支, 兩手集刀花乎白良, 願往生 願往生, 慕人有如白遣賜立, 阿邪此
身遣世置遣, 四十八大願成遣賜去.

에 이르기까지 모든 신라인이 한결같이 신봉하는 종교였다. 문무왕은 그
스스로 죽어 호국용이 되어 鎭護邦國하겠다는 서원을 세우고 죽음에 이르
러 바다에 장사지낼 것을 遺詔했다.[12] 이 때의 용은 호국뿐 아니라 호불법의
호법용이기도 하였다. 이후 대대로 국왕을 위시한 많은 귀족들이 토지와
재보를 사원에 기증하고 스스로 사원을 짓기도 하여 국가에서 너무 지나친
것을 금지시켜야 할 정도였다. 이렇게 그들이 불교를 신봉한 이유는 불교가
나라를 수호하고 귀족의 행복을 가져온다고 믿었기 때문이다.

그러나 같은 불교라도 현실에서 행복과 만족을 얻을 수 있는 지배귀족들
이 신봉하는 현세구복적 불교와 현실에서는 행복이나 만족을 얻기 어려운
일반 서민 대중의 미래지향적 불교는 그 성격이 달랐다.

왕가를 중심으로 한 지배 귀족계층의 불교가 미륵신앙으로 표현되었다면
생로병사를 비록한 현세의 고통을 벗어날 수 있는 극락정토를 희구하는
미타신앙은 민중의 지지를 받았다.

통일을 전후하여 귀족들의 부가 증대하는 반면 민중의 생활은 점점 가난
으로 기울어 빚을 갚지 못하고 노비가 되는 예가 늘어갔으며 사회 계층의
분열이 점차 커져갔다. 재상가에는 노비가 3천 명이나 되었다고 하며 국가
는 농민으로부터 가능한 모든 것을 거둬들이려고만 하였다.[13]

이러한 통일신라의 사회적 모순의 발전에 의한 민중의 염세적 경향을
반영하는 미타신앙의 정토교가 일세를 풍미하여 허다한 민중들이 현세를
등지고 입산하였으며 육신의 산 몸으로 하늘을 날아 서방정토로 왕생했다
는 설화까지 많이 전하게 되었다.

정토교는 무식한 사람이라도 믿을 수 있는 민중 종교였다. 불경의 깊은
교리를 터득하지 못하더라도 아미타불에 귀의한다는 뜻의 '나무아미타불'
을 외우는 염불만으로도 아미타불이 산다는 서방정토 즉 극락으로 왕생할

---

12) 「三國遺事」第七 文武王下
13) 이기백. 「한국사신론」(서울:일조각, 1974), 98~99쪽.

수 있다는 지극히 단순한 신앙 중심의 교리를 가졌기 때문이다. 정토교는 압박 받는 사람들에게 환영받는 종교였다. 정토교는 현세에 만족하는 것이 아니라 현세를 고해라 여기고 내세인 극락에 왕생하는 것을 소원하는 것이다.

이 정토교의 유행은 신라 불교계에 있어서의 하나의 개혁으로 이 개혁을 크게 주창하고 방방곡곡의 촌락을 돌아다니며 범부왕생의 정토교 신앙을 전파한 遊行僧이 원효였다.

원효와 같은 걸승이 앞장서서 여항에 파고 들어가서 且歌且舞하여 대중들로 하여금 <皆議佛陀之號 咸作南無之稱>14)을 하도록 교화한 것은 정토신앙이 토착화하는데 절대적 계기를 마련해 주었다.

광덕과 엄장 설화에서도 엄장이 광덕의 아내에게서 엄장 같은 행실로는 서방정토에 갈 수 없다는 매운 충고를 듣고 찾아가는 이가 바로 원효이다.

엄장은 원효에게 진요를 묻고 원효가 삽관법으로 이끌어 준 결과 몸을 깨끗이 하고 뉘우쳐 자책하며 한 마음으로 관을 닦아 광덕처럼 서쪽으로 승천하게 된다.

엄장과 같이 서방정토로 가기를 원하는 중생들이 알고 싶어했을, 원효가 중생제도에 사용한 삽관법의 출전을 일연은 광덕 엄장조 말미에 밝혀 놓음으로써 기록의 사실성을 더하고 중생들이 참고하도록 하는 효과를 높인다.

광덕 엄장 설화는 신라 민중 사회에 뿌리를 내린 정토신앙의 모습을 구체적으로 보여 주는 기록이며 일연이 제시한 주제의 하나다.우15)

일연은 미타신앙을 말함에 있어서 역사서술적 기록 방법을 피하고 사건 묘사의 서술 방식을 택하여 생동감과 활력을 지니도록 하였다. 이미 생활 속에 파고들어 있는 정토신앙의 실상을 광덕과 엄장이라는 두 인물을 통해 미타 신앙의 현재적 모습으로서 보여 준 것이다. 여기에 수반되는 사건은 정토신앙을 수행하는 방법과 과정을 짐작하게 하며 광덕처럼 처음부터 일

---

14) 「삼국유사」 권4 元曉不羈條.

15) 박노준, 「원왕생가고」, 「국어국문학」, 85호, 1981.

관되게 신심이 깊었던 사람은 물론 엄장과 같이 도중에 일시적으로 심적 갈등을 지녔던 인물도 뉘우치고 수도하면 극락 왕생한다는 것으로, 극락왕생이란 어려운 수도의 과정을 겪어냈을 때 누구에게든 가능한 일이라는 열린 의식을 보여 준다.

당대 신라 민중에게 있어서 고통스런 현세로부터 벗어나 이상세계로 갈 수 있는 유일한 통로로서의 미타신앙에 대한 지향성은 당시 신라 민중들이 지녔던 삶의 조건 속에서는 필연적인 일이었다고 하겠다.

극락왕생을 먼저 이룬 광덕보다 늦게 이룬 엄장의 이야기에 비중을 둔 서술태도는 신심이 부족하며 흔들리기 쉬운 인간의 수행과정을 통해 인간적 한계와 약점을 지닌 많은 중생들에게 극락왕생의 가능성을 제시하고 원효법사가 그랬듯이 그들을 제도하려는 불교 본래의 정신에 기인한 것이다.

객관적으로 보아 광덕이나 엄장에게 시련과 유혹의 원인으로 작용했을 광덕 처의 존재에 대한 주석도 두 사람이 서방정토로 가는 과정에서 광덕 처가 하는 기능을 설명하기 위한 것이다. 광덕 처의 현실적 신분은 분황사의 종이었으나 광덕, 엄장의 극락왕생에 있어서 그녀의 역할은 백월설화16)에서의 젊은 여인처럼 관음응신으로서 수도자의 성불을 돕는 일이었다.

광덕과 엄장은 두 사람 다 미타신앙에 의한 서승을 기원하여 좋은 벗으로 먼저 안양으로 가는 사람이 상대방에게 알리자고 조석으로 약속한다. 두 사람 모두 서승을 간절히 원했으며 누가 먼저 서승하게 되는지 알 수 없는 상황이었다. 만일 광덕이 먼저 서승할 것이 예측되는 상황이었다면 엄장이 광덕에게 서승할 때 알리고 가라고 했어야 한다.

또 광덕은 아내와 함께 살고 엄장은 혼자 살고 있으므로 광덕과 그 아내의 참모습을 모르는 상태에서는 오히려 엄장에게 더 빨리 서승할 수 있는 가능성이 큰 것으로 생각된다. 「아미타경」등 동계의 제경에는 극락왕생하려는

---

16) 「삼국유사」 권3, 塔像, 제 4. 南白月二聖努 夫得 恒旭 朴朴條

중생에게는 上中下 三輩의 구별이 있는데 삼배의 수행법이 각기 다르다고 하며「無量壽經」에 의하면 上輩往生은 가족을 버리고 욕망을 끊고 사문이 되어 보리심을 발하여 무량수불을 염하고 여러 공덕을 수행하면 佛의 來迎을 만나 왕생할 수 있다고 하였고 '中輩往生'은 상배와 같이 사문이 되어 제 수행을 할 수는 없다고 하더라도 우선 보리심을 발하여 일심으로 염불하고 선행을 닦아 齋戒를 지키며 塔像을 건립하고 사문을 공경하며 불전에 天蓋를 걸거나 燈明을 바치거나 散花 燒香하거나 하면서 극락왕생을 발원하면 命終에 무량수불의 화신이 來迎한다 하여 구별하고 있다. 이렇게 본다면 엄장은 上輩에 들지만 광덕은 가족이 있으니 上輩로서의 조건을 갖추었다고 할 수 없다.

그러나 광덕의 사후 엄장의 물음에 대한 광덕 아내의 답변에서 광덕이 어떻게 엄장보다 먼저 서승할 수 있었는가가 밝혀지게 되고, 남편이 죽었으니 같이 살자는 엄장의 제의를 아무런 인간적 갈등이나 망설임 없이 순순히 수락한 광덕 아내의 행동에 대해서도 해명과 납득이 이루어지게 되는데 이것은 사건 전개와 서술 구조로 보아 극적 전환에 해당한다.

광덕과 그 아내와의 관계는 남매탑 설화에서 상원대사와 김처녀와의 관계[17]나 의상·묘선 설화에서 의상대사와 묘선과의 관계[18]에서처럼 의남매 또는 사제로 함께 불도를 닦는 경우를 상정해 볼 수도 있으나 일연이 부연해 놓은 대로 광덕과 엄장의 수도를 도와 극락왕생을 이루게 하는 십구응신 중의 하나라는 것이 가장 합당한 설명이 된다. 십구응신 중의 하나가 아니라면 그녀의 왕생에 대해 언급이 없는 것이 납득되지 않는다.

---

17) 서경보,『한국고승일화집』.
  설화에서 상원대사가 호랑이에게 베푼 은혜로 호랑이가 김처녀를 물어다 주고 김처녀는 목숨의 은인이며 인품이 높은 상원대사를 흠모하여 결국 두 사람은 의남매를 맺고 함께 수도에 정진하여 극락 정토로 간다.

18) 묘선은 자기 집에 묵게된 의상 대사를 흠모하여 연모의 정을 표했으나 의상을 움직일 수 없자 그의 제자가 되어 일상 생활의 수발을 극진히 하며 수도에 정진한다.

그렇다면 십구응신의 하나인 광덕의 아내가 왜 광덕에게 먼저 서승을 이루도록 돕는 것일까. 그것은 설화에서의 광덕의 행적과 원왕생가를 지어 불렀다는 것이 스스로 답해 준다.

그토록 간절한 기원과 그에 따르는 수행의 과정이 있고서야 광덕 아내의 말대로 서승이 이루어지지 않을 리가 없기 때문이다. 그리하여 광덕은 노을이 붉게 지고 솔 그늘이 고요히 저무는 선적 분위기 속에 하늘 풍악 소리와 빛에 싸여 서승의 소원을 이루는 것이다.

3. 달에게 부친 왕생 염원

　　　달하, 이제/서방꺼정 가셔서/무량수불 전에/일러다가 사뢰소서

서쪽으로 가는 달을 불러 자신의 말을 사뢰어 달라는 간절한 기원이다. 서쪽은 西方十萬億國土를 지나서 阿彌陀佛의 極樂國土가 있다는 곳이다. 달은 그런 서쪽을 오가는 초월적 존재다. 즉, 달의 外延的 의미는 자연물로서의 달이지만 함축 의미로 보면 佛性의 표징이다. 진흙 속에서 연꽃이 피어나듯이 암흑 속에서 그 어둠을 밝혀 주는 존재이기에 서방정토 무량광불의 使者로 인식된다.

신라인에게 자연은 정복의 대상이 아닌 인간의 삶과 혼연일체된 자연, 인간의 말과 마음이 통하는 대상으로서 존재한다. 월명사가 달 밝은 밤에 피리를 불며 문 앞 큰 길을 지나니 달이 가기를 멈추었고[19] 충담사의 <讚耆

---

19) 『삼국유사』, 권 제5 感通 제7 월명사 도솔가 條 善吹笛 嘗月 夜吹過門前大路 月馭爲之停輪

婆郞歌>에서 달은 기파랑의 높은 인품을 추모하여 그 마음의 끝을 좇아간다고 했고[20] 융천사의 <혜성가>에서는 '세 화랑이 산놀이 간다는 소식 듣고 달도 바지런히 그 빛을 비친'[21]다. 그래서 정읍사의 아낙네는 달에게 높이 돋아 멀리까지 비치어서 남편의 길을 밝혀 달라고 기원하는 것이다. 그런 달이기에 月印釋報에서는 佛의 化身 석가모니의 교화를 '드리 즈믄 그르매 비취요미 곧 ㅎ니라'고 찬양하고 있다.

중생을 차안에서 피안으로 인도하는 서방정토 무량수불의 使者로 생각하여 달이 이제 서방까지 가셔서 무량수불 앞에 저의 존재를 사뢰어 달라고 기원하는 것이다. 무량수불은 서방정토불인 아미타불의 성품을 나타내는 덕칭으로 아미타불은 수명이 무한하여 시간적으로는 三世가 다하도록 일체의 중생을 제도할 수가 있고 光明이 無量하기 때문에 공간적으로 十方에 널리 비치어 衆機에 맞도록 感應할 수가 있어 무량수불·무량광불로 송축되며 십만억불토를 지나서 있다는 서방정토의 常往佛이다.

그 무량수불 전에 다다를 수 있는 존재인 달에게 왕생서원을 간절히 기탁한다.

> 다짐 깊으신 존을 우러러/ 두 손을 모두와/ 원왕생 원왕생/ 그릴 사람 있다고 사뢰소서.

아미타불은 그가 세운 誓願인 四十八大願의 因行으로 成佛을 얻게 되었는데 大無量壽經의 四八大願에 '設我得佛~不取正覺'이 마흔 여덟 번이나 연속 반복된다. '설사 내가 부처가 되어도 만일~이 이루어지지 않으면 정각

---

20) 『삼국유사』, 권 제2 紀異 제2 찬기파랑가 咽鳴爾處米 露曉邪隱月羅理~郎世持以支如 賜烏隱心末際叱昑逐內良齊

21) 『삼국유사』, 권 제5 감통 제 7 융천사 혜성가 진평왕대 三花矣岳音見賜烏尸聞古月置 八切爾數於將來尸 波衣

을 취하지 않겠다'는 이 말은 중생구제의 本願이 이루어지지 않으면 佛이 되지 않겠다는 뜻인 것이다. 자신의 깊은 신앙심, 불법에 귀의하여 一心情念으로 수도 고행하여 나무아미타불로 왕생을 얻고자 하는 간절한 염원이 서방정토의 무량수불께 전해지기를 발원한다.

여기서 시적 자아의 목소리는 깊고 그윽하며 간절하면서도 우렁찬 것이다. 달이 떠 있는 높이와 십만억불토를 지나서 있는 서방정토까지의 거리를 포괄하며 밝은 달빛처럼 온 누리와 시적 자아의 내부 공간에 충만한 목소리이다.

먼저 제1장에서 달을 부르고 '이제' 오랜 수도와 고행과 기다림 끝에 서방까지 가셔서 일러다가 사뢰어 달라고 기원하고 제2장에서 그 사뢰는 내용을 구체화하여 다시 반복함으로써 염원의 간절함을 강조 고조시킨다.

> 아으, 이 몸을 끼쳐 두고/ 사십팔대원 이루실까.

이 몸을 이승에 남겨 놓고 아미타불께서 사십팔대원을 이루실까를 독백체로 반문하고 있다.

사십팔대원은 서방정토불인 아미타여래가 因地에서 법장보살의 몸으로 있을 때 世自在王佛 앞에서 행했다는 서원으로 48서원 중에서 사문 광덕의 <원앙생가>와 관련되는 本願은 '王本願'이라 할 수 있는 제 18의 '念佛往生願'이라 하겠다.[22]

> 願往生이라는 이 한 마디 말은 '죽음'을 祈求하는 종교적인 發願으로 해석되어야 마땅하다. (중략) 이 때의 죽음은 극락세계로 가는 것을 전제로 한 죽음이며, 이승에서의 삶을 다 누리고 난 뒤에 맞이하는 그런 죽음이 아니라 세속적인 생활의 어느 길목에서든 자신의 命을

---

22) 金起東, 「新羅歌謠에 나타난 佛敎의 誓願思想」, 『신라가요연구』(서울 : 정음사, 1979), 235쪽

> 아낌없이 내 던지고 어서 빨리 죽음의 세계를 택하겠다는 신앙으로서
> 의 죽음이다.[23]

이렇듯 광덕에게 있어서 죽음은 절대절명의 것으로, 죽어 서방정토로 가면서 엄장에게 '나는 벌써 서쪽으로 가니 그대는 잘 있다가 빨리 나를 따르라' 하는 말에서도 그가 얼마나 죽음을 고대하며 기다렸는가를 짐작할 수 있다. 미타사상을 바탕으로 한 불교적 死生觀이 조그만 회의도 없이 군건한 믿음으로 드러나면서 제 2장에서 반복 고조되었던 정서를 마무리한다.

다짐 깊으신 존이기에 결코 이 몸을 남겨 두고 사십팔대원을 이루실 리는 없다는 말이다. 그러므로 두 손을 모두와 기도하며 원왕생을 그리는 나의 존재를 무량수불 전에 사뢰어 줄 달을 부르는 것으로부터 노래가 시작되는 것이다. 그러므로 광덕이 달을 부른 때는 '밤마다 몸을 단정히 하고 바로 앉아 달이 창에 비치면 그 빛에 올라 그 위에 정좌'한 시간의 연장 선상에 있는 것이다.

그리하여 달을 통해 호소한 원왕생의 염원이 점층적으로 반복 고조되면서 군건하고 순정한 신심을 표현하여 빈틈없는 짜임새와 그 염원의 절실성으로 단순한 기원가나 불찬가의 경지를 넘어서 서정문학으로 승화된다.

4. 불교적 세계관의 한계

현세적 삶이 지향점을 잃게 될 때 그것은 당연히 來世를 향해 그 출구를 찾게 된다. 더구나 그 내세가 종교적 믿음으로 하여 확고부동한 理想鄕의 모습으로 다가 올 때 인간은 죽음에 대해 특별한 의미를 부여한다. 현세적

---

23) 朴魯埻, 「願往生歌攷」, 『국어국문학』, 85호 1981, 220쪽.

의미의 죽음은 내세에서의 다시 삶, 서방정토에서 왕생하는 것을 뜻한다. 그리하여 인간은 그 목적인 특별한 죽음을 죽기 위해 부단한 고행과 수도의 과정을 거쳐 삶의 구극인 특별한 죽음에 도달하는데 종교적 죽음도 그러한 죽음의 일종이다.

그러나 인간 개체의 생명은 그러한 종교적 죽음을 위한 노력을 기울이거나 희원하지 않아도 자연스러운 죽음을 향해 나아간다. 이때 개체가 죽음을 향해 나아가도 종 전체의 존속은 유지된다. 자손을 만드는 세포를 지배하는 성적인 삶은 본능이 종의 생물학적 존속을 지속시키고 있으므로 가능하게 된다. 이 때 성의 본능은 바로 프로이트가 말하는 삶의 본능이 된다.

청정과 결부되는 종교적 제행에는 금욕이 따르는데 그것은 종교적 죽음 즉 특별한 죽음을 주기 위한 목적과 관련되며 삶의 본능과는 상반되는 자리에 놓인다. 광덕의 경우 10여 년을 아내와 함께 살면서도 하루 저녁도 잠자리를 같이 하지 않았다는 것은 극단적인 경우로, 세속화를 통한 불교의 대중화, 민중화의 성격을 띠는 승려의 대처와는 다른 것이다. 우리나라 비구승의 99%가 비구의 수계를 받은 후에도 성의 경험이 있으며 그렇지 않은 사람은 극소수[24]라는 것을 보아도 금욕을 철저히 지키는 것이 어려운 일이며 실제로 실천하는 경우가 드물다는 것을 알 수 있다. 이것으로 지극한 왕생염원에 따른 광덕의 수행이 얼마나 철저한 것이었나를 짐작할 수 있다.

신라 사회에서 원래 불교의 발달은 왕실불교로, 지배자의 이데올로기를 강화하는 기능을 가짐에서 가능하였고 이를 통하여 고대국가의식을 수립시킬 수 있었던 것이다. 그러나 통일기 이후에 와서는 각 곳에 불교 사원 건립이 성행하였고 그것들이 모두 귀족들의 재산도피처가 되었고 농민들에 대한 고리대금업자로 변하면서 국가 경제를 위태롭게 하였다.

농민들은 조세의 부담이 많아 노동력의 수취가 가혹하였으며 고리대에

---

24) 金容沃, 『나는 불교를 이렇게 본다』(양평:통나무, 1989), 259쪽.

시달리면서 엄격한 '役'의 의무를 이행해야만 하였으므로 빚을 갚지 못하여 노비나 노예로 신분이 전락하거나 때로는 자신의 생활 터전을 떠나 도망하는 경우가 생기기도 하였다.

9세기 초 신라의 村落帳籍에 나타난 호구증감의 예를 보면 도망한 戶口가 나타나는데 시대가 내려오면서 이러한 亡戶가 날로 증가했을 것이며 그 亡戶는 대개 寺院이나 귀족들의 장원이나 목장으로 흡수되어 갔으리라는 것이다.[25]

이러한 현실에서 분황사의 노비인 아내와 함께 살며 신을 삼아 생계를 이어간 광덕에게는 피안에의 대망을 이루는 것만이 오로지 구원이었다.

그러나 이러한 피안에의 대망 사상은 현실 생활에서 빚어지는 모순을 설명하는데는 궁극적 의미에서 설득력을 가질 수 없다.

> 기독교에서의 내세 사상이나 그것과 불가피한 관련을 가진 보편주의적인 형제애의 사상이 서양의 중세 사회에서 강조되었으면서도 현실적으로 존재하는 농노제도를 철폐할 수는 없었다. 그렇기 때문에, 피안에 대한 대망이라는 것은 현실적인 질곡을 참고 이겨내는 도피적인 성격을 가졌을지언정 궁극적으로 일체의 인간을 속박하는 질서와 제도로부터의 구속을 벗어나고자 하는 인간의 이상과는 부합되지 않는다. 그렇기 때문에, 불교의 내세관 역시 민중의 주술적인 성향을 고취하거나, 이렇게 함으로써 민중의 현실 감각을 다른 방향으로 연소시켜 체제를 옹호하는 도그머로서의 역할을 다했을 뿐이다.[26]

내세의 행복을 강조하면서 현세의 행복 추구란 하잘것없는 일시적인 것임을 주장하여 서민 대중, 혹은 민중을 피동적인 인간형으로 만들어 버리고자 하는 것이, 역할의 재조정과 재산의 재분배를 필수적 요건으로 하는 사회에

---

25) 대한민국 문교부 국사편찬위원회편, 『한국사』(서울·탐구당, 1989), 109~133쪽.

26) 황선명, 『민중 종교 운동사』(서울·종로서적주식회사, 1981), 28쪽.

있어서 사회의 재편성에 반대하는 지배층의 이해와 밀착된 기성 종교가 하는 역할이다. 고통스런 현실의 모순이나, 정의가 실현되지 못하는 현실을 비판하고 새로운 사회를 위해 현실적 노력을 기울일 것이 아니라 참고 견디어 냄으로써 내세에 가서 지복을 누리라고 민중을 달랜다. 이때 종교의 역할은 이 세상으로부터의 도피나 死後世界의 대망과 같은 보상의 機制는 될 수 있으나 역동적인 새로운 가치 추구의 집단 행동으로 나오게 하지는 못한다.

이렇게 볼 때 원효의 민중불교운동은, 19세기 말 우리나라에서 일어난 동학운동이 봉건 세력의 완전한 붕괴와 근대화를 촉진하는 광범위한 사회 변혁의 동기를 유발케 한 점에서 민중의 자생적 운동으로 긍정적인 평가를 받는 것에 비해 일정한 한계를 지니는 것이다.

미천한 백성으로서는 신라가 불국토임을 내세우거나 미륵이 하생해서 나라를 이끌어간다는 자부심을 귀족과 함께 누리기에는 너무나 처지가 불리했고 화엄사상의 오묘하고도 치밀한 체계에 기대를 걸 수 있는 것도 아니었다. 현세에서는 관음이 출현해서 구원을 해 주는 기적을 기다리는 정도이고, 그것보다 내세에는 서방정토에 태어나도록 열심히 염불을 하면서 나날의 고난을 잊고자 했을 것이다.[27]

이렇게 정토신앙은 일향 전념의 공덕을 쌓아 아미타불의 원력으로 더 나은 서방정토에 왕생하겠다는 뜻에서 신앙열이 번진 것이므로 현세적 목적과 전혀 무관한 것이 아니며, 현세에 누리지 못한 복락을 내세에 누리겠다는 동기가 중요한 것[28]이라면, 당대 신라에서 아미타 신앙이 갖는 사회적 역할은 사회의 유형을 유지하는 통합적 기능과 사회 체계의 유지에 있어 위험한 존재인 욕구 불만을 다른 것으로 바꾸게 하는 데 머무른다.

세속적으로 더 나은 삶의 조건을 획득하고자 하는 것은 동서고금을 막론하고 인간에게 공통된 소망이며 이러한 소망이 사회적 문제로 표면화할

---

27) 조동일, 『한국문학통사1』(서울:지식산업사, 1981), 155쪽.
28) 황선명, 앞의 책, 166쪽.

때, 신라 말기 미륵불 신앙에서 나타나듯이 초월적 절대자의 권능을 빌어 지상에 신의 왕국을 세우고 문제를 근본적이고 영구적으로 해결하려 한다. 이러한 운동은 내세를 지향하는 것이 아니라 此世에 그러한 이상을 실현하겠다는 의도를 강렬하게 표명함으로써 절박하면서도 전면적인 사회 변혁을 초래하게 되는 점에서 일종의 정치적 사회적인 대중 운동으로 파급되게 되며 사회 구조의 전면적인 재편성을 불가피하게 한다.

그러나 미타신앙은 신라 시대 이후 미륵 신앙처럼 계속 뿌리를 내려오는 것은 아니지만 경주 석굴암의 상량문에 따르면 석가여래상으로 알려진 本尊佛이 실은 아미타여래라 할 정도로 성행했으면서도 이상 세계로 지목하고 있는 서방 정토가 피안, 다시 말해, 死後에 실현되므로 진인에 대한 대망이나 현세에서의 고통에서 벗어나는 福田이 실현될 것이라는 대망을 가질 수가 없다. 여기에서 민중의 현세적 소망은 사회적 문제로 표면화되는 힘을 가지지 못하고 이 세상으로부터의 도피나 사후 세계에의 대망과 같은 개인적 보상의 機制에 머무른다.

여기에 願往生歌를 꿰뚫고 있는 미타신앙이 갖는 세계관의 한계성이 있다고 하겠다.

5. 맺음말

원왕생가는 통일 신라기 귀족의 지배체제가 강화되면서 나타나는 민중 불교인 미타신앙을 사상적 배경으로 하여 무량수불의 使者로 관념되는 佛性의 상징인 달에게 원왕생의 서원을 기탁해 노래한 광덕의 작품임을 알아보았다.

원앙생가는 佛陀에의 기원이 현실적 功利를 전혀 몰각하고 순수한 종교적 신앙심이 표현되면서 시적 서정성과 오묘한 諧調를 이루게 되면서 詩가 곧 종교이고 종교가 곧 詩라는 명제를 입증해 보인다.

久遠의 생명을 표상하는 달의 상징과 生의 合一을 통해 生을 초극하려는 의지가 작용한다.

고려 때의 보현십원가 11수가 종교적으로 硬化된 작품인데 비해 원왕생가는 불교 신앙에서 우러난 시적 정서를 깊이 간직한 순도 높은 서정시라 하겠다.

그러나 당대 신라 사회에서 미타신앙이 갖는 피안에의 대망 사상은 현실 생활에서 빚어지는 모순을 설명하는 데는 궁극적 의미에서 설득력을 가질 수 없으며, 민중의 현실 감각을 다른 방향으로 연소시켜 현실의 모순이나 부조리를 개혁하기 위한 현실적 노력으로 나타날 수 없도록 하는 데서, 단지 보상의 機制에만 머무르는 한계를 지닌다. 이러한 세계관을 작품의 근간으로 하는 데서, 원왕생가가 높이 도달하는 서정적 감동력은 삶의 질곡에서 고통받는 민중에게는 공허한 올림에 그쳐버릴 가능성이 커지는 것이다.

≪참고 문헌≫

1. 자료

·이병도 역, 『三國遺事』(서울 : 대양서적, 1972).

2. 단행본

·金承璨편저, 『鄕歌文學論』(서울 : 새문社, 1986).
·국어국문학회면, 『新羅歌謠硏究』(서울 : 정음사, 1979).
·金鍾雨, 『鄕歌文學硏究』(서울 : 宣明文化社, 1974).

・최 철, 『향가의 문학적 연구』(서울 : 새문社, 1985).

・金東旭, 『韓國歌謠의 연구』(서울 : 宣明文化社, 1975).

・정병욱, 『한국고전시가론』. (서울 : 신구문화사, 1980).

・장덕순, 『韓國古典文學의 理解』(서울 : 一志社, 1973).

・정병욱, 『한국고전의 재인식』(서울 : 弘監社, 1980).

・金烈圭, 『韓國民俗과 文學研究』(서울 : 一潮閣, 1980).

・張德順 外, 『韓國文學史의 爭點』(서울 : 집문堂).

・黃浿江 外篇, 『韓國文學研究入門』(서울 : 知識産業社, 1982).

・金尙憶, 鄕歌(서울 : 자유교육협회, 1974).

・張德順, 『韓國文學史』(서울 : 同和文化社, 1987).

・조동일, 『한국문학통사Ⅰ』(서울 : 지식산업사, 1988).

・金起東, 『國文學槪論』(서울 : 太學社, 1983).

・李基白, 『韓國史新論』(서울 : 一潮閣, 1974).

・金容沃, 『나는 불교를 이렇게 본다』(양평 : 통나무, 1989).

・Jolande Jacobi, 洪性華譯, 『융心理學』(서울 : 敎育科學社, 1985).

・李商燮, 『文學批評用語事典』(서울 : 民音社, 1984).

・全圭泰, 『論註 鄕歌』(서울 : 정음사, 1984).

3. 논문

・金烈圭, 「鄕歌의 文學的 研究 一斑」, 『西江大 人文研究論集』. 4호 1972.

・宋在甲, 「新羅歌謠의 修辭論」, 『東國大 韓國文學研究』, 3집. 1976.

・丁益燮, 「鄕歌의 ‘往生’ 思想과 ‘님’의 屬性」, 『玄平孝先生 回甲 論文集』. 1980.

・朴魯埻, 「願往生歌攷」, 『국어국문학』 85호. 1981.

・成基玉, 「願往生歌의 生成背景 研究」, 『震檀學報』, 51호. 1981.

2. 栗谷 李珥論

1. 머리말

율곡 이이는 조선조의 대표적 성리학자이며, 經國濟世의 포부를 지니고 철인 군주주의의 실천과 경제론적 입론과 변법주의적 이론을 바탕으로 개혁을 주장한 정치가였으며, 487수에 달하는 한시와 국문가사 자경별곡, 연시조 고산구곡가를 남긴 시인이기도 하다. 성리학자로서의 이이는 理氣論에서 理氣不相離, 理氣同等의 처지에서 이기는 둘이 아니고 하나도 아니라고 하여 一元的二元論을 주장하였다. '죽은 재에는 理는 있지만 氣는 없다' 하여 理通氣局說을 폈고 심성론에서는 발하는 것은 氣(發之者氣)요 발하는 까닭은 理(所以發者理)라 하여 氣發만을 인정하였다. 따라서 理發氣隨之는 있을 수 없으며 氣發理乘之만 있을 수 있다 하였다.

이러한 성리학에 바탕을 둔 載道論과 그것을 형상화한 그의 문학 작품은 16세기 한국문학사에서 그 시대를 주도했던 문학관과 작품의 경향을 밝히는 데 꼭 필요한 연구 과제이다. 여기서는 주로 이이의 시조작가로서의 면모를 살펴보기로 한다. 그가 남긴 유일한 국문 시가로 알려져 있는 고산구곡가를 대상으로 하되 그 외의 많은 관련 작품들을 참고로 하여 그의 문학관과 작품 세계를 밝히고 시조작가로서의 이이의 면모를 살펴보고자 한다.

2. 載道的 문학관

2.1. 학문에 바탕을 둔 性情의 吟詠

다만 때에 따라 사람의 마음을 일깨우는 성현들의 격언을 열람하면서 고요한 시간을 보낼 뿐입니다. 구름과 달을 희롱하는 시작(詩作)은 이미 학자로서 즐길 것이 못되며, 성정(性情)을 음영(吟詠)하는 것도 또한 지식이 얕은 자로서 잘 할 수 있는 것이 못됩니다. 이 때문에 일체 문필에 종사하지 않은 지가 오래되었습니다.[1]

> 기미(1559)년 율곡이 24세 되던 해에 송이암에게 문장의 본질을 논하기 위하여 보낸 편지에서 이이는 음풍농월은 학자로서 즐길 것이 못되며 성정을 음영하는 것도 지식이 얕은 사람은 잘 할 수 없다고 하였다. 그렇다면 그의 글에 대한 생각은 종래의 음풍농월에서 벗어나 성정을 읊는 것으로 옮아갔다고 보아야 한다. 다만 성정을 음영하기 위해서는 지식이 깊고 두터워야 한다는 것이다.

---

1) 栗谷全書, 拾遺 卷 3 書 下. 與宋頤菴. 己未. 但時時披閱聖賢格言之鍼灸人處 聊破寂廖耳 酬雲唱月 旣非學者之所當嗜 吟詠性情 又非淺識者之所能 由是絶不事鉛槧 爲日已久.

  생각하옵건대, 영공은 학문을 쌓은 지가 오래 되어 깊은 견해가
  있고 문장을 만들면 자연히 법도에 맞아, 구법(句法)도 만들면 정밀하
  고 음조도 매우 청아하며 또 안목을 갖춘 사람을 만나서 고치고 바로
  잡았습니다. 그러므로 오늘날 세상에서 시가(詩家)의 바른 길을 아는
  사람으로는 영공보다 앞설 사람이 없고 내가 경모함도 영공보다 앞설
  사람이 없으니 문장을 배우고자 한다면 영공을 버리고 장차 누구에게
  찾아가서 질정하겠습니까2)

  학문을 쌓은 지가 오래 되어 견해가 깊어야 문장이 자연히 법도에 맞고
구법도 정밀하고 음조도 청아하다는 것이다. 즉 좋은 시를 쓰기 위해서는
높은 학식과 깊은 견해, 거기서 저절로 우러나는 자연스러운 문장, 정밀한
구법, 청아한 음조가 갖추어져야 한다는 것이다. 또 시에 대한 안목을 갖춘
사람이 고치고 바로잡아 준 다음이라야 훌륭한 시를 쓸 수 있다고 보았다.

  내가 사도(斯道)에 조금이나마 보는 바가 있어서 들어갈 곳을 얻고
  능히 지키는 바가 있어 외물에 유혹되지 않은 뒤에 영공을 좋아 문장
  을 일삼지 않은 문장을 배우려 합니다. 그 때에 영공이 깨친 바 성현의
  글로 부지런히 가르쳐 주어 나로 하여금 안목을 갖춘 무리가 되게
  하여주시면 다행이겠습니다.3)

  그는 성리학자로서 학문적인 방향을 확실히 하고 자신의 학문적 입장에
맞는 이론적 기반을 튼튼히 한 다음에라야 문장을 배우겠다고 하였다. 즉
학문을 쌓은 지가 오래 되어 견해가 깊어진 경지에 도달해 외물에 유혹되지

---

2) 栗谷全書, 拾遺 卷 3 書 下. 與宋頤菴. 己未. 伏惟左右 積學旣久 深有闖見摛詞敷藻 自
   中繩墨 句法甚精 音調甚淸 又遇具眼 有所斤正 今世之識詩家正路者 無出左右右者 欲學
   爲文 捨左右而將誰就正哉.
3) 栗谷全書, 拾遺 卷 3 書 下. 與宋頤菴. 己未. 待珥於斯道 稍有所見 得箇入處 能有所守
   不爲外物所勝 然後將從左右 以學不文之文 於斯時也 左右其以所得聖賢之文 勤勤示誨
   使珥得爲具眼之徒 幸甚幸甚.

않게 된 다음이라야 문장을 배우려 한다는 것이다. 이 때 그가 생각하는 문장은 문장을 일삼지 않는 문장이다. 시에 대한 안목을 갖춘 사람이 성현의 글로 부지런히 가르쳐야 될 수 있는 안목을 갖춘 무리가 되게 하는 문장인 것이다.

> 대저 옛사람들이 이른바 글이라고 하는 것은 오늘날 사람들과 다릅니다. 옛사람들의 글은 글을 짓는 데 뜻을 둔 것이 아닙니다. 대저, 구름이 퍼지고 비가 내리며 해가 쬐고 달이 비치며 산이 높고 내가 흐르며 풀과 나무가 문채 있게 나타남은 하늘과 땅의 문장입니다. 그러나 하늘과 땅은 스스로 그 문장이 됨을 알지 못합니다. 그러므로 옛적의 사람들은 도를 문장으로 삼았습니다. 도를 문장으로 삼았으므로 문장을 하려 하지 않아도 문장이 되었습니다.[4]

문장을 일삼지 않는 문장이란 구름과 비와 해와 달의 작용과 같은 하늘의 현상, 산과 내와 풀과 나무의 작용과 같은 땅의 현상과 같이 저절로 자연스럽게 이루어지는 것이다. 도를 문장으로 삼은 옛사람의 문장이 그것이다. 천지나 도의 자연스러운 작용이 없이 문장을 만들려고 할 때 그것은 진정한 문장이 될 수 없다는 것이다. 후세 사람들이 억지로 만들어 의도적으로 아로새기고 꾸미는 것은 문장을 하려 하나 문장이 되지 않는 문장이라는 것이다.

그는 천하의 지극한 문장으로 논어·맹자·육경(시경, 서경, 주역, 춘추, 예경, 악경)과 시 삼백 편을 들었다. 이 문장들은, 혹은 기이하고 혹은 간결하며 혹은 권면하고 혹은 경계하며 지취의 정수함과 성률의 협화함이 모두 자연에서 나왔다는 것이다. 율곡 자신은 이러한 고문에 뜻을 두었으나 재지

---

4) 栗谷全書, 拾遺 卷 3 書 下. 與宋頤菴. 已未. 大抵古人之所謂文者 與今人異 古人之文
無意於爲文者也 夫雲行雨施 日照月臨 山川之流峙 草木之賁飾者 天地之文也 天地不自
知其爲文 和順積中 英華發外 動作有威儀 言語爲經籍者 聖賢之文也 聖賢不自其其爲文
是故 古之人 以道爲文 以道爲文 故不文而爲文.

(才智)가 낮고 학문의 힘이 미약해서 온종일 고심해도 뜻에 맞는 글귀를 쓰지 못한다는 것이다. 그러므로 그는 학문의 깊이를 다한 연후에라야 그를 바탕으로 진정한 문장을 쓸 수 있다고 본 것이다.

2.2. 氣가 善鳴으로 나타남

이이는 사람의 기가 속에 차서 밖으로 발현된 후에 소리가 되는 것이라고 했다. 그는 소리를 쓸 데 없는 소리와 쓸 데 있는 소리로 나누었다. 쓸 데 있는 소리를 다시 아름다운 소리와 악한 소리로 나누었다. 아름다운 소리 중에도 실속 있는 소리와 헛된 소리가 있어 입에서 나와 문장으로 이루어져야 실속 있는 소리라고 했다. 실속 있는 소리도 바른 것과 사특한 것이 있다. 이 때 바른 소리가 바로 善鳴이 된다는 것이다. 결국 사람이 소리를 내서 남들에게 좋게 들리고 남들에게 좋게 들린 문장으로 이루어지며 문장으로 이루어지되 바른 것에 합치된 것을 선명이라고 한다는 것이다.

> 사람이 세상에 태어나 삶에 오장이 속에 갖추어지고 백해(百骸)가 외면에 나타나 있다. 그 근본이야 어찌 소리가 있으랴. 기(氣)가 속에 차서 밖으로 발현된 후에 소리가 되는 것이다. 그렇다면 사람을 소리 나게 하는 것은 기다. 그러나 그 소리를 내는 것이 한 가지가 아니다. 쓸 데 없는 소리가 있고 쓸 데 있는 소리가 있으니, 기침 소리나 코푸는 소리 같은 것은 쓸 데 없는 소리가 되며, 탄식하는 소리나 언담하는 소리 같은 것은 쓸 데 있는 소리가 되는 것이다. 그 쓸 데 있는 소리 중에서도 아름다운 소리와 악한 소리가 있으니, 사람들이 그 소리를 듣고 좋아하면 아름다운 소리가 되는 것이요, 싫어하면 악한 소리가 되는 것이다. 이 아름다운 소리 중에서도 실속 있는 소리와 헛된 소리가 있는데, 입에서 나와 문장으로 이루어지지 않으면 헛된 소리인 것이요, 입에서 나와 문장으로 이루어지면 실속 있는 소리인 것이다.

이 실속 있는 소리 중에서도 바른 것과 사특한 것이 있고, 또 바른
것 같으면서도 사특하고, 사특한 것 같으면서도 바른 것이 있는데,
사람이 소리를 내서 남들에게 좋게 들리고 남들에게 좋게 들린 것이
문장으로 이루어지며 문장으로 이루어지되 바른 것에 합치된 것을
선명이라 이른다. 그러고 보면 선명은 과연 어려운 것이다. 그러나
휴양 최입지가 선명에 가까운 사람이다. 그의 문장은 비록 대성하지는
못했으나 그 뜻은 바름을 기대하는 사람이다. 그것을 전공하여 게을리
아니하니 무슨 어려움이 있겠는가.[5]

이는 다음과 같이 정리할 수 있다.

氣가 사람의 속에 차서 밖으로 발현되어 소리가 나게 됨→쓸 데 있는
소리→사람들이 그 소리를 듣고 좋아하는 아름다운 소리→입에서 나와 문
장으로 이루어지는 실속 있는 소리→바른 것에 합치된 문장(善鳴)

이율곡이 기가 사람의 속에 차서 밖으로 발현되어 소리가 나는 것이라고
했을 때 그는 ① 문장을 기의 발현으로 본 것이다. ② 그 기의 발현 중에서도
쓸 데 있고 아름다운 소리라야 문장으로 이루어지며 ③ 문장으로 이루어진
소리인 실속 있는 소리 중에서도 바른 것에 합치된 문장이라야 선명이 된다.
이것을 뒤집어 말하면, ① 사람의 속에 차 있는 기가 밖으로 발현된 것

---

5) 栗谷全書, 拾遺 卷 3 應製文·序, 贈崔立之序 甲寅.　人之生于世也 五腸具乎內 百骸形
　於外 其本則豈有聲哉 有氣積於內而發於外 然後爲聲焉 然則聲於人者氣也 聲之出亦非
　一也 有無用之聲 有有用之聲 噴嚔鼻唾之類 人聲之無用者也 咄嗟言笑之類 人聲之有
　者也 有用之中 亦有美聲惡聲 人聞其聲 而好之則爲美聲 惡之則爲惡聲 美聲之中 亦有實
　聲虛聲 出於口而不著於文 則爲虛聲 出於口而著於文 則爲實聲實聲之中 亦有正者邪者
　或似正而邪者 或似邪而正者 人之發其聲而好於人 好於人而著於文 著於文而合於正者
　謂之善鳴 善鳴之功厥惟艱哉 休壞崔立之 幾於善鳴者也 其文章雖不大成 其志則期乎正
　者也 業之而不怠 則何有於正也.

중에도 쓸 데 없는 것이 있다. ② 악한 소리가 있다. ③ 문장으로 이루어지지
목하는 실속 없는 소리가 있다. ④ 문장 중에도 선명에 이르지 못하는 것이
있다 등으로 요약된다. 이는 문학이 형기(形氣) 아닌 형도(形道)가 되도록
해야 한다고 본 것이다. 고산구곡가 역시 이러한 문학관에 의해 창작된 것이
다. 여기서는 우선 氣의 문제를 밝혀볼 필요가 있다.

　　나는 듣건대, 만류의 그 소리를 내는 것이 그 본체가 크면 소리
역시 크고 그 본체가 작으면 소리 역시 작다고 한다. 입지(立之)의
소리가 커서 그 본체의 큰 것을 알 수 있고 사람의 본체는 마음인
것이니 입지의 마음이 과연 크다 할 수 있다. 나는 또 들으니, 크게
부딪치면 울리는 소리가 크고 작게 부딪치면 울리는 소리가 작다고
한다. 그러므로 큰 바람이 초목을 움직일 때는 마치 천지가 다 흔들리
는 것 같고, 작은 바람이 올 때는 나무 하나를 흔듦에 불과할 뿐이다.
금석의 격동에도 또한 이와 마찬가지이다. 사람이 소리를 냄에 있어서
도 기(氣)가 크면 그 소리를 크게 내고 기가 작으면 그 소리를 작게
내니, 입지의 기는 과연 크다 할 수 있다.
　　아! 초목의 소리야 바람이 시키는 것이지만, 바람의 바람됨이야 그
누가 시켰으랴. 금석을 치는 물건에 있어서도 또한 누가 시켰으랴.
사람이 소리를 내는 것은 기가 시킨 것이다. 기의 기됨은 누가 시켜서
인가. 기가 기됨은 심(心)이 시켜서이다. 심이 심됨은 누가 시켜서인
가. 심의 심됨은 천지가 시켜서이다. 천지가 천지됨은 누가 시켜서인
가. 천지가 천지됨은 무극태극(無極太極)이 시켜서이다. 무극 태극이
무극 태극 됨은 누가 시켜서인가. 입지가 이를 안다면 나를 위해 변론
해 다오.6)

---

6) 栗谷全書, 拾遺 卷 3 應製文・序, 贈崔立之序 甲寅.　吾聞萬類之有聲者 其體大 則其聲
　亦大 其體小 則其聲亦小 立之之聲大矣 其體之大可知 人之體者心也 立之之心 可謂大矣
　吾又聞大觸之 則聲之發也大 小觸之 則聲之發也小 是故 大風之動草木也 如撤天地 及小
　風之來 不過一搖而已 金石之擊也 亦如是焉 人之於聲也 氣之大 則大其聲而發之 氣之小
　則小其聲而發之 立之之氣 可謂大矣 嗚呼 草木之聲 風使之也 風之爲風 孰使之耶 金石
　之擊于物也 其亦孰使之耶 人之有聲 氣使之耶 氣之爲氣孰使之耶 氣之爲氣 心使之也 心

율곡은 본체와 소리와의 관계, 사람의 기와 소리와의 관계는 정비례하는 것으로 보았다. 본체가 크면 소리도 크고 기가 크면 소리도 크게 되는 것이다. 사람의 본체는 마음이므로 마음이 크면 소리도 크고 기가 크면 소리도 큰 것이다. 또 문장이 되는 소리의 근원을 궁구하면서, 소리를 내는 것은 氣가 시킨 것이며 氣가 氣됨은 心이 시켜서고 心이 심됨은 천지가 시켜서고 천지가 천지됨은 무극태극이 시켜서라고 파악하고 있다. 무극태극의 작용으로 천지가 천지가 되고 천지의 작용으로 심이 심이 되고 심의 작용으로 기가 기가 되고 기의 작용으로 소리를 내게 된다는 것이다.

그는 이황 등이 주장한 理의 독립적 운동 능력에 반대하고 사물의 움직임은 완전히 氣에 따른다는 주장을 폈다. 하늘의 이치(天理)는 움직이지 않아서 반드시 氣의 기틀을 타고서야 움직인다. 氣가 움직이지 않는데 理가 움직인다는 것은 결코 말이 되지 않는다[7]는 것이다. 그가 말한 氣의 작용이 문장의 근원으로서 작용하고 있음을 알 수 있다. 이것은 그가 처음부터 주장하던 이기일원론에 바탕을 둔 객관적 유물론에 가까운 이론이다. 결국 기(氣)는 문장의 근원이 되는 것으로 기(氣)가 그 자체로 직접 글로 표출되는 것이 아니라 그 중 앞에서 말한 선명(善鳴) 즉 도가 형상화해서 나타난 것이 글이 된다는 것이다.

2.3. 문사에서 빼어나 사람과 귀신을 감동시키는 시

이이는 시가 세상에서 중시되는 까닭은 문사 중에서도 가장 우수한 것이기 때문이라 하였다. 시경이 경전의 으뜸에 놓이고의 정아(正雅), 변아(變雅),

---

之爲心 孰使之耶 心之爲心 天地使之耶 天地之爲天地 孰使之耶 天地之爲天地 無極太極 使之也 無極太極之爲無極太極 孰使之耶 立之知此 則爲我辨之.

7) 栗谷全書, 卷 12, 答安應休. 天理者無爲也 必乘氣機而乃動 氣不動而理動者 萬無其理.

정풍(正風), 변풍(變風)이 지어지게 된 것도 그 때문이라는 것이다. 여기서
시의 기능은 세도의 성쇠와 국운의 치란을 좌우하는 것이며, 문사의 우수성
은 바로 감동력에 있다. 문사에서 빼어나 사람과 귀신을 감동시키는 것이
바로 시인 것이다.

> 사람이 세상에 태어남에 그 형체를 장대히 갖추고 그 행동을 분주
> 히 거듭하되 소리는 부득이한 후에 나오게 되는 것이다 그러므로 소리
> 란 일신의 기강이 되어 만사에 출입한다. 소리의 정미로운 것은 말에
> 서 더 능가할 것이 없고, 말의 정미로움이 빛나고 분명하여 야하거나
> 속되지 않은 것은 문사에서 더 능가할 것이 없다. 시(詩)란 것은 문사
> 중에서도 가장 우수한 것이다. 아! 말이란 소리의 정미로운 것이요,
> 문사란 말의 정미로운 것이며, 시란 문사의 우수한 것이니, 시가 세상
> 에서 중시되는 까닭을 여기에 볼 수 있다.
> 그러므로 성인이 경서를 찬술하실 때 시를 그 첫째로 두어 세도(世
> 道)의 성쇠와 국운(國運)의 치란을 보게 하였다. 그 때문에 정아(正雅),
> 변아(變雅), 정풍(正風), 변풍(變風)이 지어지게 되었으니, 시가 사람을
> 감동시킬 수 있음을 알 수 있다. 또 자미의 글귀는 능히 학질을 떼었고
> 소주의 절구가 능히 강파를 멈추게 하였으니 시가 능히 귀신을 감동시
> 킨다는 것을 알 수 있다. 이처럼 문사에서 빼어나 인귀를 감동시킨다
> 면 시를 쉽게 말할 수 있으랴.8)

정리하면, 부득이한 후에 나오게 되는 소리→ 소리 중에서도 가장 정미로

---

8) 栗谷全書, 拾遺 卷 3 應製文・序, 人物世藥序 癸丑. 人之生於世也 頎然其形貌 累然其
動止 而有不得已而後有聲 聲也者 綱紀乎一身 而出入乎萬事者也 聲之精者 莫大乎言 而
言之精而煥然軒然 不野不俗者 莫大乎文辭也 詩者 文辭之詠嘆淫泆 而最秀者也 嗚呼 言
者 聲之精者也 文辭者 言之精者也 詩者 文辭之秀者也 則詩之所以重於世者 斯可見矣
是故 聖人之述經也 詩居其一 而于以見世道之盛衰 國運之治亂 而正雅變雅 正風變風之
所以作也 則是之可以感乎人者 可知也 且子美之句 能去瘧疾 蘇州之絶能之江波 則詩之
可以感乎鬼神者 亦可知也 秀乎文辭而感乎人鬼 則詩可易言哉

운 소리인 말→말 중에서도 가장 정미로움이 빛나고 분명하여 야하거나
속되지 않은 것인 문사→문사 중에서 가장 우수한 것인 시라는 의미이다.
여기서 문사의 우수성은 사람과 귀신을 움직이는 감동력에 있으며 그 효용
은 세도(世道)의 성쇠와 국운의 치란(治亂)에 있다. 이러한 조건을 만족시키
는 글만이 훌륭한 시가 될 수 있는 것이다. 이러한 감동력의 근원으로 든
것이 바로 도의 개념이다.

　　도가 나타난 것이 문이니 도는 문의 근본이오 문은 도의 말단입니
다. 근본을 얻음으로써 말단이 그 속에 들어 있는 것은 성현의 문이오
그 말단만 일삼고 근본은 일삼지 않는 것은 속유(俗儒)의 문입니다.
옛적의 학자들은 반드시 먼저 도를 밝혔으니, 진실로 도를 밝혀 마음
에 얻어진 것이 있으면 행동에 나타나며, 말에 나타난 것은 모두 다
도의 나타남입니다. 그러므로 그 문은 말이 간략하여도 이치가 타당하
고 말은 알아듣기 쉬우며 뜻은 깊어 마침내 도덕과 인의를 윤택하게
하여 빛내게 되는 것이니, 이것이 곧 성현의 문입니다. 후세의 학자들
은 실리(實理)를 구하지 않고 실속 없는 꾸밈새만을 숭상하여 마음에
얻어진 것도 없이 한갓 겉으로 꾸미는 말만하여 남의 호감이나 사고
세상에 자기 재주나 자랑합니다. 그러므로 그 글들을 솜씨 있게 짓기
는 하나 도의에는 벗어나고, 말만 많았지 이치에는 저촉이 되며, 말은
막히지 않아도 뜻이 막히니 이것이 곧 속유의 문입니다. 진실로 그
본말(本末)을 궁구하여 먼저하고 뒤에 할 것을 안다면 바로 더불어
문을 이야기할 것입니다.[9]

---

9) 栗谷全書 拾遺, 卷 6, 雜著 3, 문에 대한 책문(文策). 道之顯者 謂之文 道者 文之本也.
　　文者 道之末也. 得其本 而末在其中者 聖賢之文也 事其末 而不業乎本者. 俗儒之文也
　　古之學者 必先明道 苟能明道 而有得於心 則見乎威儀 發乎言辭者 莫非道之著者也. 是
　　故其爲文也 辭約而理當 言近而指遠 卒澤於道德仁義 炳如也 此則聖賢之文也 後之學
　　者 不求實理 而徒尙浮藻 心無所得 而外爲巧言 取悅於人 而衒玉於世 是故 其爲文也
　　工於撰述 而外於道義 辭繁而理礙 語圓而意滯 此則俗儒之文也 苟能窮其本末 知所先
　　後 則可以與議於斯文矣.

성현의 글과 속유의 글을 대조시켜 글이 어뗘해야 하는지를 설파하고 있다. 성현의 문은 근본인 도를 얻음으로써 말단이 그 속에 들어있게 되는 글이다. 먼저 도를 얻으면 말에도 도가 나타나게 되며, 그 말은 간략하여도 이치가 타당하고 알아듣기 쉽고 뜻이 깊다. 그러므로 도덕과 인의를 윤택하게 하여 빛내게 되므로 실리(實利)가 있다. 속유의 문은 말단만 일삼아 근본이 없는 글이 된다. 말단만 일삼는다는 것은 실속 없는 꾸밈새만을 숭상하여 마음에 얻어진 것도 없이 겉으로 꾸미는 말만 하는 것이다. 그러므로 속유의 문은 남의 호감이나 사고 세상에 자기 재주나 자랑하는 글, 즉 도를 얻지 못한 채 솜씨만 부린 글로 도의에 벗어나고 말만 많았지 이치에 저촉되며 뜻이 막히는 글이다.

> 또 '공자의 문인 가운데 <덕행 문학 정사 언어>의 사과(四科)를 설립하여 자유(子游)와 자하(子夏)를 문학으로 칭한 것은 마치 도를 벗어나 문을 말한 것 같지만 삼대(夏商周)의 학문이 모두가 인륜을 밝힌 것이었으니, 고인들의 이른바 문학이란 것을 알 수 있다.'고 하였다.[10]

여기에서도 이이는 공자가 말한 문학도 인륜을 밝힌 도가 그 근본에 있는 것으로 훌륭한 글의 근본에는 도가 있음을 강조하고 있다.

3. 도의 형상화 고산구곡가(高山九曲歌)

고산구곡가는 1578년(선조 11) 이이가 43세 때 황해도 해주(海州) 수양산(首陽山)의 석담(石潭)에 살 때 지은 10수의 연시조로 석담구곡가(石潭九曲

---

10) 栗谷全書 拾遺 卷 6 雜著 3 문에 대한 책문(文策). 其文人 設四科之目 而子游子夏 以文學稱焉 則雖若外道言文 然而三代之學 皆所以明人倫 則古人之所謂文學者 可知已.

歌)라고도 한다. ≪율곡전서≫를 비롯하여 ≪악학습령(樂學拾零)≫,≪甁窩歌曲集≫,≪詩歌≫,≪樂府≫(서울대학교본), ≪청구영언≫(洪民本·가람본·육당본),≪시조유취≫,≪해동가요≫(一石本 周氏本),≪교주가곡집(校註歌曲集)≫등과 유중교(柳重敎)의 문집인 ≪성재집(省齋集)≫(권 49·50), ≪현가궤범(絃歌軌範)≫부록에도 실려 있다. 해동가요에는 작자가 밝혀져 있지 않고 ≪시가≫ ≪악부≫ ≪청구영언≫(홍민본) ≪해동가요≫ 및 ≪금보(琴譜)≫의 맨 뒷장에는 오언으로 된 송시열(宋時烈)의 한역시가 덧붙여 있으며, ≪현가궤범≫에는 가사 옆에 율자보(律字譜)가 병기되어 있다. 본 논문에서는 일석본과 주씨본의 교합본인≪해동가요≫에 실려 있는 시조와 한역시 율곡전서의 한역시를 텍스트로 한다.

  이이가 석담에서 고산구곡을 경영하여 은병정사(隱屛精舍)를 짓고 후진을 양성하면서 주자(朱子)의 무이도가(武夷櫂歌)를 본떠서 지었다고 한다.(주 황준연, 율곡철학의 이해(서울:서광사, 1995) 부록 3, 율곡선생 연보(南溪 朴世采文集 卷 86, 栗谷 李先生 年譜 下 율곡 43세(1578년 戊寅年)조,. 고산에 머무르는데 제 5곡에 돌로 된 봉우리가 있는지라 봉우리의 북쪽에 배우기를 따르는 선비 朴汝龍 등으로 하여금 精舍를 짓게 하여 주자를 우러르는 뜻으로 武夷 계곡 제 5곡 정사의 이름인 大隱屛을 취하여 은병정사라 하였고 또 한글로 고산구곡가를 지었다. 원근의 학자가 더욱 몰려 왔다. 해주에 문헌공 崔冲의 서원이 있어, 처음에는 거기다 공자만을 제향하고 문헌공을 배하고 선비들과 강학하려 하였다. 은병정사를 지음에 이르러 濂·洛 이래 집대성은 주자만한 이가 없고 동방에서 도학을 밝힌 이는 정암·퇴계 만한 이가 없다고 하여 은병정사 뒤에 모의로 朱子祠를 세우고 정암·퇴계 두 선생을 배향하고 성현의 서적과 성리설을 공부하며, 역사 서적은 허락하되 擧業은 불가한 것 등의 규약을 정하였다. 첫 수는 서곡(序曲)이며 제 1곡 관암(冠岩)으로 시작하여 화암(花岩), 취병(翠屛), 송애(松崖), 은병(隱屛), 조협(釣峽), 풍암(楓岩), 금탄(琴灘), 문산(文山) 등 제 9곡까지 읊었다. 무이도가의 서곡이 수채화에 견줄 수 있는 반면 고산구곡가는 담백한 묵화를 보는 듯 하다. 그것은 "시는 담백하고 꾸밈이 없어야 한다(主於沖澹蕭散不事繪飾)"[11]는 작자의 시론(詩論)에 바탕을 두고 있기 때문이다. 그는 시는 꾸밈을 일삼지 않고 자연스러운 가운데 그 깊이의 묘취가 있어 담박함을 맛볼 수 있고 희음을 즐길 수 있다고 하였다. 주희와 마찬가지로 이이는 도학적 문학론을 강력하게 주장하였으나 작품에 도학적 문구를 직접적으로 드러내지는 않았다. 이이는 주희의 미의식을 그대로 추종하지 않고 독창적인 시경(詩境)을 개척했다. 이는 조선조의 주자학적 지식인들이 무이구곡도가를 수용하는 데 이황의 경우처럼 대부분 한시로 차운(次韻)을 한데 반해 이이는 시조의 형태로 변용했다는 사실에서도 잘 드러난다. 이것은 또한 이이의 주기론적 철학과의 관련 속에서 파악할 수도 있으며 그가 살던 시대가 사화가 어느 정도 진정되고 사림파의 위치가 안정되던 시기였던 까닭도 있다. 이 작품은 17세기에 들어와서 송시열을 비롯한 주자학적 지식인들에게 계승되어 한역되기도 하고 '고산구곡'이라는 자연을 소재로 한 많은 한시가 창작되기도 한 것으로 보아 17세기 조선 문단에 중요한 작품으로 영향을 끼쳤음을 보여준다.

　이이가 관직을 그만두고 해주 석담(石潭)으로 가 고산(高山)에 청계당(淸溪堂)을 짓고 일가친족과 함께 지낸 것이 42세 되던 해인 1577년이다. 이 때 향민의 풍교쇄신에 힘썼을 뿐만 아니라 <동거계사(同居戒辭)>를 지어 삭망(朔望) 때마다 100여 권속을 거느리고 이를 낭독하게 하여 사람 사는 도리를 일깨우고자 하는 등 여러 활동을 하였다. 이 무렵 <고산구곡가>와 체재가 거의 비슷한 가사(歌辭) <자경별곡(自警別曲)>[12]을 짓는다. 자경

---

11) 栗谷全書 拾遺 卷 4.　精言妙選總敍.　沖澹蕭散 不事繪飾 自然之中深有妙趣 古調古意 知者鮮矣(중략) 獨此集則 味其淡泊 樂其希音.
　南溪 朴世采 文集 卷 86 栗谷 李先生 年譜 下 栗谷 38세(1573년, 癸酉年)조에서는 여름 精言妙選을 완성하였다고 하고 후세의 시의 도리가 날로 어긋남을 걱정하여 고금의 시체 중에서 담박하고 우아한 것을 골라 8편을 만들었고 또 그 서문을 썼으며 후에 이 책이 없어졌다고 하였다.

별곡은 서곡에 이어 1곡에서 14곡까지 15곡과 1절에서 5절까지 5절로 나누
어 20개 항목을 노래한 교훈가사이다. 여기서도 이이가 문학을 통하여 추구
하고자 했던 바를 알 수 있다.

3.1. 우주관에 바탕한 시간구조

고산구곡가(高山九曲歌).13)

高山九曲潭을 살롬이 몰으든이
誅矛卜居ᄒ니 벗님네 다 오신다
어즙어 武夷를 想象ᄒ고 學朱子를 ᄒ리라

---

12) 자경별곡은 표기법에 조사 '을·과'를 '乙·果'로 표기하여 이두식 표기의 잔흔을
보인다. 내용은 "통분ᄒ다 통분ᄒ다 불학무식 통분ᄒ다 천성으로 삼긴 심성 물욕으
로 변타말가 이루가치 발근 눈의 보는 거시 전곡이오 공수가치 교흔 손의 기박 고
주 골몰ᄒ고 과부가치 것는 발은 재리상의 분주ᄒ다……"로 시작되는 서곡을 비롯
하여 1곡 奉親, 2곡 군신, 3곡 형제, 4곡 남녀, 5곡 敬老, 6곡 師事, 7곡 교우, 8곡 睦
族, 9곡 喪葬, 10곡 祭祀, 11곡 혼례, 12곡 婚嫁儀式, 13곡 接賓, 14곡 交隣 등 15곡과
1절 寓接, 2절 愼口, 3절 居家 4절 窒慾, 5절 讀書 등으로 향약(鄕約)의 '德業相勸' 격
몽요결의 '學習地圖要目' 학규(學規)의 '모범사목(模範事目)' 등과 관련이 깊은데 특
히 '德業相勸'의 20개 조목과 특히 관련이 깊다. 교훈의 실천 사항을 항목별로 나누
어 실제 생활에 응용할 수 있게하여 도덕적인 교훈가사들이 범하기 쉬운 관념화 공
소화(空疏化)를 극복하고 있다. 또 4·4조의 흥취를 자아내는 음률로 전수(傳受)의
효과를 높여 생활화와 향 속의 순화에 기여하고 있으므로 문학사적으로 가치를 평
가받는다. 필사본을 오재열(吳在烈)과 최응록(崔應錄)이 소장하고 있다.

13) 金壽長 編撰, 金三不 校註, 校合本 海東歌謠(一石本과 周氏本의 有名氏部의 校合本. 범
례에서 無名氏部는 續海東歌謠의 이름으로 정리하고자 한다고 함.
栗谷全書 卷 2 詩 下에는 附 高山九曲歌로 실려 있으며 本諺錄係宋時烈翻文(본래언
문으로 기록된 것을 송시열이 번역하였다)고 밝히고 있다. 해동가요에 실려 있는
우암의 한역시와 비교해 보면 율곡전서에는 가로 안에 있는 대로이고 나머지는 일
치한다.

高山九曲潭　　　고산의 아홉 굽이 못을
世人曾未知　　　세상 사람들 일찍이 몰랐었네
誅茅來卜居　　　띠집 짓고 와서 사노라니
朋友皆會之　　　벗들이 모두들 모여드네
武夷仍想象　　　무이를 이끌어 상상해 보며
所學願(願學)朱子　주자 배우기를 원하노라
　　　　尤菴

一曲은 어드미고 冠巖에 히 빗췬다
平蕪에 니 거든이 遠近이 글림이로다
松間에 綠樽을 녹코 벗 온 양 보노라

一曲何處是　　　첫째 굽이 어디메뇨
冠巖日色照　　　갓바위에 햇빛 비치고
平蕪煙斂後　　　펀펀한 들판에 안개 걷힌 뒤
遠山眞如畫　　　먼 산은 진정 그림이어라
松間置綠遵　　　소나무 사이 푸른 항아리 놓아두고
延佇友人來　　　우두커니 친구 오길 기다리네
　　　　尤菴

二曲은 어드미고 花岩에 春晚커다
碧波에 곳츨 씌워 野外로 보내노라
살롬이 勝地를 몰온이 알게흔들 엇더리

二曲何處是　　　둘째 굽이 어드메뇨
花巖春景晚　　　꽃바위에 봄 빛은 흐드러져
碧波泛山花　　　푸른 물결에 산꽃은 떠서
野外流出去　　　들 밖으로 흘러나가고

勝地人不知　　빼어난 경치 사람들 모르니
使人知如何　　사람들에게 알게 하면 어떨까
　　　　尤菴

三曲은 어드미고 翠屛에 닙 퍼젓다
綠樹에 山鳥는 下上其音 ᄒ는 적의
盤松이 愛淸風흔이 녀름 景이 업세라

三曲何處是　　셋째 굽이 어드메뇨
翠屛葉已敷　　비취빛 병풍은 잎새로 덮히고
綠樹有山鳥　　푸른 나무에 산새들
下上其音時　　오르내리며 지저귈 때
盤松愛(受)淸風　둥근 소나무에 불어오는 맑은 바람
頓無夏炎熱　　여름 무더위 전혀 없어라
　　　　尤菴

四曲은 어드미고 松崖에 히 넘거다
潭心岩影은 온갓 빗치 줌겻세라
林泉이 깁도록 죠흐니 興을 계워 ᄒ노라

四曲何處是　　넷째 굽이 어드메오
松崖日西沈　　솔 벼랑에 해는 서으로 잠기고
潭心巖影倒　　못 속에 바위 그림자 거꾸러지고
色色皆蘸之　　색색으로 온갓 것 잠겼어라
林泉深更好　　숲 속의 샘은 깊을수록 좋으니
幽興自難勝　　그윽한 홍취 절로 이기기 어려워라
　　　　尤菴

五曲은 어드미고 隱屛이 보기 죠희

水邊精舍는 瀟灑홈도 ㄱ이 업다
이 中에 講學도 훌연이와 詠月吟風ᄒ올이라

五曲何處是	다섯째 굽이는 어디메뇨
隱屛最好看	그윽한 병풍이 보기 좋은 곳
水邊精舍在	물가에는 정사가 있어
瀟灑意無極	깨끗하고 시원하기 그지없어라
箇中嘗(常)講學	그 안에서 언제나 학문을 논하고
詠月且吟風	달을 노래하고 바람도 읊조리네

尤菴

六曲은 어드미고 釣峽에 물이 넙다
나와 고기와 뉘야 더욱 즑이는고
黃昏에 낙대를 메고 帶月歸를 ᄒ노라

六曲何處是	여섯째 굽이 어디메뇨
釣峽(溪)水邊闊	고기잡이 계곡에 시냇가 넓어라
不知人與魚	모를레라 사람과 물고기 중
其樂孰爲多	그 즐거움 누가 더 클까?
黃昏荷竹竿	황혼에 낚싯대 둘러메고
聊且帶月歸	무심히 달빛 띠고 돌아오노라

尤菴

七曲은 어드미고 楓岩에 秋色이 죳타
淸霜이 엷게 친이 絶壁이 錦繡ㅣ로다
寒岩에 혼자 안자셔 집을 닛고 잇노라

七曲何處是	일곱째 굽이 어디메뇨
楓巖秋色鮮	단풍 바위 가을 빛 고와라

清霜薄言打　　　무서리 살짝 내리자
絶壁眞錦綉(繡)　　절벽은 진정 비단이어라
寒巖獨坐時　　　찬 바위에 홀로 앉았노라면
聊示(亦)且忘家　　그대로 집 생각 잊어버린다
　　　　　尤菴

八曲은 어드미고 琴灘에 돌이 붉다
玉軫金徽로 數三曲을 노론말이
古調를 알 리 업쓴이 혼자 즑여 ᄒ노라

八曲何處是　　　여덟째 굽이 어디메뇨
琴灘月正明　　　거문고 여울에 달빛 한창 밝은 곳
玉軫與金徽　　　옥 거문고 금 거문고가
聊奏數三曲　　　무심히 서너곡 타고 있는데
古調無知者　　　옛 곡조 아는 이 없어
何妨獨自樂　　　홀로 즐긴들 어떠하리오
　　　　　尤菴

九曲은 어드미고 文山에 歲暮커다
奇巖怪石이 눈 쏙에 뭇쳣셰라
遊人은 오지 안이ᄒ고 볼 썻 업다 ᄒ드라

九曲何處是　　　아홉째 굽이 어디메뇨
文山歲暮時　　　문산에 한 해가 저무는 때
奇巖與怪石　　　기이한 바위 이상한 돌멩이도
雲裡(裏)埋其形　　눈 속에 그 모습 묻혔어라
遊人自不來　　　노는 이들 스스로 와 보지 않고
謾(漫)謂無佳景　　공연히 좋은 경치 없다 하누나
　　　　　尤菴

　서곡에서는 고산에 집을 짓고 살게 된 계기와 목적을 노래했다. 고산의 구곡담을 그때까지는 사람들이 모르고 있었는데 풀을 베어내고 집을 지어 살 곳을 정하고 나니 비로소 벗들이 모두들 찾아온다. 여기서 주자가 읊은 무이산 구곡계를 생각하며 주자를 배우겠노라고 한다. 무이는 중국 복건성에 있는 산으로 산 속에 구곡계(九谷溪)가 있다. 주희의 문학에 대한 기본 관점은 문장이 도(道)의 오지(奧志)를 관철할 수 있다는 주장에 반대하고 문학 작품의 예술적 가치를 경시하는 것이었다.『주자어류(朱子語類)』에서 "문이란 모두 도에서 유출되어 나오는 것이니 어찌 문이 도리어 도를 꿰뚫는 이치가 있겠느냐?"14)라고 한 것도 이러한 문학관에서 나온 것이었다. 그러나 그는 시의 기원은 외물에서 동요되어 감흥하는 것이라고 하여 독창적인 비평적 견해를 보여 주기도 한다. 주희의 시풍은 맑고 활발하여 이학가 중에는 드물게 보는 것으로 알려져 있다. 경물을 묘사한 작품은 청신하며 명승지를 묘사한 작품은 색채가 현란하고 환산적이며 변화무쌍하여 수려한 산천에 대한 열정을 잘 드러내고 있다. 주희는 1183년에 무이구곡(武夷九曲) 제 5곡에 무이정사(武夷精舍)를 짓고 <무이정사잡영(武夷精舍雜詠)>을 쓰고 이듬해 <무이구곡도가(武夷九曲櫂歌)>를 썼다. <무이구곡도가>는 첫 수를 제외하고는 무이구곡의 산과 물의 경치를 묘사하고 있는데 자연묘사를 주로 하여 도학(道學)을 공부하는 단계적 과정을 내용으로 하고 있다. 이이의 고산구곡가 역시 고산 구곡의 자연 묘사와 그를 통하여 도학적 시각을 드러내고 있다는 점에서 무이구곡도가와 같다. 이이는 고산구곡가를 통해서 중국적인 운(韻)을 따르는 시작법(試作法)과 묘사대상인 산수에 대한 우리나라 시인들의 태도를 바꾸어 놓고 있다. 이는 정철의 관동별곡과 같이 우리 글을 한자와 섞어 쓰는 자연묘사시가와 함께 성리학의 자연에 대한 치밀한 묘사서술 태도가 직간접으로 영향을 준 것이다.15) 그러므로

---

14) 朱子語類, 권 139

15) 兪俊英, 九谷圖의 發生과 機能에 대하여, 考古美術151(서울:고고미술사), 1981

이이는 서곡에서 명시적으로 주자를 배우려는 도학적 공간으로서의 고산 구곡의 산수를 제시하고 있는 것이다.

서곡은 전형적 주자학도로서의 면모를 보이면서 1곡부터 9곡까지의 내용이 모두 학주자와 관련이 있음을 시사한다.

1곡부터 9곡까지의 시 형식은 모두 초장이 '○곡은 어디믹고 ○○에 ○~다.'로 시작되어 중장은 초장에서 제시한 곳의 승경을 구체화한다. 종장에서는 이에 대한 지은이 자신의 감상이나 평가로 마무리하는 형식이다. 즉 문답의 형식으로 변화를 주면서 승지의 빼어남과 아름다움 거기서 느껴지는 흥취를 강조하는 식이다. 시간적 배경은 봄-여름-가을-겨울 사시의 순서로 설정되어 있다. 더 구체적으로 보면, 봄날 아침(1곡)으로부터 늦봄의 낮(2곡), 여름 낮(3곡), 늦여름 저녁(4곡), 초가을 저녁(황혼·달밤 6곡), 늦가을(7곡), 초겨울 밤(달밤 8곡), 겨울(9곡)의 순서로 전개하고 있다. 제 1곡 서사와 은병을 노래한 제 5곡에는 시간적 개념이 개입되지 않았다. 그것은 서곡은 서사로서 시 전체를 포괄하고 있기 때문이며 제 5곡은 은병정사의 맑고 깨끗하며 끊임없이 정진하는 학문적 분위기를 부각시키기 위한 것이다. 학문의 기풍이나 정진에는 시간적 배경이 어느 한때에 한정되는 것이 아니기 때문이다. 또한 5곡에서 강학과 더불어 咏月吟風하리라고 했을 때 영월음풍은 자연 속에서 유자의 修己하는 모습으로 다음에 전개되는 제 6곡부터 9곡까지의 영월음풍에 대한 서사적 성격을 띤다. 이것은 제 9곡의 지명인 文山과 상응한다. 9곡의 문산은 세모가 되어 기암괴석이 눈 속에 파묻힌 정경으로 이루어져 있다. 5곡의 강학과 영월음풍은 9곡에서 문산으로 형상화된다. 즉 문은 도의 말단이며 도는 문의 근본이라고 본 이이의 문학관과 관련해서 파악할 수 있다. 위에서 살펴본 바와 같이 제 1곡에서 9곡까지의 사계나 아침 낮 저녁 밤으로 순환되는 하루 중의 시간적 배경 역시 도산 구곡의 승경이 어느 한 때나 한 곳에만 한정되는 것이 아니라 언제 어디나 한결같은 승경임을 나누어 표현한 것이다. 이것은 이이의 '음양의 양단은 끊임없이 순환한다'16)는 음양관과도 관련된다.

　이이는 음양과 태극은 함께 있다고 하여 음양이 태극의 動靜에서 나온다는 주리론에 동조하지 않고 음양과 함께 태극도 순환한다는 주기적 입장에 선다. 이는 우주 대자연의 원리를 순환적인 것으로 받아들이고 거기서 인생의 원리를 유추하려는 태도이다. 이이가 배우고자 마지않았던 주자는 천지의 마음에 있는 네 가지 덕으로 元亨利貞을 들고 元은 통괄하지 않음이 없으니 그 운행은 춘하추동의 질서가 된다고 하였다.17) 이어서 주자는 우주의 원리에서 유추된 인생의 원리로서 사람의 마음에도 仁義禮智라는 네 가지 덕이 있다고 하였다.18) 우주자연의 질서인 사시는 인간의 질서인 인의예지에 대응하는 것으로 성리학에서 '인의예지는 마음의 근본'19)으로 파악된다. 결국 계절의 질서인 사시라는 배경은 천명과 인성을 표상하는 요체로 성리학적 질서를 표현하는 그릇이 된다.

　소재는 고산의 구곡에 펼쳐지는 승경이다. 봄날 아침 햇살이 비치는 갓머리처럼 우뚝한 바위, 꽃으로 뒤덮인 늦봄의 바위 푸른 병풍을 둘러친 듯 녹음이 짙어진 절벽, 소나무가 있는 벼랑에 해가 지는 모습, 보기에도 좋은 그윽한 절벽, 낚시하기 좋은 골짜기에 물이 넘실대는 모습, 단풍으로 덮인 바위에 어린 가을빛, 달 밝은 밤 거문고 타는 소리를 내며 흐르는 여울목, 겨울이 깊어 만상이 눈에 묻힌 문산 들이다. 아무도 모르던 고산 구곡에 지은이기 와 살면서 벗들이 다 모여들었지만 다시 9곡에 가면 유인은 오지 않고 지은이 홀로 눈 경치를 감상하고 있는 것으로 설정되었다. 이것은 활짝

---

16) 栗谷全書 卷9 答朴和叔, 大抵陰陽兩端 循環不已本無其始 陰盡則陽生 陽盡則陰生 一陰一陽 而太極無不在焉 此太極所以爲萬化之樞紐 萬品之根柢也.

17) 朱文公文集 卷 67 雜著 仁說.　蓋天地之心 其德有四 曰元亨利貞 而元無不統 則爲春夏秋冬之序

18) 朱文公文集 卷 67 雜著 仁說. 故人之爲心 其德亦有四 曰仁義禮智.

19) 孟子 仁義禮智根於心

열렸던 막이 다시 내리는 형식으로 사람의 일생과도 조응되고 있다

여기서 고산구곡의 승경을 이루는 자연물들은 천지의 文이며 寒微淸寂의 세계로 그대로가 바로 道를 나타내는 것이다. 단순한 서경으로 보이는 이면에 천지자연의 理와 天機를 감추고 인의예지라는 인생의 도리를 함축한다. 이러한 자연 속에서 조용하게 자득하고 우흥에서 나와 사색으로 이를 수 없는 경지다. 싱거울 만큼 담박하기만 하다. 그는 일견 싱겁기만 한 듯한 자연의 참맛을 아는 경지로 사람들을 이끌려고 한다. 소나무 사이에 술동이를 놓고 벗이 오는 모습을 보고 있다든가 승지를 모르는 사람들에게 알게 하려고 한다든가 정사를 지어놓고 강학을 한다. 또 옛 곡조를 알아 함께 즐길 사람이 없어 혼자 즐기는 것을 안타까워하고, 와 보지도 않고 볼 것 없다고 하는 遊人을 애석해 하는 데서 누누이 강조된다.

석담 시대에 쓴 다른 시에는 석담을 '적막한 물가(寂寞濱)', '골구름 시내의 달(洞雲溪月)'[20]이라 하여 그 한미청적함을 노래하고 있다. 또 석담의 봄을 노래하여 "남은 추위가 뭇 화초를 짓누르니/바위에 돋은 풀잎 오히려 짧고/아직 고운 자태 드러내지 않았으나/ 앵두꽃 어지러운 것보다 어여뻐라. ……석양에야 쓸쓸히 헤어지면서/편편한 들판을 끝까지 바라본다/홀로 누워 냇물 소리 들으니/영롱함으로 그윽한 벗 되어주네(餘寒勒羣卉/嚴草綠猶短/含意未發媚/却勝鶯花亂……夕陽悄分袂/平蕪望眼斷/獨臥聽溪聲/玲瓏作幽伴.[21]라 하여 깨끗하고 드넓으며 맑은 자연을 통해 찾아온 벗의 인품과 자신의 성정을 한적하고 관조적인 분위기 속에 노래하였다. 이러한 경지는

---

20) 栗谷全書 卷 2 詩 下. 희원 김장생이 석담에 찾아와 수업하다가 평양으로 돌아가려 해 시를 써 주다(金希元長生來石潭受業辭歸平壤詩以贈之 乙亥時 金君大人重晦爲平安 監司. 천리 길에 적막한 물가를 찾아와(千里相從寂寞濱./골구름 시내 달에 함께 수 양하였는데(洞雲溪月伴怡神)/돌아갈 때 자루 비니 몹시 부끄럽구려(歸時垂槖吾堪愧). 이별 후엔 부디 자꾸 정진하게나(別後須敎刮目頻)

21) 栗谷集 卷 2 詩 下, 방백 중익 이우직과 도사 응요 이증이 석담으로 찾아와 모정에 서 간단히 술을 마시다(方伯李仲益友直 都事李應堯增 來訪石潭小酌于茅亭

제 3곡의 초여름 풍경을 노래하는 데서도 잘 드러난다. 바람을 받은 반송의 모습은 여름날의 찌는 더위와 땀내 나는 끈끈함을 전혀 느낄 수 없게 한다. 그는 반송을 두고 "이끼 무늬는 잎새와 함께 푸르고/달빛은 그늘을 도와 차갑다", "무성한 푸른 솔 한 그루/길목에서 많은 이들 반기네/가지는 구부러져 놀란 용이 서렸고/뿌리는 두터운 땅을 뚫고 엉켰네/이끼 무늬 잎새와 함께 푸르고/달빛은 그늘을 도와 차갑다/옛 늙은인들 어찌 그 나이를 알리?/전해오기는 마한 때부터라는데"[22]라 노래하여 마치 청정하고 엄숙한 기운을 지닌 늠름한 늙은이의 기상으로 그려 놓았다. 그러한 반송의 기상은 깊은 산 속에서 홀로 청정하기보다는 길목에서 오고가는 많은 사람을 반기며 그들 인생의 나그네들을 기쁘게 한다. 이것은 이이가 맹자의 兼善天下의 사상을 실천하려는 의지로 읽힌다.

또 그의 시에서 자주 등장하는 바위는 이 시조에서도 여러 번 등장한다. 고산구곡담이 있는 지역이 석담이라는 데서도 알 수 있듯이 바위 계곡으로 흐르는 아홉 굽이마다의 승경이니 당연한 일이다. 이것은 1곡의 관암, 2곡의 화암, 3곡의 취병, 4곡의 송애·담심암영, 5곡의 은병, 7곡의 풍암·절벽, 9곡의 기암괴석 등으로 6곡을 제외한 모든 굽이에서 바위 또는 바위벼랑은 승경을 이루는 중요한 구성요소로 다양하게 드러난다. 여기서 승경의 중요한 구성 요소이자 다양한 모습으로 드러나는 바위는 사시의 변화와 관계없이 언제나 그대로인 천지의 본체 즉 도체이다. 그러므로 그 본체를 알지 못하는 유인은 거기 나타난 외현적 아름다움에만 이끌리며 겨울이 지니는 또다른 의미의 아름다움을 보지 못한 채 볼 것 없다고 하는 데서 시인은 안타까움을 느끼게 된다.

이것은 그의 주기론과 사단칠정론에 나타난 그의 철학적 입장이 드러난 것이다. 이이는 사단은 善 일변으로 도심이며 칠정은 사단을 포함하는 것으

---

22) 栗谷集, 卷 2 詩 下, 반송(蟠松) 童童一靑蓋/當路博淸歡/柯屈驚虯壯/根穿厚地蟠/苔紋和
   葉綠/月色助陰寒/故老寧知歲/流轉自馬韓

로 선할 수도 악할 수도 있다고 보았다. 기와 리는 서로 떨어질 수 없는 것(不相離)으로 작용도 없고 형상도 없는(無爲無形) 리가 형상이 있으며 작용하는(有爲有形) 기에 타서 발한다고(氣發理乘) 했다. 이것은 사단과 칠정이 모두 기발이기 때문에 그 발한 기를 어떻게 검속하느냐에 따라서 선과 악이 결정된다는 심성정의일로설(心性情意一路說)로 체계화된다. 性이 발한 것이 情이며, 이 정이 선이나 악으로 흐르게 되는 것은 意의 작용에 달렸다는 주장이다. 즉, 기를 검속하는 작용을 의지의 역할로 보고 의의 작용을 중요한 것으로 강조하게 된다. 도심도 기의 검속을 잘 못하면 인심으로 미치게 되고 인심도 기를 잘 검속하는 의를 참되게(誠)하면 도심으로 끝을 맺는다고 했다. 이것은 이황의 도심은 리가 발하는 것이라는 설과의 결정적 차이점이다. 이황이나 성혼은 리와 기가 서로 발한다(理氣互發說)고 하여 인심과 도심이 처음부터 선천적으로 결정되어 서로 상대되고 있는 것이라고 하였다. 이것으로 도심의 절대성을 주장하고 성의 선함과 도덕성을 담보해내려한 것이다. 이에 반해 이이는 그렇게 되면 인간의 심이 둘로 나눠져 있는 게 되어 버리니 논리적으로 모순이며 하나의 마음(心)이 밖의 형기(形氣)에 의해 발하기도 하고 안의 성명(性命)에 의해 발하기도 하나, 형기나 성명은 마음을 발하게 하는 근거이지 그 자체가 발하는 것은 아니며, 마음은 기이니 마음 자체가 발하는 것은 기발이라는 것이다. 그러므로 성명에 의한 기발이든 형기에 의한 기발이든, 마음의 작용(意)에 의해 기를 검속하여 아직 선악이 정해지지 않은 情을 선으로 이끌어야 된다고 본 것이다.

여기서 이이는 고산구곡의 빼어난 경치를 그 속에 천지의 道(理法)을 간직하고 있는 천지의 文으로, 즉 그 근본인 천지의 도가 드러난(形) 말단으로서의 文으로 본 것이다. 그런데 이러한 시각은 다시 그 승경 안에서 되풀이된다. 근본인 바위 즉 도체로서의 바위와 계절과 시간에 따라 그 모습이 다양하게 드러나는 관암, 화암, 취병, 송애·담심암영, 은병, 풍암·절벽, 눈 덮인 기암괴석 등 그 형상화로서의 바위의 文이 있는 것이다.

　여기서 고산의 자연은 이이 앞에 조화롭고 아름다우며 선한 것으로 드러
난다. 그러므로 이이는 그 곳을 주자를 배워 강학과 영월음풍을 하는 수기의
공간으로 설정한 것이다. 사시라는 시간적 배경 역시 조금도 틀어짐이 없이
질서정연하게 흘러간다. 주역에서 사시는 원형이정으로 乾卦이다.

　　건은 조물주로 만화의 근본이 된다. 그러므로 건으로써 시작하였
　다. 하늘이 해(日)로써 오르며(ㅗ) 내려(ㅜ) 乙을 포섭(ㄱ)하는 것이 건
　(乾)이니 곤(坤)이 乙이 된다. 원형이정은 하늘의 사덕이니 사람에게
　있어서는 춘하추동이 되고 방위에서는 동서남북이 된다. 二・儿이
　元字로서 二儿은 곧 고인이니 원이 사덕을 통솔하므로 건을 가리켜
　고인이라 한다. 형은 본래 髙字로 高日을 가리킴이니 여름에 해(日)가
　남방에 높아 陽道가 亨通함을 가리킴이다. 禾・刀가 利字이니 모든
　禾穀이 가을에 이르러 秋收되어 利를 얻게 된다. 卜・貝가 貞字이니
　모든 貝類는 中虛하여 坤虛의 象이 되니 乾이 北坤의 冬으로 돌아가
　모든 貨貝를 點得하여 靜養을 取한다. 乾卦의 6畫이 剛健하고 純實하
　여 一卦 안에 三畫의 乾卦가 네 개가 포함되어 있으니 이것이 이른바
　元・亨・利・貞으로서 四時에 運行하며 八卦와 八方에 巡幸하는 것
　이다.[23]

　원형이정에 대해 정자는 "원은 만물의 시초요, 형은 만물의 성장이요,
이는 만물의 완수요, 정은 만물의 완성이다"[24]라고 해석하며 주자의 풀이도
비슷하다.

---

23) 吳虎泳 著, 吳圭根 譯, 易象講義 上(서울:전통문화연구회, 1996) 41～42쪽
　　乾爲造物之主萬化之本 故始之以乾 天 以日上下包乙爲乾 坤爲乙 元亨利貞 天之四德 在
　　人 爲仁義禮 智 在時 爲春夏秋冬 在方位 爲東西南北 元爲高人 元統四時之德 故指乾爲
　　高人 亨本作髙 日高南方而陽道亨行也 利從禾刀 禾至秋成而獲其利也 貞從卜貝 貝中虛
　　爲坤虛之象 言乾歸北坤之冬 點得貨貝而靜養也 乾六畫 剛健純實而一卦之內 有乾三畫
　　者四 此所謂元亨利貞而運四時八卦巡八方也.
24) 元者 萬物之始 亨者 萬物之長 利者 萬物之遂 貞者 萬物之成

元은 만물이 태어남이요, 亨은 만물이 暢茂함이요 利는 열매가 익어감이요, 貞은 그 열매가 이루어짐이다. 열매가 다 익으면 그 뿌리와 꼭지가 떨어지는데 이를 다시 심어 태어나게 할 수 있다. …그러나 元亨利貞 사이에 生氣가 유행하여 처음부터 間斷이 없으니 이것이 바로 원이 나머지 사덕을 포함하여 統天하는 까닭이다.[25]

결국 자연계의 변화인 사시의 운행은 천지의 운행이며, 겨울이 지나면 다시 봄이 오는 것은 '終則有始'를 뜻한다. 이이는 이것을 우주 자체의 처음과 끝으로 보았다.[26] 역에서의 天은 주로 자연 현상의 배후에 있는 무형의 불가사의한 신성과 지고무상한 능력 또는 자연의 이법을 뜻한다.[27] 이러한 우주 자연의 이법이 드러난 四時의 九曲은 이이에게 노래하지 않을 수 없는 文以形道의 세계를 제공한 것이다. 결국 고산구곡가에는 이이의 우주관이 그대로 드러나 있는 것이다. 또한 주자는 元이 형이정을 그 안에 포섭하듯 인 역시 의예지를 포섭하는 개념으로 봄의 생기가 나머지 세 계절에 관통하지 않음이 없는 것처럼 측은한 마음이 나머지 셋에 관류하지 않음이 없다고 풀이한다. 천지의 生物之心이 元이라면 인간의 生物之心은 仁이라는 것이다. 그런데 천지의 원은 공평무사하나 인간과 만물이 형성될 때는 이미 氣象의 차이가 있으므로 사사로움이 생겨 인의 완전한 발현을 저해한다. 따라서 인심의 사사로움을 제거하고 공정성을 체득하면 천지가 만물을 낳는 덕인 元과 인간이 만물의 생성 발육을 돕고 만물을 사랑하는 마음인 仁은 혼연일체가 된다.[28] 이로써 인간은 천인합일의 이상을 자신의 마음 안에서 이룰

---

25) 元者物之始生 亨者物之暢茂 利則向於實也 貞則實之成也 實之旣成則其根蔕脫落 可復種而生矣 …然四者之間 生氣流行 初無間斷 此元之所以包四德而統天也.

26) 栗谷全書　31卷 語錄 上 此天地彼天地說

27) 곽신환, 『주역의 이해』(서울:서광사, 1991) 73쪽

28) 朱熹, 朱子大全 95卷 仁說. 蓋人之爲道 乃天地生物之心 卽物而在 …能克去己私 復乎天理

수 있게 되고 천지의 화육에 참여할 수 있게 된다. 이러한 생각은 고산구곡가의 제 7연 6곡에 잘 표현된다. 물이 넘치는 조협은 자연과 인간의 도가 풍부하게 실현되는 장으로 나와 고기는 일체가 되어 생을 즐기며 달빛 또한 돌아오는 나와 함께 한다.

하늘의 문인 해와 달, 땅의 문인 초목과 금수를 노래하여 사람의 문인 도에 이르려 하면서 이이는 우주자연의 시간적 질서인 사시와 밤낮을 통해 자신의 우주와 자연 修己의 인생을 노래했던 것이다. 이는 16세기 조선조 성리학적 사대부의 특히 사림의 이념을 전형적으로 구현하여 뒤에 송시열을 비롯한 많은 선비들이 이이의 고산구곡가를 노래하고 한역하는 근거가 되는 것이다. 이에 이이의 국문 시가인 고산구곡가와 이이 문학의 의의가 있다고 하겠다.

3.2. 易의 원리와 상승 하강 구조

고산구곡가의 이러한 시간 구조는 1곡에서 4곡까지는 상승 구조, 6곡에서 9곡까지는 하강 구조를 필연적으로 수반한다. 이이가 관암으로부터 송애에 이르기까지 상류로부터 하류로 내려가면서 읊은 것이다. 그러면서도 계절로 볼 때는 사람의 머리에 해당하는 갓바위와 해가 비치는 아침, 꽃 피는 봄, 절벽에 푸르게 펴져 있는 잎, 우거진 녹음 속에서 나무에 오르내리며 노는 새 등으로 자연의 질서는 생기가 솟아오르는 상승 구조로 짜여져 있다. 더구나 숲 사이에 술독을 놓고 벗이 오는 모습을 바라본다거나 숲 속의 샘이 깊도록 좋아 그 속에서 흥에 겨워하는 것은 이러한 상승 구조를 확실히 뒷받침한다. 이에 비해 5곡에서 9곡까지는 하강 구조로 짜여 있다. 숨은 병풍, 물가의 소쇄한 정사, 영월음풍의 정적 분위기, 황혼과 달빛을 받으며 돌아옴, 가을 단풍과 서리, 차가운 바위와 혼자 앉아 있는 고즈넉한 분위기,

집을 잊고 있음, 달밤의 옛 곡조, 저무는 한 해, 눈 속에 묻힌 기암괴석, 유인은 오지 않고 홀로 눈 쌓인 계곡을 바라보고 있는 적막한 분위기 등이 하강 구조를 형성하는 것이다. 그러나 상승 구조나 하강 구조 속에도 물무늬처럼 반짝이면서 차분하게 또는 빛나게 해 주는 장치가 있다. 푸른 물결에 떠서 들 밖으로 가버리는 꽃, 소나무가 있는 바위벼랑으로 넘어가는 햇살, 못 속 깊이 잠긴 바위 그림자는 상승 구조 속에서 분위기를 차분하면서도 깊이 있게 한다. 이에 비해 물이 넘치는 조협, 비단에 수놓은 듯 찬란한 절벽, 거문고처럼 울어 예는 여울물, 흰 눈에 덮인 눈부신 설경은 하강 구조 속에서 빛을 내며 분위기가 처지지 않으면서 수묵빛 담박함을 지니도록 한다.

이러한 상승 및 하강의 구조는 계절의 순환이라는 순환성 속에서 무상감을 극복하고 수묵빛으로 담박하게 형상화될 수 있다. 이는 식물이 싹트는 元, 성장하는 亨, 열매 맺으려는 利, 결실의 貞이 순환하는 이치와 같다. 열매는 이윽고 땅에 떨어져 다시 싹이 튼다. 네 가지 덕 사이에는 생기의 끊임없는 흐르며 반복 순환하는 것이다. 천지의 이치는 상승하면 하강하고 하강하면 상승하는 것이다. 천지의 현상은 끊임없이 줄어들고 늘어나고 가득 차고 비는 등 변화하는 것이다. 시간의 흐름에 따라 자연은 끊임없이 消息盈虛한다.29)

또 계사전에서는 한 번은 음이 되고 한 번은 양이 되는 것을 도라고 했다.30) 그러므로 변화와 도는 맞물리는 개념이기도 하다. 이 시조에서 전반부의 상승 구조 속에서는 주로 해가 나타나고 후반부의 하강 구조 속에서는 달이 나타나는 것도 이와 같은 이치다. 그러나 盈虛消長하는 그 자체는 변하

---

29) 周易傳義大全 豊·象에서는 "천지는 찼다가 빈다. 때와 더불어 줄어들거나 늘어난다.(天地盈虛與時消息)"고 하였고, 剝·象에서는 "줄어들고 늘어나며 찼다가 비는 것은 하늘의 운행이다.(消息盈虛天行也)"라고 하였다.

30) 위의 책, 繫辭傳 上 5장

지 않는다. 천지의 도는 항구하여 그침이 없는 것이다.[31] 그러므로 수묵화처럼 청허 담박한 자연을 간직하며 때에 순응하여 변화를 꾀하고자 한 것이다. 이는 이이가 변법자강을 주장하며 그의 경세론[32]을 폈던 데서도 확인할 수 있다.

결국 終則有始야말로 天行과 天地之道이므로 겨울에 겨울이 온 유래를 추구하면 겨울 다음에 봄이 올 것을 알게 되듯, 생명의 마침에 대한 불안에 사로잡혀 있을 때 생명의 유래와 그 끝마침을 생각해 보면 삶과 죽음에 대한 진정한 이치를 깨달을 수 있는 것이다. 그리하여 천하의 모든 움직임처럼 端正專一한 경지로 가게 된다. 이러한 역의 원리가 이 시조에서 상승과 하강 구조를 통해서 형상화되고 있는 것이다.

3.3. 理氣論에 바탕한 天地人의 文

이이는 36세(1571년 신미년) 되던 해 6월 병으로 벼슬을 사양하고 해주에 가서 사람들과 더불어 석담에서 놀았다.

> 하루는 제생들과 더불어 풍암 일대의 자연을 감상하니 이른바 고산 석담이라는 곳이다. 여기에 9계곡이 있는데 곡마다 못이 배를 띄울 만하였다. 제4곡을 송애라 이름붙이고 松崖記를 지었다. 그 밖의 8곡과 이름 없는 곳(空菴)도 모두 이름을 지었다. 여기에 복거할 뜻을 두었다. 갑인날에 청주 목사에 임명되었다. 나아가 교화에 힘썼는데, 이곳에는 예로부터 향약이 있어 선생이 수정하여 썼다.[33]

---

31) 위의 책, 恒·象.   天地之道 恒久而不已

32) 栗谷全書, 卷3 疏箚1 玉堂陳時弊疏, 卷5 疏箚 3 萬言封事, 卷 7, 疏箚 5, 陳時弊疏와 代白參贊仁傑疏, 卷 15 雜著 2 東湖問答 論安民之術 등 여러 글에 드러난 율곡의 경세론 참조.

33)   南溪 朴世采 文集 卷 86 栗谷 李先生 年譜 栗谷 36세(1571년, 辛未年)조

그가 오랜 동안 석담에 뜻을 두었음을 알 수 있다. 고산 석담에 卜居할
뜻을 둔 지 만 7년 만에 뜻을 이루게 되는 것이다) 위에서 언급한 송애기에서
이이는 고산구곡을 즐기는 뜻을 밝히고 있다)

> 아! 외물의 즐거워할 만한 것은 모두 참다운 즐거움이 아니다) 군자
> 의 즐거워하는 것은 안에 있고 밖에 있지 않으므로 저 솟은 봉우리와
> 흐르는 물 등은 다 나에게 관계가 없는 것인데, 옛 성현이 오히려
> 이를 즐거워한 것은 무슨 까닭일까) 대개 內外를 나누어서 둘로 보는
> 것은 참다운 즐거움을 아는 이가 아니다) 반드시 내외를 하나로 하여
> 피차가 없는 이라야 참다운 즐거움을 아는 것이다) 天理는 본래 내외
> 의 간격이 없는 것인데, 저 안이 있고 밖이 있는 것은 반드시 인욕이
> 개재하였기 때문이다) 참으로 인욕의 개재가 없다면 바로 호연 자득
> 할 터이니 어디를 간들 즐겁지 않겠는가) (중략) 천리의 현묘를 보고자
> 한다면 마땅히 신독(혼자 있는 곳에서 더욱 삼가는 공부)으로부터 시
> 작해야 한다) 신독에 입각하면 내 마음에 간격이 없고 내 마음에 간격
> 이 없으면 천리가 유행한다) 신독에 입각하지 않으면 내 마음에 간격
> 이 있고 내 마음에 간격이 있으면 천리가 막히기 때문이니, 우리네
> 선비는 여기에 힘써야 한다)34)

이이는 외물 즉 자연물은 그 속의 道體와 안팎을 이루고 있다고 보았다.
그러므로 자연을 즐기기 위해서는 인욕이 개재되지 않은 도심으로 보아야
만 안과 밖으로 분리되지 않은 자연의 참맛을 즐길 수 있게 된다는 것이다.
이것은 理와 氣는 하나이므로 분리할 수 없고 기가 발하면 리가 거기에

---

34) 栗谷全書 卷 13 記, 송애에 대한 기문(松崖記) 辛未) 嗚呼 外物之可樂者 皆非眞樂也
　　君子之所樂 在內而不在外 則彼之峙且流者 無與於我 而古之聖賢 尙有樂之者 其故何耶
　　蓋分內外而二之者 非知眞樂者也 必也一內外 無彼此者 其知進樂乎 天理本無內外之間
　　彼有內有外 必有人欲間之也 苟無人欲之間 則浩然自得 焉往而不樂재 (중략) 欲見天理
　　之妙 當自愼獨始 愼乎獨則吾心無間 吾心無間 則天理流行矣 不愼乎獨 則吾心有間 吾心
　　有間 則天理阻閡矣 吾黨之士 其勉乎此)

탄다고 하는 그의 주기론과도 일치하는 논리다. 일찍이 그는 천리의 현묘함을 알기 위해서는 혼자 있는 곳에서 더욱 삼가는 공부를 해야 한다고 하며 우리네 선비들에게 신독을 권했다. 그리고 그 자신 또한 신독을 힘썼다. 그리하여 이이는 草木之樂 禽鳥之樂 遊人之樂 吾輩之樂의 참맛을 느끼며 천지와 사람의 문을 이루게 된 것이다.

5. 맺음말

이이의 미의식은 文以形道를 기준으로 한다. 글이 도를 형상화했을 때 그 글은 성현의 글로 참된 문장이 된다. 문학이란, 학문을 쌓은 지 오래 되어야 문장이 법도에 맞고 구법이 정밀하고 음조도 청아해지므로 이를 바탕으로 성정을 읊은 것이라야 한다고 보았다. 또 사람의 기가 속에 차서 밖으로 발현된 소리 중 쓸 데 있고 아름다우며 실속 있고 바른 소리 즉 선명이라야 한다고 했다. 이는 문학이 기가 아닌 도의 형상화임을 설파한 것이다. 또한 이러한 형상화가 잘 되었을 때 문학은 감동력을 지녀 사람은 물론 귀신까지도 감동시킬 수 있다는 것이다. 이이의 문학관은 조선조 성리학적 사대부의 문학관을 주기론적 입장에서 발전 정리한 것으로 성리학적 문학관의 전형으로서, 후대에 대한 영향력의 크기로서 그 의의가 있다.

이이는 이러한 문학관을 바탕으로 한시는 물론 시조 고산구곡가를 지었다. 이는 조선조 양반 사대부의 성리학적 세계관을 표현하는 그릇으로서의 평시조라는 갈래 성격에 꼭 부합되는 것이면서도 연시조 형태로의 장형화를 통해 조선 전기 시조문학의 절정을 보여 주기도 한다. 도의 형상화로서의 고산구곡가는 시간적 배경이 우주관에 바탕을 두고 짜여 있으며, 역의 순환 원리에 따라 상승과 하강 구조로 의미망을 엮었다. 이러한 접근으로 이이는 평생의 학문 배경인 이기론에 바탕을 둔 천지인의 문에 이르게 된다. 고산구곡가라는 우리말 시가를 통해 이이가 자신의 세계관을 펼쳐 놓은 것은 그만큼 그가 문학적 형상력이 지니는 감동력을 중시했다는 의미이다. 결국 이이는 한시를 통해서는 구상화하기에 미흡했던 그의 세계관을 형상화하여 고산구곡가를 부름으로써 천지인의 문 사람과 귀신을 감동시키는 문에 이르게 된 것이다.

≪참고문헌≫

*저서

金敬琢, 『율곡의 연구』(서울 : 한국연구도서관, 1960).

李殷相, 『사임당과 율곡』(서울 : 성문각, 1966).

李廷卓, 『韓國山林文學硏究』,(서울 · 대구 : 형설출판사, 1984).

金相珍, 『朝鮮 中期 連詩調의 硏究』(서울 : 민속원, 1977).

趙東一, 『한국문학사상사시론』(서울 : 지식산업사, 1978).

______, 『한국문학통사 2』(서울 : 지식산업사, 1978).

栗谷思想硏究院, 『栗谷哲學과 韓國의 性理學』(서울 : 율곡사상연구원, 1985).

李俊浩 編譯, 『栗谷의 思想』(서울 : 현암사, 1975).

宋錫球, 『栗谷의 哲學思想硏究』(서울 · 대구 : 형설출판사, 1987).

이민홍, 『사림파문학의 연구』(서울 · 대구 : 형설출판사, 1987).

黃義敦, 『栗谷哲學硏究』(서울 : 경문사, 1987).

최진원, 『한국고전시가의 형상성』(서울 : 성균관대출판부, 1988).

黃俊淵, 『李珥哲學硏究』(광주 : 전남대출판부, 1989).

刊行委員會, 『石田李丙疇博士古稀紀念論叢』(서울 : 이화문화사, 1990).

申蓮雨, 『朝鮮朝 士大夫의 時調文學硏究』(서울 : 박이정, 1991).

李敏弘, 『조선 중기 시가의 이념과 미의식』(서울 : 성균관대출판부, 1993).

韓國古典國譯委員會, 『栗谷性理學全書』(서울 : 고대출판부, 1960).

*논문

安寅植, 「이율곡선생의 생애와 업적」, 『율곡전서』(서울 : 대동문화연구원, 1958).

崔昌圭, 「疏箚制度와 朝鮮朝의 士林政治」, 이준호, 『율곡의 사상』(서울 : 현암사, 1973).

李敏弘, 「사림파문학연구」, 『성대문학 19』, 1976.

______, 「고산구곡가와 무이도가고Ⅰ·Ⅱ」, 『개신어문연구1·2집』(충북대, 1981·1982).

沈伯綱, 「율곡의 문학관」, 『현대문학 335』, 1982.

趙成植, 「이율곡문학연구」, 『군산대논문집 5』, 1983.

金大幸, 「李珥論」, 『고시조작가론』, 1986.

姜銓燮, 「고산구곡가의 원전모색」, 『국문학연구논총』(서울·대구 : 형설출판사, 1988).

______, 「고산구곡가의 작가고증」, 『고전문학연구 4』, 1988.

金昞國, 「高山九谷歌 硏究」(성균관대 박사학위 논문, 1991).

朴湧植, 「이이론」, 나손선생추모논총간행위원회, 『韓國文學作家論』(서울 : 현대문학사, 1991).

3. 宋純 詩歌 研究

```
Ⅰ. 序論
Ⅱ. 朝鮮前期의 學風과 士林派로서의 位置
Ⅲ. 理氣一元論의 思想과 現實認識
Ⅳ. 處士的 音律과 風流
Ⅴ. '새'로 드러나는 自我와 現實
Ⅵ. 結論
```

Ⅰ. 序論

俛仰亭 宋純은 조선 중종때 사람으로, 趙光祖의 제자이며 호남 사람의 기수로 활약한 訥齋 朴祥에게서 배워 문장을 이룩했다.

그는 빼어난 우리말 구사력과 문학적 형상력으로 江湖歌道를 수립하고 처음으로 호남가단을 형성한, 鄭澈 이전의 유일한 대가로서 조선 전기 문학사에서 우뚝한 봉우리를 형성하고 있다. 또한 사림파 문인의 한 사람으로 文名을 떨쳤으나 그 이름에 비하여 지금까지 알려진 작품이 적을 뿐 아니라 그에 대한 연구 성과도 일천한 형편이다.

그러므로 여기서는 훈구파와 사림파의 갈등이 사화와 반정으로 이어지면서 주자학적 유교주의에 대한 반성과 수정론이 대두되는 16세기, 복잡하고 다난했던 시대를 배경으로 그 시대를 헤쳐나가는 宋純의 정신적 지향점과 사상, 그 반영으로써의 작품과 작품을 이루어내는 일관된 문학관을 살피고 시대 정신과 연관지어 보며 그의 작품이 가지는 의의를 규명하려 한다. 그것이 바로 宋純문학의 참모습을 밝히고 국문학에서의 위치를 정립하는 데 필요한 작업이기 때문이다.

지금까지의 연구사를 살펴보면, 金台俊이 『朝鮮歌謠槪說』에서 처음 언급한 이래 趙潤齊·李秉岐·金思燁의 단평이 있었고 申東曄에 의해 24수의 작품이 소개되기도 했으나 작품 분석은 없었다.[1]

李在秀는 英正歌壇이나 昇平契와 대비하여 宋純을 중심으로 형성된 가단을 貴族歌壇으로 매겼으며 丁益燮은 湖南歌壇을 설정하여 宋純의 생애에 비추어 그의 국문 시가와 鄭澈을 중심으로 한 星山歌壇과의 관계를 밝히고 宋純의 작품을 自然耽美·五倫勸勵·致士未練·思君裏情·欽仰淸節·慨世寓意로 나누어 평했다.

金東旭은 「俛仰亭歌」의 한글 원사를 발견하여 분석하고 주석을 붙여 宋純의 주변 연구까지 하였고, 李相寶는 「俛仰亭歌」를 范仲淹의 「岳陽樓記」에 비추어 보고 그 내용과 짜임을 면앙정 주변의 조망과 경치(서사), 四季의 경관(본사), 閑居醉興과 活湯自樂(결사)으로 분석하고 鄭澈의 「星山別曲」과 면밀하게 대비해 놓기도 하였다.

---

1) (1) 문학사

   ① 趙潤濟, 『韓國詩歌史綱』, 서울, 乙酉文化社, 1954. 260쪽.

   ② 白鐵·李秉岐 共著, 『國文學全史』, 서울, 新丘文化社, 1972. 126쪽.

  (2) 저서

   ① 金思燁, 『李朝時代의 歌謠硏究』, 서울, 學園社, 1952, 256쪽.

   ② 丁益燮, 『湖南歌壇硏究』, 서울, 進明文化社, 1977, 72~79쪽.

   ③ 金東旭, 『韓國歌謠의 硏究』, 서울, 宣明文化社, 1974, 135~192쪽.

   ④ 李相寶, 『韓國歌詞文學의 硏究』, 서울, 螢雪出版社, 1974, 88~117쪽.

   ⑤ 李鍾建, 『俛仰亭 宋純 硏究』, 서울, 開文社, 1982.

  (3) 논문

   ① 신동엽, 『詩歌上으로 본 宋俛仰과 鄭松江과의 관계』, 한글 13권, 4호, 36~50쪽.

   ② 李在秀, 『俛仰亭 宋純』, 思想界, 1959·8, 270~280쪽.

  이상의 연구는 주로 자료의 발표와 주변 연구에 그쳐 작품의 성격 규명에는 미흡했다. 본격적인 작가론으로 李鍾建이 『俛仰亭 宋純 硏究』에서 宋純의 전 작품을 대상으로 배경 연구·작품 연구·비교 연구를 통해 宋純이 16세기 중반기를 수 놓은 시인으로 국문시가의 수사법이 뛰어나 국문학의 새로운 장을 열었다고 했다.

  宋純은 사림파의 한 사람으로서 관료적 세계와 처사적 세계를 오가며 理氣一元論과 老莊的 哲學을 바탕으로 한 철저한 현실 인식을 통해 현실의 모순이 드러나는 작품을 쓰기도 하였으나 후기로 갈수록 정치 권력을 둘러싼 훈구파와 사림파의 갈등 속에서 사림파가 드러내는 한계 안에 머무르면서 사회와 현실의 모순과 부조리를 통찰하고 비판하기보다는 처사적 음률과 풍류의 세계로 굴절되어 갔는 바, 본고에서는, 조선건국과 더불어 사림파와 훈구파로 갈라져 있던 학풍 속에서 사림파의 일원으로서 宋純이 가지는 위치와, 이기일원론과 노장사상을 바탕으로 한 그의 현실 인식을 살펴 보고 그의 작품에 드러나는 처사적 음률과 풍류가 지니는 의미를 규명하며 「哭鳥文」으로부터 「잘새가」에 이르기까지 그의 작품에 등장하는 '새'의 심상 분석을 통해 그가 처해 있던 현실속에서 개인적 자아가 어떻게 사회적 자아로 전환되는가를 살펴 보기 위해 그의 시조·가사·한시 작품을 분석해 보고자 한다.

  대상작품은 短歌 22수, 歌辭「俛仰亭歌」漢詩 520여수로 그의 문집 『俛仰集』을 1차 자료로 삼되, 문집에 실린 한역가의 원가가 실려 있는 『靑丘永言』『海東歌謠』『歌曲源流』『槿花樂府』『松江歌辭』를 이에 준거한 부차적 자료로 한다.

  또 松純詩歌의 국문학상 위치를 밝혀 보기 위하여 우리말 시가 중 가사가 전하는 「自上特賜黃菊玉堂歌」1편, 「俛仰亭短歌」7편 중 4편, 「俛仰亭雜歌」2편 중 1편, 「致仕歌」3편 중 1편, 「傷春歌」1편 등 7편과 한역가로만 전하는 「俛仰亭短歌」7편 중 3편, 「俛仰亭雜歌」2편 중 1편, 「致仕歌」3편 중 1편,

「夢見主上歌」, 「哭鳥文」 등 7편과 歌辭 「俛仰停歌」를 주된 분석 대상으로 삼고 漢詩는 보조 대상으로 삼는다.

Ⅱ. 朝鮮 前期의 學風과 士林派로서의 位置

아는 바와 같이 조선 전기의 학풍은 훈구파와 사림파로 양분되어 있었다. 조선 시대 초기의 주자학은 새 왕조의 정치 이념으로서의 성격과 이론적 기초를 다지는 데 치중한 나머지 주자학의 사상과 학문의 보급이 이루어지기는 하였으나 그 심화나 체계화에까지는 미치지 못하였다. 그러나 조선 왕조의 정치가 안정되고 성장함에 따라 왕조 정치 이념으로서의 자리를 굳혀 가기 시작하였다. 이것은 주자학이 관학으로서의 역할을 담당하고 개국 공신이 된 주자학자들이 정치적 중심 세력으로 등장하였기 때문이다. 이같이 등장한 신진 정치 세력인 훈구파는 정계·학계·사상계를 장악하여 지배 세력으로 부상하였다. 이들은 과전법으로 토지제도를 개편하여 경제적 권익을 독점하고 특권 훈구 세력으로 등장하였으며, 특히 세습을 가능케 한 공신전 등 예외 규정은 수탈과 정쟁을 가속화시키는 계기가 되었다.

따라서 정권 쟁취는 권익 획득을 통한 특권 지배 계급이 될 수 있는 길이었다. 특히 세조의 찬위를 도와 조정의 실권을 장악한 귀족 관료학자들은 높은 관직에 등용되었으며 수차에 걸친 공신전을 받아 농장을 가지고 있었다. 이들은 능란한 문필로 관찬 사업에 참여하였고 한때 신진 사류인 사림파의 등장으로 그 세력이 위협당한 적도 있었다. 사림파는 훈구파에 대하여 토지 제도의 개혁을 요구함으로써 양 파 사이에 충돌이 생겨 사화의 직접적인 원인의 하나가 되었다.

한편 주자학이 사대부 사이에 널리 보급됨에 따라 재야 사대부 사이에도 주자학자들이 배출되었다. 不事二君의 절의를 고수하면서 영남 선산에서 은둔 생활을 하고 있던 吉再의 주자학이 학통을 이어 받은 金宗直은 金宏弼·鄭夢周에게서 고려에 대한 충절을 지키며 도학에 힘쓴 길재에게로, 길재에게서 다시 金叔滋로 이어져 김숙자의 아들인 김종직이 선두에 서서 그 기반을 딛고 중앙 정계로 진출하며, 훈구파와 맞설 수 있는 문학적 역량을 보이고자 하였다.

그들은, 부귀를 탐내지 않아 벼슬하지 않고 자연에 묻혀 지내는 산림처사, 즉 산림이어야 사림일 수 있으며 사림이야말로 선비로서의 올바른 도리를 지키는 선비라고 하여 사회적 위치와 정신적 자세에서 사림이 특정한 의미를 갖도록 하였고, 훈구파가 염치를 존중하고 백성 교화에 힘쓰겠다는 왕조 창건의 이념을 저버렸으므로 비판을 받아야 한다는 데서 사림파가 대두해야 할 명분을 찾았다.

그리하여 조선 왕조의 기틀이 확립된 9대 성종조에 이르러 영남학파 출신자가 대거 신진 관인으로 중앙 정계에 진출하는 데 성공하게 되며, 이들 신진 관인으로 새로 형성된 정치 세력을 지칭해서 士林派라고 하게 되었다. 이들은 대개 지방 사회에 중소지주적 생활 기반을 가지는 지식인들로서 강력한 중앙집권체제의 추구 아래 최대로 보장된 현직 관인들의 관권이 사적인 이익 추구에 남용되는 현상이 현저하게 드러나는 15세기 말 16세기 초에 체제 한계의 폐단을 지방 사회에서 직접 경험 하는 처지에 있었다. 성리학은 바로 이들의 기존 체제에 대한 비판적 안목을 통해 그 한계를 극복할 수 있는 사상체계로써 주목받기에 이르는 것이다.

그리하여 사림파는 기존 세력, 특히 당시의 정권 담당 세력인 훈구파와 양립하여 조선 정치 사회는 신·구 양 세력의 대립이라는 새로운 풍토가 조성되기에 이르렀다. 그 결과 성종조 이래 신·구 양 세력의 정치적·학문적 이념이 갈라지고 그것은 결국 詞章學을 숭상하고 현상유지에 급급한 보수적인 훈구파와 修己治人을 본령으로 하는 朱子學의 정통성을 강조하고

王道政治의 구현을 실현하고자 하는 혁신적인 사림파와의 정치적 주도권을 둘러 싼 대립과 알력으로 격화되어 갔다.

宋純은 이렇듯 주자학적 정치 사상의 정착을 위한 진통으로 士禍와 反正 같은 정치적 진통을 겪는 시대에 유교 정치 이념에 의한 王道的 至治主義 정치의 구현을 위해 노력한 趙光祖의 눈에 띄어 중종 14년 그의 나이 27세 때 金榜에 오른다.

조선 시대 숭문 경향은 문과를 특히 중시하여 과거라 하면 문과를 가리키는 것이며, 그 응시 자격도 실제적으로 양반의 신분에 국한되었다.

宋純의 가계 역시 대대로 양반 사대부 집안이었으며, 그가 어려서부터 유학을 공부하고 治者로서의 길을 걷게 되는 것은 필연적인 귀결이었다.

宋純의 관향은 新平縣으로 高麗 書雲觀正 宋丘進이 그 시조이다. 이때부터 宋純의 집안은 벼슬이 끊이지 않았다고 하는데 高祖 老宋堂 宋希璟이 벼슬을 그만두고 潭陽에 내려와 살았기 때문에 송순은 담양 사람이 되었다. 송희경은 태종 때 명신으로 벼슬이 判司宰監事이고 세종때는 사신의 직무를 훌륭히 수행하여 중국과 왜국에서 중요 인물로 인식되었으며 咸陽郡守로 있을 때는 관내에 치적이 파다해「東國輿地勝覽」에도 실린 인물이다. 후에 宋純은 咸陽에서 그의 시[2]를 발견하고 老宋堂의 충절을 기리는 敬次詩二 首[3]를 짓기도 한다.

宋純은 독실한 효성으로 세상에 이름이 났던 아버지 孝思堂 泰와 玉川 府院君 元吉의 5대손으로 司果 時雍의 딸인 어머니 淳昌 趙氏 사이에서 성종 24년 음력 11월 14일 全羅南道 潭陽郡 錡谷面 上德里에서 태어났다. 字는 守初 또는 誠之라고 하며 號는 企村으로 李滉이 그 마을 이름을 빌어서 부른 것이고 다른 號 俛仰은 사림의 후학들이 그 정자 이름을 따서 부른

---

2) 俛仰集 卷一・三十九,「詠牧丹」,「詠竹」.

3) 俛仰集 卷一・三十九,「敬次先祖老松堂 咸陽束軒韻二首」.

것이다. 그는 어려서부터 총명하여 독서를 좋아했고 문예가 일찍 성취되었다고 한다. 열 살 무렵 숙부인 知上堂 宋欽에게서 배우는데 宋欽은 성종 때 司馬에 급제하여 槐院에 있다가 연산군의 학정으로 물러나 후진에게 경서를 강의하며 지냈다. 중종이 즉위한 후 불리어 弘文館 正字로부터 시작하여 여러 벼슬을 거쳐 判中樞府事겸 知經筵事에 이르렀는데, 청렴하기로 이름이 났던 인물이다. 宋純의 시가에 나타나는 풍자는 宋欽의 풍자 정신에 영향을 받은 것으로, 宋欽의 「解頤錄」은 풍자와 사실의 감각이 두드러져 풍자는 장수와 함께 송순 가문의 한 특징이기도 하였다. 21세 무렵부터는 本府로 부임하여온 訥齋 朴祥에게 후에 金安老를 疏斥한 鄭萬鍾과 함께 가르침을 받았다. 朴祥은 송순 자신이 평생 학문을 하게 된 것을 실로 朴公에게 힘입어 조금씩 향방을 알았기 때문[4]이라고 할 만큼 송순의 학문과 인격에 영향을 준 사람으로, 본래 엄격하여 다른 사람을 별로 허여치 않았으며 성미가 강직하고 몸가짐이 단정하여 함부로 이야기하지 않는 사람이었으나 송순을 보고는 크게 칭찬하고 깊이 勸勉하여 원대한 功業을 기약 하였다.

朴祥은 높이 영달했던 사람도 아니고 목사로 나다니다가 기묘사화 때 피척되었으나. 시가 뛰어나서 처지가 다르면서도 李荇과 함께 당대에 이름을 얻었고 朴誾과 더불어 후대에 평가를 얻었다.

정조는 『訥齋集』을 간행토록 명하고 우리나라의 시로는 오직 교리 朴誾과 贈吏判 朴祥 두 사람을 알 뿐[5] 이라고 했으며, 그의 전집 『弘齋全書』에서도 淸高·淡白하여 무한한 맛이 있으며 기이·걸출하고 굳세며 아려해서 실로 우리나라 시 가운데 일류에 속한다[6]고 찬사와 호평을 아끼지 않고 있다.

---

4) 俛仰集 卷五.

5) 朴祥 : 訥齋集 卷首·我國之詩 惟知故校理朴誾 贈吏判朴祥二人而己.

6) 正祖 : 弘齋全書, 日得錄.

　·訥齋詩 淸高·淡白 自有無限趣味 卷百十一.

　·曾見其遺集 奇傑遒麗儘 是東詩中第一家數 卷百六十四.

李滉은 그의 高風卓識을 일컬어 하늘이 내린 宗人이라 하였고 申緯는 <東人論詩絶句>에서 成俔·申光漢·黃廷彧과 더불어 그 奇健과 淸彎을 들어 四傑로 칭송했으며, 韓末의 黃玹도 그의 「讀國朝諸家詩」에서 그의 굳건한 필기가 사뭇 삼엄하다고 기리고 있다. 權應仁도 「松溪漫錄」에서 朴祥을 중종 때 巨擘의 한 사람[7]으로 꼽고 있다.

이렇듯 朴祥은 당대의 뛰어난 시인으로 평가받는 인물이면서 많은 제자를 둔 스승이기도 하였다. 宋純은 스승 朴祥의 가르침에 감동하여 <奉和訥齋先生韻四首>[8]를 지어 참 스승을 만남 기쁨과 앞길을 일깨워준 스승의 은혜에 대한 고마움과 깊은 존경을 표현했다.

宋純이 이러한 朴祥의 가르침을 받고 학문의 방향을 찾았다는 사실은 그가 士林派의 맥을 잇는 士林의 한 사람으로 발을 들여놓는 필연적 계기로 작용했을 것이다. 朴祥은 趙光祖에게 趙光祖는 金宏弼에게, 金宏弼은 金宗直에게 배웠고 金宗直은 吉再의 학통을 이었으므로, 송순은 山林派의 정통 맥락을 이은 朴祥의 제자로서 士林派의 한 사람으로 정계에 진출하게 되는 것이다.

훈구파와 사림파는 신유학 또는 성리학을 통치 이념으로 삼아야 한다는 데는 일치했으나 성리학과 문학과의 관계를 설정하고 해석하는 기준은 서로 달랐다. 훈구파 내지는 사장학파는 성리학과 문학이 둘 다 소중하며 문장 능력을 키워 詞章을 소홀히 하지 않아야 왕조의 사업을 온전히 이룩하고

---

7) 權應仁 : 松溪漫錄. 大東野乘 卷五十六 · 我國在成廟以前 英才輩出 不可遽以二三數 至於中廟朝…(中畧)…申企齋朴訥鄭湖陰蘇退休曹適庵 皆巨擘也.
8) 俛仰集 卷一, 訥齋集 附錄 卷四.
　奉和訥齋先生韻 四首④
　茫茫前路昧東南
　函丈從來樂且湛
　不有淸風吹我過
　一生那得免昏酣

위엄을 세울 수 있다고 했는데, 사림파 내지는 도학파는 성리학을 도학으로 실천하면서 도학이 근본이며 문학은 말단임을 분명히 해야 문학이 헛된 수식에 떨어지지 않는다고 했다. 문학적 자세에 이러한 차이가 나타난 것은 그들의 환경과 학문적 자세의 차이에 기인한 것이었다. 관료 문인들의 사장 옹호의 구실은 대개 공리주의적 문학관에서도 지엽적인 문제인 사대외교상 의 필요성만을 강조한 것이었으므로 논리적 근거가 약하였고 정통 성리학 을 이어 나간 사림파의 도덕주의 문학론은 조선 시대에 있어서 근본적으로 부정될 수 없는 사상적 뿌리가 깊은 것이었기 때문에 정면에서 이론적 대립 이 이루어질 수는 없었고 사장 배격과 사장 옹호라는 부분적인 논쟁이 있었 을 뿐이다. 그런데도 사장옹호의 풍조가 일어나게 된 것을 관료 문인들이 현실적으로 정치의 주도적 세력을 구축하고 있었기 때문이다.

성종조로부터 사림파가 중앙 정계에 진출하면서 사장학에 치중하던 훈구 세력은 일부 사림파의 사장 배격론과 정면 도전을 피할 수 없게 되어 기묘사 화를 전후한 시기에 이르러 사장 배격론과 사장 옹호론의 논쟁이 표면화되 었다.

사장학은 權近으로부터 徐居正·成俔을 거쳐 일부 사림파 학자인 金馹孫· 南孝溫·曺偉에 이어졌고 成具·南袞·李荇에 이르러 사장 옹호론으로 발전했 다. 金宗直의 제자 金宏弼·鄭汝昌으로부터 비롯한 도덕주의 문학은 鄭汝昌· 趙光祖·李珥의 사장 배격론으로 이어졌다.

이러한 논란은 과거제를 두고도 벌어졌다. 고려 때부터 과거에 유학 경전 에 능한 사람을 뽑는 明經科와 글 잘 짓는 사람을 뽑는 製述科를 두어 조화 를 꾀한다고 했으나 주로 제술과만 인기를 모았다. 조선 건국과 함께 정도전 같은 강경파는 경전 위주의 과거 시행으로 통치 이념과 제도를 확고하게 한다는 방침을 굳혔는데 훈구파가 보수적인 성향을 띠게 되면서 변화가 나타났다. 세종 20년에 사장을 존중하자는 주장이 반영되어 詩賦를 힘써 익혀야 급제를 할 수 있게 되었다. 초시에는 經學을 다루는 生員科와 詞章을

시험하는 進士科를 두었는데 문과에서는 둘 다 요구하되 사장을 더욱 중요
시했다.

이러한 풍토 속에서 송순은 초시에서 진사과 3등 70명 중에 18번째에
들고 문과에서는 乙科에서 첫 번째로 급제한다.[9] 송순이 별시 을과에 올랐
을 때 考官이었던 安唐·趙佑祖·金絿·金湜 등이 그의 策問을 듣고서 높은
소리로 읽으며 季雲 이후로 이런 문장이 없었다고 극찬하였다. 조광조가
몹시 사랑하여 장차 불러서 만나 보려 했으나 송순은 이미 급제한 몸으로
귀향한 뒤였으며 얼마 되지 않아 北門의 禍(己卯士禍)가 일어나 靜菴은 목숨
을 잃었고 訥齋 또한 물리침을 당해 송순은 상심하기를 그치지 않았다.[10]

결국 송순은 도학 위주의 조광조에 의해 등과되며 이것은 송순이 사림파
의 한 사람으로 修己治人의 성리학을 탐구하는 학문 수양을 했음을 말해
주는 것이다.

그러나 그가 진사과로 출발, 문과에서도 策問으로 인정받았다는 사실은
이후 詩歌 쪽에서 이루는 여러 성과와도 관계 깊은 일이다.

Ⅲ. 理氣一元論의 思想과 現實認識

주자학은 본래 南宋 피난 정권을 배경으로 형성된 정치적 산물로, 그 본질
은 귀족 계급과 奴庶民 階級 간의 차별 원리를 근간으로 중앙 집권적 帝王權
체제를 확립하기 위한 통치사상이다. 남송은 잃어버린 본거지를 탈환하고
금에 대항하기 위한 강력한 帝王權 확립과 피난 온 집권 세력으로서 토착
세력을 지배하기 위하여 약체화된 왕조의 교란된 질서와 신분 질서를 재확

---

9) 俛仰集 卷六 · 十二～十五.

10) 俛仰集 卷四 · 十六～二十八.

립해야 할 필요성에 직면하게 되었다.

주자는 이와 같은 남송의 정치적 요구에 부응하여 帝王權과 차별 원리를 인간의 숙명으로 규정한 中庸의 天道思想을 재 천명하여 유가정치 사상의 정통화를 꾀하였다. 제왕권의 권위를 형이상학적 태극으로 상징화하였고 지배와 피지배자 간 차별 질서의 先在原理로서 '理'를 설정하여 君臣간 貴庶간의 차별 불평등을 정당화하였다.

漢族의 異民族에 대한 지배와 군신 및 귀서 체제의 보위를 위한 차별 원리를 '理'로 절대화하고 현실의 차별 질서를 상징하는 '氣'가 後在함을 주장하여, 계급 질서의 불변을 정당화하고 인간을 전체 계급 질서상의 개체의 의미를 무시하고 정치 사회적 변천을 부인하는 고정관념에 사로잡혔다.

이러한 주자학은 이질성이 크고 이민족의 위협에 시달려 온 漢族에게는 실효성이 있는 사상이었을지 모르나, 본래부터 동질성이 강한 韓民族에게 적용하였을 때는 서로 차별 받지 않으려는 데서 사상과 현실 간에 모순과 괴리가 생기기 마련인 바 유가차별원리의 현실 적용은 지배 계급의 피지배 계급에 대한 수탈을 초래하였고 이는 토지 소유를 통한 특권 쟁취를 위하여 지배 계급 내의 잦은 政變을 낳게 하였다.

즉 건국 초 왕권을 둘러싼 同氣王子 간의 혈투, 叔姪간의 政變, 李施愛亂, 南怡 및 龜城君 제거의 정변을 초래했고 드디어 士禍와 反正에 이르게 되었다.

특히 16 세기에 이르러서는 잦은 권력 투쟁의 결과 功臣田 등 사유지가 계속 증가함으로써 세력 강화를 위한 농민에 대한 수탈이 더욱 심해져서 離農을 촉진, 良民들이 流民化하고 도적이 되는 현상이 가속화되기에 이르렀다.

이러한 수탈상 중에서 두드러진 것을 들면 貢案의 가중과 防納의 폐해·族徵·洞徵 등과 兵役·賦役등 身役의 重課와 選上등의 농어민에 대한 수탈이 있는 바, 이러한 수탈로 농어촌은 열 집이면 아홉 집이 비거나 굶는 '十室九空', '十室九飢'의 상황[11]이었다. 이것은 지배계급의 농민 수탈과 가렴주구가 얼마나 혹심했는가를 보여 주는 사실이다.

따라서, 帝王學 또는 支配學인 유학의 정치 사상은 조선조 전체에 걸쳐 정권 쟁탈의 매개물로 이용되었을 뿐 백성의 생활 안정 및 民族保衛의 측면에서 조명할 때는 재평가되어야 할 것으로 보인다.

宋純이 살던 15세기 말부터 16세기 말에 이르는 시기는 붕당의 소용돌이가 계속적으로 일어나는 격동기였다. 戊午士禍(1498, 연산조 4년) 甲子士禍(1504, 연산조 10년), 己卯士禍(1519, 중종 14년), 東宮灼鼠의 變(1527, 중종 22년), 1530년(중종 25년)부터의 金安老의 발호, 1531년 朴氏母子 賜死, 1536년 羅世纘의 對策極言 사건, 1541년 大小尹의 政爭, 1545년 乙巳士禍, 1547년 良才驛 壁上의 血書사건, 1550년 李無彊이 宋純을 배척한 일 등이 이어지는 파란 많은 시기였다.

최초의 사화인 무오사화는 세조의 집권, 이시애 난 평정, 남이 및 구성군 정변에 공을 세운 훈공 세력의 기득권을 지키려는 현실주의와 그 과정에 참여하지 못한 재야 사류가 중앙 정계에 진출하려고 유학의 차별 원리를 도구로 하여 내세운 당위론적 명분주의와의 대결로, 유학의 정통을 표방한 김종직 문도들의 도전은 柳子光 등 현실주의 훈공세력이 배척 대상이 되었다.

갑자사화도 연산 생모 제거에 대한 복수로 발생했지만 연산 생모 제거에 직접 관련된 훈공 세력 못지 않게 많은 김종직 문도들이 처형되었다.

기묘사화는 被禍勢力인 趙光祖 등이 유학의 비현실적 명분론을 내세워 종종 반정의 일등 공신인 朴元宗·成希顔 등 훈공파를 불학무식자로 몰아깎아내려[12] 반격을 받게 된 것이다. 여기서 加禍勢力인 훈구파와 피화세력인 趙光祖 세력의 是非를 가리기는 어렵고 사상적 방향에서도 유학적 史觀

---

11) 明宗實錄 卷十, 二十六年 九月條.

　　·憲府啓曰 近見民生 十室九飢 中外皆然…

12) 靜菴文集 卷二.

　　·兩司請改正 靖改正 靖國功臣啓一.

을 벗어나서 본다면 화를 입은 조광조 등의 道學思想은 복고적 왕정론이요, 비현실적 당위론이며 문화사대적 측면을 벗어나지 못하였으므로 옳다고만 볼 수도 없다.

그러나 사림의 한 사람인 29세의 젊은 宋純으로서는 끊임없이 士流들이 부대끼는 현실에 비판 의식과 아픔을 갖지 않을 수 없었으며 이것은 그의 詩「暮思」를 통해 표현되고 있다.

日已西時月未東 　날은 저물고 달은 아직 돋지 않아
群星爭耀點長空 　뭇별이 다투어 반짝이는 저 하늘
山川氣色回次沒 　산천의 기운과 경치는 가라앉아 가네
誰識孤懷病此中 　누가 알랴 이 속에서 앓는 외로운 회포.

<俛仰集 卷一・五>

송순은 기묘사화를 풍자한 이 시로 남곤당인 최세철에게 화를 입을 뻔하였다고[13] 한다.

날은 저물고 달은 아직 돋지 않아 하늘에는 뭇별이 다투어 반짝인다. 사림들을 휩쓸고 간 사화를 저문 날로 남곤의 무리들이 난립하는 것을 뭇별의 반짝임으로 어두워만 가는 시대 조류를 가라앉아 가는 산천의 기운으로 표현하고 있다. 이 속에서 송순은 홀로 달이 돋기를 기다린다. 달이 중천에 둥두렷 솟아올라 천하를 밝혀 줄 날을 기다리는 것이다. 그리고 그 기다림이 아직 이루어지지 않은 상황에서 외로운 회포는 병이 되어 내면 깊숙이 아픔으로 스며들게 되며 그것은 새벽이 되어도 치유되지 않는다.

---

13) 俛仰集 卷一・六.
　・己卯秋 士類多斥 死而朔啓並錄 此詩承旨崔世節 仍欲中傷 同僚止之云.

曉吟二首   새벽 노래

山窓歸夢禍   새벽 고향 꿈은 깨고
秋夜未終更   아직 5경은 멀었다.
江市人無語   사람소린 없고
沙庭月獨明   뜰엔 밝은 달 하나
已爲千里客   이미 나그네 되어
那免百憂生   어찌 근심을 면하리
感慨還吾枕   베개를 도로 베고 누워
高歌叙不平   큰 소리 노래로 쌓인 회포를 푼다.

暮閣鍾初動   저녁 종소리 처음 울릴 때도
山亭客未回   산정에 나그네 돌아가지 않는다.
晚風披弱柳   늦바람은 가는 버들가지를 헤집고
輕雨灑高臺   가랑비가 높은 대에 부슬댄다.
近市人會散   저잣사람 흩어지고
遙岑月獨來   묏부리엔 달 하나
夜凉欺酒力   서늘한 밤에 술기운 다하면
難免玉山頹   내 꼴이 우습게 될라

<俛仰集 卷一·五>

강마을에 사람 소리 없는 모래 뜰에는 달만 홀로 밝다. 아직 5경이 먼 밤중에 산창에 돌아가는 꿈을 깨고 일어나 잠을 못 이룬다. 이미 천리객이 되어 백가지 근심을 면할 수 없는 몸으로 도로 베개를 베고 누워 노래로 회포를 푼다. 아무도 들어 줄 사람 없는 한 줄기 노랫가락이 달빛 속으로 퍼져나가 沙庭을 거쳐 江市로 흘러가는 듯한 느낌을 자아낸다.

둘째 수는 저녁 종소리가 들리고 늦바람이 가는 버들가지를 흔들고 가랑비가 내리는 날, 저자 사람은 흩어져 갔는데 산정의 높은 대에서 돌아가지 않고 서성이는 나그네를 그렸다. 서늘한 밤 술기운이 다하면 우스운 꼴을 면하기가 어렵겠다고 생각하면서도 돌아가지 않고 비장이며 배회하는 자신의 모습을 묏부리에 홀로 떠오른 달에 비춰 보고 있다.

  그러나 송순에게는 임금에 대한 충성이 강하게 작용하고 있다. 그가 한편으로 어지러운 정계를 떠나 강호로 돌아가고 싶은 마음이 있었으면서도 끈질기게 현실의 관직에 머무르는 모습이 임금에 대한 충성으로 표현되고 있는데 이것은 송순이 인생을 통하여 체제 내적 인물로 행복한 삶을 누리게 되는 원인이기도 하다.

洞庭黃柑	동정호 귤 노래

洞庭霜落後	동성호에 서리 내리면
金色滿江鄕	황금빛이 강마을에 가득하네
南浦千行樹	남포에 길게 늘어선 나무에서
西風百里香	가을 바람이 백 리에 향기를 보낸다.
當脣酸怯齒	입술에 닿으면 신맛이 이에 짜릿하고
流咽爽侵腸	목구멍을 넘기면 창자까지 시원하다.
矧是銀盤賜	더구나 은쟁반에 내려 주신 것이야
思添箇箇黃	알알이 박힌 금빛 임금님 은혜로다.

<俛仰集 卷一·七>

  송순이 29세 때 봄 예문관 검열로 있을 때 중종이 대궐 안에 있는 승정원, 홍문관, 예문관, 시강원에 籃關白雪·石門靑松·洞庭黃柑등 3제목을 내리고 응제를 명하였는데 송순이 居首로 상을 받은 시 중의 하나로 잘 익은 금빛 귤을 통해 임금의 은혜를 표현하여 충성심을 잘 나타내고 있다. 남포에 길게 늘어선 나무에 귤이 익어 강마을엔 황금빛이 가득하다. 풍요로운 가을의 정취가 넘친다. 멀리까지 풍기는 귤 향기, 입술에 닿는 귤의 감촉과 이에 느껴지는 신맛, 귤즙을 목구멍으로 흘려 넣듯 삼켰을 때의 느낌을 생생하게

감각적으로 표현하고 있다. 은쟁반에 담긴 귤을 알알이 박힌 금빛으로 표현해 선명한 색깔로 임금의 은혜를 뚜렷하게 부각시키고 있다.

그러나 금빛나는 가을의 풍요로움이 당대의 현실은 아니었다. 금빛나는 풍요와 은혜는 동정호의 정경일 뿐 당시 우리나라의 백성은 헐벗음과 굶주림에 시달려야 했다.

중종반정도 연산조의 부정을 제거하여 정의사회로 되돌린다는 명분에서 '반정'이라 했지만 연산조의 중종조를 비교해 보면, 비생산적 공리공론과 명분을 중요시하는 유교주의를 무시하고 집권 양반귀족을 억압한 연산을 제거했다는 유학적 시각으로는 반정일 수 있으나, 백성의 생활 안정과 민족 보위라는 관점에서 보면, 연산조에서는 안민책과 국방책을 세움으로써 내우와 외환이 적었던 데 비해 중종조 이래로는 노서민에 대한 혹독한 수탈로 인한 내우가 극심했고 국내 불안을 틈탄 야인 및 왜구의 외침이 끊일 사이가 없었다. 성종 말, 수도 내외에서 자행하던 강도들이 연산조에서 뜸하다가 중종 말 명종 대에 이르러서는 明火强盜가 한양도하에 횡행하기도 했고 치안의 힘이 가장 쉽게 발휘 될 수 있는 수도 및 경기 황해도 일대에서 수년간 횡행한 임거정난은 착취와 수탈, 유교주의의 신분적 차별에 견디다 못한 양민의 유민화에 의한 결과였다고 볼 수 있다. 내우의 틈을 타 야인과 왜구의 침입과 약탈이 끊이지 않아 중종조에서는 평균 5년마다 한 번의 외침14)을 당하였다.

---

14) 中宗實錄 卷九十六, 三十六年一月條.

　·李肯翊燃 藜室記述 卷十一. 明宗朝故事本末.

　<捕强盜林巨正>

　十七年壬戌黃海强盜林巨正截路殺人打破獄門官不能捕遣致勤說法捕戮 犮事(攝要.

　○巨正楊州白丁也性狡點且驍勇與其徒數十皆極?捷起而爲賊焚燒民居亂搶牛馬若抗之者
　則剮裂屠剪極其殘酷自畿甸至海西一路吏民與之密結官欲指捕輒先漏通　以此橫行無忌官
　不能禁

　<乙卯倭變>

이러한 현실의 모습은 송순에게도 이웃의 곡소리(聞隣家哭)로 거지의 노
랫가락(聞丐歌)으로 들려온다.

聞隣家哭	이웃집 울음소리를 들음

日暮殘村行路稀	날 저문 마을에 길 가는 사람 드문데
墻外哭聲來無數	담장 밖의 곡소리가 무수히 들려 온다.
聞是西隣第幾家	이 소리는 서쪽 이웃집에서 들리니
無食無衣一窮姥	밥 없고 옷 없는 가난한 늙은이다.
掩卷垂淚久咨嗟	책을 덮고 눈물 흘려 오랫 동안 탄식하니
此姥盛時吾親覩	이 늙은이 잘 살 때는 나도 보았네
憶昔朝廷善政初	옛날에 정치가 잘 될 때 생각해 보면
必使長者知吾府	반드시 훌륭한 이로 하여금 우리 고을 다스렸고
差科正來民力均	세금은 백성의 힘에 맞게 매겨져
一年餘食盈倉庾	일년 먹고 남은 것이 창고에 그득했다
西家饒財一里最	서쪽 집에 풍족한 재물은 한 마을의 제일이라
糴大糶女塡門戶	쌀 꿔 가는 사람으로 문이 메어져
鷄豚伏獵燕鄕閭	명절마다 닭 잡고 돼지 잡아 마을에 잔치하고
前庭後街羅歌舞	앞뜰과 뒷길에는 노래와 춤이 벌어졌었다.
從前時運有陞降	옛부터 세상 형편 오르내림 있어 왔고
斯民計活有散聚	이 백성 살림살이 나았다 못했다
召父不來杜母去	소부는 오지 않고 두모도 갔으니

○十年乙卯夏五月倭船六十餘艘寇全羅道兵使元績領兵馳進以日暮入屯達名朝賊衆圍城緩
兵北走官軍多踰城潛遁績脫衣笠投城外圍乞降狀賊知勢窘督兵攻城城陷殺績及長府使韓蘊
虜靈嚴守李德堅連陷於蘭浦馬島長興府兵營康津縣加里浦殺掠不可紀極海南縣監邊恊嬰孤
城獨守 海東(野言).

· 中宗實錄 卷十一, 五年4月條 史臣曰三浦倭奴 滋蔓日久驕驁難制平時鎭將小昨其意 陵
侮百端至以刀加頸 人人知有不測之患

· 倭四五千餘名, 着甲冑持弓箭搶劍防牌. 圍城焚蕩城底人家烟焰漲天

· 臣到釜山浦親番本處形止 城內外各處致死人 並計九十一名 並脫衣裙南門外一入斬頭.
城內致死人. 比比燒死. 官廨民居船隻等物焚燒者. 不可勝計

始信苛政浮猛虎	가혹한 정치 범보다 무섭단 말 이제 알겠다.
朝破一田備東債	아침엔 밭을 팔아 동쪽에 빚을 갚고
暮撤一家充西取	저녁에 집을 팔아 서쪽에 빚을 갚고
日復有日夜復夜	날이면 날마다, 밤이면 밤마다
暴政毒令加蜂屯	폭정과 독한 명령이 벌침같이 찔러댄다.
甕盎皆鳴機杼空	독과 동이는 텅 비어 울고 베틀도 덩그러니
竈上久已無錡釜	부뚜막에 큰 솥 없어진지 오래다.
枷夫械子置牢獄	남편은 착고에 아들은 칼 쓰고 옥에 갇히니
鞭餘肌肉皆臭腐	채찍에 남은 살이 썩는 냄새뿐
人生到此理極難	인생살이 이 지경이 지겨워지니
不如死去埋厚土	차라리 죽어서 흙 속에나 묻힐 것을
呼天終日哭籬下	하늘 불러 종일토록 담 밑에서 우나
天猶不應更誰怙	하늘조차 묵묵하니 누가 이를 믿으리
嗚呼汝命誠可哀	아아 네 운명 진실로 슬프구나
聞者孰不繪恚怒	듣는 사람 누구나 울화통만 터진다.
方今國家愼賞罰	이제 오늘 나라에선 상벌을 밝게 하니
君王仁澤臻舜禹	임금은 은혜가 순과 요에 맞먹는다.
我當爲爾陣闕下	내가 마땅히 너를 위하여 대궐에 아뢰어
酷吏不啻膏諸斧	사나운 벼슬아치 토색질도 막아내고
未還子放復舊居	아직 돌아오지 않은 아들을 풀어 오게 하리니
殘年敗業猶足樹	늙으막에나마 기운 살림 다시 일으킬 만하다.
老婦掉頭哭且言	늙은 아낙 머리 저으며 울면서 말하길
隣家丈人還余侮	"아니, 이웃 영감이 나를 오히려 업신여긴다"
	하는구나.

<俛盎集 卷一·二十四~二十五>

'길 가는 사람도 드문 날 저문 마을에 곡소리가 무수히 들려오는' 극적
제시로 시가 시작된다. 굶주리고 헐벗은 서쪽집 노파의 곡소리임을 알고
시인은 읽던 책을 덮고 눈물을 떨구며 오래 탄식하고 옛날 정치가 잘 됐을
때를 생각한다. 그 때는 반드시 훌륭한 이가 우리 고을을 다스리게 했고

세금은 백성의 힘에 맞게 매겨져서 일 년 먹고도 남은 것이 창고에 그득했다. 그러나 범보다 무서운 가혹한 정치로 밭과 집을 팔아 여기 저기 빚을 갚고 독과 동이는 텅 비었으며 베틀도 덩그렇고, 부뚜막에 솥마저 없어진 지 오랜 빈털터리가 되어 버렸다. 거기다가 끊임없이 폭정과 독한 명령이 벌침같이 찔러대고 남편과 아들은 옥에 갇히고 모진 매를 맞고 살 썩는 냄새를 풍기는 가혹한 고통을 당한다. 노파는 인생살이가 지겹고 차라리 죽는 것만 못한 심정으로 종일토록 담 밑에서 하늘을 부르며 울지만 하늘조차도 묵묵할 뿐이다. 누구도 믿을 수 없을 만큼 참담한 정경에 시인은 네 운명이 진실로 슬프다고 탄식하며 듣는 이는 누구라도 울화통을 터뜨린다.

'이제는 나라에서 상벌을 밝게 하며 임금의 은혜는 요순과 맞먹으니 내가 너를 위해 대궐에 아뢰어 사나운 벼슬아치들의 토색질을 막아내고 아직 돌아오지 않은 아들도 풀어놓게 할 테니 늙으막에나마 기울어진 살림을 다시 일으켜 볼 만하다'고 위로하자 늙은 아낙은 '이웃영감이 나는 업신여긴다'고 울면서 머리를 젓는다.

宋純이 이 작품을 지은 것은 중종 24년(1529) 그의 나이 37세 때로 홍문관 교리였다.

시의 처음은 상황 제시다. 무수히 곡소리가 들리는 어둡고 우울하여 을씨년스럽기조차 한 분위기다. 헐벗고 굶주린 노파의 피맺힌 울음소리를 듣고 시인은 책도 읽혀지지 않아 책을 덮고 탄식하며 정치가 잘 되던 옛날을 생각한다. 좋은 정치란 반드시 훌륭한 이가 우리 고을을 다스리고 세금은 백성의 힘에 맞게 매겨지며 일년 먹고 남은 것이 창고에 그득할 수 있게 하는 정치다. 그런 정치가 베풀어졌을 때 서쪽 집은 마을에서 제일 재물이 풍족했다. 쌀 꿔 가는 사람으로 문이 메어질 지경이었고 명절마다 닭, 돼지를 잡아 마을 잔치를 벌이고 노래와 춤으로 앞뒷길이 흥겨웠다. 이것은 당시 백성들이 바라던 삶의 모습으로 다음에 제시되는 현실상황과 대비를 이룬다. 제 19행부터 제 26행까지는 소부도 오지 않고 두모도 가 버린 상황에

범보다 무서운 가혹한 정치로 인해 철저히 몰락해 가는 서쪽집의 모습을 제시한다. 제 27행부터 30행까지는 그런 지경을 당한 노파의 처지와 심경이고, 제 31·32행은 그런 정경을 보고 듣는 이의 반응이다. 서쪽 집 노파의 울음소리로 촉발된 시인의 현실인식은 당시 사회상을 적나라하게 드러내고 있다. 제 33행부터 제 38행까지는 양반사대부로 벼슬아치인 시인이 노파를 위로하는 내용이고 제 39·40행은 시인의 위로에 대한 노파의 반응이다.

벼슬아치인 시인의 말에 노파가 오히려 자기를 업신여긴다고 울며 고개를 내저은 것은 정치와 벼슬아치에 대한 완전한 절망의 표현으로 정치 권력의 무능과 부조리를 간접적으로 풍자한 것이다. 여기서 노파의 불신과 절망은 당연한 것으로 보이는데 그것은 노파의 불행을 보고 가혹한 정치가 그 원인이라는 것을 충분히 알고 있으면서도 그것을 노파의 슬픈 운명으로 보고 탄식한다던가 임금님 은혜가 요순에 맞먹으니 희망을 가지라는 공허한 말로 노파를 위로하는 데서 희극적일 정도로 반어적으로 드러난다.

정치적 탄압을 경계해서인지 현 왕조에 대한 체제내적 인물다운 충성심에서인지 우스꽝스럽기 만한 임금에 대한 예찬은 오히려 정치 권력의 무능과 부조리, 백성들의 철저한 불신과 절망을 효과적으로 드러내는데 이바지할 뿐이다.

또 옛날에 정치가 잘 되어 일년 먹고 남은 것이 창고에 그득하고 서쪽집 재물이 한마을의 제일이라 쌀 꿔 가는 사람으로 문이 메어지고 명절마다 닭 잡고 돼지 잡아 마을에 잔치하고 앞뜰과 뒷길에는 노래와 춤이 벌어졌다고 했는데, 서쪽 집에 쌀을 꾸러 오는 사람들로 문이 메어졌다는 것은 쌀을 꾸어다 먹지 않을 수 없게 가난한 사람들이 그만큼 많았다는 이야기다. 그때의 정치는 서쪽 집에는 좋은 정치였는지 모르나 쌀을 꾸러 다니는 사람들에게는 그렇지 못했다는 것이 된다. 오랜 기간 계속해서 백성들이 굶주림에 시달려 왔다는 것을 알 수 있게 한다.

그리하여 이 시는 1. 시인의 개입으로 이루어지는 현실 인식과 비판, 2.

노파의 벼슬아치에 대한 대응으로 드러나는 백성들의 현실 인식과 비판
3. 작품 구조에서 드러나는 현실 인식과 비판 등이 중첩되어 현실 풍자의
뛰어난 효과를 거두게 된다.

「聞丐歌」에서는 이러한 빈민들이 유리걸식하는 모습이 드러나 있다. 44
행의 장시로 역시 37째의 시이다.

<table>
<tr><td>聞丐歌</td><td>거지 노래를 들음</td></tr>
<tr><td>曉夢初罷驚剝啄</td><td>문 두드리는 소리에 놀라 새벽잠 깨어</td></tr>
<tr><td>推枕起聽歌聲長</td><td>베개를 밀쳐 놓고 늘어진 노랫소리 듣는다.</td></tr>
<tr><td>呼兒走出問所由</td><td>아이 불러 달려 나가 연유를 물으라니</td></tr>
<tr><td>知是老丐謀朝粮</td><td>늙은 거지 아침 동냥하러 왔단다</td></tr>
<tr><td>不憂不哀乞語傲</td><td>근심도 슬픔도 없이 오만히 버티어</td></tr>
<tr><td>腰下只見垂空襄</td><td>허리 아랜 다만 빈 주머니만 덜렁</td></tr>
<tr><td>招來致前詰其由</td><td>불러 세워 그 연유 따져 물으니</td></tr>
<tr><td>百綻一衣無下裳</td><td>누덕누덕 기운 옷에 바지도 없네.</td></tr>
<tr><td>云我會爲富家子</td><td>거지가 하는 말이, 일찍이 부잣집 자식일 때에</td></tr>
<tr><td>衣餘篋中粟餘場</td><td>옷은 궤짝에 남았고 쌀은 마당에 그득히 쌓여</td></tr>
<tr><td>膝下兒孫床下妻</td><td>무릎 아랜 아들 손자 그리고 아내</td></tr>
<tr><td>人生一世無他望</td><td>인생 이 정도면 바랄 게 없었다오</td></tr>
<tr><td>欜牛行酒聚此隣</td><td>육포에 술이요, 이웃 불러 즐기고</td></tr>
<tr><td>嬉嬉笑語頻開張</td><td>기쁜 웃음 희희낙낙 자주 벌였지</td></tr>
<tr><td>謂是天公賦命好</td><td>하늘이 내게 내린 좋은 복인 줄 알고</td></tr>
<tr><td>自擬其業傳無彊</td><td>튼튼한 사업이 끝없이 이어갈 줄 알았지.</td></tr>
<tr><td>吁嗟人事苦不常</td><td>앗차 사람 일 고락이 무상하다.</td></tr>
<tr><td>甲子年間遇狂王</td><td>갑자년쯤 미친 왕을 만나</td></tr>
<tr><td>朝生一法如蛇虺</td><td>하루 아침에 생긴 법은 독사와 같고</td></tr>
<tr><td>暮出一令如虎狼</td><td>저녁에 내린 명령 호랑이 같아</td></tr>
<tr><td>風雷行處不暇避</td><td>비바람 우레에 피할 곳 없다.</td></tr>
<tr><td>無翼奈何高飛翔</td><td>날개가 없으니 높이 날아 오를 수도 없고</td></tr>
</table>

父祖經營百年産　　대로 이어온 백년의 재산이
敗之一日猶莫當　　하루 아침 쫄딱 망해 어쩔 수 없다.
家破田亡餘赤身　　집 날리고 전답 팔아 벌거숭이만
升天入地無可藏　　하늘로 솟을까 땅으로 들어갈까
妻東子西兒復南　　아내는 동쪽 자식은 서쪽 나는 남쪽
雲分雨散情茫茫　　사랑이 흩어져 있으니 아득할손 정일세
飄零于今三十年　　떠돌기가 이제껏 30년이러니
死　生憂樂已相忘　　죽살이와 근심 기쁨 다 잊었노라
人間何處不可住　　어느 곳인들 살만하지 않으랴
一杖一飄行四方　　지팡이와 표주박으로 사방을 싸다닌다.
區區形骸知幺麼　　구차한 내 몰골 보잘 것 없으니
求人猶足救死亡　　사람에게 부탁함은 오직 죽음에서 건져짐
腹中繼食飢不害　　굶지 않고 먹으니 주림 모르고
身上繼衣寒不傷　　옷마저 걸치니 추위를 모르네
更無餘憂來相干　　들이닫는 남은 근심 없다가 보니
優遊卒歲於康莊　　거리에서 죽을 대까지 노닐 뿐이지
公侯將相縱有榮　　공후와 장상이 비록 영화롭다지만
君看前後紛罹殃　　그들의 재앙을 왜 모르는가.
出門揮杖歌復高　　문 밖에 나며 지팡이 휘둘러 목청 높이니
白首意氣何軒昂　　늙은이 의기와 기세가 등등
得喪已知不關我　　성공과 실패는 나와 무관할 터이니
莫言丐者皆尋常　　거지로 안 보는 것 예사 일이지.

<倪昻集卷　一·二十一~二十三>

　　제 1행부터 제 4행까지는 도입부로 늙은 거지가 시인의 집에 동냥하러
온 정경을 그렸다. 시인은 새벽부터 문 두드리는 소리에 놀라 잠이 깨었다.
베개를 밀쳐 놓고 일어나 앉으니 노랫소리가 길게 들려 온다. 아이를 불러서
달려나가 연유를 물으라고 하니 늙은 거지가 아침 동냥을 하러 왔다고 한다.
제5행부터 8행까지는 시인의 눈에 비친 거지의 모습이다. 늙은 거지는 근심
도 슬픔도 없이 오만하게 구걸의 말을 한다. 허리 아래엔 다만 빈 주머니만

덜렁하니 동냥도 여의치 않았음을 보여준다. 옷은 누덕누덕 기웠고 그나마 바지는 입지도 못했다. 시인은 거지를 불러 그 연유를 묻는다. 행 배열 순서는 원근에 의해 이루어지고 있다. 거지가 문 밖에 멀리 떨어져 있을 때와 불러서 가까이 오게 해 보았을 때의 모습으로, 가까이 보니 거지의 행색이 초라하고 사정이 구차함을 더 자세하고 절실히 알게 된다. 문 두드리는 소리에 잠이 깨고 노랫소리를 듣고 아이를 시켜 연유를 묻고 늙은 거지의 행색을 살피고 불러서 직접 그 연유를 묻는 일련의 과정은 백성의 참상에 대한 시인의 관심을 점층적으로 표현하면서 독자를 시적 상황 안으로 가까이 끌어들이는 역할을 한다.

그러나 시인은 직접 그 참상의 원인이나 대책에 대해 언급하기를 피하고 늙은 거지의 입을 빌려 말하는 극적 수법을 쓴다. 제 9행부터 제 18행까지는 늙은 거지가 부잣집 자식으로 잘 살았을 때의 모습이다. 「開隣家哭」에서 서쪽집이 잘 살 때의 모습과 비슷하다. 바랄 게 없을 정도로 행복한 생활이어서 하늘이 내린 복으로 여겼고 그런 생활이 끝없이 이어질 것으로 생각했었다.

제 17~29행까지는 미친 왕의 치하에서, 독사 같은 법과 호랑이 같은 명령에 쫓겨 피할 곳도 없이 백년 가업이 망해 버리고 가족은 뿔뿔이 흩어져 버린 참담한 정경이 앞의 행복했던 시절과 대비되고 있다. 제 29~40행까지 홀로 유리 걸식하는 거지의 생활과 살아남기 위해서 어쩔 수 없이 터득한 인생관이 나타난다. 30년 간이나 삶과 죽음 근심과 기쁨마저 잊어버리고 지팡이와 표주박에 의지해 여기저기 떠돌아다닌다. 어느 곳이라도 살 만은 하다. 주림도 추위도 모르고 더 이상 남은 근심도 없다. 거리에서 여생을 떠돌며 노닐 뿐이다. 더 이상 잃어버리거나 빼앗길 아무 것도 가진 게 없는 사람의 역설적 항변이며 현실 풍자다. 현실에 대한 희망도 버리고 체념한 데서 오는, 오히려 달관마저 느껴지는 삶의 태도다.

거지는 오히려 영화롭다는 공후장상에게 닥치는 재앙을 염려한다. 모든 것을 훌훌 벗어버린 자유인의 경지로 권력다툼에 피비린내 나는 공후장상의 세계보다 정신적 우위를 누리고 있다.

그리하여 늙은이는 시인네 문 밖으로 나서며 의기와 기세가 등등하여 지팡이를 휘두르며 목청을 높인다. 삶의 성공과 실패를 초월한 무욕의 자리에까지 가 있는 모습을 하고 거지로 안 보는 게 예삿일이라며 늙은 거지는 사라진다.

늙은 거지의 당당한 태도는 비참한 자기 현실에 대한 오기일 수도 있지만 그 궁핍과 참상의 원인이 자신의 게으름이나 무지 등의 잘못에 있지 않고 지배자의 폭정과 무능 등 체제 모순에 있다는 데서 찾을 수 있으며, 잘못된 정치권력에 대해 직접적 언어 이상으로 날카로운 항변이다. 거지의 말을 듣고 거지가 문 밖으로 사라지고 난 후의 시인의 반응에 대해서는 시에서 다루지 않았다. 더 이상 무슨 말이 필요하겠는가. 치자의 위치에 있는 시인으로서는 다만 부끄럽고 착잡할 뿐이다.

「遺次杜少陵韻」15)에서는 가뭄까지 닥쳐 수확의 계절인 가을이 되었어도 굶주림에서 벗어날 길 없는 실상을 그리고 시인은 풀이 자라듯 무성해지는 근심으로 세월을 보내며 천심이 이미 떠나 더 이상 머무르지 않는다고 탄식한다. 천심은 인심이니 백성들이 마음 붙일 곳이 없어졌다는 현실 인식이다.

「次杜子美秋興八首」 중 제 7장16)에서는 가을을 재촉하는 베짱이의 노래에 시인은, 세금으로 다 바치고 명주 한 자 없는 빈 베틀에서 울고 있을 가난한 아낙네를 생각하고 가슴 아파한다. 백성에게 있어서 가을은 천고마비의 풍성한 수확의 계절이 아니라 죽살이 모든 일에 저무는 계절로 모두가 잡혀가고 떠나가고 빈집에 홀로 남은 늙은이를 더 고독하고 부끄럽게 하는 계절로 파악된다. 이러한 현실은 「田家怨」에서 더욱 철저한 비참상으로 드러난다.

---

15) 俛仰集 卷二·十四.

16) 俛仰集 卷一·二十九.

田家怨　　농삿집 슬픔

舊穀已云盡　　묵은 곡식은 이미 떨어졌대고
新苗未可期　　새싹은 기약할 수 없다네
摘日西原草　　날마다 서쪽 들에 가 나물 캐와도
不足充其飢　　굶주림을 채우기엔 충분치 못해
兒啼猶可忍　　아이가 우는 거야 오히려 참지만
親老復何爲　　늙으신 어버이는 어찌 하리오
出入柴門下　　사립문을 들랑날랑
茫茫無所之　　망망해서 갈 곳이 없네.
官吏獨何人　　벼슬아치는 대체 어떤 사람이기에
責公兼徵私　　공사를 가림 없이 내라고 족친다
窺缸缸已空　　독을 들여다보면 독마다 비었고
視機機亦墮　　베틀을 보면 베틀 역시 망가졌다
吏亦無奈何　　아전도 또한 어쩔 수 없는지
呼怒繁諸兒　　성을 내며 여럿을 묶는구나
持以告官長　　우두머리에게 고해 호소하나
官長亦不悲　　우두머리 또한 동정의 기색은 없네.
桎梏加其頸　　수갑과 족쇄 목에는 착고 차고
鞭扑苦其肢　　팔다리는 채찍에 쓰라려
日暮相扶持　　날이 저물어 떠받히어 의지한 채
齊哭繞故籬　　담장엔 한결같이 곡소리만 뒤얽힌다.
呼天皆乞死　　하늘에게 죽여 달라 구걸해 보나
聽者其又誰　　들어 주는 자 또 누구리
哀哀不見救　　슬프다 슬퍼 구하는 이 없어
丘壑空積屍　　언덕과 골짜기엔 한갓 쌓이느니 시체뿐

<俛仰集 卷一·十四>

　　묵은 곡식은 떨어진 지 이미 오래고 새싹은 아직 기약할 수 없는 봄날
나물로 연명하려 하나 굶주림을 면할 수 없는 田家의 빈궁상이 나타나고

있다. 어린 자식은 배고파 울고 어버이는 굶주려 죽을 지경이다. 안타까운 마음에 사립문을 들랑날랑 해 보지만 양식을 구해 볼 도리도 없으며 도움을 청해 볼 곳도 막막한 처지다.

거기다가 벼슬아치는 공사를 가리지 않고 내라고 족친다. 집 안을 뒤져 독마다 텅 비었고 베틀조차 망가진 것을 보고 더 이상 빼앗아 갈 것이 없음을 확인한 아전은 성을 내며 여럿을 묶어간다. 관장에게 고해 호소해 봤지만 관장 역시 동정하는 기색이 없다.

손에는 수갑 발에는 족쇄에 목에는 착고를 차고 팔다리는 채찍을 맞아 쓰라리다. 그렇게 날은 저물고 서로 의지한 채 울면서 모두가 한결같은 심정으로 하늘에 죽음을 호소해 보지만 들어 주는 사람도 구하는 이도 없고 언덕과 골짜기에는 시체만 쌓일 뿐이다.

정약용의 <飢民詩>나 <奉旨廉察到積城村舍作>, <歎貧> 등을 연상하게 하는 정경이다. 당대 사회상의 사실적 묘사로 농민의 빈궁상과 벼슬아치의 가렴주구가 얼마나 혹심하였는가를 생생히 표현하고 있다.

이렇게 현실에 대한 아픔과 울분을 가지고 비판적 시각으로 현실을 바라볼 수 있었기 때문에 송순은 진복창을 면전에서 소인이라고 희롱했으며 중종 25년(1530) 蔡無擇의 진언으로 유배당했던 김안로가 풀려날 때는 臺諫으로 그 부당함을 주장하다가 안로의 미움을 사기도 했고 1533년 김안로가 권세를 장악하고 세상을 어지럽힐 때는 그 非正을 면전에서 통박하는 의기도 있었다.

중종 32년(1541)부터 윤원형이 심하게 날뛰는 것을 보고는 '예로부터 못난 녀석이 뜻을 얻으면 꼭 원수가 생긴다'[17]고 한탄했고 대사헌으로 있을 때, 뜻을 이루지는 못했으나 윤원형의 무리인 황헌을 논박하기도 했다.

또 전부터 다스리기가 어려운 고을로 알려져 서로 가기를 꺼렸다는 선산

---

17) 俛仰集 卷五・九 自古鄙夫得志 未有不?

에 부사로 재직할 때는 선정을 베풀어 임기를 마치고 떠나올 때 백성들이 모여 길을 막고 울었다.

그러나 송순이 丁若鏞과 다른 점은, 이러한 사회 현실을 생생하게 인식하고 그러한 현실에 대한 아픔과 울분을 가지고 비판적 시각으로 현실을 바라보고는 있으나 丁若鏞처럼 몸소 그러한 빈궁과 비참한 생활을 체험해 보지는 않았다는 점이다. 그렇기 때문에 宋純은 유가적 치자로서의 한계에 머물러 만년으로 갈수록 백성의 곤궁한 현실 문제보다는 자연 속의 이상향을 추구하게 되는 것이다.

이러한 국내외적인 불안, 즉 '양반지배층 내의 혈투→백성에 대한 가혹한 수탈→유민화와 내우→외침'이 반복되는 국내외적 위기상황은 주자학적 유가정치사상에 대한 수정을 불가피하게 만든다.

정치사상의 수정방향은, 주자학적 통치 사상에 대한 수정을 유가사상내에서 찾으려 한 도학적 수정론과 노장학적 시각에서 수정의 방향을 추구하려 한 두 방향이었다.

그런데 주자학적 통치론에 대한 수정론으로 대두한 도학사상이 유가 사상의 정통을 고집함으로써 당시 내우외환의 위기와 불안의 현실을 극복하는데 기여하기보다는 도리어 비현실적인 모순을 심화시켰음에 반해 반주자학 내지 반유가적 입장의 노장사상을 토대로 한 자연주의의 상황론적 현실주의 개혁론의 대두를 계기로 그 뒤 한국 정치사상의 주체적 전통이 싹트는 출발점이 되었다고 할 수 있다.

도학적 수정론은 여말 선초 이색-길재-김숙자-김종직-김굉필로 연맥되는 조선유학의 정통학맥을 이어받은 조광조 일파와 퇴계학파들에 의해 주장되었고 노장적 개조는 주자학의 적용으로 인한 현실의 모순이 나타나기 시작한 세조 집권 이래의 김시습에서 비롯하여 서화담학파 및 율곡학으로 연맥되었다.

이와 같은 두 계열의 수정론은 그 뒤 17세기 이기설을 중심으로 한 정치적 논쟁으로 연계되었다.

조광조의 도학적 형평론은 왕의 정치적 태도의 반성과 자각을 기본으로 한 왕도에 초점을 두고 공맹이 표방한 차별 원리를 전제로 한 치자층 내의 세력 균형에 바탕을 두었다. 그의 도학사상은 근본적으로 양반 관료계급의 입장으로 그의 개혁론들도 양반과 노서민간의 차별체제를 보강하기 위한 방편으로, 민족주체적 자각의식을 결여한 문화사대적 입장에서 벗어나지 못하였다.

그의 위민론을 보면 <공물세와 부역을 줄일 수는 없고 대신과 상의해서 국가경비를 감축한 뒤에야 백성을 사랑하는 애민의 정책을 베풀 수 있다>[18]고 주장했다. 양반귀족의 수탈로 유민일 수밖에 없는 백성들의 과중한 조세와 부역을 줄이지 않고 국가경비만 감축한다는 것은 결과적으로 양반 지배층의 안온만 꾀한 것이 된다.

그의 대외관은 비현실적 명분론으로, 중종 13년(1518) 野人束古乃가 함경도 북변을 침입하였을 때도, 속고내의 엄포를 위한 동병은 제왕으로서 오랑캐를 대우하는 왕자의 仁義가 아니라고 동병에 반대하였다. 빈번한 왜구 및 야인의 침입으로 국방책이 시급한데도 팔짱을 끼고 왕자의 위신만 내세워 안일을 구가한 도학사류들의 권력욕은 그들의 학맥을 이은 이황과 그 문도들에 연맥되어 임진왜란이 발발하기 직전 李滉의 嫡統인 金誠一등과 같은 매국적 허위 증언을 낳게 된다. 이러한 도학사류의 사상을 높이 평가할 이유는 없을 것이다.

16세기 초 李彦迪 등의 도학사상은 16세기말 이황과 그 제자들의 유교주의적 차별윤리론으로 연맥되어 理氣主從의 이기론으로 전개되었다.

그는 16세기 당시의 정치적 사회 경제적 모순과 부조리를 문제삼거나 내우외환의 위기를 직시하기보다는 양반관료귀족이 추구하였던 특권에 젖

---

18) 靜菴文集 卷三 侍讀官詩 啓九
　　·故 未能減其貢賊 須與大臣商議 減其經費然 可施愛民之道

어 송순의 시에서 생생하게 나타났듯이 양반귀족의 혹독한 수탈로 황폐 일로에 있던 농어민의 참상을 외면하고 반상 체제 아래서 양반귀족이 향유할 수 있었던 농촌생활의 안온을 구가하면서 農民·漁民·幹民·樵民 등 백성의 안락을 읊고 있다.[19]

당시 양반계급의 수탈로 시달려 유랑하며 굶주리는 백성들의 압박상을 도리어 풍요 속에서 즐기는 백성의 행복상으로 본 그의 현실관은 기존의 반상신분체제를 보위하고 합리화하려는 사고의 반영으로 기만과 허위의식에 차 있는 것이었다.

차별윤리강화를 기본으로 하는 그의 사상은 선조에게 올린 「六條疏」에 집약되어 나타나는데 <하나를 높이고 하나를 낮추는 것(차별)은 곧 천리요 인륜(인간질서)의 극치이다. 오로지 이 원리를 준행해야 하고 거기에는 털끝 만큼의 사심도 잘못 끼어들게 해서는 안 된다. 그런 다음에야 인과 효를 논의할 수 있다>하여 차별을 절대불변의 진리로 규정하는 윤리의 본질로 보아 백성들의 생활안정책이나 잦은 외침에 대한 국방책 등 급박한 현실적 위기를 치유할 개선책은 찾아볼 수 없다.

유가사상에서의 理는 차별 원리를 의미한다. 그의 理氣說도 理先在說과 理主氣隨說에 의한 理우선을 주장함으로써 양반귀족의 노서민 지배의 당위성을 합리화하는 결과를 가져왔다. 理先在說은 현실적인 군신, 부자, 반상간의 차별 질서를 그것이 존재하기에 앞서는 존재 원리의 반영으로 보는 입장으로, 현실적으로 생활상인 <氣>가 따르게 된다는 理主氣隨說이 나오게 된다. 반대로 <氣>란 그 글자의 뜻이 힘을 말하므로 생물의 생명 작용을 일으키는 생리력을 뜻하며 氣의 작용은 인간의 욕구인 인욕을 낳게 되고 인욕을 추구하려는 감각적 욕구를 <人心>이라 하였다.

따라서 인욕의 추구와 인심의 강조는 의식주 생활과 직결되므로 후생안

---

19) 退溪文集 續集 卷一詩 寄題四樂亭

민을 중요시하는 정치, 경제적 의미를 지니며 <氣>를 중요시하는 사상적 입장도 차별 질서보다는 백성들의 생활 안정을 우선하려는 데 있었다고 할 수 있다.

조선 건국기 후반 金時習(1435~1493)의 주기설을 바탕으로, 한 重民論은 주자학적 정치론에 회의하는 在野學派의 형성의 출발점으로, 梅月堂은 재야에서 重民의 입장으로 殖貨와 生財 및 節用의 개혁을 강조하였고 진보적 變通觀을 지닌 인물로 뒤에 주자학에 회의하는 徐敬德·李珥등이 누구보다도 존숭했던 사람이다.

徐敬德은 21세 때 학구의 과로로 병을 얻어 삼남 지방을 전후 6년간 유랑하며 얻은 체험으로 求仕의 길을 버리고 지배학인 유학적 태도를 벗어나 무욕의 도가사상을 생활과 후진 양성에 실천한 인물로 그의 은둔생활과 終身不仕의 태도는 노서민의 참상을 돌보지 않는 양반관료정치에 대한 회의와 비판에 서였으며 그가 유물론적 氣一元說의 처지에서 主氣理隨를 주장한 것은 유가적 차별 윤리보다 백성의 의식주 문제에 비중을 두었기 때문이다.

그가 궁핍한 생활을 하면서도 門人들에게 곤궁한 안색을 보이지 않았고 이웃에게 덕행을 미쳐서 어떤 쟁송문제가 생기면 관부에 가지 않고 그에게 판결을 묻기 위해 찾아왔다고 하며, 그의 사상과 학생에 영향을 받은 문인들 중에는 李芝函·南彦經같이 선정을 베푼 이가 많이 나왔다.

그는 시대적 한계 때문에 유가사상을 수용했으나, 거기에 머물지 않고 한국의 사회 경제적 현실에 따른 독창적 사상을 전개하여 그의 사상은 깊고 멀리 본 深思遠詣가 있고 스스로 얻은 독창적 측면이 많고 문자나 언어로 나타낸 비현실적 학문이 아니었다[20]는 평가를 받았다. 화담사상은 그 뒤 율곡사상에도 영향을 주었고, 반주자학적 사상을 전개하여 斯文亂賊의 낙인을 받은 尹鑴도 화담의 학통을 이은 閔純의 제자 尹孝全의 아들이었다.

---

20) 李肯翊. 燃藜記述. 上 卷九. 中宗遺逸.

遊花潭憶徐處士敬德二首　화담에서 서경덕 처사를 생각하며

薄書有餘暇	관청일 하는 여가에
騎馬訪春山	말에 올라 봄 산을 찾으니
紅萼開兼謝	붉은 꽃은 피었다 지고
幽溪咽復潺	그윽한 시내 잔잔히 울어 예누나.
拂衣登釣石	옷을 떨치고 낚시터에 올라
抽手洗塵顔	소매를 걷고 속세의 낯을 씻는다.
遯世人曾去	세속을 떠나는 사람이 늘어
空盧草樹間	숲 속에는 빈 초옥 뿐이구나.
處士名傳世	처사의 이름은 세상에 전하나
孤墳魂寄山	외로운 무덤으로 산에 깃든 넋
斷橋新草合	끊어진 다리엔 새 풀이 어울렸고
流水舊聲潺	흐르는 물은 옛 소리로 우는데.
有志知師孔	뜻 있는 이는 공자님을 알아
安貧不愧顔	안빈낙도하니 부끄런 얼굴 아니었네.
百年餘業在	평생 다하지 못한 일 있으나
溪上屋三間	시내 위엔 삼간 초옥 뿐.

<俛仰集 卷二・二十>

　봄 풀은 푸르고 흐르는 물은 옛 소리 그대로 울어 예는데 붉은 꽃은 피었다 지고 처사는 이름을 남기고 넋은 외로운 무덤으로 산에 깃들었다. 안빈으로 부끄럼 없었던 처사의 모습을 기리며 소매를 걷고 옛 소리 그대로 흐르는 그윽한 시냇물에 속세의 때가 묻은 낯을 씻는다.

　개성유수로 있던 56세 때 화담을 찾아서 고인을 기리며 자신의 자세를 가다듬고, 시내 위 숲 속에 삼간 초옥을 비워 두고 외로운 무덤으로 돌아간 넋을 안타까워하는 간절함을 표현하고 있다. 송순이 평소 서경덕을 흠모하고 깊이 존경해 왔음을 알 수 있다.

　서경덕·이이의 주기론적 정치 사상은 실학파의 홍대용, 박제가, 정약용 등의 학자들에 의하여 사회개혁사상으로 발전하고 한말의 박규수 등 개화파에 이어져 한말의 역사적 위기 상황 속에서 전개된 개화운동이 정치이념화하였다.

　주기론에 대한 송순의 생각은 선조 2년(1569) 77세 때 9월 28일 이황에게 보낸 편지에 나타나고 있다. 奇大升은 퇴계와 성리학을 문답하여 四端七情을 주제로 한 편지 왕복만도 8년을 계속했다고 하는데, 송순은 「與李景浩滉」에서 '形上形下之辨'에 대해 질문하고 있다. 그 질문에 이황이 <道는 氣에서 떠나지 아니하고 形影이 없고도 지향하는 바를 가리킬 수 있으니 形而上이라 하고, 器도 道에서 떼어 놓을 수 없으나 形象이 있어 볼 수 있으니 形而下라고 한다>21)고, 답한 데 대해 宋純은 <道不離器와 器不離道라고 하면서 또 다시 無形과 有形으로 나누어 形上, 形下하니 그 뜻을 알 수 없다>22)고 하면서 <道는 진실로 無形이요, 器는 참으로 有形이다. 무형은 도를 바탕으로 하며 늘 形器의 가운데 살고 있으니 器에 인연한 것으로 보면 道도 有形이다. 道와 器가 다 形이라는 글자로써 말이 시작되는 뜻이 여기 있으니, 이것은 道와 器가 서로 떼어지지 않는다는 뜻이다. 또 上下로 나누어 말하는 것도 道와 器가 서로 떨어질 수 없다는 뜻이다>23)라고 하며, 이황이 上下字가 하나의 뜻 곧 '道不離器 器不離道'에 말미암은 形字임을 몰라서 上下를 有形 無形으로 구분해 놓은 것이라고 했다.

---

21) 俛仰先生續集. 與李景浩滉.
　　·道不離器無形影可指故謂之形而上也.
　　器不離道以其有影象可見故謂之形而下也.

22) 위의 글.
　　·道不離器器不離道 又以無形有形分屬於形象形下者 恐未曉

23) 위의 글.
　　道固無形器固有形　而無形底道常　寓於形器之中因器而有形故無論道與器皆以形字言之者示　其道與器不相離之義也. 以上下分言者示其道與其不相離之義也.

四端七情辨에 대해서는, 李滉이 <四端은 理發而氣隨之이고 七情은 氣發而理乘之>24)라고 한 데 대해 宋純은 七情은 氣發而理乘之라는 데는 찬성하지만 四端은 理發而氣隨之라는 데는 반대하면서,

> 대저 理라는 것은 物에 바탕을 두고 形影이 없는 것이며 氣는 物에 根底하나 運用造作되는 것이다. 理는 無爲이고 氣는 有爲이니 理가 늘 氣 중에 갖추어 있어 氣가 運用造作할 수 있는 것이다. 만약 理發氣隨면 理가 운용이 되고 氣는 운용이 없어지는 것이다. 만약 理發氣隨면 理가 운용이 되고 氣는 운용이 없어지는 것이다. 새가 그렇다. 사람이 말은 타고 가는 것에 비유하면 氣는 가고 있는 말이다. 어찌 일찍이 사람이 가고 말이 그것을 타는 이치가 있겠는가. 어리석고 얕은 소견처럼 논리가 없다. 四端七情은 모두 氣發理乘이며 마음이 곧 氣이고 性이 곧 理이다. 심성이 두 갈래가 아니며 理氣는 구별없이 존립하는 것이다.25)

라고 하여 理發氣隨의 모순을 지적하고 있다.

그러나 李滉은 道心은 四端이요 人心은 七情이라면서 四端은 理에서 發하기 때문에 純善하고 無惡하며 七情은 氣에서 發하므로 옳은 것도 있고 그른 것도 있다고 人心과 道心을 나누어 설명한다.

이에 대해 宋純은 語類의 예를 들어 惻隱羞惡가 모두 中節이 있고 없고 할 수 있는 것인데 어찌 四端이 純善하고 無惡한 것이겠느냐고 한다. 惻隱과 羞惡가 모두 四端이지만 氣에 가리워지면 中節일 수도 있고 아닐 수도 있는 것이다. 만약에 中節에 맞지 않는다면 비록 理에서 發했다 해도 人心에 기울

---

24) 위의 글.
   四端七情之辨有曰 四端理發而氣隨之七情氣發而理乘之
25) 위의 글.
   道心四端是也 人心七情是也 則無乃其意以四端發於理而純善無惡 七情發於氣而有中不中故   如是分屬於人心道心耶

어진 것이며 七情이 氣에서 發했다 해도 理가 乘之하고 있어 中節에 맞으면 道心이 있는 것[26]이라고 하여 李滉의 주장을 비판하고 이 논의가 있은 지 10년 뒤인 87세 때(회방연이 있던 해) 7월,「水月論」을 통하여 理와 氣를 명백하게 구분하고 氣發理乘之의 개념을 문학적으로 서술하고 있다.

　理와 氣의 관계는 공중의 달과 그 달이 비치는 물의 관계이며 현상으로 나타나는 것이 물에 비친 달이다. 氣發理乘의 현상적 파악이 물에 비친 달이라는 뜻이다. 공중에 떠 있는 달은 理요, 이 理가 곧 太極이며 강물에 비친 달은 각기 人物所得者다. 강물에 비친 달은 강물의 氣質에 따라 다르게 비쳐 보이는 것이니 理는 하나라도 氣質의 변화에 따라 人物所得者는 여러 갈래가 된다는 뜻이다.

　강물에 있는 달들이 저마다 둥근 것은 달의 본체를 말한 것이고 이 달의 본체는 맑고 깨끗하다 해도 만약 흐린 물에 비치면 그 달도 흐리게 된다. 이것은 달의 색이 그런 것이 아니라 물으니 淸濁 때문이다. 이것을 사람에게 옮겨 생각하면 사람마다 다 그 특성 곧 개성이 있는 것은 氣質 때문에 그런 것이지 理가 여러 갈래로 바뀌어 나타나는 것이 아니다. 氣가 運用이요 理는 보이지 않는 性이라는 것과 같은 논리다.

　또 이 논리를 太極에 적용시켜 보면 太極은 웅덩이에 고인 물과 같아서 그 자체에는 어떤 형상이 지어지지 않은 상태다. 동쪽으로 터 놓으면 東流가 되고 서쪽으로 터 놓으면 西流가 되는 것이다. 이것은 변화와 운용이며 氣質이 작용한 것이다. 곧 陰陽五行이 사람에 지어져서 氣의 正統이 되고, 氣가 偏塞을 따르게 되면 理도 偏塞이 되니 이러게 본다면 太極그 자체에는 正統도 偏色도 없는 것이다. 현상적으로 正統이나 偏塞이 드러나는 것은 稟氣가 그래서 그런 것이다.

---

26) 위의 글.
　語類云惻隱羞惡亦有中節不中節此言果何爲也.
　四端雖發於理而爲氣所蔽發不中節則亦謂人心之危可也
　七情雖發於氣而理亦乘之發必中節則亦謂道心之公可也
　豈可執一而論也

물이 흐리다고 하늘의 달을 흐리게 할 수는 없으니, 理는 언제나 그대로 이며 氣質之稟性이 문제가 된다.27)

이「水月論」은 理와 氣의 관계를 비유로 명백히 구분해 보인 秀作으로 理氣論의 목적이 天人合一에 있다는 것을 상기할 때 이 비유적 논리는 더욱 빛난다. 물과 달의 관계로 빚어지는 현상계가 理와 氣로 정리되어 있으며, 우리가 사는 눈에 보이는 현상계의 본체는 理와 氣의 작용으로 이루어진다는 것을 비유로 드러내 보인 것으로 현상계의 요체이며 바탕을 따져 보는 유학의 핵심28)을 문학적으로 형상화하여 이해를 돕고 있다.

이렇듯 宋純이 氣一元論을 주장한 것은 徐敬德·李珥의 이론과 일치하는 것인데, 서경덕은 唯物論的 氣一元說의 입장에서 主氣理隨를 주장하였고 李珥는 당시 급박한 내외 위기의 현실을 바라보고 민생안정을 위한 개혁적 治國論과 理氣論을 토대로 한 상황 윤리의 사상을 전개하였다.

서경덕은 질서 원리로서의 유가적 차별 윤리보다 백성들의 사회경제적 환경과 의식주 문제에 비중을 두었기 때문에 <氣 밖에 理란 없고 理는 氣가 主宰하는 것이나 主宰란 밖에서 와서 하는 것이 아니고 氣의 작용을 가리킨다>29)고 하여 변화의 주체력인 '氣'설을 통하여 정치적 변혁에 대한

---

27) 俛仰先生續集 論說 十~十一, 水月論.

　　或有聞於余月落萬川處皆圓之說喩於人物之性而未曉其詳余應之曰上天之月譬之則太極之理也　上天之月落於萬川而萬川所照者無非此月太極之理賦於人物而人物所得者莫非此理然處處皆圓之說此以月之本體論也　月之本體素是光明通徹無一點査滓而照於淸水則其色亦淸照於濁水則其色亦濁此非月之色喩淸濁由其水之由淸濁也　由如太極之理渾貝於一圈中而及資陰陽五行賦於人則隨氣之正通而理亦正通賦於物則隨氣之偏塞而理亦偏塞此豈太極之理由偏全通塞之不同哉由於稟氣而然也. 水雖有淸濁之不同而月之本體不害爲處皆圓人物雖有偏全通塞之不同而理之原頭未嘗不同試以目前所見者言之玉泉之水多處而月之色亦龍泉之水多急流處而月之色亦急流龍江之水多圓滿 (此下佚不傳.)

28) 李鍾建, 앞의 책, 37쪽.

29) 花潭文集 卷二 離著 理氣說

희망을 나타내고 있다.

李珥는 유가 사상의 당위론적 현실관을 벗어나 老莊思想의 無私無欲의 인식 방법을 숙지하여 올바른 사회 인식의 시각을 지닐 수 있었다. 그는 無爲自然을 자연상태로의 복귀로 오해하지 않고 자연계와 같은 無欲의 자세로 사물을 있는 그대로 인식하는 것으로 이해하여 <머문 마음 없이 백성의 마음으로 마음을 삼는다>[30]는 자세에서 당시 민생과 민족이 직면한 정치 및 사회적 모순·부조리·외환의 위기에 대처하려 했다. 그의 理氣論的 개체설은 주자학을 비롯한 중국의 정치사상에 대한 僞學性과 虛學性을 날카롭게 해부하여 경험적 실증주의의 입장에서 전개한 독창적 정치론의 초점으로 철저한 상황윤리의 추구였고 개체로서의 노서민과 個民族으로서의 韓民族의 자존의식의 촉구와 각성에 있었다.

그의 이기론적 개체사상은 뒤에 反朱子學的 實學에 영향을 주어 민중의 개인 의식, 韓民族의 국제적 同列意識 및 봉건 사상에 저항하는 국민적 자존과 자주의식을 자극하는 사상적 기틀을 마련해 주었다[31]고 평가받는다.

이러한 율곡사상은 宋純의 사상과 主氣論的면에서 뿐 아니라 노장적 사상의 수용에서도 일치하고 있는데「放二鳥」에서도 宋純의 이러한 사상적 면모가 드러나고 있다.

<table>
<tr><td>放二鳥</td><td>두 마리 새를 놓아 줌</td></tr>
<tr><td>誰人傾耳解悲聲</td><td>누가 귀 기울여 슬픈 소리를 이해하리</td></tr>
<tr><td>一手能開萬里情</td><td>손 한번에 열려져 만 리를 날 것을</td></tr>
<tr><td>放去舊山移樹樹</td><td>놓여나 옛산에 가서 나무마다 날아다니며</td></tr>
<tr><td>飛鳴分信有餘生</td><td>지저귀며 남은 생을 생긴 대로 살리라.</td></tr>
</table>

<俛仰集 卷三·九>

---

30) 醇言 二十九章·無常心以百姓心爲心.

31) 韓國政治外交史學會篇, 朝鮮朝政治思想研究, 서울, 평민사 1987, 62쪽.

두 마리의 새를 놓아주면서 자유롭지 못한 상태에서 새가 느끼는 고통과 슬픔을 공감하고 있다. 인간이 손만 한번 열면 새는 자유의 몸이 되어 만리를 날 것이며 전에 살던 정든 곳으로 돌아가 나무마다 날아다니며 마음껏 지저귀고 제 분수대로 살아 갈 것이다.

어떤 체제나 형식에 얽매이지 않고 자연 그대로의 무욕 속에 편안한 마음으로 자유롭게 살아가고 싶어하는 작자의 심중이 새를 놓아주는 행동으로 표현되었다. 宋純은 31세 때부터 면앙정 터를 마련해 놓고 77세에 致仕할 때까지, 벼슬에서 물러나 자연 속에 묻혀 청풍명월을 벗하며 지낼 수 있는 날에 대한 그리움을 가슴 한 자락에 묻어 두고 지냈다. 그것은 조선조 사대부들이 공통적으로 가지는 삶의 성향이기도 하지만 宋純의 작품에서 두드러지게 나타나는 바, 아무 욕심 없이 자연 그대로의 마음으로 세상을 보려는 노장적 사상에서 기인한 것으로 보인다.

「放二鳥」외에도 宋純의 시에는 神仙世界를 理想鄕으로 그려 놓고 동경하는 작품들이 많다. 조선조 사대부들은 관료와 처사의 세계를 오가며 생활과 문학에 양면성을 가지는 바, 宋純에게 있어서 나아가 벼슬을 하면서 임금에게 충성하는 세계가 속세라면 물러나 자연과 더불어 합일된 경지에서 거칠 것 없이 자유롭게 노니는 세계는 선계였다. 그는 임금에 대한 충성 때문에 벼슬길을 단호히 떨치고 물러날 수 없었을 뿐 항시 선계에 대한 동경을 안고 있었다.

「次安東暎湖樓韻」[32)「俛仰亭題詠」[33)「次沖和弟俛仰亭絶句四首」[34)「奉和息影亭林石川二十詠」[35)「藏春亭」[36) 등의 시에 仙界를 이상향으로 지향

---

32) 俛仰集 卷一·三十六.
33) 俛仰集 卷二·三十.
34) 俛仰集 卷三·七.
35) 俛仰集 卷三·二十七~二十九.
36) 俛仰集 卷三·四.

하는 마음이 드러나고 있다.

유가적 사고의 경직성에 매몰되지 않고 노장 사상으로 유연성을 가지면서 음악을 즐긴 데에서 그의 국문시가가 정서의 경직성에서 벗어나 진솔한 감동을 주는 빼어난 형상력을 보여 줄 수 있게 되는 것이다.

Ⅳ. 處士的 音律과 風流

조선 전기는 국문문학이나 한문학에서 모두 '士大夫文學의 시대'였다. 국문문학과 한문학은 상보적인 관계로 공존하였는 바, 15세기에는 국어 표기체계인 우리 문자가 창안되었지만 자국어로 문학을 해야 한다는 자각과 요구가 강하지 못하였고 동아시아에서 보편적 문자로 통용되어 오던 한문으로 사상 감정을 표현하는 데 사대부들은 별 불편을 느끼지도 부당하다는 생각을 갖지도 않았다. 그러나 漢詩의 '唱'을 하기는 어려웠으므로 歌唱을 위한 우리말 歌詞가 필요하게 되어 시조와 가사라는 문학형태가 나오게 되었다[37]는 것이 일반적으로 통용되는 견해다.

이러한 점으로 보아 음률을 즐기던 宋純에게 우리말 시가가 상당수 있다는 것은 결코 우연이 아니다.

林熒澤은 이 시기 문학의 성격을 '官僚的 文學', '處士的 文學', '方外人 文學'으로 구분하는[38] 바, 관료적 문학과 처사적 문학은 같은 사대부층의 문학으로서 사대부가 進하면 관료요 退하면 처사가 되므로 처지와 환경에

---

37) 李佑成, 고려말 · 이조초의 漁夫歌, 成大論文集 제 9집, 1964.
   고려 시대에는 한시가 창으로 불려졌으나 고려말 조선초에 이르러 한시계는 '詠'으로 우리말 노래는 '唱'으로 분화되기에 이르렀다.
38) 대한민국국사편찬위원회편, 한국사, 林熒澤, 漢文學, 서울 탐구당 1984.

따라 서로 오고 가는 가변적인 것으로 조선 전기 문학 사조의 兩大흐름이었고, 方外人 文學은 두 조류에서 벗어난 문학이었다.

　15 · 6세기 문학의 주된 담당자인 사대부들은 중앙의 관료인 동시에 지방의 농장을 발판으로 한 지주적 관인들이었다. 이들은 나아가면 조정의 관료로서 佐君澤民의 치적을 올리고 물러가면 강호의 처사로서 음풍농월의 高致를 누리는 양면의 생활 세계를 가졌다. 이러한 사대부 생활의 양면성은 그들의 문학에도 양면성을 가지게 하였는 바, 經國의 문장으로 불후의 盛事를 장식하는 館閣文學—관료적 문학과, 逸世의 情趣를 추구하고 한적한 인생을 自樂하는 江湖文學(山林文學 · 田園文學)—처사적 문학이 그것[39]이다.

　관료적 생활과 그 이념을 구현한 관료적 문학은 사대부들이 지향하는 士大夫 文學의 본령이지만 시대의 추이와 관료층의 성격에 따라 허다한 변이를 연출한 반면, 처사적 문학은 '자연에 융합된 삶'을 구가한 것이었다. 사대부 사회의 여러 모순과 끊임없는 정치적 갈등은 전원 생활을 동경하여 자연에 융합된 삶의 자세를 가장 고상하게 여기는 취미를 일으켜 '江湖歌道'를 풍미케 하였고 나아가서 자연에 융합된 삶의 자세가 性理學에 결부되어 처사적 문학은 道學者에게서 특징적인 발달이 이루어지고 있었다. 관료적 문학과 처사적 문학 세계는 일면 상반되면서 보다 상보적인 관계이고 지배층의 입장을 반영하는 점에서는 서로 일치하고 있었다. 사대부들은 흔히 두 세계를 오가는 것이 보통이었다.

　方外人 文學은 관료적 문학과 처사적 문학에 대립되는 존재였다. 방외인은 중앙 관료로서 부귀에 자기를 내놓아 문장으로 利祿을 구하여 현달하거나 지방 지주로서 山林處士를 자처하고 규범 속에 자기를 묶어 두고 공맹과 정주를 머리에 이고 도학자로 高名을 세우는 삶의 방식을 거부하고 나선, 도덕적 사회적 규범을 초탈한 그 시대의 국외자였다. 규범 밖에서 노는 방외

---

39) 李佑成, 앞의 글, 15쪽.

인적 삶의 자세는 곧 부당한 현실을 거부하는 저항의 한 표현이며 그들의 문학 세계는 주자학적 도덕주의 문학관을 극복하려 하고 사대부 사회의 모순에 대결하는 데서 열려지고 있었으며, 중세적 억누름에 항거하여 싹튼 새로운 문예사조[40]로 현실의 불합리에 악전고투하는 자세로 현실주의 정신을 강하게 나타냈다.

그러나 주자학에 입각한 도덕주의 문학론 즉 載道的 文學論이 조선시대의 보편적 문학관으로 크게 영향력을 행사하였는데 이러한 道學主義는 특히 처사적 문학의 입장을 잘 대변하고 있었다.

처사 문학 또는 사림 문학은 문학이 자기 성찰의 구실을 하는 데 역점을 두며, 표현 그 자체보다는 거기 따르는 흥취나 의미를 더욱 중요시했다. 관인 문학 쪽에서 한문학이 지위나 능력을 입증하는 데 독점적인 가치를 지닌다고 보고 그 본령인 한시의 수준을 높이는 데 특별히 힘을 기울였다면, 작품 자체보다는 정신이나 흥취를 더욱 중요시한 사림 문학 쪽에서는 江湖 歌道를 구현하는 데 시조나 가사가 오히려 적합할 수 있다는 생각을 가졌는 바 그것은 한문학이 작품의 품격이나 표현 방법에서 이미 규범화되어 있기 때문이기도 하였다.

한문학은 오랜 동안 이미 규범화된 미의식 구현을 본령으로 삼아 왔기 때문에 그런 관례를 어긴 글은 알아주지 않았다. 한문학의 확산과 변질을 방지해야만 중세적 문화 구조가 온전하게 유지될 수 있었기 때문이다. 이것은 朴趾源 文學에 대한 정조의 文體反正이나 尹携가 斯文亂賊으로 몰린 사실에서도 잘 알 수 있는 일이다. 관례를 부정하고 새로운 방향을 개척하면 문학적 평가를 받지 못하였으므로 사림파라도 그런 결단을 내릴 수 없었다. 고전적 규범에 따른 한문학으로 능력을 인정받아 진출하고, 그렇지 못해도 한문학으로 위안을 얻고 품위를 높이는 것이 중세적 문화 구조 안에서 상층

---

40) 林熒澤, 앞의 책, 253쪽.

문화에 참여하는 기본 자격이었기 때문이다. 중세적 문화구조를 재확립한 조선 전기 사대부는 한문학으로 지체를 판별하고, 규범을 수립하는 작업을 철저히 했으며 백성의 이념적 순화를 위해서는 훈민정음을 창제하여 훈민에 힘썼다.

그러나 사대부 중에서도 혜택에서 제외된 부류는 반발을 하고 나섰는 바, 과거를 보아 입신할 수 있는 처지도 아니면서 한문을 익혀 불만을 말하는 것을 막을 수는 없었다. 이러한 조건에서 나타난 방외인 문학은, 입신을 위한 한문학이 아니었으므로 관인 문학이나 사림 문학과는 다른, 규범을 무시한 자기 표현의 길을 택하고 객관화된 요건보다는 내심의 반발이나 새로운 현실관의 표현을 더욱 중요시하게 된다. 金時習처럼 재능은 빼어났나 지체가 낮고 한미한 사대부 집안에서 태어난 경우, 체제외적 인물로 유교적 도덕에 반발을 나타내면서 자기대로의 사상 체계와 문학 세계를 이룩했으며 南孝溫·徐敬德·曹植까지도 방외적인 면모가 있었다. 이들은 문학으로 평가받아 벼슬길에 진출하려는 생각은 하지 않았으며 당시 집권 세력에 대해 불만을 품고 자기 세계를 이룩했다. 남효온의 반발은 소극적이었고, 서경덕은 선비로서의 엄정한 자세를 지켰으며 조식은 인륜도덕의 밑바탕을 재확립하고자 했다.

그러나 宋純의 경우, 스물 일곱 살(1519, 중종 14년)에 등과하여 承文院權知副正字로 벼슬길에 나아간 후, 58세 되는 해 6월 李無彊의 배척으로 인한 1년 6개월 정도의 유배 기간을 제외하고는, 그 다음 해 겨울 무죄로 방환되어 이듬 해 3월 善山都護府使로 복귀하여 77세 때 議政府右參贊 兼 知春秋館事로 있다가 致仕 후 귀향하기까지 司燖諫院大司諫, 司憲府大司憲, 漢城府左尹 刑曹參判 등 여러 관직을 두루 거치며 평탄한 환로에 있었고 치사 후에도 젊은이 못지 않은 기력으로 고향 담양에서 노후를 보내며 90세까지 壽를 누렸다.

그런데도 宋純 文學에서 당대 사림파 문학이 일반적으로 가지는 규범화된 정서와 기성적 구호, 도학자연하는 상투성에서 벗어난 작품들이 상당수 발견되는 이유는 무엇일까.

그것은 앞서 살펴 본 대로 그가 차별 원리를 고수하려는 理氣二元論的 朱子學에서 벗어나 理氣一元論的 栗谷 思想에 근접하고 있었으며 老莊 및 佛敎 思想을 수용[41]한 그의 세계관에서 비롯되기도 하지만 음률과 풍류를 즐기던 호남인다운 그의 기질에서도 찾아볼 수 있다. 물론 그가 유가적 체제 안에서 사림의 한 사람이었던 만큼 그것은 김시습이나 박지원처럼 의식적으로 의도한 결과는 아니었다고 보이며 깊이 있는 이론적 천착에서라기보다는 음률과 풀류를 즐기던 호남인다운 그의 기질에서도 찾아볼 수 있다. 물론 그가 유가적 체제 안에서 사림의 한 사람이었던 만큼 그것은 김시습이나 박지원처럼 의식적으로 의도한 결과나 깊이 있는 이론적 천착에서라기보다는 음률과 풍류를 즐긴 호남인다운 기질에서 연유한 것으로 보인다.

宋純은 오랜 동안 정계 생활을 하였지만 정치인이라기보다는 풍류적 서정시인이었다. 鄕里 霽月峯에 石林精舍란 서재와 俛仰亭이란 정자를 지어 놓고 暮年의 優遊之地로 삼았는데 서재에는 만권 서적을 쌓아 두고 때때로 탐독하고 또한 歌曲도 지어서는 술이 취하면 歌兒 妓女 등으로 하여금 그를 부르게 하였다.

南路使星諸行은 반드시 먼저 그 집을 찾았는데 객이 있으면 술잔이 낭자하고 객이 없으면 俯讀仰思 혹은 逍遙徜徉하였으며 때로는 詩僧과 방외의 벗을 삼아서 閑適度日하였다[42]는 것으로 보아 宋純은 평소 노래를 즐겼으며 스스로 歌曲을 짓고 歌兒와 妓女가 부르는 것을 즐겨했음을 알 수 있다. 그는 또 음률에 정통하여 매양 絃琴도 어루만지며 시가 생활로 그 생활을

---

41) 宋純의 他家思想 수용은 다음 시들에서도 나타난다.
　　老莊思想 「奉和息影亭 林石川二十詠」 중 '仙遊洞' 「藏春亭」 「復次俛仰亭韻三首」, 「次杜子美秋興八首」, 佛敎思想 「次石熙上人詩軸」 「又次山僧詩軸韻」

42) 溪陰漫筆.

윤택하게 했다[43]고 한다.

題琴	거문고
外有太古音	겉은 태고의 소리
內有太古心	속은 태고의 마음
旣無太古人	이미 태고인은 없으니
誰識太古音	누가 태고음을 알리
太古復太古	태고에 또 태고라
撫爾徒霑襟	너를 어루만지며 옷깃만 적신다.

<俛仰集 卷一·三十九>

　伯牙와 鍾子期의 故事를 연상시키는 이 시는 면앙정을 지은 지 7년 째 되는 해인 중종 35년(1540), 그가 48세 때 경상도 관찰사 겸 오위도 총부 부총관으로 있을 때의 작품이다. 그 무렵의 작품으로「次善山東軒韻」「次海平縣東軒韻」「子新寧西軒韻」「次永川明遠樓韻」「次蔚山東軒韻」「次晉州贏石樓韻」「次安東映湖樓韻」「敬次先朝老松堂咸陽東軒韻二首」등이 있어 그 무렵 여러 곳을 유람했다는 것을 알 수 있다. 선산, 해평, 신녕, 영천, 울산, 진주, 안동, 함양 등지로 다니며 가는 곳마다 차운을 하여 시를 지었다. 그러나 그가 진정 바랐던 太古人의 자취를 찾을 수 없었던지, 그는 그 어느 곳에서도 태고음을 알아 줄 또는 들려 줄 태고인을 만나지 못하고 거문고를 어루만지며 옷깃을 적신다.

　거문고를 어루만지며 옷깃을 적시는 절절한 아픔으로 하여 송순의 시에는 늘 바람소리와 함께 음률이 흐르게 된다.

---

43) 李在秀, 俛仰亭 宋純-그의 文學詩試巧-思想界 1959. 8. 제 73호.

次金上舍若晦閑亭韻二首   김약회의 한정을 읊음

客路穿深越   나그네가 깊은 숲을 뚫고 가니
山齋俯碧川   산 재실은 푸른 냇물을 굽어본다.
雲客秋雨後   구름은 가을 비 온 뒤 모습이고
魚意夕波前   물고기는 황혼에 뛴다.
有月隨琴側   달빛에 거문고 소리
無鹿到席邊   속세가 떠나는 자리
多君散髮臥   그대들 머리 풀고 누워
窮達任皇天   빈궁과 영달 하늘에 맡겼네.

<俛仰集 卷二·三>

이 五言律詩는 宋世琳의 생질로 宋純과 함께 宋世琳에게 배운 金若晦의 閑亭을 읊은 시다. 金若晦는 生員試에서 3등을 한 사람으로 字는 原明, 號는 閑亭이며 丁克仁의 고향이기도 한 泰仁 사람으로 宋世琳, 宋世珩과 관계가 깊었다. 30세 때 그의 집 閑亭으로 찾아가서 하얀 쌀밥에 푸른 채소 반찬으로 정성어린 대접을 받고 온 일이 있었다. 宋純은 光州 牧使 시절에 金若晦를 자주 찾았고 그 때 「復次金原明閑亭韻二首」[44]를 짓기도 했다. 金若晦의 아우인 金若默은 河西 金麟厚와 동서간이며 송세림에게 함께 배운 사람이다.

宋純은 생김새야 필부만도 못하지만 膽氣는 누구보다 앞서는 金若晦를 어린 버드나무가 늘어서 있는 고창 냇가에서 만났다. 世事는 버려두고 냇가에서 산바람에 이끌려 취하여서 시 읊기에 힘을 다 쏟고 말없이 누워 하늘만 쳐다보기[45]도 하였다. 함께 공부한 동문을 찾아 푸른 냇물을 굽어보는 산 齋室로 가는데 구름은 가을비 내린 후의 맑은 모습이고 물고기는 황혼에

---

44) 俛仰集 卷二·八

45) 俛仰集 卷二·九, 復次金原明 閑亭韻二首①
   不見此翁久/ 稚楊高敞川/ 形骸匹夫後/ 膽氣萬人前/ 世事抛慵裏/ 山風引醉邊/ 吟詩還費力/ 默默臥看天.

뛴다. 밤에는 달빛 아래 거문고 소리를 듣는다. 한 점 티끌이 없는 자리에
이르러 빈궁과 영달은 하늘에 맡기고 모두들 머리 풀고 누웠다. 거문고 소리
와 달빛, 산발한 머리칼의 이미지가 고요로운 달밤의 정적에 날카로운 긴장
을 부여한다. 달빛 속에서 거문고 소리에 이끌려 속세를 떠나는 禪的 경지를
그리면서 일체를 하늘(자연)에 맡긴 無爲를 보여 준다.

曉吟二首 　　　　새벽 노래

山窓歸夢罷	산창에 돌아가는 꿈은 깨지고
秋夜未終更	가을밤 오경은 아직 멀었다.
江市人無語	강마을 사람은 소리가 없고
沙庭月獨明	뜰에는 달빛만 외로이 밝다.
已爲千里客	이미 천리객 나그네 되어
那免百憂生	어찌 백 가지 근심 면하리
感慨還吾枕	베개를 도로 고쳐 베고 누워
高歌叙不平	큰 소리 노래로 회포를 푼다.

<俛仰集 卷一·五>

이 시는 중종 16년(1521) 작자 나이 29세 때 지은 시로 기묘사화로 趙光
祖, 朴祥 등이 피척되고 宋世琳도 낙향 은거한 후로 宋純 역시 「暮思」 시로
崔世節에게 피척될 뻔한 무렵에 지은 작품이다.

그 무렵의 다른 시로 「夜中卽事」, 「東湖樓上夜懷二首」, 「漁父」, 「應製藍關
白雪·石門靑松·洞庭黃柑」, 「次上使唐皐韻」, 「上伯父白圭堂」 등이 있다.

산창에 돌아가는 꿈을 꾸다 깨었더니 아직 새벽은 먼 가을 밤이다. 강마을
에는 사람 소리가 없고 뜰에는 달빛만 외로이 밝다. 가을밤 고향을 그리워하
며 잠 못 이루는 고독이 나타나 있다. 고향에서 멀리 떨어진 곳에서 나그네
몸으로 온갖 근심이 생겨나는 것을 이미 면할 수 없는 처지에 있다. 그의

마음에 일어나는 백 가지 근심이란 고향을 그리는 회포만은 아니다. 아직 새벽이 멀었다는 것은 시대의 어둠을 인식하고 있는 선비로서의 자각이며 높은 소리로 불평을 노래한다는 것은 어두운 시대 상황에 대한 일깨움이다.

「次永川明遠樓韻」에서는 피리소리 노래 따라 술잔을 건네며, 한 기쁨 없던 속세에서의 반생이 맑아지니 이곳에서 오래 배회한다[46]고 하였고, 「曾宋別座駿二首」에서는 거문고와 책에 마음을 붙여 처음 그대가 있음을, 자연에 뜻을 두어 또한 그대를 알았다[47]고 하여 거문고가 책이나 자연과 더불어 벗을 사귀게 되는 매개물로 작용했음을 말하고 있어, 宋純의 생활 속에 음률이 생활화되어 있었음을 알 수 있다.

그는 '높고 낮아 참을 수 없는 슬픈 이별의 노래'[48]나 '구름으로 사라지는 한 노래'[49] '매화를 어여삐 여겨 자꾸 부르는 노래', '난간이 좋아 묻어나는 노래'[50] '쓸쓸하고 쓸쓸하여 생기는 슬픈 노래'[51], '해 저물고 취하여 높은 정자에서 부르는 浩歌'[52], '아침마다 木假山을 바라보며 술과 더불어 부르는 노래'[53] 들을 스스로의 거문고 반주에 맞추어 불러 보려 하였다.

---

46) 俛仰集 卷一·三十四, 次永川明遠樓韻 부분.
   …好風將月迎詩思/ 長笛追歌送酒盃/ 鹿世半生無一快/ 神淸此地久徘徊

47) 俛仰集 卷一·二十二~二十三, 贈宋別座駿二首①부분.
   …寄意琴書元有友/ 忘機魚鳥亦知君…

48) 俛仰集 卷二·十七, 次鄭校理吉元贈別韻二首①
   華館春風日欲西/ 挽衫休怪惜遙蹄/ 兩年離別人間恨/ 不耐悲歌高復低

49) 俛仰集 卷二·五 次羅州東軒韻二首②
   何年風雨?孤桐/ 丹鳳來樓事已空/ 誰把貴査傳古譜/ 冷然一秦五雲中

50) 俛仰集 卷一·三十 題外弟梁處士彦鎭山甫瀟灑亭四誰.
   ①…愛石頻回步/ 憐梅뇌累送吟…
   ③·地淨寧容睡/ 軒幽可着吟

51) 俛仰集 卷二·十, 代人戲作二首①
   對月空房下淚多/ 不堪秋思入悲歌…

52) 俛仰集 卷二·二十六, 場巖亭偶開小酌 夜深乃罷
   浮生」百年內/ 歡樂若無多/ 樂日憑酣醉/ 高亭發浩歌…

솔솟희 도든 둘이 대솟티 쩌나도록
거문고 빗기 안고 바회 우희 안자시니
어듸셔 벗 일흔 기럭이는 혼자 우러 녜ᄂ니
<槿花樂府>

松籬兮昇月　至竹梢兮轉離
玄琴兮槿按　巖邊兮猶坐
何許失伴鴻?　而獨鳴兮云徂
<俛仰集　卷四>

그가 면앙정을 지은 41세 때 작품이다. 면앙정 주변의 경치는 가사 <면앙정가>를 비롯해 <俛仰亭三言歌>, <俛仰亭>, <次俛仰亭韻二首>, 다시 <次俛仰亭韻二首>, <俛仰亭題詠>, <次冲和弟俛仰亭絶句四首>, <復次俛仰亭韻三首> 등에 나타나듯이 그의 이상향으로서의 아름다움을 지니고 있었다.

숲 속의 오솔길은 평탄하고 아늑하여 소요하기에 좋았고 높은 정자는 시냇 머리에 세워 놓아 주변 경치를 조망하기에 알맞았다. 골짜기의 푸른 솔은 길을 가리고 물가의 긴 대는 처마 끝에 빽빽하였다.

그는 면앙정 주변의 바윗가에 앉아 '솔솟희 도든 둘이 대솟티 쩌나도록 거문고를 빗기 안고'연주를 한다. '어디서 벗 일흔 기럭이는' 그가 연주하는 거문고 소리에 화답이라도 하듯 '혼자 우러 녜고'있다.

시간의 경과를 자연의 변화로 표현하여 전원의 일부로 동화되어 살아가는 모습이 잘 드러나고 있다. '솔 끝에 돋은 달이 대 끝에 떠날' 때까지의 시간 속에는 달빛이 충만해 있다. 그 달빛에 어우러져 달빛을 타고 퍼져 나가는 거문고의 선율을 따라 외로운 기러기가 울며 나는 하늘가에는 거문

---

53) 俛仰集　卷一·二十三, 木假山
　　…承諸玉盤置花欄/　參差雪嶺映紅樓/　金鞭白馬繫長柳/　酒歌朝朝看不休.

고의 선율처럼 은은하고 청아한 술과 대가 말없이 귀를 기울이고 섰다. 그는 이 때 신비로운 자연과의 교감을 통해 자신의 가장 내밀한 곳까지 우주를 향해 열어 놓을 수 있었다. 그리고 그것을 거문고의 선율로 달빛이 미치는 멀리까지 실어 보내고 있었다.

홀로 울어 예는 기러기와 거문고 빗기 안고 바회 우희 앉아 있는 송순은 자연의 화음 속에 이중주로 연주를 하며 완전한 합일의 경지를 이룬다. 그는 자연 속에서 자연의 일보로 살며 삶의 총체성을 회복하는 터전으로서 자연을 파악하려 하였다. 그러나 송순이 살던 조선 전기, 16세기의 자연은 인간이 사회를 이루고 정치를 하며 유교적 질서를 신봉하던 시대였고 송순 또한 그러한 사회의 지배 계급의 일원으로 편입되어 있었다.

> 너브나 너븐 들의 시내도 김도 길샤
> 눈ㄱ튼 白沙는 구름ㄱ치 펴 있거든
> 일없슨 낙대든 분네는 ᄒ l지는 줄 몰나라.

<權花樂府>

> 廣廣之野兮 川亦修而修兮
> 如雪兮白沙 如雲之鋪兮
> 無事携竿之人兮 曾日落兮不知

<俛仰集 卷四>

넓으나 넓은 들에 시내도 길고 긴 데 눈같은 흰 모래는 구름같이 펼쳐 있고 일 없는 낙대 든 분네는 해 지는 줄도 모른다.

넓고 넓은 들 거기에 수평으로 드러누워 길게 흘러가는 시냇물과 시냇가에 펼쳐져 있는 흰 모래, 그 속에서 해가 지도록 진종일 낚시를 하며 해 지는 줄도 모르는 낙대 든 분네. 모든 것이 편안하고 평화롭기만 하다. 이 시 속의 시간은 정지되어 이미 역사 속의 시간이 아니다. 공간 역시 현실

속의 공간이 아니다. 역사와 사회와는 이미 단절되어 있는 시간과 공간이다. '눈 ㄱ튼' '白沙' '구름 ㄱ치'로 거듭 반복되는 흰색의 이미지와 너브나 너븐 들, 길기도 긴 시내, 펴 있는 백사의 수평 구도, 해 지는 줄도 모르는 낙대 든 분네의 정지된 시간이 마치 꿈속에서나 볼 수 있는 한 장면처럼 비현실적 이다. 물론 낙대 든 분네는 고기잡이가 목적이 아니다. 그는 고기야 잡혀도 안 잡혀도 그만인 일 없는 사람으로, 국가와 국민간에 성립하는 국민의 의무 이행에 있어 불법적인 官・吏의 중간 수탈로 집약되는 당시 사회의 모순은 그림자조차 찾아 볼 수 없는 평화의 절대경 속에서 노닐고 있다.

그것은 송순의 철저한 현실 인식에도 불구하고 그가 전통 사대부 집안 출신으로 사림을 배경으로 성장한 지배 계급 내의 한 사람이었기 때문이며 생활에 절박함을 느끼지 않아도 되는 지방 지주로서 삶의 여유를 누리는 가운데 귀족적 정서에 길들여져 있었기 때문이다.

> 山頂에 노을 지고 못고기 뛰노ᄂ니
> 無心한 이 낙시야 고기야 잇건 없건
> 淸江에 둘 돋아오니 이ᄉ이 與이야 일러무삼
>
> <金東旭 反譯>

> 見山頂兮石陽 而跳遊兮群漁
> 惟無心兮此釣 無以兮剩疑
> 淸江月將生兮 此間與兮不可支
>
> <俛仰集 卷四>

일없는 낙대 든 분의 낚시는 해 지는 줄도 모르고 계속된다. 생계를 위한 낚시가 아니니 고기야 있건 없건 문제가 되지 않는다. 그래서 무심한 낚시 다. 풍족한 생활 속에서 여유와 한가를 즐기는 이들이니 고기를 잡아 생계를 유지해야 한다는 절박감이나 땀내 나는 노동의 자취는 없다. 산정에 노을이

지고 맑은 강 위에 달이 돋아 오는 시간 뛰노는 뭇 고기들을 바라보며 흥취
에 젖는다.

초장에서의 자연, 중장에서의 그 자연과 같은 無心, 종장에서 맑은 강물에
돋아오는 달과 함께 일어나는 흥취를 표현하고 있다. 뛰노는 뭇 고기와 시인
의 흥취는 자연을 배경으로 하여 합일의 경지에 이르고 있으며 결국 자연은
땀과 노동의 대상이 아닌 무심한 마음의 조응으로 또는 修身의 場으로 드러
나고 있다.

> 天地로 帳幕삼고 日月로 燈燭삼아
> 北海를 휘여다가 酒罇에 다혀 두고
> 南極에 老人星 對하여 늙을 뉘를 모롤이라
>
> <六堂本 靑丘永言>

> 天地兮帳幕 日月兮燈燭
> 傾彼北海兮 海罇兮是潛
> 作南極老人星兮 將不知兮有晦
>
> <俛仰集 卷四>

老人星이 나오는 시조는 모두 亨壽 · 祈福 · 太平宴樂 등을 노래한데 대하
여 송순의 시조는 호기와 과장이 있는 太平宴樂[54]이다.

남극 노인성은 남극성 · 壽星 · 老人星 등으로도 불리며 남극 가까이에
있으면서 수명을 맡아 본다는 별이다.

南極 · 北海 · 天地 · 日月 등 시의 공간이 극대화되고 있다. 이러한 확산
된 공간은 시상을 내면으로 응축시키기보다 밖으로 분산시키면서 과장된
허세를 느끼게 한다.

송순의 시조 중에서는 한문투가 많은 작품으로 자연 속에서 거칠 것 없이

---

54) 李種建, 俛仰亭 宋純 研究, 서울 開文社 1982, 109 쪽.

인생의 순리인 늙음조차 의식하지 않고 살겠다는 호기를 표현했다. 하늘과 땅으로 장막을 삼고 해와 달로 등촉을 삼아 지낸다는 표현은 흔히 죽어서 북망산천으로 갈 때 하는 말로 인생에서 모든 인간이 피할 수 없는 길을 뜻한다. 그러기에 북해를 휘어다가 술동이 속에 담아 두고 수명을 맡아본다는 남극 노인성을 대하고서야 늙을 줄을 모를 수가 있게 된다. 늙음은 막을 수 없다는 동서고금의 천리를 부정해 보는 호기와 더불어 늙음을 개의하지 않고 사노라는 초탈의 자세를 표현하고 있다.

  대자연을 배경으로 술잔을 기울이며 호방에 취해 보는 정경은 사대부들의 술자리에 어울릴 만한 내용이다. 정극인의 상춘곡에 나오는 술자리 장면이나 정철의 술노래 「장진주사」와 그 내용의 맥을 같이 하는 작품이다.

① 굽어는 땅이오 우러러는 하늘이라
　　두 분의 ㄱㅅ을조차 내 삼겨 살아시니
　　溪山에 風月 거느려 늙을 뉘를 몰래라.

<金東旭 反譯>

　　俛則地兮　仰則天兮
　　兩位之際兮　從而生我兮居焉
　　領溪山兮風月　將與偕兮老元

<俛仰集 卷四>

② 俛仰亭 三言歌
　　俛有地/仰有天/亭其中/興浩然/招風月/挹山川/扶藜杖/送百年.
　　굽어는 땅이오/ 우러나는 하늘이라/ 이 중에 정자 지어/ 호연한 흥취 일어나니/ 풍월은 불러 들이고/ 산천은 가까이 두어/ 연장에 의지하여/ 평생을 살리라.

<俛仰集 卷三·三十>

③ 十年을 經營ᄒ여 焦慮三間 지여 내니

나 흔 간 둘 흔 간에 淸風 흔 간 맛겨 두고
江山은 들일 ᄃᆞㅣ 없으니 둘러 두고 보리라.

<靑丘永言>

經營兮十年 作草堂兮三間
明月兮淸風 咸收拾兮時完
惟江山兮無處納 散而置兮觀之

<俛仰集 卷四>

시 ①②③은 송순이 41세 때 면앙정을 지은 뜻과 면앙정의 배경, 면앙정을 짓기까지의 과정 등이 표현되고 있다는 점에서 공통성을 가진다.

굽어보면 땅이고 우러러 보면 하늘이다. 땅과 하늘 두 분의 만남을 좇아서 내가 생겨났다. 천지의 기운으로 생겨난 존재이니 나는 그 천지간에 있는 자연물들과 동격이다. 언제 보아도 옛 그대로 흐르는 시내와 푸른 산, 맑은 바람과 밝은 달을 거느리고 사는 면앙정에서의 삶은 늙을 줄을 모르는 삶이다.

31세 때 면앙정 터를 준비해 놓고 10년 간이나 기다려서야 이루어진 면앙정은 송순이 이상향으로 설정해 놓은 선계였다. 풍월을 불러들여 한 간씩 맡겨 두고 강산은 들여놓을 곳이 없으니 둘러 두고 보면서 산천이 읍하고 있는 정자에 올라 호연한 흥취에 젖어 청려장을 짚고 백년 세월을 보낸다. 풍치가 있고 멋스럽다는 점에서 청풍명월만을 벗삼아 안빈낙도의 삶을 살겠노라는 조선 사대부의 끊임없는 동어 반복에도 불구하고 언뜻 새롭게 들릴 만큼 표현 효과를 살리고 있다.

천지조화로 생겨난 몸이니 자연의 일부가 되어 자연을 즐기며 살겠다는 것은 권력에 대한 무욕과 유교적 수기의 자세를 강조한 표현이며 권력다툼으로 어지러운 정계에 대해 지고지선의 터전으로서의 자연에 대한 지향성을 나타낸다. 십 년을 경영하여 고대광실이 아닌 초려삼간을 지어냈다는 것은 벼슬아치로서 부끄럽지 않은 청빈한 생활을 해 왔다는 은근한 자부와 함께 오랜 기다림 끝에 이루어진 만큼 기쁨 또한 컸음을 표현한다.

　부와 권력에 대한 욕심이 아닌 자연에 대한 욕심을 마음껏 드러내면서도 강산은 들일 데 없으니 둘러 두고 본다고 하여 넉넉한 웃음을 마련하기도 한다.

　　　　뫼는 병풍 이뤄 들 밖에 둘러 있고
　　　　지나던 구름이 자고 가려 들어온다
　　　　어찌타 무심히 지는 해 홀로 넘어 가는가

　　　　山作兮屛風　野外兮周置
　　　　過去兮有雲　咸欲宿兮入來
　　　　何無心兮落日　而獨逾而去兮

<俛仰集　卷四>

　들 밖에 병풍처럼 둘러 있는 산과 한가로이 떠가는 구름, 서산에 홀로 넘어가는 해를 바라보며 해 질 무렵의 면앙정 풍경을 읊었다.

　중장은 초장의 병풍을 이뤄 들 밖에 둘러 있는 산의 심상과 함께 아늑하고 평화로운 밤의 분위기를 조성한다.

　그러나 종장에서 무심히 홀로 넘어가는 저녁 해를 통해 하루를 보내는 아쉬움과 흘러가는 시간에 대한 안타까움을 표현하여 시상의 전환을 이루면서 이미 지상에는 땅거미가 깔린 후 빛과 어둠이 교차하는 서산마루에 아직은 한 줄기 빛을 남겨 놓고 지는 해를 바라보는 아득한 시선을 표현하고 있다.

　고시조에서는 흔히 임금을 '해'로 표현하며 송순은 벼슬길에 있는 동안 중종·인종·명종의 승하를 겪었으니 서산에 홀로 지는 해에 대한 안타까움은 신하로서 임금의 죽음을 애달파 한 것으로 볼 수도 있다.

　　　　秋月山 가는 바람 錦城山 넘어 갈 제

들 넘어 亭子 위에 잠 못 이뤄 깨안즈니
어즈버 즐거온 情이야 내 님 본 듯 하야라.

<金東旭 反譯>

秋月山兮細風　向錦城兮將去
越野兮亭子上　我無睡兮云寤
起而坐兮歡喜　淸宛故人兮如覿

<俛仰集 卷四>

　추월산과 금성산은 「俛仰亭歌」에서 산을 노래할 때도 주변의 여러 산들과 함께 등장하고 있다. '추월산 머리 짓고 용귀산·몽선산·불대산·어등산·용진산·금성산이 허공의 버러거든' 이라고 하여 면앙정 주위로 추월산을 머리로 하여 여러 산들이 죽 둘러 있는 모습을 표현했다.
　추월산에서 불어 온 가늘은 바람이 여러 산과 들을 건너 금성산으로 넘어간다. 들 너머 정자 위에서 나는 잠을 못 이루고 깨어났다. 일어나 앉으니 옛 님을 본 듯이 기쁜 정이 완연하다. 송순의 님은 「代人戲作」에서처럼 이성으로서 정분을 둔 임으로 드러나기도 하며 오래 사귀어서 知己가 된 벗을 의미하기도 한다. 한 줄기 가는 바람이 가져다 준 기쁨을 임을 만난 기쁨에 비유하여 임에 대한 간절한 그리움을 직접적으로 표현하고 있다. 바람은 그의 가사 「俛仰亭歌」에서 여름의 풍취를 '나모새 즈즈지여 綠陰이 어린 적의 百尺欄干의 긴 조으름 내여 펴니 水面凉風이야 긋칠 줄을 모르는가'라고 노래한 그 바람이다. 무더운 한 여름의 한 줄기 시원한 바람을 옛님을 만난 기쁨에 비유하여 표현한 것이다.

　　① 風霜이 섯거친 날에 갓픠온 黃菊花롤
　　　　金盆에 가득 담아 玉堂에 보내오니
　　　　桃李야 꼿인체 마라 님의 뜻을 알괘라.

<歌曲源流>

風箱交撲之日夜兮 盡情開兮黃菊花

銀盤兮析而盛 玉堂兮送貽

桃李每以稱花兮 君之意兮可知

<俛仰集 卷四>

② 한숨 지을 사이 홀연히 조으더니

　　연연한 꿈결 속에 내 님을 묘셔이셔

　　녯 말을 사뢰다 보니 날 샌 줄을 몰라라

<金東旭 反譯>

太息兮育間 儵然兮暫睡

娟娟夢魂 侍吾主兮

以來古之言兮 以白夜之晨兮曾不知

<俛仰集 卷四>

① 自上特賜黃菊玉堂歌는 송순이 잠시 동지중추부사로 있던 55세, 宰樞로 摠府를 숙직할 때의 작품으로 추정한다. 명종 2년이니 명종이 새로 즉위한 지 몇 년 안 되는 때다. 그 해 9월에는 을사사화의 여파로 일명 정미사화 또는 벽서의 옥이라고도 하는 양재역 벽상 혈서 사건이 있어 많은 사람이 화옥을 입었고 이 사건에 공이 있던 윤원형 등이 정권을 잡았다 .이후 사림은 극히 침체하여 선조 때까지 부진 상태가 계속되었다.

풍상이 섞어 친 날 밤은 바로 이러한 어수선한 세태를 비유한 것이다. 그러나 국화는 그런 날 노오란 꽃으로 아름답게 피어났다. 진정을 다해 피워낸 노란 국화를 님께서는 은쟁반에 담아 옥당에 보내 주셨다. 이러한 노란 국화에 비할 때 따뜻한 봄날 부드런 봄바람 속에서 안이하게 피었다 스러지는 복숭아꽃 살구꽃을 어찌 꽃이라 일컬으랴. 국화꽃을 옥당에 보내 주신 님의 진정을 알겠노라.

풍상이 섞어 친 날에 핀 국화꽃이기에 더 대견하며 밤의 어둠을 견디고

298 한국시가 연구

빛나는 금빛으로 피어났으므로 더욱 아름답고 귀하다. 그 꽃을 보내 주신
님의 뜻과, 풍상이 섞어 친 날 밤에도 님을 향한 충성과 절개는 변치 않으리
라는 옥당 선비의 마음이 하나로 만나 은반에 가득 담긴 국화꽃으로 피어나
고 있다.

'셧거친' '갓피온' '꼿이온양' 등에 나타나는 빼어난 우리말 구사력과 함
께 풍상과 은반의 흰빛과 황국의 노란색이 대비되면서 순수하면서도 싱싱
하게 피어난 국화의 심상이 부각되며, 중장에서 그 국화꽃을 금분에 가득
담아 옥당에 보낸 님의 정성과 이런 국화꽃과 같은 신하라면 지성으로 아끼
겠다는 임의 속뜻을 보탠다. 종장에서는 도리와는 비교할 수 없는 국화꽃을
굽힘없는 충절을 지닌 옥당의 선비로 드러내면서 국화에 고귀하고 높은
품격과 가치를 부여한다. 결국 꽃을 매개로 하여 충절의 선비와 그런 선비를
아끼고 바라는 임금의 마음이 만나는 자리를 잘 표현한 시라고 하겠다.

이 시가 명종이 국화꽃을 보내 주고 시를 지어 올리라고 한 데 대해 정곡
을 찔러 정답을 맞춘 시라고 한다면 ②「夢見主上歌」는 송순이 58세 때 西道
順川으로 귀양가 정계에서 떠나 있을 때의 작품이다.

그리도 마음이 통하며 임의 뜻을 알고 있던 선비이니 임과 떠나 있는
동안 꿈속에서나마 임을 모시고 옛말을 사뢰다 보니 날이 샌 줄을 모를
정도로 임 생각에 연연하다. 마치 원격조종장치를 해 놓은 것처럼 거의 반사
적으로 드러나는 연군의 정이 의식 깊숙이 내면화되어 있다.

자연을 즐기는 그의 풍류가 가장 잘 드러나는 작품은 중종 19년 60세
때의 가사 「俛仰亭歌」이다.

산수의 좋은 경치를 設盡하고 거기서 노는 즐거움 늘어 놓은 것으로 그의
가슴 속에는 호연지취가 있다[55]는 『旬五志』의 평이나, '근세에 俚語로 장가

---

55) 洪萬宗, 旬五志.
  俛仰亭歌 此宋二相純所製設盡山水之勝 鋪張遊賞之樂
  胸中自有浩然之趣.

를 짓는 사람이 많으니 그 중 宋純의 俛仰亭歌와 陳復昌의 萬古歌는 사람의 마음을 흡족하게 한다. 俛仰亭歌는 산천과 전야의 깊고 멀며 광활한 모양, 정자와 누대와 길들이 높고 낮으며 휘돌아 구부러진 모양, 그리고 춘하추동의 사시와 아침과 저녁의 경치를 두루 서술한 것인데 모든 것이 다 샅샅이 적혀 있다. 한자어를 섞어 썼는데 묘사가 극히 아름답다. 정말로 볼 만하고 들을 만한 작품'56)이라는 『遺閑雜錄』의 평에 손색이 없는 「俛仰亭歌」는 「俛仰集」에 한역된 것만 알려져 오다가 金東旭에 의해 가사집 『雜歌』에 수록되어 있는 원문이 발견되었다.57) 『雜歌』는 편자와 편찬 연대를 알 수 없는 필사본 가사집으로 18편의 가사가 수록되어 있으며 표기는 중종 때의 것이 아니고 18 세기 후기의 것으로 추측된다.

「俛仰亭歌」의 내용은 면앙정의 경관, 면앙정의 사시 풍경, 작자의 풍류 생활 들로 되어 있다. 면앙정의 사시 풍경도 면앙정의 경관 속에 포함해 본다면 크게 면앙정의 경관과 그 면앙정의 훌륭한 경관 속에서의 각자의 풍류 생활로 나누어 볼 수도 있다.

면앙정의 경관에서는 제월봉의 형세와 면앙정의 위치와 모습, 면앙정에서의 조망으로 되어 있고 면앙정에서의 조망은 근경으로부터 원경으로, 면앙정 앞의 넓은 들과 그 들에 흘러가는 시내, 시냇가 모래밭의 갈대꽃 사이에서 노니는 갈매기, 멀리 병풍을 두른 듯한 산의 모습을 묘사하고 있다. 면앙정의 사시 풍경으로 봄·여름·가을·겨울 계절의 변화에 따른 자연의 모습과 그 속에서의 생활을 그렸으며 작자의 풍류 생활에서는 물외한정·취흥자락·호탕정회의 풍류를 읊고 있다.

---

56) 深守慶, 遺閑雜錄, 大東野乘 卷之十三.
　　近世作俚語長歌者多矣, 唯宋純俛仰亭歌, 陳復昌萬古歌, 差强人義 俛仰亭歌 則鋪敍山川 田野幽夐曠濶之狀, 亭臺蹊徑高低回曲之形, 四時朝暮之景, 無不備錄, 雜以文字極其宛 轉, 眞可觀以可聽也. 宋公平生善作歌, 此乃中之最也.

57) 金東旭, 壬亂 前後歌辭研究, 震檀學報 제 25·26·27 합병호, 1964, 429~474 쪽.

　　无等山 흔 할기 뫼희 동다히로 버더이셔 멀리 쩨쳐 와 霽月峯이
되어거눌 無邊大野의 므슴 짐쟉 ᄒ노라 일곱 구ᄇ ㅣ 홀머 움쳐 므득므
득 버려ᄂ 듯. 가온대 구ᄇ ㅣᄂ 굼긔 늘근 뇽이 선줌을 ᄀᆺ 쎄야 머리를
안쳐시니 　　　　　　　　　　　　　　　　　　　　　　　(제1～12구)

　　무등산의 정기를 받아 동쪽으로 뻗어 나와 이루어진 제월봉은 끝없이
넓은 들판에서 무슨 생각을 하고 있다. 일곱 굽이가 한데 움츠리어 우뚝우뚝
벌여 놓은 듯한 그 가운데 굽이, 여러 굽이 중의 중심에 자리잡은 용이
선잠을 갓 깨어 승천을 준비하고 있는 형세다.

　　너ᄅ 바회 우ᄒ ㅣ 松竹을 헤혀고 亭子를 안쳐시니 구름 탄 청학이
千里를 가리라 두 나릐 버렷ᄂ 듯 　　　　　　　　　　(제13～18구)

　　용이 승천하는 명당 자리의 탄탄한 반석 위 소나무와 대나무가 울창한
곳에 자리잡은 면앙정은 푸른 학이 구름을 타고 날개를 편 형세다. 푸른
학이 구름을 타고 날개를 편 형세는 송순 스스로 청학이 되어 마음껏 날아보
고 싶은 뜻을 표현한 것으로 유학자이며 벼슬아치로서 자신의 경륜을 한껏
펼쳐 보고 싶은 욕망이기도 하며 한편으로 어지러운 정계를 떠나 자연 속에
서 거칠 것 없이 자유를 누려 보고 싶은 자유 의지이기도 하다. 그러나
제월봉의 위치에서 드러나는 용의 심상과 날개를 편 청학의 심상은 앞의
것에 더 비중이 실려 있어 송순의 포부와 삶의 지향을 짐작하게 한다.
　　무등산 줄기 제월봉에 자리잡은 면앙정은 사림파의 학맥 속에서의 송순
의 위치와 포부와 그릇을 말해 주는 것이기도 하다.

　　玉泉山 龍泉山 ᄂ린 물히 亭子 압 너흔 들ᄒ ㅣ 兀兀히 펴진 드시
넙거든 기노라 프르거든 희지 마니 雙龍이 뒤트ᄂ 듯 긴 깁을 치펴ᄂ
듯 어드러로 가노라 므슴 일 비얏바 닷ᄂ 듯 ᄯ로ᄂ 듯 밤ᄂᆺ즈로 흐르

ᄂ 듯   (제 19~30구)

　시냇물의 근원, 모양, 시시때때로 변하는 색깔과 그 움직임과 아름다움
줄기차게 흘러가는 물줄기의 속도와 끊임없는 흐름에 대한 찬탄과 함께
넓은 들을 적셔 들을 기름지고 풍요롭게 하는 원천으로 그려내고 있다.

　　ᄆ조친 沙汀은 눈ᄀᆺ치 펴졋거든 이즈러온 기럭기ᄂ 므스거슬 어르
　노라 안즈락 ᄂ리락 모드락 흐트락 蘆花을 ᄉ이 두고 우러곰 좃ᄂ는고
                                                         (제 31~38구)

　흐르는 물을 따라서 모랫벌은 눈처럼 희게 펴졌는데 기러기들이 어지럽
게 날고 있다. 기러기는 무엇을 어르느라고 그러는지 앉았다 날았다 모였다
가는 흩어졌다 하며 갈대꽃을 사이에 두고 울며 따르고 있다. 갈대꽃이 핀
강변에서 기러기들이 어울려 날아다니는 풍경은 아무리 바라보아도 싫증나
지 않고 시간가는 줄 모르는 풍경이다. 꿈과 동경의 공간이 돌아가 그 곳에
안기고 싶은 모습으로 펼쳐져 있다.

　　너븐 길 밧기요 긴 하ᄂᆯ 아ᄅ ᅵ 두르고 ᄯ존 거ᄉ 모힌가 屛風인가
　그림가 아닌가 노픈 듯 ᄂ즌 듯 긋ᄂ 듯 닛ᄂ 듯 숨거니 뵈거니 가거니
　머물거니 이츠러온 가온ᄃᆡ 일홈ᄂ 양ᄒᆞ야 하ᄂᆯ도 젓치 아녀 웃독이
　셧ᄂ 거시 秋月山 머리 짓고 龍歸山 鳳旋山 佛臺山 漁燈山 湧珍山
　錦城山이 虛空의 버러거든 遠近·蒼崖의 머믄 것도 하도 할샤 (제
　39~58구)

　마치 여러 번의 사화에도 불구하고 면면히 이어지며 때로는 우뚝한 봉우
리를 이루고 학문과 문명을 떨치는 선비들의 모습을 그려 놓은 듯하다. 병풍
처럼 둘러친 산맥이 이어지는 형세와 하나 하나의 봉우리가 한 폭의 산수화

를 이루면서 반복되는 대구법을 통해 우리나라 산세의 완만한 곡선의 아름
다움을 유려한 운율로 표현하여 저절로 노래가 나오게 한다. 또 하늘도 두려
워하지 않고 우뚝하게 솟은 산봉우리를 통해 만만치 않은 선비들의 실력과
기세를 과시하기도 한다.

> 흰구름 브흰 煙霞 프로니는 山嵐이라 千巖萬壑을 제 집으로 사마두고
> 나명성 들명성 일히도 구는지고 오르거니 느리거니 長空의 떠나거
> 니 廣野로 거너거니 프르락 불그락 여트락 지트락 斜陽과 서거지어
> 細雨조추 쑤리는다. 藍與룰 ㅂㅣ야타고 솔 아릐 구븐 길로 오며 가며
> 하는 적의 綠楊의 우는 黃鶯 嬌態 겨워 하는고야   (제 59~77구)

아지랑이 끼는 봄 날씨를 포근하면서도 신비스러운 아름다움으로 표현하
고 있다. 변화무쌍한 아지랑이가 봄날 따뜻해지는 대기 속을 헤쳐 다니다가
비낀 저녁 햇살 속에 실비로 내린다. 온갖 생명을 소생시키는 단비다. 그
단비 속에서 푸르러진 버들에서 노란 꾀꼬리의 교태가 아름답다. 이렇게
따뜻하고 아름다운 봄날에는 뚜껑 없는 가마를 타고 솔 아래 굽은 길로
오며 가며 꾀꼬리 노래를 들으면서 경치를 감상한다.

> 나모 새 즈즈지여 樹陰이 얼룬 적의 百尺欄干의 긴 조으름 내여
> 펴니 水面凉風이야 긋칠 줄 모르는가   (제 78~83구)

나무 사이가 서로 엇갈리어 뒤섞여져 푸른 나무 그늘이 한창인 여름 날이
면 높은 난간에서 긴 졸음을 내여 펴고 있노라면 물 위에서 서늘한 바람이
그칠 줄을 모르고 불어온다. 여름날 시원한 나무 그늘에서 노래만 부르는
매미가 부럽지 않을 모습이다. 피서지가 따로 없다. 짙푸른 녹음과 나무
그늘 물가에서 불어오는 시원한 바람 높다란 정자 위에서 낮잠을 즐기는
한가하고 여유 있는 생활이다.

즌 서리 빠진 후의 산 빗치 금슈로다, 黃雲은 또 엇지 萬頃에 편거거
요. 漁笛도 흥을 계워 둘룰 뜨라 브니는다.   (제 84~89구)

된서리가 걷힌 후 가을 산빛은 수놓은 비단처럼 곱다. 넓은 들을 누렇게
익은 곡식들로 누런 구름을 펼쳐 놓은 듯 풍요롭다. 달밤이면 고기잡이의
피리소리도 흥에 겨워서 달을 따라 불며 다닌다.

草木 다 진 후의 江山이 미몰커눌 造物이 헌ᄉ하야 氷雪로 쑤며
내니 瓊宮瑤臺와 玉海銀山이 眼底에 버러셰라 乾坤도 가옴열샤 간
대마다 경이로다.   (제 90~98구)

초목이 다 떨어진 겨울이면 강산은 눈으로 덮인다. 조물주가 야단스러워
얼음과 눈으로 강산을 꾸며내니, 설경은 구슬로 꾸며 놓은 궁전과 대, 구슬
깔린 바다와 은으로 꾸민 산이 되어 눈 아래 펼쳐진다. 온 천지가 풍성하고
가는 곳마다 펼쳐지는 아름다운 경치에 놀랍기만 하다.

이렇듯 계절을 따라 변화하는 자연의 아름다운 모습에 섬세하고 치밀한
묘사는 그가 면앙정의 승경에 깊은 애정과 관심을 가지고 오랫동안 관찰해
왔으며 면앙정의 승경에 강한 자부심을 가지고 있었음을 말해 준다.

人間을 써나와도 내 몸이 겨를 업다. 니것도 보려 ᄒ고 져것도 드르
려코 ᄇ롬도 혀려 ᄒ고 돌도 아츠려코, 봄으란 언제 줍고 고기란 언제
낙고 柴扉란 뉘 다드며 딘 곳츠란 뉘 쓸려료. 아ᄎ미 낫브거니 나조ᄒ
ㅣ라 슬홀소냐. 오늘리 不足커니 來日리라 有餘ᄒ랴. 이 뫼ᄒ히 안즈
보고 져 뫼ᄒ히 거러 보니 煩勞ᄒ 무음의 ᄇ릴 일리 아조 업다. 쉴 사이
업거든 길히나 젼ᄒ리야 다만 ᄒ 靑藜杖이 다 믜듸어 가노미라.
                                        (제 99~120구)

자연을 즐기느라 한가할 틈이 없이 바쁘기만 하다. 떨어진 밤을 줍고 고기

를 낚으며 떨어진 꽃잎을 쓸면서 소일하는 전원생활로 무료하지 않고 잡념을 가질 새 없이 흥겨운 것으로 표현되고 있다. 신바람이 나서 이 산 저 산으로 바쁘게 다니다 보니 어느덧 지팡이가 다 무디어 간다.

> 술리 닉어거니 벗지라 업슬소냐 블니며 틔이며 혀이며 이야며 온가
> 지 소리로 醉興을 비야거니 근심이라 이시며 시룸이라 브터시랴. 누우
> 락 안즈락 구부락 쳐즈락 을프락 프람ᄒ락 노혜로 노니니 天地도 넙고
> 넙고 日月도 閑暇ᄒ다. 義皇을 모롤너니 니적이야 긔로고야 神仙이
> 엇더턴지 이 몸이야 긔로고야.   (제 121〜137구)

술이 익어 송순은 벗을 불러 술자리를 벌인다. 흥겨운 노래와 가야금, 해금, 방울 등 온갖 악기를 연주하는 소리들이 취흥을 돋우고 그는 흥에 겨워 시를 읊고 휘파람을 불며 마음껏 놀아 본다. 누웠다 앉았다 구부렸다 젖혔다 흥에 젖다 보니 근심도 시름도 사라지고 즐거울 뿐이다.

거칠 것 없이 넓고 넓은 천지, 한가롭기만 한 세월 그는 이 때야 말로 태평성대며 이런 생활을 즐기는 자신이야말로 신선이라고 자부한다.

> 江山風月 거눌리고 내 百年을 다 누리면 岳陽樓上의 李太白이 사라
> 오다 浩蕩情懷야 이예서 더홀소냐 이 몸이 이렁굼도 亦君恩이샷다.
>   (제 138〜146구)

이렇듯 강산풍월을 다 거느리고 평생을 다 누리면 악양루 위의 이태백이 살아온다고 해도 넓고도 끝없는 정다운 회포가 이보다 더하겠는가. 이 몸이 이렇게 지내는 것도 역시 임금님의 은혜이시로다. 「면앙정가」가 강호가도를 확립한 작품이라는 근거를 이루는 결말이다. 자연 속에 묻혀서 생활하면서도 모든 것이 임금님의 은혜가 있으므로 해서 가능하다는 의식의 근저에는 군신유의라는 유교적 철학이 깔려 있다.

『芝峯類設』,『稗官雜記』,『旬五志』,『遺閑雜錄』 등에 평이 나와 있는 것으로 보아 상당히 오랫동안 사대부들 사이에서 불려졌음을 알 수 있는데 오랜 기간 불려지면서 호평을 받은 것은 사대부들이 공감할 수 있는 세계를 읊었기 때문이라고 하겠다.

아름다운 자연 속에서 자연에 탐닉하여 술이 익으면 벗들과 함께 음악으로 흥을 돋우며 마음껏 놀아 보고, 거칠 것 없이 넓고 넓은 천지에 한가로이 세월을 보내며 태평성대를 구가하고, 이태백이 부럽지 않은 가슴속의 호연지취·호탕정회를 품을 수 있는 것을 모두 임금님 은혜로 돌렸으니 당시 사대부들 사이에서 유행할 만하며, 후대의 정철 등에게 영향을 준 것도 당연한 일이다.

「면앙정가」에 나오는 공간은 앞서 살펴본 시조 「너브나 너븐 들~」,「산정에 노을 지고~」,「천지를 장막 삼고~」,「굽어는 땅이오~」,「십년을 경영ᄒ여~」,「뫼는 병풍이뤄~」,「추월산 가는 바람~」 등에 나오는 공간과 일치한다. 현실적인 사회와 역사에서 마치 '오려내기'를 한 것처럼 동떨어져 있다. 송순이 취흥에 겨워 말했듯이 신선이 아니면 누릴 수 없는 시공 속에서 관념으로 박제화된 강산 풍월을 읊으며 태평세월을 누리는 생활은 바로 벼슬길에서 떠났을 때의 사대부들이 누리고 싶어하는 이상향이었다. 송순이 그 이상향을 아름답게 노래하며 많은 사대부들의 공감을 불러 일으켰던 것이다.

그러나 그 이상향이 이상향으로서의 기능을 할 수 있기 위해서는 땀을 흘리며 남녀를 메고 가는 가마꾼의 수고와 지은이가 물 위에서 불어오는 시원한 바람을 쐬며 백척난간에서 긴 졸음을 내여 펴는 동나 곡식을 가꿔 넓은 들판에 黃雲을 이루고서도 배불리 먹지 못하는 농민들의 땀과 '블니며 틔이며 혀이며 이야며 온 가짓 소리로 취흥을 ᄇ야는' 歌童·唱妓·樂士들을 갖출 수 있는 생활의 여유를 필요로 한다.

문제는 당시의 현실에서 이러한 생활 조건을 갖춘 사람들이 얼마나 되었겠느냐는 데 있다.

16세기 중엽에는 격심한 土地兼倂이 진행되고 무질서한 농민 수탈이 자행됨으로써 가난에 허덕이는 농민의 생활을 한층 파멸로 인도하였고 자기의 경작지를 팔거나 버리고 유리방황하는 농민의 숫자를 늘어가게 하였다.[58]

특히 중종 반정 이후에는 貢納의 부담이 더욱 가중됨에 따라 그만큼 방납의 폐해도 혹심했다. 명종 대에 이르러서는 '옛날에 한 필의 布로 충당하던 것이 오늘에는 10배에 이르러 한 가지 貢物을 납부하는 데도 가산을 탕진할 정도이다. 방납자는 이런 연유로 더욱 이익을 도모하며, 이렇게 되는 까닭은 수령이 공물 수송을 직접 감독하지 않고 백성들로 하여금 스스로 납부토록 하기 때문이다. 따라서 방납하는 상인이 제멋대로 간악하게 함부로 거두어들이는'[59] 형편이었다. 이러한 당시의 사정을 徐崏은 '민생의 고난이 극도에 달하였으며 공사의 저축이 다 되었다. 水旱의 재해와 기근의 탄식은 매년 늘어나고 宰相의 탐욕·사치와 문사의 음탕·방종은 날로 심해지고 있다. 流離하는 백성은 양떼같이 도로에 뛰어다니고 도적의 무리는 산곡에서 기회를 노리고 있다. 백 가지 천 가지가 병들고 토붕와해할 정세가 조석에 박두하였다.'[60]고 하였다.

이 밖에도 병역, 부역 등 身役의 중과와 選上 등 농어민에 대한 수탈로 '백성들의 생활상을 보면 서울과 지방을 막론하고 열 집 가운데 아홉 집이 굶는 형편[61]이고 '모든 徭役이 전부 백성들에게 지워져 한 몸이 百役을 감당하게 되니 백성의 流散이 점점 늘어나게 되어 마을을 이루었던 곳은 이미 폐허가 되었으므로 열 집 중 아홉 집이 비었다'[62]고 할 정도였다.

---

58) 明宗實錄 卷六·2二年 八月條.

59) 明宗實錄 卷十五·八年 十月條 丙申.

60) 明宗實錄 卷十·六年 九月條.

61) 明宗實錄 卷二十二·十二年 三月條.

이러한 사회 경제적 사정은 흉년으로 한층 농민의 기아현상을 확대심화시켰다. 그러나 국가의 저축은 바닥나서 기민을 진휼할 수가 없는 처지였다. 국가의 저축은 고갈되었으나 진휼할 대상자는 갈수록 격증되고 있었다. 이 때문에 당시 조정에서는 통상의 방법으로는 농민의 진휼이 불가능하여 곡식을 국가에 납부하는 자에게 관직에 임명하거나 죄인에게는 속죄를 시켜주는 비상 대책이 강구되기도 하였는 바63), 이러한 비상대책은 전쟁 때에나 볼 수 있는 일이고 전대에는 없었던 일로 농민의 流離逃散은 이미 중대한 사회 문제로서 제기되어 수수방관할 처지가 못되었다.

또 북방으로부터는 야인의 침범과 남해안으로부터는 왜구의 침입 약탈이 끊이지 않았다. 특히 중요한 야인 및 왜구의 변방 유린만 하더라도 三浦倭亂(1510, 중종 5), 야인 束古乃 등의 穩城·昌城·甲山侵入(1512, 중종 7), 야인 속고내의 함경남도 북변 재침탈(1518, 중종 13), 추자도 왜변(1522, 중종 17), 야인들의 閭廷茂昌 등지 유린(1524, 중종 19), 야인 기마병의 만포진 침입, 만포 첨사와 희천군수 등 살상(1528, 중종 23), 야인 평안도 강계의 山羊會堡 침입 분탕(1530, 중종 25), 蛇梁島倭變(1544, 중종 39) 등 중종조의 외침이 있었고, 명종대의 을묘왜변으로 알려진 達梁浦倭變(1555, 명종 10)64) 등 끊일 새가 없었다.

삼포왜란 이후 조선왕조는 왜구에 대한 통제력을 상실하여 왜변이 계속 일어났고 마침내는 교섭이 단절되기에 이르렀다.

일본에서는 전국시대를 수습하고 국내를 통일한 풍신수길이 전국 시대를 통하여 다듬어진 영주들의 군사력을 해외에서 소모시킬 필요와 무모한 영토욕을 충족시킬 목적으로 침략 전쟁을 준비하고 있었고 여진족도 그 세력을 키워가고 있었다.

---

62) 明宗實錄 卷十五·八年 十二月條 癸酉.

63) 明宗實錄 卷十八, 十年 五月條.

64) 明宗實錄 卷十八, 十年 五月條.

　이러한 국내외의 정세 속에서 태평성대를 구가하며 취흥에 겨워 호연지정을 노래하는 것은 일시적 기분 풀이나 위안을 될 수 있었을지 모르나 현실의 모습을 깊이 있게 통찰하거나 현실문제를 문제로 정확히 인식하는 데는 어떠한 역할도 해 낼 수 없었다는 한계를 지니는 것이다.

　이것은 송순이 현실에 대한 총체적 인식에 이르지 못하고 사림파 선비로서의 테두리 속에서 현실을 바라보는 데 머물렀음을 의미한다.

　성리학이 현실유리적이고 관념론적이며 소위 공리공론적인, 그리고 반역사적인 왕조 후기적 성리학으로 바뀌게 되는 계기가 16세기에 있었으며 사림파 세력이 중앙 정계의 주도권을 쥐게 되는 16 세기 후반기 이후에는 그들의 지배 윤리와 연결되어 당쟁을 발생시키고 심화시키는 구실을 하였을 뿐만 아니라 사회 체제를 硬化시키고 역사 발전에 반동하는 결과를 가져오게 되었던 것이다.[65] 이러한 성리학과 사림파적 한계는 그가 벼슬에게 물러나면서 남기는 「치사가」 3 수를 통해 나타나는 벼슬살이에 대한 의식에서도 드러나고 있다.

　① 늘꺼다 물러가쟈 ᄆᆞ음과 의논 ᄒᆞ이
　　님 볼이고 어들어로 가쟛말고
　　ᄆᆞ음아 너란 잇껄아 몸만 물러 갈이라

<海東歌謠>

　老去兮欲退去　與心兮相議
　云有吾主兮　欲去兮何地
　自持兮主容　而獨胡爲兮將之

<俛仰集　卷四>

　② 임자 업슨 江山이오 갑업슨 風月이라

---

65)　한국사 12, 조선 양반 사회의 모순과 대외 항쟁, 서울, 탐구당 1984, 9 쪽.

이 몸 하나거니 어드러로 못떠나료
매양에 가지 못ᄒ고 오늘 내일 ᄒ느니

<金東旭 反譯>

江山兮豈有主 風月兮豈有價
持此一身兮 何許兮不可去
而每日兮不得去 今日來日兮伊何

<俛仰集 卷四>

③ 가노라 긔똥功名 是非도 하도 하다
어디론 江山인들 오지 말라 ᄒ가마는
떨치고 가디 못하고 드명나명 망서리뇨

<金東旭 反譯>

去之兮此糞功名 是非兮紛多
何許兮江山 云物來兮
以不得兮奪去 胡出入兮慮料爲

<俛仰集 卷四>

  그가 벼슬길에 있다는 것은 님을 모시는 일이고 공명을 누리면서도 시비가 많은 길이며 벼슬에서 물러나는 것은 무엇보다도 님을 버리는 일이고 개똥 공명이나 시비거리가 없는 강산 풍월로 돌아가는 일이다. 벼슬에서 물러난다고 내 몸 하나 갈 곳이 없겠느냐. 강산풍월은 임자도 없고 값도 없으니 어디로 가든 누가 오지 말라는 사람도 없는데 미련을 갖고 망서리며 떠나지 못하는 것은 다만 님을 떨치고 가지 못하는 것뿐이며 또 비록 몸은 떠난다고 해도 마음만은 항시 님의 곁에 있다. 그러니 강산풍월로 돌아와 지내는 면앙정의 생활이 님의 덕분이 아니고 무엇이겠는가. 신선 놀음에 도끼자루 썩는 줄 모르고 태평성대를 구가하면서 님의 은혜를 칭송하고 있을 때, 연속되는 고통의 세월을 살아야 했던 백성들에게 이러한 노래들이

<聞隣家哭>에서 이웃집 노파가 말한 대로 '이웃 영감이 나를 업신여기는' 소리 이상으로 들릴 수 없었을 것이다. 그리하여 그의 작품들은 처사적 세계의 풍류로 머무르며, '학문과 인격을 바탕으로 하여 표현된 高雅·優美·麗落·雅趣·멋스러움을 일컫는 것이고 세련된 昇化, 여과와 순화가 조화를 이룬 탈속과 고매한 風格美를 일컫는 것[66]이라는 풍류의 한계를 보여 주게 되는 것이다.

V. '새'로 드러나는 自我와 現實

宋純의 시에서는 '새'를 제재로 하는 작품이 상당수 발견되는 바, '새'는 그가 처해 있던 현실 속에서 자아가 변모되어 가는 모습을 드러내주는 자아의 등가물로서 나타내고 있다. 본 장에서는 그가 아홉 살 때 새의 죽음을 슬퍼하는 「哭鳥文」으로부터 일흔 일곱 살에 致仕할 때의 「잘새가」에 이르기까지 그의 시에 등장하는 '새'의 심상을 분석하여 개인적 자아가 사회적 자아로 어떻게 전환되는가를 살펴보고자 한다.

哭鳥文　　　　　　새의 죽음을 우는 노래

我人也 汝鳥也　　　나는 사람 너는 새
鳥死人哭 義爲不可　새 죽음에 사람 곡 맞지 않으나
汝由我而死 是以哭之　네 죽음 나 때문이니 그래서 우네

<俛仰集 卷四·一, 雜著>

---

66) 丁益燮, 歌辭와 風流考, 동악어문학회 제17편 이동림 박사 환력 기념 특집호, 1983) 249~278쪽.

‘나는 사람 너는 새’라는 인식의 출발점으로부터 새의 죽음에 통곡하는 슬픔으로 시상이 옮겨가며 차츰 아픔이 깊어 가는 구조로 시가 전개된다. 군더더기 없는 간결한 형식 속에 아홉 살 난 어린애의 슬픔이 잘 표현되어 있다.

病 鶴	병든 학
豈 知 塵 土 裏	어찌 이 속세에서
得 見 九 皐 禽	학을 만나 볼 줄이야
身 上 無 全 羽	몸에는 날 만한 날개가 없으나
雲 邊 有 遠 心	저 하늘 날고 싶은 마음은 그윽하다
常 行 澁 長 步	아픈 다리 끌며 걸어 가다가
欲 淚 失 淸 吟	울고자 해도 메이는 목
座 受 羣 鷄 侮	앉아 받는 뭇 닭의 업신여김에
相 看 淚 濕 襟	눈물이 소매를 적실 뿐이다.

<俛仰集 卷一·十六>

선계에서만 산다는 학이 속세에 내려와 날 만한 날개도 없고 울음소리를 낼래야 목이 메이기만 한다. 병든 몸으로 앉은 채 뭇 닭의 업신여김에 눈물로 소매를 적실 뿐이다. 그러나 저 하늘을 날고 싶은 마음은 가득하다. 그래서 학은 언젠가 병이 낫고 건강하고 힘있는 날개짓으로 푸른 하늘을 훨훨 날아 오를 날을 열망한다.

시에서 학이 왜 병들었는지에 대해서는 말하지 않았으나 송순이 이 시를 쓴 34세 무렵에는 기묘사화 후 사림파가 피척당하고 스승인 박상도 귀향했으며 29세 때 쓴 「暮思」 시로 하여 최세절에게 피척될 뻔하였고 개인적으로도 아버지의 상을 당하는 등 어려움이 있었다.

또 앞서 살펴 본 <田家怨> 등에 나타나듯 백성들을 가렴주구와 외적의 침입, 흉년 등으로 피폐해질 대로 피폐해진 생활 속에서 신음하고 있는 형편이었다.

  송순은 이 때 자신을 한 마리 병든 학으로 파악한다. 죽어서 仙界로 날아
갔던 새는 다시 한 마리 병든 학으로 이 세상에 왔으며 저 하늘을 날고
싶은 열망을 안은 채 뭇 닭의 모욕을 받는다. 그러나 설사 병이 들었을지언
정 뭇 닭과는 비교할 수 없게 고고하고 기품 있는 학이라는 자부와 언젠가는
닭들은 감히 날아오를 수 없는 저 하늘로 높이 날아 선계로 비상하게 되리라
는 믿음으로 병든 몸을 지탱하고 있다. 여기서 닭들은 백조를 미운 오리
새끼라며 손가락질하고 놀려대는 오리떼들처럼 빛을 잃고 있으며 단지 '군
계일학'의 빼어남을 일시적 약점을 이용해 타매하는 옹졸하고 비겁한 존재
로 드러난다.

鴟 鳥	솔 개
鶴在山中鷗在水	학은 산에서 갈매기는 물에서
閑中飮啄自淸高	한가히 마시고 쪼니 저들은 얼마나 깨끗하 고 고상하던가
爾何獨向長安屋	어찌하여 너는 홀로 임 계신 서울을 향해
終日飛飛不厭勞	종일토록 날아도 싫증이 나지 않는다냐.

<俛仰集 卷一·十五>

  홀로 임금이 계신 서울을 향해 종일토록 싫증도 안 내고 날아가는 솔개와
산과 물에서 한가히 마시고 쪼며 살아도 깨끗하고 높기만 한 학과 갈매기를
대비하고 있다.

  이종건은 이 시에 대해 솔개미는 명리에 밝은 공격성이 강한 새로 벼슬길
에 연연해하는 무리들로 묘사 비유되었으며 송순은 이 새를 불쌍하게 응시
하면서 애정을 보내고 있는 바, 이러한 정서는 색목을 달리하는 김광준에게
준 시「次金同年光準韻」[67]에도 나타난다고 하면서 학과 갈매기는 고고한

새로 되어 있으나 그러면서도 무위도식을 지적한 것[68]이라고 하였다.

그러나 여기서 솔개는 임에 대한 일편 단심 때문에, 학이 되어 산수간에서 노니는 깨끗하고 높은 삶을 살지 못하는 자신에 대한 변명이자 임에 대한 끊임없는 충정을 토로하기 위한 매개물로 보인다. 학과 갈매기의 삶이 치사하고 산수간에서 안빈낙도하는 처사의 삶이라면 솔개의 삶은 어려운 여건에도 불구하고 임금을 향해 끊임없이 충정을 다 바치는 관료로서의 삶이다.

송순에게 있어서 임이란 시종일관 유교적 충군사상의 테두리에서 벗어난 적이 없이 충정을 다해야 할 대상이다. 그러기에 송순은 은쟁반에 내려 주신 귤을 알알이 박혀 있는 임금님 은혜[69]로 느끼며 가명으로 은총을 입으니 부끄러울[70]뿐이며 임금을 보필하고자 하나 재주가 무디어 못할[71]뿐이지 항시 임금님 생각이 눈 날리듯 하며 아름다운 봄을 님과 함께 누리고 싶은[72] 마음이 간절하다. 그러니 ‘아름다운 경치를 보면 임을 본 듯 즐겁고[73] 은총에 연연하여 벼슬을 못 버릴[74] 수밖에 없다. 어전에서의 아름다운 무술 시험도 태양 같은 임금님 덕에는 비길 수 없으며[75] 귀양 가서 임과 떨어져 임을 모시지 못할 때는 꿈결 속에 임을 뫼시고 옛말을 사뢰다 보니 날 샌 줄을 모를[76] 정도다. 백성을 거느리시는 분이니 부모이며 하늘같이 우러러 이 몸을 바치고 다만 만 년을 누리기를 축수하옵는[77] 임이니 님을 버리고 어디

---

67) 면앙집 권 1·20 一箇明珠久混塵/人將瓦礫議精神/我今欲擲淸江水/淨洗方知爾性眞。

68) 李鎭建, 앞의 책, 74, 81~82 쪽.

69) 俛仰集 卷一·七「洞庭黃柑」, 刘是銀盤賜/恩添箇箇黃。

70) 俛仰集 卷一·二十三,「木假山」, … 假名取寵吁可羞。

71) 俛仰集 卷一·二十九,「次杜子美秋興入首」第六章, …欲補聖明才固捽/將身忍向橘蘆洲。

72) 俛仰集 卷一·一,「次李太白愁陽春賦」,…綴薰茝而延佇/憂思之如雪…

73) 俛仰集 卷四·四,「俛仰亭雜歌 二篇」중①… 起而坐兮歡喜情/宛故人兮如覯。

74) 俛仰集 卷二·二十三,「送尹亨仲懼赴古阜」。

75) 俛仰集 卷三·一,「安不忌危」,…龍樓試武雖云美/爭似君王德明。

76) 俛仰集 卷四,「夢見主上歌」,…娟娟夢魂/侍五主兮…。

로 가자는 말이냐[78]고 77세 때 致仕하는 순간까지 임이 계신 곁에서 충성을 다할 수 있는 벼슬길과 강호에의 꿈 사이에서 망설이며 그래도 마음만은 님 곁에 둔다고 하였다.

그리하여 송순은 종일토록 날아도 싫증이 나지 않는 충군의 길을 가고자 했던 것이다. 그러면서도 한편으로 어지러운 벼슬길에서 물러나 깨끗하고 고고한 몸으로 산수간에서 노닐지 못하는 자신의 선택에 연민과 안타까움을 느낀다.

이러한 송순의 태도는, 「田家怨」에서와 같은 철저한 현실 인식에도 불구하고 현실 비판을 통한 개혁 의지와 그 실천에로 나아가지 못하며, 시대 현실을 총체적으로 조명하여 객관적으로 파악하기보다는 사림파적 테두리 안에서 파악하는 데 머무르게 한다.

선조 2년 77세로 致仕할 때, 송순은 임금에게 「致仕時勉聖學0奏」를 올리는데 여기서 그는 禹·湯·文王의 憂勤0厲를 본받고 聖學의 처음과 끝인 敬을 다스림의 본으로 삼을 것을 역설하면서, 敬을 다스림의 본으로 삼을 것을 역설하면서, 敬은 修己를 위한 공부에서도 주장으로 삼을 만한 것이며 만세에 위정의 요령이 되는 것이라고 하여 경을 바탕으로 하는 修己安人을 역설[79]했을 뿐 安民保國을 위한 어떠한 현실적 개선책도 언급하지 않았다. 이것은 그가 새로 등극한 임금에게 자기 철학 이론의 정수를 상주하는데 머물렀을 뿐, 오랜 기간 정계에서 여러 벼슬을 거치면서 나라와 백성의 형편을 통찰하고 그 대책을 세워 봤어야 할 벼슬아치로서의 면모를 갖추고 있지는 않았다는 것을 확인해 주는 사실이다.

그리하여 그는 종일을 날아도 싫증나지 않는 충군의 길을 가면서도 자신

---

77) 俛仰集 卷四·五,「五倫歌」, 君王統百姓/作父母兮位正/群臣如天仰之兮/用一身兮獻之/惟祝壽兮/於萬年兮。

78) 海東歌謠, 漢譯歌는 俛仰集 卷四,… 云有吾主兮/欲去兮何地。

79) 俛仰先生續集 <致仕時勉聖學箚奏>

의 모습을 '강해 위에 다만 한 마리 갈매기'로 꿈꾸어 본다.

詠　鷗	갈매기를 노래함
江湖萬頃波	강호 넓은 파도에
往來有何營	왔다 갔다 무엇을 하나
沙白身亦白	모래가 희니 몸 또한 희고
水淸心亦淸	물이 푸르니 마음 또한
夜傍汀州宿	밤에는 물가에서 자고
朝入滄浪鳴	아침에 창랑에 들어 노래한다
終始無心物	전혀 무심한 것
誰人强與盟	누가 억지로 맺으리
古今江海上	그저 강해 위에
只有一鷗名	다만 갈매기로 있을 뿐.

<免仰集 卷一·二十四>

　　유유자적 자연 동화의 모습이며 유학자의 자연관이 실감나게 나타났다[80]
는 이 시는 중종 24년 송순이 37세 때의 작품이다. 그는 31세 때 면앙정터를
마련해 놓고 늘 자연에 묻혀 지낼 날을 꿈꾸며 살았는데, 여기서 송순은
자연 속에 노니는 자신의 모습을 강호 넓은 파도에서 노니는 한 마리 갈매기
에 투영해 보고 있다. 모래가 희니 몸 또한 희다는 사실에서 물이 푸르니
마음 또한 푸르리라 유추하면서, 밤에는 물가에서 자고 아침에 푸른 물결에
들어 노래하며 무심히 지내는 갈매기의 '무위자연한 삶'을 읊었다. 누가
억지로 맺어 준 것도 아니며, 현재의 자신, 자연의 일부분으로서 생긴 대로
의 자신, 그 이상도 이하도 아닌 다만 갈매기로 있을 뿐인 그러한 삶에
대한 동경이 드러나 있다. 이것은 「聞隣家哭」이나 「聞丐歌」에서 드러나는
현실의 질곡에 대한 탄식이자 체념이기도 하다.

---

80) 李鍾建, 앞의 책, 74 쪽.

현실을 정면 돌파하기 어렵다고 판단될 때 인간은 우회적인 길로 선회하게 되며 송순의 노장적 세계관은 현실에 대한 객관적 인식에로 나아가는 데는 도움이 되었으나 현실 타개에 대한 태도에서는 오히려 굴절을 가져오는 역할을 했다고 하겠다.

우리가 문제에 대응함에 있어서 아무리 현명하다고 할지라도 인생의 상황은 필연적으로 긴장을 가져온다. 우리의 동기는 항상 쉽게 만족되지는 않고 장애는 극복되어야만 하고, 선택을 해야만 하고, 지연되는 것을 참아야 한다. 우리들 각자는 목표 달성 노력이 막혔을 때 특징적인 반응 양식을 발전시킨다. 대체로 좌절 상황 들에 대한 우리의 반응은 우리가 얼마나 적절하게 생활에 적용하는가를 결정짓는다.

원하는 목표에 대한 접근이 막히거나 지연될 때에는 욕구 좌절이 생긴다. 외적 및 내적인 광범한 장애들이 목표에 이르려는 노력을 방해할 수 있다. 욕구 좌절의 중요한 원천은 두 개의 서로 상반되는 동기들 사이의 갈등이다. 두 동기가 갈등을 일으킬 때 하나의 만족은 다른 것에 갈등을 일으킨다. 하나의 동기가 있을 때라도 그 목표가 몇 가지 다른 방법으로 접근될 수 있다면 갈등이 생길 수 있다. 때로는 갈등은 두 개의 외부 목표들 사이에서 보다 하나의 동기와 개인의 내적 기준 사이에서 생긴다. 성취 동기와 내적 기준 사이의 갈등은 외적 목표들 간의 갈등보다도 더 해결하기 어려운 경우가 많다. 대개의 갈등에는 바람직한 동시에 바람직스럽지 못한(正的인 동시에 負的인) 목표들이 포함된다. 때로는 동시에 원하면서 원치 않고, 좋아하면서 싫어하는 목표들은 양면감정적 태도를 일으킨다. 매력적인 동시에 위험한 목표에 당면한 사람은 무엇을 할 것인가를 결정하는 동안에 갈팡질팡할 수 있다. 멀리서 보면 목표는 매력이 있어서 접근 반응을 일으킨다. 그러나 위험감은 목표가 접근될수록 증가되며 그 사람은 유인물에 가까워질수록 퇴각하려는 경향이 있다. 그 결과로 그 사람은 계획대로 밀고 나가든가, 포기하든가를 결정하기 전에 몇 번이고 잘못된 시도를 보일 것이다. 이러한 유형의 갈등은 접근—회피 갈등이라는 것이다.

접근과 회피의 동기들은 모두 대상 근처에서 가장 강하다. 회피 동기는 접근 동기보다도 거리가 멀어짐에 따라 더 신속하게 떨어진다 .무서운 대상에서 더 멀리 떨어져 갈수록 두려움이 훨씬 더 적어지는 것 같은 반면에, 매력적인 대상은 멀리에서도 계속 매력이 있다. 멀리에서는 긍정적인 측면이 매력 있게 보이는 정도는 부정적 측면이 싫게 보이는 정도보다 더 강하다.

부적 감정은 위험 순간이 더 급박해질수록 더 강해진다. 위험 순간에 가까워질수록 회피 충동은 급속히 증가되어 위험 신호가 오기 전에 정점에 달한다. 이 시점에서 회피 감정이 접근 경향을 훨씬 초과하므로, 곤혹을 당하지 않고 할 수만 있다면 철수하고 말 것이다.(그 사람은 두 가지 부적 선택 중에서 선택을 해야 하는 회피—회피 갈등이라는 것을 경험한다.) 만일 회피 감정이 목표에서 다소 멀리 있을 때 그렇게 강하였다면 그 사람은 그러한 갈등 상황에 빠져들어 가지는 않았을 것이다. 공포의 정점은 가장 위험이 큰 순간에 일어나지 않고 자신의 마음을 돌이키기 어렵게 되는 최종의 개입 순간에 일어난다. 일단 결정이 되면 회피 감정은 감소되기 시작한다.[81]

관료적 삶과 처사적 삶의 사이에서 갈등을 느끼면서 줄곧 관료적 삶을 살아온 송순에게는 '처사적 삶'이라는 목표에 대해 동시에 원하면서 원치 않고 좋아하면서 싫어하는 양면감정적 태도가 형성된다. 여기에서 '접근—회피' 갈등이 일어나게 되는데 「鷗鳥」에서의 학과 갈매기, 「啄木歡」에서의 기러기와 갈매기가 '회피'를 표현한 것이라면 「詠鷗」에서의 갈매기는 '접근'의 표현이다. 가장 치열한 현실 인식이 보이는 「田家怨」과 같은 시기에 쓰여진 「鷗鳥」에서 솔개는 관료적 삶에 대한 '접근'으로 드러나며 그 경우 상대적으로 처사적 삶의 세계와는 멀어지면서 그에 대한 매력이 접근 반응을 일으킨다. 그리하여 송순은 「詠鷗」에서 그저 강해 위에 다만 갈매기로

____

81) 홍대식, 전정판『심리학개론』, 서울, 박영사, 1988, 513~516 쪽.

있을 뿐인 자신의 모습을 하나의 이상적인 상태로 그리워하게 된다. 그것은 모래가 희니 갈매기 몸 또한 희고 물이 맑고 푸르니 갈매기 마음도 맑고 푸른 것처럼 자신도 어지러운 정계를 떠나 한 마리 갈매기로 산수간에 노닐면 순백의 갈매기처럼 청정하게 修己를 이룰 수 있으리라는 기대이기도 하였다.

그러나 양면감정적 태도 중 負的인 목표, 즉 처사적 삶의 방식을 택했을 경우 임금의 은총과 부귀공명에서 멀어진다는 바람직하지 못한 목표에 접근하게 되므로 「啄木歎」에서처럼 다시 기러기와 갈매기는 '회피' 반응으로 드러나게 된다.

啄木歎   탁목탄

千年喬木大蔽牛	천 년 된 나무 황소를 가리도록 자라서
根深九泉杖擎天	구천에 뿌리 깊어 하늘을 받치었네
一朝慘慘少生意	하루 아침에 생기마저 삭아지나
鄕里尋常皆莫憐	마을의 그 누구도 불쌍하다 안 하네
老夫爲惜棟樑材	대들보감 아끼는 늙은이 있어
撫摩終日心悁悁	진종일 어루만지며 마음 아파한다
有鳥急從何處來	어디선가 급히 날아온 새 한 마리
剝剝啄啄鳴其顚	벗기고 쪼며 찍으면서 울어댄다
喙有長兮爪爲利	부리는 길고 발톱은 날카로와
腹心老蠹期盡穿	벌레 모조리 잡아먹으려는 듯
南枝北枝復西枝	이 가지 저 가지 가지가지마다
干瘡深避力愈微	벌레는 깊이 숨고 딱따구리는 나른해져
只見殷血流口邊	오직 얼룩진 피만 입가에서 흘러내린다.
水有鴻鴈山有鳩	물에는 기러기 산에는 비둘기
飮啄不過譜自便	삼키고 쪼고 제 편하기만 꾀할 뿐
精衛塡海爲報讐	정위새는 바다 메워 원수를 갚고
杜鵑啼血悲國遷	두견은 피눈물로 망한 나라 슬퍼한다.

千尋枯木本無情	천 길의 마른 나무 본시 정이 없으니
損身除害抑何緣	몸을 망치며 해충 잡음 무슨 인연이런가
喙傷爪脫羽亦殘	부리는 상하고 발톱은 빠지고 날개도 낡아
耐死效誠誰汝賢	죽도록 충성 보인대도 뉘라서 어질다 하리
古今人事盡如此	예로부터 세상일 다 이와 같다니
吁嗟汝身何獨然	어즈버, 너의 몸만 그렇겠는가.

<俛仰集 卷一·二十五>

　천 년이나 된 줄기가 굳고 굵으며 황소를 가리도록 높이 자란 큰 나무, 구천에 뿌리가 깊어 하늘을 받친 천 년 교목이 하루 아침에 생기마저 삭아졌다. 유응부의 시조 '간 밤의 부던 바람에 눈서리 치단 말가/낙락장송이 다 기우러 가노매라/하믈며 못다 핀 곳이야 닐러 무삼하리오'의 낙락장송이 하루아침에 생기를 잃는 급박한 상황이 벌어진다. 나무가 있는 그 마을에서는 아무도 불쌍하게 여기는 사람도 없이 심상한데 대들보감 아끼는 늙은이만이 진종일 나무를 어루만지며 마음 아파한다. 늙은이는 한 나라를 떠받칠 만한 인재를 아끼는 사람이다. 그러나 그에게서 대들보감인 나무를 되살리려는 노력을 기대할 수는 없다. 그는 이미 늙었고 그런 노력을 기울일 기력이나 능력이 없다. 늙은이는 진종일 생기마저 삭아진 대들보감을 어루만지며 안타까워할 뿐이다. 이런 상황에서 안타까워하는 늙은이의 충정이 통했는지 어디선가 새 한 마리가 급히 날아온다. 급히 날아 온 딱따구리는 시에 긴장을 고조시키면서 하루 아침에 나무의 생기를 잃게 한 벌레와의 대결을 벌인다. 딱따구리는 小輩로 비유된 벌레를 잡으려는 운명의 새로 원수를 갚으려고 바다를 메우는 정위새나 피눈물로 망한 촉나라를 슬퍼하는 두견과 같은 충정의 존재로 부리도 길고 발톱도 날카로운 유능한 인물이다. 그러나 나무 가지마다 깊숙이 파고 든 벌레를 잡아 나무를 살리려고 심혈을 기울이지만 벌레는 잡히지 않은 채 부리는 상하고 발톱은 빠지고 날개도 낡는다. 결국 지쳐서 얼룩진 피만 입가에서 흘러내린다. 죽도록 충성해도

어질다고 할 사람도 없다.

딱따구리가 하루아침에 나무에 생기를 삭아지게 한 해충을 모조리 잡아 먹으려 하자 벌레들은 나무 깊숙이 숨어 버려 딱따구리가 나무에 천 구멍 만 구멍을 뚫고 입가에 피를 흘리며 잡으려 해도 소용이 없다.

여기서 딱따구리의 공격은 기러기와 갈매기에게로 '轉位' 된다. 기러기와 갈매기는 급박한 세상 형편은 아랑곳하지 않고 저 편하기만 도모하며 무위 도식하는 무능한 선비로 평화롭게 삶을 즐기는 존재다. 긴 부리와 날카로운 발톱을 가진 딱따구리가 벌레를 잡으려고 이 가지 저 가지로 날아다니며 벗기고 쪼며 찍으면서 울어대는 동안 기러기와 갈매기는 산수간에서 노닐 며 제 몸 보신과 안위만 꾀한다. 딱따구리가 아무리 애를 써도 벌레는 잡히 지 않고 생기마저 잃은 나무는 그나마 천 구멍 만 구멍 만신창이가 되어 거죽은 남아 있지조차 않다. 더 이상의 직접적 공격은 나무의 존재마저 흔들 리게 하는 결과를 가져오게 될 지경이다. 결국 이러한 상황은 좌절원인 벌레 에 대해 직접적 공격을 막고 비둘기나 갈매기 같은 약자에 대한 공격으로 전위되면서, 비둘기나 갈매기를 바다를 메워서 원수를 갚는 정위새나 망국 의 한을 품고 죽었기에 그 영혼이 화해 새가 되어서도 피울음으로 망국을 슬퍼하는 두견새와 대비한다.

여기서는 물론 비둘기나 갈매기 같은 제 편하기만 꾀하는 무리에 대한 심각한 공격이나 증오는 나타나지 않는데 그것은 시의 다음 단계에 전개되 는 '무감각'과 관련된다.

공격적 폭발에 실패를 맛본 경우 그 후에 좌절 상황에 당면했을 때는 '무감각과 퇴각'에 의존하게 된다. 많은 종류의 조절 불가능하거나 해결 불가능한 일들은 그 후의 문제들에 대한 생체의 대응 능력을 약화시키며 한 상황에서 학습된 '無力'은 다른 상황으로 일반화된다.

시에서는 천 길의 마른 나무는 본시 정이 없으니 몸을 망쳐가며 해충을 잡는 것이 무슨 인연이냐는 것이다. 긴 부리는 상하고 날카롭던 발톱은 빠지고 날개마저 낡을 만큼 죽도록 충성을 다했어도 소용이 없다. 충성의 대상인 마른 나무가 정이 없으니 누가 어질다고 할 것이며 공격의 대상인 벌레는 나무가 정이 없으니 누가 어질다고 할 것이며 공격의 대상인 벌레는 나무 속에서 여전히 안주하며 기생하고 있으니 피 흘리며 애쓴 보람도 없이 **딱따구리**는 좌절할 수밖에 없다. 시의 마무리에서 서술자는 예로부터 세상일이 다 이와 같았으니 너의 몸만 그렇겠느냐면서 딱따구리에 대한 연민과 더불어 '무감각'을 일반화하고 만다.

그것은 무오사화, 갑자사화, 기묘사화로 이어지는 선비들의 수난을 통해 '학습된 무감각'이다. 세상일이란 다 그런 것이라는 '무감각의 일반화'를 통해서 송순은 딱따구리와 나무와의 관계를 운명적 인연으로 파악하고 딱따구리와 자기의 동일시를 통해 자기 위안과 연민을 얻는다. 딱따구리에 대한 동일시 내지는 동류 의식, 세상일에 아랑곳하지 않고 제 몸의 안일만 꾀하는 갈매기와 비둘기에 대해 비판을 하면서도 미워하지 않는 해학, 심지어 나무에 기생하여 나무의 생기를 없애는 벌레까지도 운명적 인연이나 시대의 한계로 포용하는 태도, 그러면서도 「田家怨」·「聞隣家哭」·「聞丐歌」 등에 나타나듯 그의 청·장년기를 통해 보여 주는 철저한 현실의식과「啄木歎」「傷春歌」 등에서 보이는 총체적이고 통시적인 상황 판단 등은 成守琛이 온 세상의 선비가 모두 송순의 문으로 모여 들었다[82]고 감탄했을 만큼 수 많은 선후배·친구 선비들과 교유를 가능하게 했다. 송순은 申光漢·朴誾·成守琛·李晃·金麟厚·盧禛·朴淳·奇大升·高敬命·鄭澈·林悌·周世鵬·趙士秀·鄭惟吉·尹구·柳成春·李安訥 등 당시의 기라성같은 숱한 선비들과 깊이 있는 교유를 나누었다. 송순이 과거에 급제한 지 60년이 되던 해의 회방연 때는 정철·고경명··임제 등이 함께 송순이 탄 竹輿를 멘 일이 유명한 일화로 남았을 정도였다.

---

82) 俛仰先生文集 卷五. 附錄.

「啄木歎」 이후 그의 시에는 면앙정을 중심으로 하는 작품들83)이 많이 발견되는데 이것은 그가 다시 처사적 삶의 목표에 '접근반응'을 일으키는 모습이다. 「啄木歎」에 나타나는 '일반화된 무감각'은 을사사화를 풍자한 시 「傷春歌」에로 이어진다.

慨世歌(傷春歌)84)

곳이 진다ᄒ고 새들아 슬허 마라
ᄇ람에 훗눌리니 곳의 탓 아니로다
가노라 희짓는 봄을 새와 무슴 ᄒ리오.

<六堂本 靑丘永言>

이 시를 쓴 1545 년(중종 40년)은 宋純 개인에게나 사림파 선비들에게나 불행한 해였다. 그 이태 전(1543 년)에 송순은 질병으로 자리를 옮기어 漢城府右尹이 되었으나 얼마 후 모부인의 봉양을 위해 광주 목사로 나간다. 趙光祖 雪寃이 실패로 돌아 간 1544년 12월에는 어머니상을 당하여 이듬해 2월에 장사 지내고 호곡하며 묘를 지켜 잠시도 떠나지 않았다. 이 시를 쓴 1545년은 어머니를 여읜 슬픔이 채 가시기도 전이다. 송순은 사림파의 무참한 패배를 탄식하여 이 노래를 지어 읊었는데, 歌童이 어느 잔치 자리에 나아가 이 노래를 불렀더니 陳復昌이 자리에 있다가 문득 의아히 여겨 '이는 필시 비방하는 노래이거늘 누가 지었는지 알 수 없다' 고 했지만 가동은

---

83) 俛仰亭 雜歌二首, 1533(中完 28)年, 41歲, 俛仰亭短歌 七首中 一首.
　　次俛仰亭韻二首, 1538(중종 33)年, 46歲, 次俛仰亭韻二首, 1540(중종 35)年, 48歲.
　　俛仰亭題詠, 1549(명종 4)年, 57세.
　　俛仰亭歌, 復次俛仰亭韻 3 首, 1552(명종 7)年, 60세.
　　俛仰亭短歌 7 首 中 5 首.
　　俛仰亭贊, 1580(선조 13)年, 88세.
84) 六堂本 靑丘永言, 면앙집 권 5 연보 53세 조에는 한역가로 전함.

아뢰기를 꺼려하였고 복창 또한 심하게 추궁하지는 않아 화를 면할 수 있었다. 그러나 송순은 복창의 면전에서 그를 小人이라고 기롱하였고, 일찍이 私語로 元衡이 복창을 하수인으로 삼아 사림을 크게 짓밟았으니 그 복록을 누림이 얼마나 되겠느냐고 한 말이 원형의 귀에 들어갔으나 마침 좌천되어 외적에 있었으므로 참화를 면하기도 하였다. 송순은 또 具壽聃이 복창과 좋게 지내는 것을 꾸짖었다. 송순의 꾸짖음을 들은 구수담은 복창과 소원해지게 되는데 이 일을 빌미로 송순은 복창의 의심과 원망을 사게 되었다. 복창은 李芑와 도모하여 대간 李無彊을 부추겨 당시 명종의 수렴청정을 하던 문정왕후의 주렴 앞에서 송순을, 수담과 체결하여 異議를 멋대로 제기하는 邪黨으로 조정에 두는 것이 마땅치 않은 인물이라고 배척한다.

송순과 오랜 친구였던 대사헌 宋世珩이 誣啓가 일어남을 듣고 편지로 송순이 領奸(李芑)에게 미움을 당했고 惡物(李無彊)에게 거슬렸음을 알리며 여행을 조심할 것을 당부했지만 송순은 대장부의 일에 어찌 숨길 것이 있겠느냐며 진정 죄가 있다면 斧鉞도 달게 받겠지만 그렇지 않다면 희비를 남들이 모두 함께 볼 것이라 하여 조금도 동요됨이 없었고 흉금이 스스로 환하였다. 그 때 함께 자리에 있던 金百匀은 바른 사람이 아니었지만 오히려 속이지 않음으로써 감동을 받았고 무강 또한 뒤이어 듣고 감복하였으며 송순이 '險夷를 한결같이 보기에 心中이 洞然한 군자'라고 하면서 '그가 귀양가던 때를 당해서는 모두 탄식하여 비록 살갖을 떼어 준다 해도 한 점 아까울 것이 없는 듯하였으니 괴이하다'고 사람들을 만날 때마다 칭송하였다.

송순은 처음 충청도 舒川으로 유배되었으나 南鄉에 가깝다고 평안도 順川으로 옮겨졌다가 다음 해 여름 감형되어 水原으로 옮겨졌다가 겨울에 풀려났다.

꽃이 진다고 새들아 슬퍼 마라. 바람에 흩날리니 꽃의 탓 아니로다. 가노라 희짓는 봄을 새워 무엇하겠는가.

우리말을 부려쓰는 솜씨가 빼어남을 보여 주는 시는 꽃·새·바람과 봄의 상관 관계를 통해서 상처 입은 봄의 아픔을 절실하게 표현하여 그 형상화의 능력이 뛰어남을 실감케 하는 데 손색이 없다. 짙은 한숨이 배어 있으면서도 달관의 경지에 가까운 체념과 아이러니를 통한 연민과 한탄의 표현은 이 시의 기법 또한 범상치 않음을 알 수 있게 한다.

꽃이 을사사화로 희생되는 선비라면 새는 그 선비를 아끼며 선비들의 희생을 슬퍼하는 존재다. 그러나 꽃이 활짝 피어 더 오랫동안 그 아름다움을 빛내며 세상을 밝고 즐겁게 해 주지 않는 것은 꽃의 탓이 아니다. 꽃은 다만 바람에 흩날리는 것뿐이다. 시대의 흐름과 대세가 그러니 꽃이 떨어지기 싫어도 어쩌겠느냐. 꽃샘바람에 꽃이 지는 것은 봄이 가느라고 그러는 것이다. 가느라고 희짓는, 몸부림하는 이 어수선한 세태를 새워서 무엇하겠느냐. 남의 일에 방해를 하는 봄은 자연의 섭리대로 지나가 버리고 破邪顯正의 날이 오리라는 기대와 염원을 뜻한다고도 할 수 있지만, 봄의 영화는 꽃과 더불어서만 존재한다고 할 때, 바람으로 꽃을 흩날리고 지게 하는 봄의 시샘은 스스로 멸망을 자초하는 행위로 서술자의 연민을 불러일으킨다. 이러한 연민 속에 깔려 있는 현실에 대한 체념은 여러 번의 좌절을 통해 '학습된 무감각'을 송순의 자아를 피투성이가 되도록 벌레를 잡으려는 딱따구리에서 꽃이 지는 것을 슬퍼하고 한탄하는 새로 변모하게 하는 원인이 되는 것이다.

그러다가 송순은 결국 놓여나 옛 산에 나무 나무로 날아다니며 지저귀면서 남을 생을 생긴 대로 사는 새의 삶을 선택하고 싶어한다.

放二鳥　　　　두 마리 새를 놓아 줌

誰人傾耳解悲聲　　　누가 귀 기울여 슬픈 소리를 이해하리
一手能開萬里情　　　손 한 번에 열려져 만 리를 날 것을
放去舊山移樹樹　　　놓여나 옛 산에 나무 나무로 날아다니며
飛鳴分信有餘生　　　지저귀며 남을 생을 생긴 대로 살리라.

<俛仰集 卷三·九>

이러한 노장적 무위자연한 삶은 송순이 몸담고 있는 정계에 있는 것이
아니라 옛 산, 즉 그가 동경해 오던 자연 속에 있었다. 처사적 삶의 방식은
다시 송순에게 '접근반응'을 일으켜 이후 이 '접근반응'은 다시 '회피반응'
으로 물러나지 않고 계속되다가 결국「잘새가」에 이르게 되며 송순은 77세
로 벼슬에서 물러나 풍류로 자적하며 지낸다.

이 때는 이미 거의 50 년에 이르는 긴 정계 생활을 누린 후로 목표에
대한 양면감정적 태도는 지양되고 '접근—회피 반응' 사이의 갈등도 사라지
게 된다. 송순은 시대 현실에 대한 심각한 성찰과 고민에서 물러나 행복한
늙은이로 여생을 누리면서 저녁이 되면 한 마리 잘새가 되어 제 보금자리로
날아드는 것이다.

잘새가 〔宿鳥歌〕

잘스 │는 ᄂ라들고 새 둘은 도다온다.
외나모 ᄃ리예 혼자 가ᄂ 뎌 듕아
네 뎔이 언마나 ᄒ관ᄃ │ 북소ᄅ │ 들리ᄂ니
<歌曲源流>
잘새ᄂ 플플 把淸樓로 희도라 들고 새둘은 漸漸新雪樓로 ᄃ가올
제 나무 ᄃ리에 홀로 가ᄂ 즁아즁아
네 절이 언마나 ᄒ관ᄃ │ 遠鍾聲만 들리ᄂ니
<槿花樂府>

宿鳥兮飛入	新月兮漸昇
實獨木兮橋上	獨去兮彼僧
爾寺兮何許	遠鐘聲兮入聆

<俛仰集 卷四>

저물녘이다. 잘새는 날아들고, 새 달은 돋아오는 시간, 저녁 어스름 속
달빛을 등지고 중이 혼자 외나무다리를 건너가고 있다. 멀리서 절의 종소리

가 들려 오고 중의 모습은 점점 원경으로 멀어져 간다.

저녁의 고요가 멀어져 가는 중의 모습과 함께 禪的 분위기를 자아내는 시다. 달빛 속으로 은은히 들려오는 저녁 종소리와 그 종소리를 따라서 외나무다리를 건너 잘새가 보금자리를 찾아 날아들 듯이 절로 돌아가고 있는 중의 모습이 눈에 보일 듯 생생하다.

혼자 가고 있는 중과 절과의 사이에 놓여 있는 距離가 가깝게 좁혀질수록 시의 화면에서 중의 모습은 점점 멀어져 간다. 그 모습은 시간이 갈수록 작아지다가 시의 화면 속으로 사라질 것이다.

보금자리를 찾아 날아드는 잘새의 하강 이미지와 새로 돋아오는 달의 상승 이미지가 교차하는 곳에 외나무다리의 수평 이미지가 있고 이 수평 이미지 위에 절의 종소리를 따라 외나무다리를 홀로 건너는 중의 점강적 이미지가 놓인다. 외나무다리를 건너는 중의 이미지는 「奉和息影亭 林石川 二十詠」 중의 '斷橋歸僧'85)에도 보인다.

보금자리를 찾아 날아드는 잘새와 새로 돋아오는 달은 낮과 밤이 교차하는 시간적 배경을, 저녁 어스름 속에 은은히 퍼지는 달빛과 멀리서 들려오는 종소리는 시의 禪的 분위기를, 외나무다리를 홀로 걸어가는 것은 인생의 고독 또는 오직 한 길만을 걸어 왔음을, 멀리서 들려 오는 종소리를 따라 그 위로 홀로 건너가고 있는 중은 잘새의 이미지를 강조하며 드러내는 歸巢의 모습을 나타낸다. 낮 동안의 활동을 마치고 중이 돌아갈 절은 인생의 목적지 내지는 종착지, 정계에서의 활동을 끝내고 돌아갈 세계다.

송순은 홀로 돌아가야 할 시간이 되었음을 깨닫는다. 돌아가야 할 그곳은 정신적 안식처이며 무위자연한 삶을 누릴 수 있는 무심무욕의 자연이거나 송순의 뇌리 속에서 떠나지 않던 仙界로서 이상향의 모습으로 있는 곳이다. 그러나 그 곳은 궁극적으로 평화로운 적막이 있는 곳, 영원한 안식의 죽음이

---

85)「斷橋歸僧」, 危橋人不到/惟見一僧歸/路指雲深處/林端已夕暉。

기다리는 삶의 종말이 있는 곳이기도 하다.

　조선 시대의 불교는 정치적 탄압에 의해 위축된 수난의 불교였다. 그럼에도 불구하고 이 시대 민중들에게는 불교가 유일한 종교적 위안과 용기를 주면서 전통 종교로서의 명맥을 꾸준히 이어 오고 있었다. 송순은 유교를 기본으로 하는 유학자였으나 그가 노장과 불교사상을 수용하고 있음은 앞서 살펴본 바, 그와 승려와의 교유는 작품86)에도 나타나고 있다.

　이 시대 불교는 이중 내지는 삼중 구조를 이루고 있었다. 위정자들에게는 정치적인 척불과 신앙심에 의한 信佛이 갈등을 일으키고 있었다. 세종 및 세조의 경우와 계속된 왕실 비빈들의 불교 신앙과 이를 규탄하던 유신들과의 갈등이 그것이다. 승려들의 모습 또한 여러 가지로 나타났다. 왕실의 비호를 받거나 유자들과 교유하던 고승이 있었는가 하면, 갖가지 잡역에 시달려야 했던 천인에 속하는 승려가 있었고 일반 민중과 부단히 접촉하던 緣化僧이 있었다. 위정자 및 유생들에게 핍박과 시달림을 받으며, 종이 · 기름 · 신 등을 만들어 관가에 바치는 등의 잡역에 종사하면서 천인의 대접을 받고 살던 것이 대부분 승려의 모습이었다. 이들은 대개 기를 들고 법고 · 꽹과리 · 징 등을 울리면서 마을을 방문, 염불로 기복권선하면서 민중을 교화하였다. 이처럼 募緣을 방편으로 삼아 대중 교화를 펴던 연화승은 이 시대 불교의 특징적인 모습이기도 했다.

　시는 ‘뎌 듕아’ ‘네 절’ 등에서 보는 것처럼 승려의 사회적 지위가 평민에 비해 높지 않았음을 알 수 있으며, 여기 나오는 승려는 왕실의 비호를 받으며 유자들과 교유하던 고승은 아니다. 하루치의 노역을 끝내고 제 절로 돌아가는 낮은 신분의 승려다.

　국가에 의한 불교의 억압과 정비책은 왕권을 확립하고 재정 및 인력을 확보하기 위한 현실적이고 정치적인 요구에 의해 수행되었으며 조선 왕조

---

86)「又次山僧詩軸韻」「次山僧詩軸韻二首」「場嚴亭贈隣鄕僧」「隣僧智泉袖一軸開示南西溪0首 두題一律」「題智異山僧詩軸」등.

의 전시대를 통하여 억불책은 변함이 없었다. 특히 15세기 후반부터 16세기 전반에 걸쳐 불교는 암흑기를 맞게 되었다. 연산군의 불교 탄압은 원각사를 妓房으로 만들 정도였다.

명종대의 섭정 문정왕후와 그를 돕던 普雨에 의해 불교계는 다시 부흥의 계기를 맞았다. 유생들의 반대에도 불구하고 선·교 양종이 부활되고 度僧法과 僧科制가 시행되었다. 이 때의 승과에 의해 西山·四冥같은 고승이 배출될 수 있었다. 그러나 문정왕후와 보우가 죽자 불교계에는 다시 어둠이 찾아 들었다.

명종 20년 (1465년) 4월에 문정왕후가 죽자 5월에 보우의 선종판사직을 깎아 내리고 6월에 제주도에 유배, 제주 목사가 장살하며 12월 윤원형이 죽고 을사 이후에 죄인이 된 사람을 놓아주게 된다.

이렇듯 조선시대의 불교 정책에는 시대적인 굴곡이 있었으나 억불의 방침은 계속되어 사원은 점차 무력한 존재가 되고 승려는 천민화하게 되었다. 이리하여 주자학적 정치사상은 조선왕조 정치사회의 정통사상으로 정착되어 갔다.

선조가 즉위한 해(1568년)에는 조광조에게 영의정을 추증하며 이후 선조는 이황, 이이 등 사림을 등용하여 본격적인 사림의 시대가 열린다.

이황, 이이를 위시한 많은 사림 출신을 정계에 등용시키게 되는 이 시기에 와서 조선의 주자학은 학문상만이 아니라 일시적 통치수단과 결합되어 명실상부하게 조선조의 지배이념으로 정착하게 된다.

송순이「未練歌(致仕歌)」3 편과 새로 등극한 임금에게 올리는「致仕時勉聖學箚奏」[87]를 남기고 선조 2 년(1569년) 정계에서 물러난 것은 바로 이러한 시대적 분위기 속에서 이루어진 일이다.「致仕時勉聖學箚奏」는 유학의 실천적 목적인 修己安人을 역설한 글로 修己治人의 바탕을 敬에 두어야

---

87) 俛仰先生續集.

한다고 강조하고 있다. 자신이 五倫歌를 지어 백성 교화에 힘쓴 것처럼 임금께 聖學을 권면하는 바, 敬은 修己를 위한 공부에도 주장을 삼을 만한 것이며 만세에 위정의 요령이 된다고 하여 정통 사림파 선비답게, 우·탕·문왕의 憂勤惕厲를 본받고 성학의 처음과 끝인 경을 다스림의 본으로 삼을 것을 지성으로 간하고 있다.

　그러나 오랜 경륜을 쌓아 나라 안의 실정과 백성들의 고초를 잘 파악하고 있으며 더 이상의 영욕에 구애받지 않아도 될 노재상으로서 민생의 안정이나 국방 등의 현실 문제에 대한 구체적 언급 없이 유학자로서의 원론적인 이야기만 되풀이한 것은 신하가 된 자들은 사람을 논하면 왕안석의 화가 있을 것을 두려워하고 자신을 청결하게 가지면 기묘의 화가 있을 것을 두려워하여 감히 경장의 설을 주장하지 않는[88] 상황속에서 당시 사회의 부패와 모순을 개혁하려는 의지보다는 물러나 조용히 살고 싶다는 靜寂主義가 우세했던 결과라고 하겠다.

　37세 때의 송순은 물에 잠긴 줄진 기러기떼 그림자가 계절의 흥취를 일깨우는 가을에 탁 터진 푸른 하늘을 높이 날아오르던 새였다가 자신의 뜻을 알아주는 듯하던 모래밭의 사랑스런 갈매기들, 湖南에서 처음 인연을 맺은 갈매기들도 저버리고 티끌 같은 세상에 자신의 길이 선배에 부끄러워, 떠나는 기러기 울음에 근심을 보내며 저녁나절 가지에 의지하는 지친 새[89]가 되었다. 그리하여 때때로 울며 숲에 드는 저녁 새[90]로, 어쩌자고 잠도 안자는 갈매기로[91], 바장이며 고민하는 세월을 보냈다. 그러다가 면앙정을 지은 41세 때는 벼슬길에서 놓여나 다만 갈매기와 맺어지길 바라며[92], 벗을

---

88) 栗谷全書 卷五,「萬言封事」, 爲臣者論人則恐有王安石之患 自愛則恐有己卯之 敗莫敢以
　　更張爲設。

89) 俛仰集 卷一·二十九,「次杜子美秋興八首」.

90) 俛仰集 卷一·三十,「次杜子美秋盡韻」.

91) 俛仰集 卷一·一,「次李太白愁陽春賦」.

잃고 혼자 울어 예는 새[93]일 뿐이었다.

때로는 피리소리를 싣고 까만 하늘 한복판을 나는 학을 꿈꾸었지만[94], 바람에 흩날리며 떨어지는 꽃을 슬퍼하여 울다가[95] 근심을 일깨우며 우는 새의 울음은 무단히, 괜시리 우는[96] 것으로 파악하기에 이른다. 결국 송순은 이러한 과정을 끝내고 울음을 그치며 한 마리 잘새를 보금자리에 깃들게 된다.

훈구파와 사림파의 모순을 배경으로 사림파가 훈구파의 학정에 반대한다는 명분을 내세우고 자기들의 이상 정치를 통해 세력강화를 이루는 준거 이론으로 주자학을 활용하였는 바, 사림하의 일원으로 주자학을 그 철학의 바탕으로 한 송순의 이러한 자아 변모 과정은 2 장에서 살펴 본 사림파와 주자학이 가지는 한계가 바로 송순에게도 적용된다는 사실을 가리키는 것이다.

그는 치사 이후에도 젊은이 못지 않은 기력을 유지하며 한가롭게 지냈다. 그런데도 그 시기에 이렇다 할 작품이 없는 것은 그는 이미 접근—회피 갈등을 끝내고 목표에 도달해서 詩作에 대한 내적 욕구를 느끼지 못했던 것 같다. 그는 김시습·서경덕·이율곡처럼 가난하지도 않았고 임제나 허균 같은 반항아도 아니었으며 박지원처럼 너무 늦게 등용된 인물도 아니었다.

그는 임금의 은총과 다복한 가정, 독서를 하는 여가를 음률과 바둑 등을 즐길 수 있는 경제적 부와 시간적 여유, 말타기와 활쏘기로 단련한 젊은이 못지 않았다는 체력, 그리고 평소부터 교유의 범위가 넓어 노년기의 외로움

---

92) 俛仰集 卷一·三十二,「俛仰亭」.

93) 俛仰集 卷四, 槿花樂府,「솔꿎희 도는 돌이~」.

94) 俛仰集 卷一·三十三,「次俛仰亭韻二首」.

95) 俛仰集 卷四,「傷春歌」.

96) 俛仰集 卷一·三十二,「次俛仰亭韻二首」.
   俛仰集續集,「俛仰亭歌」.

을 느낄 새 없이 찾아오는 사람들, 이러한 여건들을 고루 갖춘 여생을 보낼 수 있었다. 행복한 늙은이였다.

「잘새가」를 끝으로 그의 작품에는 '새'가 등장하지 않는다.

송순은 중이 종소리 들려오는 제 절로 돌아간 뒤 새로 돋는 달빛만 가득한 적막강산 속에 날아든 한 마리 잘새가 된다. 면앙정을 굽돌아 흐르는 물처럼 유유히 여생을 누리기 위해 일찍부터 꿈꾸어 왔던 처사적 삶의 터전에 깃드는 것이다.

Ⅵ. 結 論

송순의 문학세계는 수기치인의 주자학적 학문을 바탕으로 한 사림문학으로 드러나는 바, 그는 훈구파와 사림파로 양분되어 있던 조선 전기의 학풍 속에서 사림파의 학통을 이어받은 조광조의 제자 박상에게서 배워 학문을 이룩했다.

주자학을 바탕으로 한 조선조의 체제 한계가 드러나기 시작하는 15세기 말 16세기 초부터 수기치인을 본령으로 하는 성리학이 주목되기 시작하면서 왕도 정치의 구현을 실현하고자 하는 혁신적 사림파가 진출하게 되고, 사림파의 진출이 기존의 훈구파와 정권 쟁취를 둘러싸고 갈등을 일으켜 사화와 반정으로 이어지는 과정에서, 주자학은 정권쟁탈의 매개물로 이용되었을 뿐 백성의 생활안정 및 민족보위에는 기여하지 못하는 한계를 노출한다.

송순은 피화 세력인 사림파의 한 사람으로 사화를 풍자하고, 가렴주구에 시달리며 유리걸식하다 죽어 가는 백성의 참상을 그려 철저한 현실 의식을 드러내는 시, 임금에 대한 충성과 강호가도를 구가하는 시들을 썼다.

그의 시들은 빼어난 우리말 구사력, 문학적 형상력과 더불어 자연을 배경으로 한 아름다운 서정으로 하여 호남가단 형성의 계기를 이루고 강호가도의 선구로서 조선 전기 시가사에서 유일한 대가로 평가되기에 손색이 없다.

또한 그가 초기에 철저한 현실 인식이 드러나는 시를 쓸 수 있었던 것은 주자학적 정치 사상이 수정되는 두 가지 방향, 즉 노장과 불교사상 등 타가 사상 수용과 도학적 수정론 중 앞의 노장학적 개조론과 이기일원론의 사상을 가지고 있었기 때문이다.

그러나, 사림파가 정치권력의 주도권을 잡게 되는 후기로 가면서, 그의 문학은 처사적 풍류의 세계로 굴절되어 가는 바, 이것은 그의 후기시가 대체로 사대부들이 여기로 즐겼던 우리말 노래라는 점에서도 연유하지만, 사림파가 지니는 한계가 그의 문학 작품에 그대로 드러나기 때문인 것으로 보인다.

그의 초기 시의 일부에서 보여지던 철저한 현실 인식이 처사적 풍류의 세계로 굴절된 결과 그의 후기 시의 대부분이 외우내환으로 어지러운 시대 현실을 외면하고 지배계층의 안이한 현실 의식에 머물러 아름다운 자연 속에서 태평성대를 구가하며 임금의 은혜를 찬양하는 강호가도로 나아가게 된다. 그것은, 그의 시에 자주 등장하는 '새'의 심상을 분석해 본 결과, 여러 번의 사화 등 사회적 좌절 상황에서 그의 자아의식이 학습된 무기력으로의 굴절을 통해, 사회 현실에 대처하는 대응 방식에서도 현실과 대결하기보다는 박제화된 이상 공간으로 안주하려는 사회적 자아로 이월되기 때문이라 사료된다.

≪참고문헌≫

1. 자 료

면앙집

면앙선생집

청구영언

해동가요

가곡원류

근화악부

2. 저 서

『시경』, 서울. 대중문화사, 1976.

유협,『문심조룡』, 최신호 역주, 현암사, 1975.

전형대 · 정요일 · 최웅 · 정대림 공저,『한국고전시학사』,서울,홍성사,1980.

황견 편,『고문진보』, 최인욱 역, 서울, 을유문화사, 1975.

아리스토텔레스,『시학 · 정치학』, 나종일 · 천병희 역, 서울, 三省출판사, 1985.

최동호 편역,『시의 해석』,서울, 새문사, 1985.

조윤제,『한국문학사』,서울, 탐구당, 1987.

이병기 · 백철 공저,『국문학전사』, 서울, 신구문화사, 1972.

장덕순,『한국문학사』, 서울. 동화문화사, 1987.

조동일,『한국문학통사』, 서울, 지식산업사, 1983.

정병욱,『고전시가론』, 서울, 신구문화사, 1977.

조윤제,『한국시가사강』, 서울, 을유문화사, 1960.

김동욱,『한국가요의 연구』, 서울, 선명문화사, 1974.

이능우,『고시가논고』, 서울, 숙대출판부, 1983.

이상보,『한국 고시가의 연구』, 서울, 형설출판사, 1975.

김사엽,『이조시대의 가요연구』, 서울, 학원사, 1952.

박을수,『한국시조문학전사, 서울, 성문각, 1978.

이태극, 『시조의 사적 연구』, 서울, 선명문화사, 1974.

심재완, 『역대시조전서』, 서울, 흥인문화사, 1972.

전규태, 『논주 시조』, 서울, 정음사, 1984.

이병기, 『시조 개론』, 서울, 글벗사, 1972.

조규설·박철히 공편, 『시조론』, 서울, 일조각, 1984.

최동원, 『고시조론』, 서울, 삼영사, 1980.

임종찬, 『시조문학의 본질』, 서울, 대방출판사, 1986.

국어국문학회 편, 『시조문학연구』, 서울, 정음사, 1980.

국어국문학회 편, 『가사선』, 서울, 대제각, 1982.

이능우, 『가사 문학론』, 서울, 일지사, 1987.

서원섭, 『사가문학연구』, 서울, 형설출판사, 1978.

국어국문학회 편, 『가사문학연구』, 서울, 정음사, 1979.

이상보, 『한국가사문학의 연구』, 서울, 형설출판사, 1974.

정재호, 『가사문학론』, 서울, 집문당, 1982.

임기중, 『조선조의 가사』, 서울, 성문각, 1979.

정익섭, 『호남가단 연구』, 서울, 진명문화사, 1977.

이종건, 『면앙정 송순 연구』, 서울, 개문사, 1982.

정약용, 『다산 시선』, 송재소 역, 서울, 창작과 비평사, 1988.

원용문, 『윤선도 문학 연구』, 서울, 국학자료원, 1989.

『중종실록』, 서울, 민족문화문고 간행회, 1986.

『명종실록』, 서울, 민족문화문고 간행회, 1986.

박 상, 『눌재집』.

정 조, 『홍재전서』.

『대동야승』, 서울, 민족문화문고 간행회, 1982.

이긍익, 『연려실기술』, 서울, 민족문화문고 간행회, 1982.

허 목, 『미수기언』, 서울, 민족문화문고 간행회, 1982.

이 이, 『율곡집』, 서울, 민족문화문고 간행회, 1985.

박성의, 『한국문학 배경 연구 상·하』, 서울, 선명문화사, 1973.

이상섭, 『문학비평용어사전』, 서울, 민음사, 1984.

국사편찬위원회 편, 『한국사』11·12, 서울, 탐구당, 1984.

국제문화재단 편,『한국의 사상』, 서울, 시사영어사, 1985.

한국정치외교사학회 편,『조선조 정치 사상 연구』, 한국정치외교사학회 논총 제4
　　　집, 서울, 평민사, 1987.

장병림,『이상성격심리학』, 서울, 박영사, 1982.

Atkinson, Atkison, Hilgard, 홍대식 역,『심리학개론』, 서울, 박영사, 1988.

이홍식 편,『새국사사전』, 서울, 교학사, 1985.

3. 논 문

이재수,「면앙정 송순—그의 문학 시고」, 사상계, 제 73호, 1959.

정재호,「면앙정가와 성산별곡의 비교 연구」, 현대문학, 151호, 1967.

신동엽,「시가상으로 본 면앙정과 정송강과의 관계」, 한글 13 권 4 호.

김기도,「송순의 시가 연구」, 원광대 교육대학원, 석사학위논문, 1984.

정익섭,「가사와 풍류고」, 동악어문학회, 동악어문집 제17편 이동림박사 환력기념
　　　특집호, 1983.

서원섭,「시조문학사의 시대구분고」, 남광우박사 화갑기념논총, 1980.

최동국,「고시조의 성격과 변모 과정」, 시조학 논총, 창간호.

민 제,「시조의 형식과 운율고」, 서라벌 1, 1975.

김진국,「시조문학의 형이상학성에 관한 연구」, 국어교육 연구 2, 1980.

최운식,「고시조에 나타난 남녀의 애정」, 국제대 논문집 8, 1980.

박철희,「시조시학 시도」, 현대문학 233(5.)

김동준,「시조 종장의 시어 구조론」, 동국대 한국 문학 연구 3, 1981.

김선풍,「향가·시조·가사의 종장고」, 박성의 박사 환력기념논총, 1977.

김동욱,「임란 전후 가사 연구」, 진단학보, 제25·26·27 합병호, 1964.

최태호,「가사의 분류적 고찰」, 목원대 논문집 4, 1981.

임기춘,「눌재 박상의 생애와 사상」, 세종대 대학원 석사학위논문, 1988.

뒷 글

한국시가연구라고 제목을 붙여 연구한 내용을 묶어 보았다. 앞으로 계속적인 연구를 통해 제목에 걸맞게 보완해 나가기로 하고 우선 지금까지의 연구를 매듭짓는 계기로 삼는다.

첫째 묶음에서는 위정척사의 정신을 바탕으로 한 한시를 다루었다. 한말 위정척사파의 문학은 그 역사적 현장성을 문학으로 담보해낸 문학사적 의의가 큰 문학적 성과물임에 비해 그 연구 성과는 미흡한 실정이므로 앞으로도 계속적인 연구가 필요한 분야이다.

둘째 묶음에서는 서정성이 강한 한시 작품을 통해 중세적 정감의 세계를 천착해 보았다. 황진이 한시는 신분적 차별을 받는 기녀이자 여성 시인의 시임에도 신분이나 여성 당파성을 담보해내지 못한 한계를 규명해 보았고, 김시습의 소설 만복사저포기에 들어있는 시를 통해 중세적 이념이 소설 갈래 속에서 정감적으로 표출된 양식을 고찰하였다.

셋째 묶음에서는 우리말 시가를 중심으로 향가 중 원왕생가와 율곡 이이의 시조, 면앙정 송순의 시조, 가사, 한시 등의 시가를 살펴보았다.

미흡한 글들을 내놓기가 망설여지기도 하였으나 스스로 반성하는 계기로 삼고 비판을 받으면서 이 분야 연구자의 길을 가야한다는 생각에서 출판하